Tropicus cancri

Linha equinocialis

Oceanus yndicus mediorialis.

Circulus capricorni

Oceanus v

Pollus antarticus.

经济学原理

（英）阿尔弗雷德·马歇尔 著

文思 编译

北京联合出版公司

Beijing United Publishing Co.,Ltd.

图书在版编目（CIP）数据

经济学原理 /（英）马歇尔著；文思编译. — 北京：北京联合出版公司，2015.1
（2024.7重印）

ISBN 978-7-5502-4591-4

Ⅰ.①经… Ⅱ.①马… ②文… Ⅲ.①经济学 Ⅳ.①F0

中国版本图书馆CIP数据核字（2015）第011816号

经济学原理

作　　者：（英）阿尔弗雷德·马歇尔

编　　译：文　思

责任编辑：崔保华

封面设计：韩　立

内文排版：刘欣梅

北京联合出版公司出版

（北京市西城区德外大街83号楼9层　100088）

三河市华成印务有限公司印刷　新华书店经销

字数611千字　720毫米×1020毫米　1/16　27.5印张

2015年1月第1版　2024年7月第4次印刷

ISBN 978-7-5502-4591-4

定价：78.00元

对一个社会来说，它的经济状况总是经常变化的，对每个时代的人来说，人们总是会从自己特定的立场出发来考虑问题。不管是在英国还是在欧洲的国家，或者是美国，经济学都比之前要更盛行一些。不过，所有这些现状都只是说明，经济学是一门缓慢向前发展的学科。在当代最有价值的那些经济学著作中，有些内容乍看起来跟之前的理论有矛盾之处，不过随着研究的进行，这些著作中的那些不完善之处会渐渐被修正。我们就可以发现，经济学中一贯的原则理论并没有发生改变。新学说不仅是旧学说的补充说明，而且还在原先的基础上进行了扩展和进步，甚至还对某些方面进行了修正，有时会因为研究重点的改变而使旧的理论有了新的意义，不过很少将旧学说推倒重来。

根据我们这个时代的著作，再联系到现实中新出现的问题，在这本书中，我们将要对旧学说进行新的解释。本书第一卷会对这本书涉及的范围以及写作目的进行说明；在第一卷的最后，还会对经济学研究的主要问题以及与之有关的一些现实问题进行一个概述。根据英国传统的理解方式，经济学的职能可以被认为是：对经济事实的收集、整理和分析，并从已经获得的知识中来判定各种原因所能造成的结果。我们认为，经济学上的规律是用陈述性的语句来表达某种倾向，而并非是通过命令性的语言来说明道德上的问题。所谓的

经济规律和推论性的事实，都不过是一部分用来解决实际问题的方法资料而已。

对经济学家来说，他们必须将道德的力量考虑在内。曾经确实想过以"经济人"的活动为主要对象，成立一门抽象经济学。所谓"经济人"指纯粹为利益而活，不受道德影响的人。这种想法并没有实现，甚至没有真正地试行过。这是因为，所谓纯粹的"经济人"是不可能存在的。作为一个社会的人，不可能单纯为利益而活，他有家庭，有感情，有思想，是一个复杂的个体。不过，因为他的动机总是被认为含有家庭的因素，所以也可以认为这其中还包括别的其他利人性动机。这种说法好像并没有什么道理，我们在这本书里将个人的正常行为都看作是一个组织中的成员在某些环境下的必然行为。我们对起作用的规律并没有重视，虽然规律的作用都是对人有好处的，不过在这本书里却没有这样的打算。本书的特点在于，我们重视对连续性原理的各种应用。

有关这个原理，不但可以被应用到有关动机的道德特性上（个人在做选择时，都会受到这种特性的影响），而且可以被应用到人民对目标进行追求时的努力和奋斗中。如此一来，我们就重点来研究下面的事实：城里人的活动，是一种基于精明和长远的算计，通过努力和才能来进行，相对于既没有动力又没有意志力的一般人的活动，在连续的程度上是存在区别的。像那种正常性的节俭行为，为了获得报酬而努力工作，或者是找到最划算的市场，又或者是为自己和弟子们留心最好的职业，这些行为都是同在特定时间特定地点的特定成员有关系的。不过，当了解这点时，正常价值的理论就可以被应用到非经营性的活动中了。当然，相对于商人或者银行家的行为来说，这种活动又没有那么精确。

正常的行为同暂时看来不正常的行为比起来，似乎并没有明显的不同。同样的道理，正常价值同所谓的"现在的""市场的"以及"偶然性的"价值比起来，没有太大的区别。不正常的价值只是因为偶然因素产生的，而正常价值则是一般情况下的正常结果。不过，这两者之间并不是完全不同的。它们因为连续程度的不同而结合在了一起。联想到商品在交换过程中经历的种种变化，当时我们认为可能是正常价值的情况，其实只不过是一种暂时的表现罢了。从一年的历史情况来看所谓的正常价值，如果从整个世纪的历史出发来考虑，只在当时存在价值而已。这是由时间的连续性造成的，而时间也总是每一种经济难题产生的原因。对大自然来说，时间并没有长期和短期之分，但因为一些不经意的原因，这两者是相互作用的，对一种问题来说是短期的情况，对另一种问题来说却是长期的。

比如说地租和资本的利息这两者之间的不同，很大一部分是要靠我们内心对时间的长短看法来定的。一样东西，在被看作是自由流动性的资本或者是新投资的利息时，是很恰当的，但如果被当作是旧投资中的一种地租，那就更适合了。流动资本和固定资本之间并没有显著的区别，它们是可以结合起来的。即使是土地的地租，也不能被看作是完全独立的存在，而应该被作为是某种类别中很重要的事物。诚然，地租有自己的特征，而且不管是从理论还是从实际中的观点来看，这种特征都是非常重要的。

人自身跟他使用的工具相比，是有很大区别的。虽然人类通过自身的努力和牺牲形成的供给和需求各有各的特征，而且同有形货物是不同的，不过，这些都是人类付出劳动得来的成果。劳动的价值理论同产品的价值理论是不可分割的，这两者好像是一个整体中的两个部分。虽然在细节上有一些不同，但只要经过认真研究，可以得知，它们之间的区别都是程度上的，而非性质上的。就好像鸟类和兽类之间的区别一样，它们虽然外表看起来十分不同，但本质上都是一样的。供需平衡理论是分配和交换理论中的一个贯穿始终的理论。

这样的连续性原理还可以被应用到名词的使用中。有人曾做过这样一种尝试，将经济性商品按照明确的种类进行分类，这样可以对货物做出很多简明的命题，用来满足经济学家在逻辑上的追求，和普通人对那些看起来很深奥但是又很好理解的理论的嗜好。然而，这种尝试因为没有对大自然做出划分，造成了很大的缺陷。越是简单和绝对的经济学说，假如在现实生活中找不到它指出的界限，那么将它应用到实际中会带来很大的混乱。在现实生活里，资本和非资本之间，必需品和非必需品之间，生产和非生产的劳动之间，都没有明确的区别。

近代以来的一切经济思想派别，关于发展的连续概念方面，都是相同的。不管对这些派别产生的影响是在何种范围内，比如像赫伯特·斯宾塞在著作中提到的生物学方面的影响，或者像黑格尔在《历史哲学讲演录》以及欧洲大陆和一些别的国家的伦理历史研究的对历史和哲学的影响。生物学、历史和哲学都对本书中说明的观点产生了实质上的影响。不过这些观点在表面上看来受数学的影响最大，比如古尔诺在《财富理论中数学原理的研究》中的观点。看古尔诺的书时，我们需要面对这样一个困难——经济学中的问题，其中的关系不能被看作是连续的因果关系，比如说乙由甲决定、丙由乙决定等等，而是将它们看作是相互作用的。大自然是一个复杂的存在，如果用简单的方法来研究它，注定是不会有什么成果的。

在古尔诺和屠能的影响下，我开始对一些问题重视起来：不管是在精神世界还是在物质世界，我们对自然界的观察，跟增加量的关系要比跟总量的关系大一些。特别是在对一种商品的需求是一个连续函数的情况下，在稳定的环境中，商品的边际增加量同它的生产费用增加量是相互对应的。没有数学符号和图表的帮助，要想明白这种连续性并不是件容易的事情。对图表的使用并不需要特别的知识，图表相比于数学符号来说，可以将经济生活的情况表达得更加正确和明白。在本书里并没有使用符号和图表，因为它们是可以省掉的。不过经验告诉我们，在它们的帮助下，我们可以对很多重要的原理理解得更加清楚。

当我们了解了图表的应用方法后，就不愿意再使用别的方法去解决很多纯理论性的问题了。

在经济问题上，纯粹的数学方法所起到的作用，相当于是将一个人思想中的一部分快速、简洁、正确地记录下来，以供自己日后使用，并且使人相信他所做的结论是在有充分前提的条件下得出的。但在必须使用很多符号来解释经济问题时，很多人都觉得这是一件痛苦的事情，当然除了作者本人以外。古尔诺通过使用数学上的方法，为自己的理论研究开辟了新的道路，很多人都从对他的研究学习中获得了收获。但将经济学说同那些枯燥冗长的数学符号相联系之后，是否可以吸引人来阅读，这是个很大的问题。不过，在对数学语言的应用中，已经证明了我的观点，这些将在本书的附录中提到。

1890年9月

目　录

编者注：为了便于读者阅读，本书
为原著的精编精译插图版。

第一卷

导　言

经济是人类社会得以形成的一种主要力量，它涵盖的领域很广，涉及生活的方方面面。本卷主要阐述了经济学的研究对象，经济学的实质，经济学规律与自然科学规律的差异，经济学的研究方法、研究目标和主要课题等内容。卷末还提及了经济学家必须具备的基本素质。

宗教和经济是形成人类社会的两种主要力量。本章我们主要阐述了三个经济方面的问题：经济学的研究对象，经济学与贫困问题的关联，如何正确理解竞争的内涵。

1.经济学的研究对象

就整个人类社会而言，有两种存在是形成它的主要力量，一个是宗教，另一个就是经济。经济学作为一门专业学科，它的研究对象不仅仅是人类创造的财富，它还研究人。经济学所涉及的对象是我们日常生活中最普通的事务，是和我们衣食住行最密切相关的那一部分。

经济学虽说是一门研究物质财富的学科，但它更是一门研究人的学科。对于一个人来说，他性格的形成，在很大程度上是由他的谋生方式以及由此产生的一系列结果决定的。除此之外，能够对性格产生影响的，就只有人的宗教信仰了。

在世界历史的发展过程中，有时候会出现非宗教和经济的力量居主导地

经济学的研究对象

经济学的研究对象一个是财富，另一个是创造了财富的人。我们日常生活中普遍的衣食住行等事务都是经济学研究的对象。图为中世纪的佛罗伦萨商人在柜台上进行储蓄活动，他们和他们储蓄的钱都是经济学的研究对象。

位的情况。但是宗教和经济的力量从来没有退出过历史的舞台，就整个历史的情况来看，宗教和经济两者的力量比其他因素加起来都重要得多。

单就宗教和经济两者相比较，经济对人类社会的影响更显得无孔不入。一个人从自立起，他头脑里想的绝大多数问题都是和生存有关的问题。为了生存而展开的种种思考，和老板以及同事之间的种种关系，这些东西总结起来，就能对一个人性格的形成产生很大的影响。

在影响性格的因素中，一个人所赚的钱的多少，一点不比他赚钱的方式所产生的作用小。对很多吃不饱，穿不暖的人来说，极端贫困的环境会严重影响他们才能的发挥，不管是在宗教，还是在感情方面都是如此。他们感受不到什么叫安稳，没有机会去寻求志同道合的朋友，甚至对温馨的家庭氛围也只能望洋兴叹，而宗教的意义也无法被他们获知。因为贫困，这些人在肉体和精神上都会出现缺陷。

虽然贫穷不会必然带来祸患，但总体来说，"穷人的祸根是他们的贫困"。我们现在研究贫困，就是为了研究很多人之所以平庸的根源。

2.经济学与贫困问题

古希腊哲学家亚里士多德认为奴隶制度的存在是合理的，这种观点也被当时的奴隶所接受。自基督教产生以来，它的教义被人们广泛接受。但直到近年，随着教育的发展，文化的普及，这种教义的内涵才被人们完全理解。我们有必要讨论一下所谓的"下等人"是不是天生就该如此，难道他们注定了一生下来就要辛勤地劳动、付出，然后却一无所得？自己的劳动成果却成了别人幸福生活的来源。

工业革命以来的事实证明，贫困是造成愚昧的原因之一。随着无产阶级的不断壮大和发展，这种局面是可以解决的。机器的使用，将工人从沉重的工作负荷中解放出来，他们的收入得到了提高，他们开始有精力去学习文化知识。交通和通讯的发展，使人们之间的联系变得密切，一些好的方针政策能在更大的范围内得以施行。

随着工业技术的发展，很多工作对技能的要求越来越高，这使得技术类劳动者的数量迅速增多。他们的数量日益超过了纯粹靠体力生存的工人的数量，他们的属性已经不能再用"下等人"这个词语来定义了，他们很多人已经过上了比以前上流社会的人更加舒适的生活。

随着生产技术的进步，一个深刻的问题摆在了人们的面前：人是否生来就是平等的？是不是每个人都应该享有平等的机会来分配这个世界的财富，而不是让一部分人承受贫穷的煎熬和劳动的枯燥？社会越发展，这个问题越凸显。

这是一个社会性问题，经济学家不能完全回答。这一部分要靠人本性中的道德力量和政治素质来解决；另一部分，经济学范围内的推论和证明有助于这个问题的解决。这也是现代社会经济学流行的原因之一。

3.竞争

经济学的研究目前仍处于初始阶段。一方面是很多人漠视了经济学与人类社会福祉的联

亚里士多德 壁画 1508年-1511年

古希腊哲学家亚里士多德认为奴隶制度的存在是合理的，这种观点也被当时的奴隶默默接受。生产力的发展，使工人从繁重的体力劳动中解放出来，可以参与到文化学习中，以满足自己的精神需求。经济学能否解决贫困问题成为人们讨论的话题。图中正中的人物为古希腊哲学家亚里士多德和柏拉图，围绕在他们周围的人正在讨论几何、天文等问题。

系。另一个重要原因是——许多经济学研究的课题，都是随着近代社会的发展才开始出现的。例如，生产产业化之后出现的生产、分配、消费方面的改变。近代，人们逐渐在经济问题上摆脱了一些古代遗俗的约束，对自由的追求，对发展的追求使得经济学理论中的很多问题重新具备了重要的意义。其中，竞争就是一个具有争论性的问题。

在现代社会，经济活动中最大的特征就是竞争带来的企业的自由度和独立自主以及防患于未然的思想。很多人认为，工业革命以来的生产方式跟之前旧的生产方式相比，最大的不同在于竞争性的增强。这种想法是不科学的。竞争是双方之间的较量，尤其是在商品销售价格方面的比较。这种竞争比过去显得更加普遍，但这只是近代产业相对次要的特征，不是必然的结果。

我们现在还找不到一个合适的词语来形容近代产业的特点。但就目前来说，已经知道的方面有：选择目标的自主性和惯性，细心和快速地做出抉择，时时做好承担风险的准备，还有不断前进的步伐。这些特征虽然可以产生竞争，但也可以促使人们走上合作的道路。这种合作和以前的合作有很大的不同。以前的合作，很多情况下是由于某种不可抗拒的原因和近处的人产生了某种交集。近代的合作更多是出于自身主动的结果，每次合作都会经过自己的深思熟虑，在确定能达到某种目标的情况下做出的，这种目标不一定都是为了自己的利益。

说到竞争，人们会联想到不好的东西，这其中包含着自私自利之心和对他人利益漠视的意味。需要指出的是，虽然近代以来的产业方式更加注重自身利益，但它也具有之前生产方式所不具备的对他人利益的注重。总而言之，认为自私自利是近代产业特征的说法是偏激的，恰当的评价应该是——精明。

举例来说，原始社会的特点使家庭的涵盖区域有了扩展，除了具有血缘关系的亲人外，邻居之间也产生了一些必须履行的责任。随着社会的发展，这种责任已经慢慢不复存在，因为它除了规定了和某些人之间的亲密关系外，也包含了对其他陌生人群的戒备和敌对。这样的情况在现在有了很大不同，现在责任感被限制在家庭范围之内，使其感情的强烈程度加深了。而过去很亲密的邻居，和陌生人没有多少区别。即近代人的邻里关系不如远古时代亲密，但在对待陌生人方面，却又加强了不少。这种对不相干的人的关心，是之前没有的。

一直以来，人们都喜欢用远古时代的美丽传说来激励自己同时代的人不断完善自身。但如果你仔细研究就会发现，现实并无法证明以前的人比现在的人更高尚。不论是通过历史典籍还是通过对一些比较原始的民族的观察，都无法证明现代人比古人更没有人情味。

社会的发展给一些欺骗行为提供了可乘之机。科技的进步，知识的更新，都为一些欺诈行

温馨的家庭　绘画　1650年

随着社会的发展，邻里间的责任感比原始社会淡漠了许多，但责任感在家庭范围内得到了加强。另外，人们对陌生人的敌意也比原始社会减少了。绘画中父亲扶着可爱的孩子，小孩逗着脚下的小狗，母亲在一旁微笑着看着他们。牟利罗在绘画中表现了家庭成员间的亲情和关切。

为提供了新的方法，使之前认为不可行的造假方法成为现实。在现代社会，一件商品的制造者和最终使用者之间存在着遥远的距离。即使生产者犯了错误，他也不会立刻受到惩罚。但如果一个人从生至死都在一个地方生活，那他在做坏事之前就要仔细掂量，这样做很可能让他没有立足之地。

我们不能因为诈骗手段防不胜防就认为现在人更奸诈。恰恰相反，现代商业活动中包含着很多信任的元素，还包含着对欺骗行为的抵制力量。研究表明，在现存的原始民族中是没有这两种力量存在的。经验证明，要想在一个落后的地区实施较为先进的方式，我们在当地往往找不到可以委以重任的人。尤其是在选择有强烈道德感的职位候选人时，你会发现只能从外来人口中选择。

在财富占据社会价值观主流地位，但又不是唯一标准的历史时期，很多诗人都喜欢将古代社会描写成世外桃源。虽然他们诗歌里描写的美好景象会对人们产生激励作用，但客观地说，他们诗中描绘的情景和真实的情况是有很大出入的。对穷乡僻壤的老百姓来说，能满足最基本的生活需求，就已经万分感激上苍了，他们的想法十分单纯。没有欲望使得他们心态平和，不会有卑劣的想法。但当我们仔细观察这个时代处于极端贫困状态的人们时，往往能发现一些比表面看来更严重的问题；而在现代，这种痛苦感是最少的。

诗人美化古代社会　袁耀　绢本　北京故宫博物院藏

诗人喜欢将古代社会描绘成世外桃源，美好的景象虽然能够对人产生某种激励，但实际情况和他们的描述是有很大出入的。这幅作品就描绘了东晋陶渊明在《桃花源记》中提到的世外桃源。图中奇峰秀丽，湖水如镜，人们自由的生活令人心驰神往。但东晋时的人们想要过上这样的生活只能靠幻想。

利人主义的基督 格吕内瓦尔德·马蒂亚斯 板面油画 1515年

历史证明，坚持纯粹的利人主义对普通人来说是很难的。能坚持下来的往往是内心充满宗教热忱、无比重视精神上的满足的理想主义者。图中描绘了基督受难时的场景，手持书本的是施洗者约翰，圣母玛利亚已经晕倒在福音传教士约翰的臂中，钉在十字架上濒死的是基督。基督手臂后的拉丁铭文如此写道："舍己为人。"

　　和很多其他被人们所误解的事物一样，人们总是戴着有色眼镜去观察竞争，只注重观察它的负面作用，而对其他方面熟视无睹，而这些方面却对社会的发展起了十分重要的作用。当互相竞争的双方发现对方采用某种不正当竞争手段来进行商业活动时，往往会心存不满。

　　竞争对手通过降低价格来提高竞争力的手段，对整个社会是有利的。因为这可以帮助贫苦的人买到相对低廉的产品以提高生活质量，但生产者却常常想不到这些方面。对普通人来说，遏制竞争在他们看来或许是个好的方法，但大多数人往往忽略了竞争暗含的另一种意义。竞争被遏制，很多情况下是一种特权阶级为了维护自身利益而采取的一种粗暴手段。利益既得者为了维持现状，常常联合起来将新生挑战对手扼杀在萌芽阶段。与此同时，他们在遏制竞争的同时，也会限制自己对新事物的追求。一旦开创了新的利益增长点，它带来的贡献比从竞争对手手中取得的大得多。

　　竞争与合作相比没有任何优势可言，在理想世界中竞争是不存在的。但如果没有滋生竞争的条件，资本社会追求的私人财产神圣不可侵犯就不能被保证。在诗人和理想主义者的梦境中，奉献在人们心中是第一位的，大家在乎的不是能不能享受比别人多，而是如何尽最大可能地去奉献。力量越强大，你所能抵抗的难度就越大。生产者往往将希望寄托在相对比他们弱的竞争者在生产和消费方面有失常的表现。他们这样想，并在这样的想法中收获满足。他们会为了某种高尚的公共利益而奋斗，"人定胜天"似乎成了真理。但这只是理想主义者的理想，人类本质上存在的种种缺陷都被忽视了，这实际上是一种不切实际的幻想。

历史证明，坚持纯粹的高尚的利人主义对普通人来说是一件不大可能的事情。真正能坚持下来的往往是内心充满宗教热忱，无比重视精神上的满足而轻视物质存在的理想主义者。

生活在现代社会的人会做出很多无私奉献的事，这种奉献比他们自己知道的要多得多。经济学家追求的最高境界就是找到一种将社会财富发挥最大作用的方法。经济学家对待竞争的态度往往是中立的，他绝不能够不分黑白地将竞争狂批一通，除非他确定人的本质真如现在设想的这样，否则他们绝不会认为放任竞争会比限制竞争更为有害。

综上所述，将竞争作为近代产业的必然特征是很不精准的。近代产业的特点是：一种自力更生的特性，总是看得很长远，在做选择时很谨慎，同时可以获得充分的自主选择权。很多人想要找到一个合适的名词来形容这种特点，但无法找到。于是有些人开始使用"自由经济"这个相对比较正确的词语来暂时代替。不过，当为了达到某种最大目标而进行相互间的合作时，这种谨慎选择下的自由和个人的自由之间往往会出现矛盾。

竞争的作用

竞争是产业生活的表面特征，马歇尔认为竞争是一个贬义词，这个词包含着自私和对其他事物漠不关心的意思。

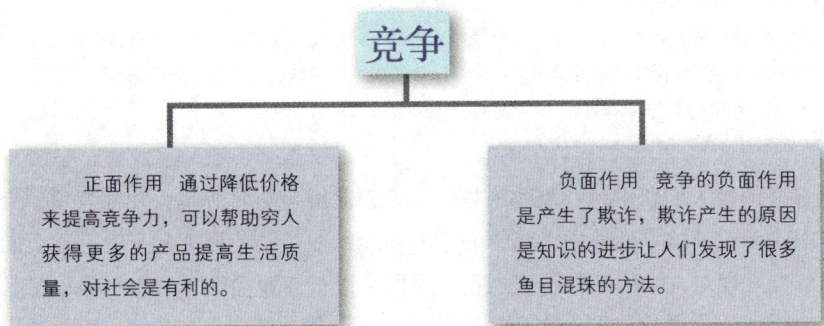

竞争

正面作用 通过降低价格来提高竞争力，可以帮助穷人获得更多的产品提高生活质量，对社会是有利的。

负面作用 竞争的负面作用是产生了欺诈，欺诈产生的原因是知识的进步让人们发现了很多鱼目混珠的方法。

经济学研究的是有关人类日常生活的种种事务和思想的活动，最主要的是对人类生活产生重要影响的动机。货币是衡量动机的一种常用的表现方式，但人们的很多行为又是习惯使然。除了货币以外，还有好胜心等因素影响着人们的行为。

1.经济学的动力研究

经济学主要研究在经济活动中产生的动力和阻力，动力和阻力的数量可以用货币的形式大概得出。但动机的质量，无论是高尚的动机还是卑劣的动机，都无法简单地用货币来衡量。

经济学研究的都是有关人类日常生活的种种事务和思想的活动，最主要的是对人类生活产生重要影响的动机。只要一个人不是一无是处，他在进行商业活动时都会表现出令人敬佩的特性。进行商业活动和其他社会活动一样，人都会受到感情、理想和责任的影响。最优秀的发明家和拥有先进管理方法的管理者，他们的工作动力并非仅仅来自对金钱的追求。他们能够不断追求更高的目标，好胜心是一个很大的因素。

但工作中最本质的动力还是对工资的追求，特别是对普通人来说。这种对自己工作付出的物质方面的回报，才是他们最坚定的动力因素。获取工资的欲求是相同的，但怎么把这笔钱花出去，就能看出很多不同。有些人花钱是为了满足自己的某种私欲，有些人则是为了帮助别人，有些人是为了某种崇高的理想，也有些人是出于某种卑鄙的想法。总之，从一个人如何花费自己的工资，可以看出此人的本性。

在所有社会学科中，经济学是最值得研究的。因为它对事物的评价、判断都是建立在对金钱的精确衡量上的。这种略显客观的评价标准，使得它具备了别的社会科学所没有的精确性。这种精确性是经济学的一大优势，就像化学中的天平一样，虽然会存在差错，但跟其他科学比起来，已经具有很大的优势了。当然，经济学的精确性和自然科学是不能相比的，因为它归根到底是一门研究人的学问，而人是不断变化和发展的，没有办法精确。

发明家富尔敦

进行商业活动时人会受到感情、理想和责任的影响。优秀发明家的工作动力不仅仅源自对金钱的追求。好胜心是促使他们不断追求更高目标的一个很大因素。图中为美国科学家罗伯特·富尔敦，他正在实验室里手持机械模型冥思苦想。他成功发明了最早的蒸汽轮船，但促使他工作的动力不是发明带来的收入，而是好胜心和对科学境界的无限探求。

享受美食的人们

人类的情感很复杂，我们只能从间接的方法去研究感情的结果形式，例如说物质带来的高兴或难过的情感状况。只有这种开心或难过的情感同时在一个人身上发生时，这种比较才会精确。例如图中的人们享受着美食，美食都让他们保持着愉悦的心情，但每个人之间的愉悦程度是没有办法进行比较的。

经济学能在众多社会科学中脱颖而出，很大程度上是由它的工作范围决定的。经济学主要研究人性中的欲望、理想和其他本质性的感情，这些都可以用某种外在的方法表现出来。这样就能够通过诸如货币这样的形式衡量出来，所以经济学比其他社会科学更有可能追求严谨、精确的研究方式。衡量方法越精确，获得的动力就越大，可以用来研究的科学方法就越多。我们在做选择时，衡量方法的精确性就显得格外重要，这时，科学方法就有了用武之地。

我们现在所说的衡量方法并不是直接通过人的情感本身来使用，而需要通过情感表现出来的结果来衡量。这个衡量过程具有复杂性，每个人准确感应自己每刻的感情变化都很难，更别说揣测别人了。我们只能从感情的外在表现方式去寻找蛛丝马迹。

人类的情感有多种，有些很复杂，有些则是本能反应。但即使面对较为低等的感情变化，我们仍然只能从间接的方法去研究感情的结果形式，比如说物质带来的高兴或难过的情感状况。而且只有这种开心或难过的感情同时在一个人身上发生时，这种比较才会精确。

如果我们想要比较不同物质带来的满足程度，是不能够直接得出结论的。我们只能比较进行活动的动机来得出结果。如果现在有两件可以使我们产生愉快心情的事摆在面前，为了得到这种愉快感，很多人会为之付出辛勤的劳动。对他们来说，这两件事带来的满足感是相同的，因为它们同样可以使人产生很强的动力。所以我们需要从能够激发人们做出某种活动的动力中来衡量他们的心情和感受。虽然这些动机存在着各式各样的差异。

经济学家对人的各种感情状态的研究，不是通过感情本身得出的，而是通过对感情的表现方式得出的。经济学家在工作中使用的方法，同普通人在日常生活中做的没有多大区别，仅仅只是多了些耐心和高深的理论指导罢了。比如说，他如果觉得不同感情所呈现出来的精神动力是一样的，他就会带着这种既有的想法去把它们当作是表面上相同的。经济学家不会去研究比较人类不同感情间的区别，也不会去比较精神的和物质的区别。他做的和我们平常做的一样，即通过既定的结果去推测做出这种结果的行为所具备的动机状态。经济学家在进行研究时，跟平常谈话的区别是，他们需要采取更严谨的态度和投入更大的精力。经济学家在研究中更多的只是关注外在观察所得，而非对人本质深层次方面的研究，所得出的结论也多是暂时性的。但这并不表示他们不注重深层次的研究。恰恰相反，在经济学研究中，对人类深层次的研究对一个人性格的形成是有很大用处的。当研究到宏观的社会问题时，经济学家也像其他学者那样，将着眼点放在有关人类社会的共同利益之上，并且会对实际的功能做出严谨的考虑。我们一直提到的满足感，只要具备相等的物质方面的收益，它们的动力因素便是相同的。这些价值方面的研究对经济学来说，是最基础的部分，但也是必须的部分。

2.衡量的方法

同是1先令，对一个穷人和一个富人产生的动力是存在很大区别的。但经济学家关注的是不受个人特性影响的较为普通的大范围的结果。

金钱可以作为衡量的方法，但并不是唯一的方法，对动机的研究还需要从其他几个方面来综合考察。

第一个问题是，同样数量的货币，对不同环境下的不同人来说，带来的满足感和快乐感有很大的不同。对同一个人来说，1先令产生的意义，在不同的时间，不同的环境下，会产生很大的不同。这是因为，一个人拥有的财富不是一成不变的。他可能此时十分富有，彼时又成了一个穷光蛋。随着这种财富的变化，他内心的感受会随之发生变化。而对有相同经历的人来说，同样的事件之于他们，也会产生很大的区别。

对某些不是很敏感的人来说，他们也容易对某些特殊的感情十分敏感。与此同时，个人对苦乐程度的接受度，跟他接受的教育以及本身的天性是有联系的。

那种认为只要收入相同，对待金钱的收入和支出产生的感情必然相同的观点，是很不科学的。如果我们对两个年收入都为300镑的人各自征收数目为1镑的赋税，他们产生的情绪并不一定会相同。虽然他们同样有300镑的收入，同样都要放弃1镑的财富，而这1镑对他们来说都是微不足道的，但这种放弃产生的感情强烈程度，还是有区别的。

大清铜币

经济学家对人的各种感情状态的研究，不是通过感情本身得出的，而是通过对感情的表现方式得出的。其中，金钱是一个重要的感情表现方式。人们愿意花费多少钱来获得一件物品，在一定程度上代表了这件物品给人带来的满意度有多大。当然，金钱并不是唯一的衡量标准，对动机的研究还需要从人们所处的环境等方面来综合考察。

学钢琴 1887年

个人对情感的感受程度，跟他接受的教育以及本身的天性有关。如果两个人从事的工作相同，教育背景、性格爱好也大致相同，那么他们对情感的感受程度的相同度就有可能增加。图中学钢琴的两个女子从学钢琴中获得的愉悦不会完全相同，但相同的社会地位和教育背景会使她们从中获得的愉悦程度更加接近。

我们可以选取较为广泛的平均下来的结果，将每个人的特性相互中和，对有着相同收入的人来说，将他们获得或者失去相同金钱时的反应进行比较，可以得到比较精确的衡量结果。

第二个要考虑的问题是，付出相同的金钱，穷人比富人需要的动机更为强烈。

如果我们加进对人们的行为和动机的考虑时，这种差别的存在来源会变得更少。经济学采取的研究方法，基本是按社会上存在的阶级间的比例来选取对象的。在制造快乐时，如果两件事花费的金钱数量是等量的，它们带来的快乐感也应该是相等的，这种想法是合乎我们日常的思维习惯的。假如让我们从世界上任意选取两个地方，将那里的居民作为研究对象。这些居民将他们收入的一部分按照自身情况按比例用来做公益事业，就会产生这样一种可能：他们的物质财富越丰富，他们享受到的幸福和得到的进步就越大。

3.习惯是有意识的选择

虽然我们将活动作为衡量欲望的标准，而把欲望作为产生活动的动机，但这并不意味着人类的所有活动都是有目的，有意识的。经济学并没有将人看作是特殊的人，而是将人作为日常生活中普通的人来研究。人在做事情之前，往往不会先预测后果，不论产生行动的根源来自较高的思考还是较低的本能。

经济学研究的重点是人的活动中最深层次的问题，人们在做这样的事之前，总会反复计算它能带来的收获和失去的利益。当一个人不假思索选择习惯作为行为标准时，看似没有经过深思熟虑，但实际上，习惯也是前人的思考换来。很多事情不像账本那样，将借贷双方都记录得清清楚楚，但基本的判断标准还是存在的。人们下班回家或者在公共场合聊天时，常常会说出诸如"这样做是不对的，应该那样做"之类的话。这里的对和不对，并非仅仅指对自己有利的一方面，也不一定指物质方面的收益。很多人会这样解释自己的行为"这样做虽然可以使情况得到解决，或者可以省去一些开销，但会对别人带来不好的影响"，或者这样说"这么做是值得鄙视的""这是一种肮脏的想法"。

在某种特殊条件下形成的风俗习惯，当它受到别的条件影响时，在付出和收获之间，并没有形成确定无疑的因果关系。在很多落后国家和地区，仍然存在着很多古老的风俗习惯。这些保

偷盗行为

人们在做一件事情时，往往会依照习惯行事，虽然这看起来并没有经过思考，但实际上这是前人经过多次思考的惯性结果。图中的小偷正在从路人的口袋中偷走钱币，这种偷盗行为如果被第三者看见，他定然会认为这是一种可耻的行为。这并不代表小偷的行为损害了第三者的利益，只是基本的判断标准已经形成，它已经成为第三者行事的一种习惯。

存下来的风俗习惯往往包含了很深的历史意义，不能漠视不理。立法者立法时，也必须考虑这些古老的风俗，否则会带来预想不到的后果。

4.动机

我们追逐金钱，并不仅仅是为了满足自己的某种物质需求，也可能出自某种高尚的目的。经济活动的衡量方式和内容，包含着很多对人有利的方面。

我在本书中一再提醒大家，经济虽然讲究的是赚钱，但赚钱的动机并非都是为了自己的物质欲求，就算赚来的钱是花在自身的某些需求上，我们仍然这样认为。追逐金钱在很多情况下只是一种追逐目标的手段，当这种目标符合高尚道德标准时，这种对金钱的欲求就并非卑劣。如果一个年轻人家庭困难，为了实现自己读书的愿望，他努力工作赚钱，这就是一种值得肯定的行为。总而言之，金钱只是一种达到目的的手段，不管这种目的是高尚的还是卑劣的，是精神上的还是物质上的。

综上所述，我们可以得出经济学研究的主要问题，是关于货币购买力和财富方面的问题。

古老习俗 丁观鹏 长卷纸本墨笔 上海博物馆藏

某些风俗习惯受到别的条件影响时，在付出和收获之间，并没有形成确定无疑的因果关系。现在很多国家和地区还保留着许多古老的风俗习惯，它们都包含着深刻的历史意义，我们在经济研究中或者立法过程中不能忽视这些习俗。这幅图描绘的是中国古老的习俗——乞巧，图中穿着新衣的少女们在庭院中燃烛供斋向织女星乞求智巧。

这是因为，在当今世界，经济学是唯一可以大范围研究人类行为动机的较为直接的学科，而并非因为人们将物质、金钱方面的追求当作是自己奋斗的目的，也不是因为他们能够对经济学家的研究活动提出主要内容。以前很多经济学家因为没有搞清楚这个问题，造成了一些不必要的失误。例如著名经济学家卡莱尔和拉斯金对人奋斗的原因和如何使用物质财富的说明，如果能够对经济学抱一种客观科学的态度，他们的观点会更加完美。他们认为经济学的研究动机都是些自私自利的内容，除此之外，再无别的。

我们评价一个人时，说他行为的动力来自对金钱的渴望，这并不是贬义的说法，并没有说他追求金钱只是出于某种自私自利的想法，除此之外，再无其他。即使是纯粹的商业活动，也是讲究信誉和道德的，很多行为虽然算不上高尚，但也不能说是卑劣。每个从事商业活动的人，只要他是一个诚实的人，都会具备与生俱来的自尊感。另外，很多人对工作抱有很大的兴趣，工作本身对他们就是一件快乐的事情。在马克思的社会主义学说中，曾提到过工作可以使人感到快乐的观点，这无疑是有根据的。即使是十分无聊、枯燥的工作，也会因为给特定的人提供了施展才华的机会而带给人很大的幸福感。

就像马术比赛中的人一样，人们都想获得胜利，并对比赛结果怀着一种忐忑不安的心情。生产者和商人也有同样的心理，他们渴望战胜竞争对手的欲望比简单地想增加自己的财富的欲望要强烈得多。

经济学家常常需要对各种职业所能获得的所有利益做出说明，以吸引人们去从事这一职业，这些利益不一定都会表现为货币这种客观的形式。

在其他情况都相同的条件下，人们往往喜欢社会地位较高而又体面的工作。这些因素虽然不能对每个人都产生完全一致的影响，但对大部分人来说，还是大致相同的。这些因素所能产生的诱惑力，可以直接用工资计算出来，而它们本身也通常被当作工资。

第二个需要说明的动机是，人们总是渴望获得别人的夸赞并尽量避免被人鄙视。这样的想法，同样是行为的动力。这种动力在特定环境下，对所有人都会产生同样的效果。同类型的人，同样的动机往往会产生同样的作用。当然，那些部分的和短期的状况不但对这种追求的欲望会产生很大的影响，对热衷赞美别人的人来说，同样也会产生不小的影响。举例来说，很多人对同行的评价，往往会十分在意和重视，但对其他行业的意见，则不是那么上心。这种情况需要认真研究，大致测算出它能带来的能量，如果

马术比赛

　　在马术比赛中，不论是表演性质的还是竞赛性质的比赛，参赛选手都希望获得胜利。这种心情和商人在商战中的心理是一样的，这种好胜心往往成为人们经营的动力。图为1612年4月法国国王路易八世迎娶奥地利安妮公主时盛大的马术表演场景。

传教士加尔文

图中是法国著名的传教士加尔文，他正在向人们传播他的思想。他创立的加尔文教派是今天基督教的重要分支。但像传教士这样的出于自己的责任心和对他人的爱心所采取的行为，很多是不能通过分类总结进行衡量比较的。经济学的研究方法不能用于这一类活动。

不这样做，很多经济学方面的研究就会变得不切实际。

当一个人要做有益于他人的事情时，他多少会对自己的利益进行考量。同理，在个人希望家族繁荣昌盛的本质中，包含着对个人自尊心的推崇。即便如此，家庭情感仍然是一种纯粹的利他主义的表现形式。家庭情感的作用通常具有一致性，往往有规律可循。经济学家在做研究时，总是将这种作用考虑在内，特别是在研究家庭内部事务时，诸如收入的分配方式、教育费用的支出和储蓄问题。

经济学家不能对这种动机的作用进行研究，并不是因为意志力的缺乏，而是因为缺乏力量。经济学家十分喜欢采取范围很广的平均数的形式，很多种类的善意行为就能用客观的数字统计表现出来，然后就可以总结为特定的规律。毫无意识以及变幻无常的动机，基本上是不存在的。所以，只要有耐心、毅力，规律是可以被发现的。

如果你认为会有十万之多的较为富裕的英国居民将自己的财富捐献给医院、教堂以及传教机构，这种可能并不是不存在。只要做出捐献的行为，那么对其中的工作人员，诸如护士、传教士和牧师，就可以在经济上做很多研究工作。但出于自己的责任心和对他人的爱心所采取的行为，很多是不能通过分类总结进行衡量、比较的。这不是因为这些行为不是出于对自己有益的心理，而是因为经济学的研究方法不能用于这些活动之中。

5.共同活动动机的重要性

之前的英国经济学家过于专注个人活动的动机。但事实上，和其他社会科学一样，经济学家研究个人行为，很大一部分原因是将个人作为整个社会必不可少的组成部分。就像一座教堂，构成它的元素，不仅仅是建筑材料。同样，一个人的特质并不只由思想和情感构成。对整个社会来说，并不是将所有成员的生活加在一起就能窥到它的全貌，虽然，社会确实是由单个的人组成的。很多情况下，我们研究经济方面的问题，往往是从对个人产生影响的动机上出发的，但个人并不是完全和外界没有联系的个人，他是群体中的一员。来自德国的经济学者极为赞同一种观点：经济学越来越关注关于财产的共有以及对共同目标的追寻方面的问题。随着公众热情的增长，智慧的提高，加上交通和通信的发展，公众共同利益涵盖的范围越来越大。这些变化再加上生产上合作的加强以及各种自主团体，在非金钱因素的作用下日益变得强大。它们不断为经济学家开辟衡量动机的新机会，而这些动机几乎不能被归纳在任何规律中。

在本书中，我们主要讨论的问题之一，就是各种各样的动机，衡量动机的困难以及克服困难的方法。

6.经济学研究的真实性

经济学是一门研究人的学问，它侧重的是人们生活中真实的状态，而非虚幻的设想。

我们暂时可以得到这样一个结论：经济学家对个人行为的研究，并不只是纯粹从这个人的个人生活中去探讨，而是从个人和

公众利益范围的扩大

随着公众热情的增长，智慧的提高，加上交通和通信的发展，公众共同利益涵盖的范围越来越大。图为纽约连接布鲁克林和斯坦顿岛的大桥——维拉扎诺海峡大桥。它建成于1964年，总跨度为1430米，它是当时世界上悬空跨度最长的高速公路大桥。它的建成使美国的公路交通变得更为发达。

罐头加工厂

很多经济学家能运用自己的专业知识对经济学方面的问题做出精确的判断。如果让经济学家到陌生的企业去参观，他们只要仔细观察工人的技术熟练程度以及工作对工人造成的影响，就可以大致说出他们的工资报酬。图中是20世纪30年代的罐头加工厂，如果经济学家来这里参观，他们根据女工们的劳动熟练程度基本可以判断出她们的工资范围。

社会的关系出发去研究。所以，个人性格方面的特征，往往会被经济学家忽略。经济学家的观察范围，有时会是某一类人的行为，有时会是整个国家民众的行为，有时只是专注于某一个地区内部人的行为。但他们重点关注的，是在特定时间特定地点下从事特殊职业的人的活动。通过统计学和其他学科的帮助，经济学家很容易得出，他们的研究对象愿意承担的物品的交换价值是多少。通过这种方法得出的结果，并不是精准的，这是由经济学本身的社会性质决定的，它不可能像自然学科那样达到精确无比的状态。

经济学能达到的状态是比较正确的，很多资历老道的经济学家都可以运用自己的专业知识和经验对某些情况做出精确的判断。比如说，想要在某个地方开办一家新的公司，经济学家很容易计算出这家新公司应该对各级员工付出的报酬范围。如果让经济学家到陌生的企业去参观，他们只要仔细观察工人的技术熟练程度以及工作对工人造成的影响，就可以大致说出他们的工资报酬。更厉害的是，经济学家能够根据观察推测出某种商品在供给减少的情况下会带来什么程度的涨价结果，以及物价变动时对供给产生的影响。

在以上研究的基础上，经济学家可以进一步分析决定各种工业的地区分布的原因，住在偏僻地区的人互相交换货物的条件等。此外，他们可以解释和预言信贷变化对对外贸易的影响，某种赋税从原本的被征收者身上转移到它的直接消费者身上带来的影响和产生的效果等等。

总之，经济学的研究对象是我们现实世界的人，是可以触摸到的客观存在的实物。在经济学家的研究范围里，"人"在进行商业活动时，往往会带有某种较为自私的想法，他既有虚荣心，又具备不严谨的做派，做好工作的目的也并非是因为喜欢，但也会为了国家、家庭和朋友牺牲自己的利益。动机的效果是很有规律的存在，我们可以通过研究将其准确推断出来，并用结果来证明这种推断的正确性。在这样的基础上，经济学将是一门科学的存在。

经济学研究中常用的两种研究方法是归纳法和演绎法。本章除了阐述这一问题外还讲到了经济学规律的性质，经济学规律的精确性和自然科学规律的精确性还是有很大差距的，它是一种倾向性的表述。另外，假设在规律的研究中经常被使用。

1.研究方法

归纳法和演绎法是经济学中必需使用的两种方法，在实际运作中，它们常常根据不同目的搭配使用。

经济学的工作范围主要是对事实的收集、整理和解释，再通过这些得出对现实有益的收获。"考察和解释、分类和定义虽然重要，但只是准备工作。我们工作的本质目的，是要得出各种经济现象之间的联系。对一切科学来说，归纳和演绎都是必备的研究方法，这就和我们的双脚之于行走一样重要。"归纳法和演绎法并非经济学独有，一切科学工作都离不了它们。学术论文中提到的对因果联系的研究之道，经济学研究可以拿来使用，因为对经济学来说，没有一种研究方法是能够保证无缝对接的。使用时，各种研究方法可以单独使用，也可以和别的方法结合使用。科学家在对自然界进行研究时，所采用的方法也不是完全相同的。

经济学研究的一些部门为了一些特定的目标，探讨已知事实之间的关系并不如研究新的事实来得紧要。但在另外一些部门，事件表面呈现的原因和最先出现的原因，并不能确定是否是真正的和唯一的原因。所以，对已知事实的研究比追求新的发现更为紧要。

因为这些原因，具备多种才能和抱着很多目标的科学家的存在是有必要的。这些科学家，有些专注于对事实本身的分析研究，有些专注于对科学理论的研究。这种分法，可以将复杂的存在分割为很多小的部分来研究相互间的关系。我们把这两派称之为分析派和历史派，并希望两派永

行走的人 吉亚柯梅蒂·阿尔贝托

青铜雕塑 1960年

归纳法和演绎法是经济学中常用的两种研究方法，它们对经济学研究的重要性就如双腿之于行走一样。在实际运用中，我们可以根据不同目的搭配使用这两种方法。图上这位表面被处理得粗糙且纹理不平的瘦弱人物，有种难以言喻的力量。他的双腿对行走的重要程度就如归纳法和演绎法对经济研究的重要程度。

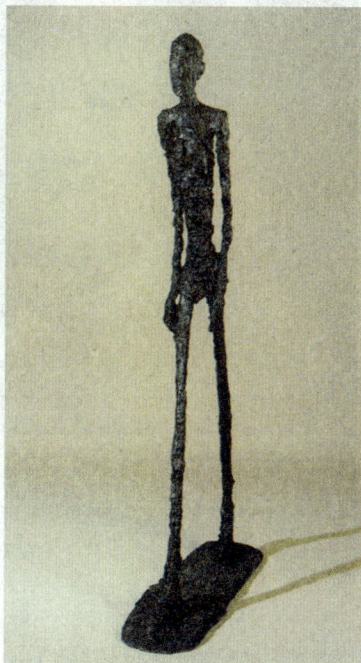

远存在下去。两派之间同样努力进行研究活动，然后互相从对方的研究中吸取养分。如此一来，我们便能够总结过去，预测未来。

2.规律的性质

自然学科的各种规律，其准确性是不尽相同的。社会学科中的规律只相当于自然学科中复杂和不精确的规律。

最先进的自然学科，严格来说并非都是精确的科学，但它们都以精确为出发点的。这些学科总是把观察的结果归纳为暂时性的叙述，这种叙述的精确性也是经得起各种考验的。这些叙述最开始被提出时，往往不被人重视，但经历过种种考验之后，特别是在人们能够运用它们准确地推测出某种事实后，这种叙述就成了规律。随着规律的增加和准确，科学变得越来越先进。这些规律经受的考验越多，可以被应用的范围就越大，发展到最后，就会出现一种具有普遍性的规律将其他较小的规律包含在内，而之前作为规律的那些，就成了例证。

任何科学规律的发现都是这样，很多权威的学者很容易就能推断出某种情况会导致的结果和某件事实产生的原因。

很多自然科学中的先进理论，虽然不能十分精确地衡量出它们的意义，但它们的成功是和多数学者的支持与合作分不开的。这些学者总是尽可能地衡量出结果再进行解释，这些留下来的财富就给后来的研究者提供了很好的基础。经济学也想成为这样一门学科，原因在于衡量之于经济学是一项很重要的存在。经济学中的衡量方法虽然不够精确，但它一直在努力进步。

自然科学的支持者

我们虽然不能精确地衡量自然科学中的先进理论的意义，但它们的成功与多数学者的支持、合作是分不开的。他们留下来的理论财富给后来的研究者提供了很好的基础。图为发明家富兰克林，他关于避雷针的理论和发明就给了后人极大的启示。

下面让我们来探讨经济学中规律的性质和一些限制情况。正常说来，每种事物都会产生相对确切的一种具有倾向性的结果。比如说，因为引力的存在，东西总是会掉落在地上。但如果遇到像气球这种内部密度比空气还小的情况，引力还在，气球却只会往上飞。引力可以解释事物间相互吸引的原因，它们一般情况下总会相向运动。所以，引力的规律是一种关于倾向的规律。

规律的解释往往是非常精确的，比如数学家研究航海历，往往能够准确地表述明白木星的每个卫星出现在它上面的时间。这种计算方式，数学家在很早之前就做了研究，并被航海者用在了实际的航海工作中。引力规律是如此的精确和固定，但经济学就没有这样的优势，因此经济学中的规律不能和引力规律相提并论。

但是，让我们研究一门没有天文学那样精密的科学，比如对潮汐的研究，我们可以得出

天气的难把握性 格里姆肖·亚特金森 板面油画 1880年

　　天文学研究中，人们能提前了解影响木星和它的卫星的因素，所以可以做出准确的判断。但在潮汐观察中，人们不能准确把握天气的变化情况，泰晤士河上的一场大雨就有可能影响伦敦桥潮汐的预料结果，所以人们在潮汐研究中不能使用精确的字眼。图中是月光下的泰晤士河，水面的反光将人们的视线引向了远处的圣保罗大教堂。

　　结论：潮汐这种自然现象，是太阳和月亮共同作用产生的；它们每天起落两次，每逢月半，潮汐便大些，而月初和月末则小些；当潮水通过较窄的口岸时，便会激起很高的波涛等等。有了这些结论，人们便可以通过观察英国的地理情况推算全国各地具体的涨潮情况。这时所做的推断，不能使用太精确的字眼，但天文学家研究木星的情况时却不必如此。这是因为，虽然木星和它的卫星会受很多因素的影响，但这些因素都是可以提前了解到的。但是，没有人对天气有充分的认识，能够准确地预测出天气的具体变化情况。泰晤士河上下的一场大雨，或者在日耳曼海上刮的暴风，都可能改变伦敦桥潮汐的预料结果。

　　经济学的规律可以和潮汐的变化规律相比，但却不能和引力规律相提并论。原因在于，人类社会的复杂性和不确定性，决定了社会学科达不到自然学科的那种精密度，经济学能做的最高水平的精确性，也会带有瑕疵和缺点。这种特点也许会被作为不能准确讲述人类社会特点的一个借口，但如果真这么想，就相当于放弃了我们生活的存在。所谓生活，就是人们的行为以及由行为引发的情感和想法的综合产物。不管是怎样的人，地位高或低，知识丰富或贫乏，在人类基本特性的作用下，都会力争了解人类活动的发展方向，并努力使这种方向朝着有利于我们的方面发展，不管究竟对谁有利，也不论目的是高尚还是卑劣。由于我们需要对形成人类社会的行为做出判断，形成我们自己的理解，所以需要快速地进行选择。这种选择越困难，我们就越需要付出耐心，利用进步的自然科学获得的经验，做出关于人类活动的倾向性判断或总结为暂时性的规律。

3.词语的多义性

"规律"无非就是一种可靠的和清晰性的一般命题或倾向性叙述。每个科学都有这样的叙述，但我们并不会给所有这样的叙述加上一种形而上的性质，称它们为规律，实际上我们不能这样做。我们必须做出选择，而选择来自实际的便利较多，来自纯粹的科学研究较少。当需要进行引用时，详细的叙述很不方便，我们就给它一个新的名称，否则，就不必如此。

我们所说的社会规律，就是一种社会性倾向叙述，具体说来，就是对社会上某一组织的成员在具体活动中做出的选择活动的表述。

经济规律，即经济倾向的表述，是一种和某种经济行为有关的社会规律，与之相关的行为动机通常能够用金钱衡量出来。

可以被作为经济规律的社会规律，同不能被作为经济规律的社会规律之间，没有必然的和清晰的不同的。原因在于，从完全需要金钱衡量动机的社会规律到动机不大的社会规律之间，存在很多等级。不注重精确研究的社会规律和经济学规律相比是不够准确的，就好像经济学中的规律远不及自然科学中的规律精确一样。

一提到"规律"这个词语，我们的反应往往是一种合法的存在。但这种反应只有在规律适用于政府的某种政策法令时才是有关系的，当将规律诠释为因果关系时，就与合法没有多大关系。

┃倾向性叙述 约翰·杜鲁布尔 布面油画 1787年

社会规律是一种社会性倾向叙述，就是对社会上某一组织的成员在具体活动中所做出的选择活动的表述。图中是起草《独立宣言》的委员会成员站在大陆会议主席约翰·汉考克面前。不论是左边的约翰·亚当斯还是右边的本杰明·富兰克林，他们既然是委员会的一员，就会依照《独立宣言》来行事，坚持美国成为一个独立自主的国家。

　　提到"规律"，我们还会想到"标准"这个词。它与"规律"没有实质性的区别。在严谨的科学研究中，用"标准"代替"规律"是有益的。根据经济学对规律的定义，可以确切说明的是，一个公司内部的成员在特定环境下做出某种行为，是自然而然的结果。

　　"正常"这个词语曾经被很多人误解。这里，给大家解释一下贯通这个词语的不同用法间的一致性。我们赞美一个人善良或是强壮时，往往强调的是身体上、精神上和道德上的特殊存在感和优越性。同样是强壮，用在法官和船夫身上则是两种完全不同的概念。

　　"正常"这个词语的各种用法，大多有对稳定性和长久性的倾向，这与偶然性的和间歇性的倾向相比是有优势的。"正常"指倾向是可以期待的结果。换种说法就是符合"规律"和"标准"的结果。

　　还有一种经常产生的误解，认为只有在完全自由竞争状态下产生的经济结果才是正常的。

词语的多义性　温斯洛·霍默　绘画　1876年

　　一个词语往往具有多义性，同样是"强壮"，用在法官身上和用在船夫身上具有不同的内涵。我们形容一个法官强壮，多半指他在精神上有力度。图为温斯洛·霍默绘制的《起风了》，如果我们赞美其中的船夫强壮则指他身体强壮，能对抗暴风雨。

　　但实际上完全自由的竞争状态是不存在的，现实总是充满了各种障碍。即使是在自由竞争程度相对完善的地区，造成正常结果的因素中也会包含某些不属于自由竞争的部分。比如说，很多交易行为的实现，都不是建立在完全自由竞争基础上的。对很多不能够接受这种假定的国家来说，西方流行的正常价值学说往往就会有许多不适应之处。另外一种情况，像是各个证券交易所里的证券价格，常常会受到购买者的爱国热情影响，这种行为产生的结果也是正常的。

　　有些人往往会将经济学里正常的经济活动当作是某种道德上的判断标准。这种想法不总是正确的，只有从文中能推断出某种意思之后，才可以这样下结论。就像我们在思考一些客观事物时，总是会从这些事物的现状出发去理解，而并不是想当然地考虑，那些阻拦我们达到目的的形式，对我们进行的研究来说，都是正常的存在方式。举例来说，在大城市的贫民窟中，贫民悲惨的原因按照正常的状态推断，是因为他们缺乏上进心，对摆脱贫困的机会视而不见，所以他们不能对造成自己悲惨境况的环境进行改造。做火柴工虽然是件辛苦又不挣钱的工作，但还是有很多人愿意去做，这是一种正常情况。

　　这个问题同时说明，经济学同其他学科一样，可以通过人自身的努力来改变材料中记录的各种特性。科学的力量，是可以通过提供某种道德方面的或者是经验教训来改变特性进而改变自然规律起作用的方式。

4.规律的假设

一切科学的学说研究，几乎没有不用假设的，假设在经济学规律中格外明显。

很多情况下，我们提到的经济学规律，都是假设的结果。需要指出的是，经济学的研究不是绝对会收到预料的结果。造成这种结果的原因有两方面：首先，设定其他的条件不会改变；其次，某些因可以结出特定的果，而不会受到阻拦。几乎每一个科学的学说，在被正式承认之前，都会受到其他条件的影响，来证明一些条件的稳固性。如果造成这种情况的原因是单独性的，必须在肯定别的因素不会影响的前提下才能够解释清楚。但是，从原因到结果并不是一个瞬间的过程，中间需要经过一定的时间段，这成了经济学中一个很大的难题。造成这种难题的原因在于，如果经历的时间过长，原因的产生环境便会发生很大的变化；而时间过短，便不足以形成既定的结果。

假设在经济学研究中经常出现，但假设太多会给读者阅读造成不便，所以之前很多经济学家包括亚当·斯密，他们在著作中根据聊天的习惯省略掉假设，希望使文章变得简洁。但这样使人们产生了很多不必要的误解。

缺乏上进心的贫民 梵高 油画 1885年

在大城市的贫民窟中，贫民过着清贫生活的大部分原因是因为他们缺乏上进心，对摆脱贫困的机会视而不见，所以他们不能对造成自己悲惨境况的环境进行改造。图中几个贫民在昏暗的灯光下围坐着吃土豆，他们很多时候只是日复一日地过着日子，而并不想办法去改善不好的生活。

第四章

经济研究的目的与课题

经济学的研究目的主要有两个，一个是为了获得纯粹的知识，另外一个是为了解释清楚现实的情况。经济学研究的课题包含很多方面，几乎生活的方方面面都有涉及。当然，作为一个优秀的经济学家，想象、知觉、推理、同情、谨慎都是其不可缺少的素质。

1.研究目标

经济学家在学术研究中必须实事求是，对范围内的事实进行细致的研究，虽然这些事实不是我们要寻求的答案。历史是对事实的记载，我们需要采用推论的方法从中得到我们需要的那部分。在实际工作中，我们需要学习各种常识，在面对问题时，才能做出正确的判断。总之，经济学就是一个正确运用常识，并以此来帮助研究经济的一种方式，可以使需要对特别的事件进行收集、整理、研究的工作变得容易。经济学的研究范围虽然不是很大，而且必须有常识的帮助，但它同样可以使常识的力量更加强大起来。

对一定条件下人们进行的活动做出倾向性解释，就是经济学中规律的作用。

自然科学中的规律之所以是假设性的，是因为这些规律中往往包含着很多不确定的因素，经济学中的假设也一样。但是，相较于物理学这样的自然学科，经济学要想将这些因素搞清楚，难度更大，但如果不加以研究，危险也较大。人类社会中的规律，并不像地球引力那么简单，但和烦琐的自然学科相比，还是有较大相似度的。

经济学之所以成为一门独立的学科，主要是因为它的研究对象是我们人类行为里最容易被衡量出来的部分。这种行为相对其他部分来说，更容易用科学的方法进行研究。我们所说的衡量，不是指动机本身，而是产生动机的来源。金钱从来就不是完美无缺的衡量形式，它适合于研究贫富问题。否则，金钱算不上是一种合适的衡量方式。不过，如果我们在使用的时候谨慎对待，它还是可以成为一种比较合适的形式。

理论研究必须与事实研究同时进行：对近代问题的研究，近代发生的事实是有用处的。古代的经济记载是不适用和不可靠的。古代的社会情况，例如经济、教育、政治、生产生活方式等和近代的情况是迥然不同的。

经济学的研究目标有两个：第一个纯粹是为了追求知识；第二个是为了解释清楚现实的情况。在进行研究之前，对这些研究成果的用途进行衡量是十分必要的，但这不能被直接用来作为对工作进行规划的参考。如果这样做，往往会碰到现实和预想不一样的事情，这时候我们便会毫不犹豫地将不符合想象的状况剔除。对实际目的的直接追求，使得各种知识点都聚集起来，这种结果纯粹是由于同样的目的才出现的。这样就会把我们的精力浪费在这些知识本身上面，而得不到创新。

古代经济记载的不适用 郎世宁 绢本 北京故宫博物院藏

　　研究近代的经济问题，近代的事实会对其有所帮助。将古代的经济记载用于近代经济研究是不适用和不可靠的。因为古代的经济、教育、政治、生产生活方式等和近代是迥然不同的。就像图中乾隆皇帝的哨鹿活动，虽然画家将其画得场面恢宏，但对今天的经济研究并没有多大的帮助。

　　正确的研究方法是，将那些在本质上相同的事件和论断收集起来，为了某种科学性的目的进行研究。如此一来，就可以触类旁通。长此以往，规律的特性就很容易被我们获得。

2.主要课题

　　关于经济学的研究课题，我们引用一些著名经济学家的说法来进行说明。

　　"工业社会以来，影响物质财富生产、分配、交换和消费的因素是什么？产业和商品交换的程序是怎样的？大金融市场和批发零售的小规模市场有什么不同？工人和资本家的关系是怎样的？所有这些事物之间存在着一种怎样的关系？它们目前的情况和最后的结果会产生怎样的影响？”

　　“一种商品的价格因素，会受到哪些条件的限定？社会中一个阶层的人如果增加了财富，这会使福利得到怎样的改善？如果某个阶层所获得的收入不足以支撑自己的生活，又会对社会的生产产生怎样的影响？如果某些人的收入得到了提高，这往往是因为他们工作能力提高了，不过这样的一种结果会达到怎样的程度呢？”

　　“对不同地区、不同条件下的不同人来说，经济的自由程度对经济的影响力如何？除此之外，还有哪些因素存在着影响力？如果这些因素统统作用到一起，会怎样？特别需要重点指出的是，因为经济的自由度所产生的结果，如果作用于垄断这样的组织，会产生怎样的结果？社会上不同的人对自由经济的作用会产生怎样的态度？不同制度下的赋税是怎样的？国家的赋税制度对不同的人群有什么影响？”

　　我们现在总是鼓励当代英国的经济学家重视对实际问题的研究，这些问题中很可能总是包含一些跟经济学不吻合的部分。

　　这是经济学研究中必须正视的一个重要问题。经济学研究的主要工作是对事实的收集、整

零售超市

　　经济学研究的领域很广泛，影响物质财富生产、分配、交换和消费的因素，商品交换的程序，工人和资本家的关系，经济自由程度对经济的影响，社会上不同的人对自由经济的态度，不同制度下的赋税是怎样的等问题都是经济学的研究范围。图中的超市属于零售市场，它也在经济学的研究范围之内。

经济学研究侧重社会生活 梵高 油画 1883年

经济学研究的对象，是关于人类社会中政治、社会和个人所有的有关经济方面的研究，不过它的侧重点在于社会生活这方面。图中是梵高在1883年绘制的有丰富色彩的耕地，对土地这种非可再生资源，该采取怎样的干预手段也是经济学研究的对象。

理和分析推理，这些都应该遵循上面所说的问题进行。虽然我们碰到的大部分问题都不包含在经济学的研究范围里，但它们常常会给经济学家的实际工作带来有用的动力。

现实总是风云变幻的，现实中的问题会随着时间和地点的变化而变化，这种实际上的变化往往比书本上的材料大得多。我们下面提到的种种问题，目前在英国已经显示出了紧迫性。

我们所考虑的问题是，怎样采取行动才可以使自由经济发挥出最大的优势，同时将它带来的坏处降到最低？假设它产生的最终效果是好的，但中间会产生很多危害，而遭受危害的人群却无法享受最终的好处，他们就是在牺牲自己的利益为别人提供幸福。这样的结果是不是正确的？

如果我们将平均分配财富的行为看作是正当的，就可以证明改变经济制度或者干预企业自由竞争的行为是正确的，就算总的财富数量会因此缩水也无所谓，但这到底会是什么样的情况？

换个说法，如果我们需要牺牲国家的物质财富来使生活在贫穷状态下的人们提高生活的质量，那么这种做法就是值得肯定的。至于应该达到怎样的程度，则是不确定的。假如社会大同，领导者也一直努力向上，这样的做法会产生怎样的结果？国家的税收又应该以怎样的方式分配出去呢？

对目前的社会分工形式，我们应该满足吗？对于很多只是从事没有前途的工作的人来说，他们的选择是正确的吗？企业付出时间和精力对新人进行培训和教育，使他们增强工作能力，这样的行为现实吗？

对生活在现代文明中的我们来说，个人和公共关系究竟应该怎样定义？对于团体来说，带有利己动机的公共活动，包含利己的成分有多少？哪些商业活动需要在政府的引导下进行？比如说，我们对社会生活中的物质需求以及其他需求应该采取怎样的手段获取？获取的程度是否已经达到标准？

如果政府不直接参与管理，它能容忍的最大限度是什么？对垄断性的行业，政府应采取怎样适当的手段进行干预？对于土地这种非可再生资源，该采取怎样的干预手段？将现行的一切财富的权益保存下来是否必要？

目前流行的使用财富的方式是否完全恰当？在一些经济关系中，如果政府对私人经济活动采取较为强烈的干预手段，往往会事与愿违的结果。这个时候，如果采用道德的方法进行干预，效果将会更好。但道德起到的作用有多少？一个国家对内和对外的政策，在哪些方面会产生不同？

从上面的讨论中，我们可以得出这样的结论：经济学研究的对象，是关于人类社会中政治、社会和个人所有的有关经济方面的研究，不过它的侧重点在于社会生活这方面。经济学研究的用途，是为了得到知识而去寻求知识，同时兼获一些实际的收获。

虽然经济学是一种和现实需求存在极大关系的学科，不过它却尽可能地不参与政治上的问题。这些问题是政治家研究的问题，他们研究内外政策的制定，做出种种决定，以使国家获得最大的好处。虽然经济学会对政治家的活动提供不小的帮助，但经济学并不是以此为目的而进行的，这更多是一种无意识的利用关系。经济学总是逃避很多现实的政治问题，它只是一种有用处的学问而已。因此，我们喜欢用"经济学"这个名词来对这门学科进行定义，而并非"政治经济学"。

3.经济学家必须具备的能力

想象是经济学家最需要的三种重大能力——知觉、想象和推理中最为重要的一种能力。它可以让人看到隐藏于表象之下的事物发生的原因，也能够发现隐藏于显而易见的原因之下那些不显著的结果。

自然科学，尤其是物理学有一种天然的优点，研究人员必须得到一个真理——正确的结论，而且必须在日后的实践中加以检验。如果他们仅仅关注事物的表象，而忽视了事物各方面的相互联系，看不到某些细小的变化都能对周围的环境因素产生巨大改变，那么，不久后他们便会发现自己的错误。所以，真正严谨的物理学学者，不会满足于对事物大概或笼统的研究，而会从大局出发，分析每一个因素的重要性，并将其量化。

经验告诉人们，对那些浪费成性的人进行毫无顾虑的援助，哪怕从表面上看并无过多不妥，也会对其性格的培养和家庭生活造成不利影响。于是，我们知道，对于某些小事件，人们能够运用自身已有的经验知道其原因和结果。但是，如若我们要判定提高就业稳定性的并无明确结果的计划所能带来的真正后果，就必须具备更加丰富的知识和观点，如更多努力的研究，更长远的眼光以及更加丰富的想象力。而要具备这些，我们就必须去了解，信贷、对内贸易、对外贸易竞争、农作物收获和价格等各种变化怎样密切相关以及它们如何对就业稳定性产生有利或不利的影响；我们还必须观察西方世界的每一个重大经济事件以及它是如何影响其他各地的至少是某些行业的就业状况。如果我们只是看到现阶段造成失业的某些原因，恐怕无法改变这种情况的继续发生，甚至会造成更加糟糕的状况。如果我们去追寻隐藏在背后的不明显的因素，并分析其重要性，则对我们思维能力的提高有重大的帮助。

自然科学需要精确性，人文科学研究却并非如此，于是"捷径"成了人文科学研究者青睐的选择，虽然这种"捷径"并不可靠，但却极有诱惑力。即使他能创造出一条更为严谨、能直达目的的道路，他也不会这么做。科学的历史学者无法进行实验，也没有标准去估计历史事件所占的相对地位。但是这种估计是需要时常出现的，如果没有对某些原因的相对重要性做出暗示性估计，他就不能得出某种结论，这个原因或者这类原因所起的作用，大于或者小于其他原因。当然，只有经过长时间的努力，他才能够知道如何相信自己做出的判断和估计。经济学家

想象力 夏加尔·马尔克 布面油画 1915年

想象力是经济学家必须具备的一种能力。它可以让人看到隐藏于表象之下的事物发生的原因，也能够发现隐藏于显而易见的原因之下那些不显著的结果。图中简单的木屋和谷仓组成了城镇，城镇的上空有两个轻盈飞越的人物，男人的手温柔地环绕在女人的胸前。夏加尔的想象力给作品带来了鲜活的生命，想象这种能力对经济学家也同样重要。

奢侈的阿斯普雷手表

图中是英国著名的奢侈品品牌阿斯普雷手表的广告画，一些浪费成性的人们爱使用它们。而经验告诉人们，对这些浪费成性的人进行毫无顾虑的援助，虽然从表面上看并无过多不妥，但会对其性格的培养和家庭生活造成不利影响。

也面临同样的困扰，只是程度上稍有减弱。经济学家在某种程度上也需要做到准确性和客观性，这一优点是和物理学家相同的。至少，如若对现今或稍早之前的事件进行研究，其必须对事实进行不同的归类，而对这种归类所需要做出的明确的描述，在数字上往往是近乎正确的。这样，他研究隐藏于表象之下的不显著的原因和结果，并把整体的复杂分拆为各个小的因素，再把这些众多的因素重新整合，就显得轻而易举了。

任何一个行业的高工资，无论是因为"标准规则"还是由于其他方法得以保持，我们的想象力就要去寻求一种结果——那些愿意从事这份工作，却因为这种"标准规则"而不能做的那些人的生活情况究竟如何。他们的生活水平会产生怎样的影响？日常生活中，总是经常出现这样的情况：有些人的生活越来越好，而另外一些人却越来越不如意。在这种情况下，是不是大多数人的财富处于增加状态，减少财富的只是很少的一部分人？如果不深入进行研究，我们就会认为是这样一种情况。然而，如果进行科学的研究就会发现，事实是完全相反的。由于英国的部分影响，某些在澳大利亚奋斗的殖民主义者们总是爱从事冒险事业，而这种事业往往会给工人们带来对美好生活的憧憬。同英国不同，澳大利亚是一个具有广阔土地和资源的地方，具备很大的财富潜力，如果工业因此衰落了也会很快恢复生机。现在有一些人建议在英国也采用澳大利亚的模式，这种想法是错误的。英国如果碰上了这样的失败，打击将会很严重。今后我们研究的重点，就是对这样的具体情况进行分析。这种研究活动必须是一丝不苟的。

进行这样的研究工作，最需要具备的是智力，甚至是批判的能力。但是就经济学来说，它最需要的则是人们对自己同类的同情心。这些同情心的影响因素包括：个人的性格、财富、生活习惯之间的关系；国家的整体效率对社会上各个组织间的凝聚力的加强；个人的利己心理和整个阶级的利己心理存在怎样的利害关系；如何将我们目前日渐增多的财富用来使人类的未来更加美好。对这些问题的研究，会使得互相间的同情心变得日益浓厚。

想象力在经济学家发展自己理想的过程中，扮演着尤为重要的作用。想象力又必须以慎重和委婉为基础，只有这样，其对自我理想的倡导，才是真正源于自身对未来的理解。

在中世纪后期，人类对产业组织的研究已经逐渐有了一个明确的框架。在这之后，人们都看到了产业组织的进一步发展，并且对其研究的热情逐渐加大。随着产业组织的发展，人们对其认识的深度和广度也达到了有史以来的最高峰。但是，即使这样，我们依旧无法预知其最终的发展命运如何，正如我们研究历代历史，依旧无法明确地知道，形成进步的真正原因是什么。

由此看来，虽然随着人类社会的发展，我们认识到了更多的思想和方法，但这种思想和方法似乎源于人类的早期成果而非更加成熟的时代。正如我们很早就知道：除非已被证明为极其懦弱或卑鄙的人之外，每一个人都值得享有充分的经济自由。但是，直到现在，我们依旧无法确定这种进步的思想究竟会发展到何种程度。

在19世纪初，开始有雇主和政客以"经济学家"的身份为其自身的阶级特权辩护。即使在我们这个时代，依然有自称"经济学家"的人反对将大量的国家财政或者社会资金用在发展大众教育上，很显然，他们的观点与大多数经济学家的主张相左。但是，像著名的卡莱尔和拉金斯以及其他众多的作家，却不加调查和区别就认为所有的经济学家都应该为他们不赞同的那些言行负责，他们开始抵制和误解所有经济学家的观点和思想。

其实，从近代经济学创始至今，经济学家都怀有温和、善良、热忱以及怜悯之心，并得到了大多数人的认可。他们中很少有人是为了私利。相反，他们更关心社会的财富分布情况，面对强有力的社会垄断时，他们也会发出自己反对的声音。

面对所谓的阶级立法——这种立法意在阻止公会享有雇主团体享有的特权，几代经济学家都和大众一样持反对意见，并加入了反对阶级立法的运动；他们设法将雇主团或者政客强加给劳动人民的陈旧的救贫法清除；政客和雇主假借"经济学家"的名义反对工厂法案时，他们能发出自己的声音。他们都相信：无论是个人努力还是公共政策，其最终目的都是将财富用于实现全体人民的福利。

澳大利亚 海报

澳大利亚是一个具有广阔土地和资源的地方，具备很大的财富潜力。如果冒险者在这里受到挫折，可以很快东山再起。如果当地工业因此衰落也是轻微的和暂时的。但同样的情况发生在英国，结果就会严重得多，这要求我们在经济研究中要根据具体的国情来分析。图中为澳大利亚的丛林和高山，它们富藏着巨大的资源。

经济学家的品质

从近代经济学创始至今，经济学家都怀有温和、善良、热忱以及怜悯之心，他们中很少有人是为了私利，他们关心社会的财富分布情况。美国经济学家凡勃伦就是其中的代表。

他们极其谨慎和冷静，他们并不敢承担过多对未知道路的倡导而需要担负的社会责任，但一旦他们拥有信心和安全的保障，他们也会发挥丰富的想象力，这种想象力既不受限于知识的积累，也无须对思想进行长期的训练。

有时他们的谨慎显得有点过度。因为他们深知，即使最伟大的先知，其眼界在某些方面也会受限于非常专业的领域。例如，环境对人性格的影响被认为是社会科学中的重要观点，但其一部分却受到了生物学研究的启发。有鉴于此，经济学家对人类社会继续发展的展望，采取了更加积极、远大和有希望的态度。他们相信，在人类达到更利于自身经济和道德发展的新的生存状况的道路上，思想将

欢乐的威尼斯　贝利尼·真蒂利　布面油画　1500年

　　经济学家认为：无论是个人努力还是公共政策，其最终目的都是将财富用于实现全体人民的福利。图中，真蒂利用高妙的技巧，通过平底船的船夫、修道士、贵妇和绅士、宫殿和运河，展示了威尼斯的日常生活。画面上处处是欢乐的细节描绘，这正是经济学家所期望的，希望全体民众都能享受财富带来的福利。

会影响人的内心，以至改变整个社会环境甚至改变自身的性格。他们将把发扬这种伟大目的当作自己的责任，相信任何反对这种目的的其他蹊跷的"捷径"，只会毁灭人类的创造力和专注力。

　　如今，有些人认为，现有的既得权利是极端的，是用来反社会的，他们常常以经济学家自居，却并没有做经济学家该做的事情。相反，真正建立经济学的那些大家，虽然并不推崇现在这样的财产权利，但他们并非要建立任何抽象的原则来作为私有财产权最终的根据，而更多的是以这样一种观察作为根据：在过去，私有财产权确实促进了社会的进步，因此，如若废除与现阶段的社会生活理想不相符合的权利，必须持谨慎的、尝试的态度，这是负责任的人应该做的事情。

第二卷

基本概念

　　本卷主要阐述了经济学中的一些基本概念，内容涉及财富、价值、价格、生产、消费、必需品、货币收入、经营资本、纯收入、利息、利润等众多概念。卷末还阐述了资本的分类，资本的生产性和预见性。

经济学作为社会科学的分支主要研究人们为满足欲望而付出的各种努力。本章除了说明经济学中的财富观外，还提及了由于事物性质和用途的不断变化，给名词分类就很困难。名词在使用时，其含义也不是一成不变的。

1.经济学中的财富观

在经济学中，财富常常被看作是满足人们欲望的东西和人们为之努力的结果。众所周知，经济学不但研究财富，还研究人类的社会活动。之于后者，经济学可以被看作是社会科学的一个分支，经济学主要研究人们为满足欲望而付出的各种努力。并且，这种欲望和努力只能用财富或者财富的一般代表物货币作为衡量标准。

但人们努力的结果和可以满足人们欲望的东西，并不都是财富。我们

制造战船的船坞 美国

经济学是社会科学的一个分支，它不但研究财富，还研究人类的社会活动。经济学主要研究人们为满足欲望而付出的各种努力。这种欲望和努力多用财富或财富的一般代表物货币来衡量。图为费城修造大型军舰的船坞现场，工人们为了获得劳动报酬，正在辛劳地修建军舰。工人的这一行为属于经济学的研究对象。

经济制度发展的推动力

图中的丁香树生长正茂盛，它的白色小花散发着迷人的香味。园丁认为，能够使一种植物在它生存的环境中不断繁衍的特性是这种植物最近发展较快的原因。这一道理同样适用于经济制度，最能使经济制度现在发挥作用的那些特性，是这种经济制度在最近发展较快的原因。

要研究哪些东西可以被看作财富。我们还要研究如何对这些被看作是财富的东西进行合理的分类。探讨了经济学的研究范畴和研究方法，接下来，我们就需要对全部的名词进行细致的研究。

2.分类上的困难

任何东西的性质和用途都是不断变化的，这就给我们的分类造成了一定程度上的困难。穆勒曾经对分类的科学性做出过说明，他说："把研究对象划入不同的类别，并对这些种类做出很多的一般命题。如果这些一般命题比对象划入其他类别所做出的命题显得更加重要，那么这就算比较科学的分类。"这个方法看起来简单，其实不然。我们在最初的时候，就遇到了棘手的问题。经济学的发展有不同的阶段，每个阶段的重要命题都不一样。因此，我们就面临着决定哪些命题最重要的困难。

经济学家可以借鉴生物学家最新研究得出的一些理论。生物学家达尔文认为，每个生物的生活习惯和它在自然界中的地位，一般不是由它的本身构造中最能解释它的起源的这一部分决定的；相反，是由生物的本身构造中最不能解释它的起源的那一部分决定的。因此，园丁认为，能够使一种植物在它生存的环境中不断繁衍或者茂盛的特性才是这种植物最近发展较快的原因。这个道理在经济学中一样适用。对于一种经济制度而言，最能使经济制度现在发挥作用的那些特性，才是这种经济制度在最近发展较快的原因。

经济学要与日常生活实践相吻合，这给我们顺利开展工作造成了困难。在自然科学中，当许多事物因为都具有某一类特征而被人们放在一起讨论时，这些事物就可以被列入同一个类别。而且，这一类别常常被用一个特别的名字来命名；一旦社会上出现了一个新的概念，很快就会有一个全新的专门术语来概括这个概念。可是，经济学却不能这么贸然命名。由于经济学理论必须使用人们熟知的词语，所以，经济学中使用的名词，必须要与它的日常用法相契合。并且，我们要尽量像平常使用这些词一样来使用它们。

其一，我们必须按照上下文来阐释每个字的含义，这是因为它在一般用法中就有多种解释。一个经济学著作家无论多么看重文章的形式，他仍然要依据上下文对每个字做出解释。否则，这个经济学著作家就会面临词汇贫乏的问题。然而，经济学著作家始终不认为他们随意用字，甚至他们不认为自己用字很随意。经济学著作家在解释经济学之初，常常使用新奇而严谨的论断，这种做法迷惑了刚刚阅读的读者。但是，随着阅读的深入，读者就会难以理解其中某些特殊的话语和句子，也无法理解作者的意图。而且，读者可能误会并责备经济学著作家。

其二，通常认为，不同的词之间的差别是它们所属的类别的差别。但在经济学中，各个名词之间的差异却不是类别的不同，而是它们所表示的程度不同。如果不仔细研究，这种差异很容易让人以为是类别的不同，并且通常还能概括出明显的区分点。然而，如果我们深入研究这些名词，就会发现它们之间仍然具有某种关联性。

3.关于名词的用法

在阐述某一概念时，我们要清晰地表达概念的特征，但是并不需要固守某一个名词的用法。这就要求我们细致地分析和研究对象的确切特点。我们会清楚地觉察到每一个名词都有某一个用法更加符合近代科学的要求，这个用法足以成为这个名词的主要用法。而且，在符合近代科学这一点上，这个主要用法要优于这个名词的其他合乎日常生活的用法。但是，有时候我们还要做特别说明。当上下文未说明或间接透露出相对的意义时，这个名词的主要用法就可以代表这个名词的意义；但是，有时候我们还要做一些补充说明。如果这个名词被用作其他意义，无论是广义上还是狭义上的意义，我们都要说明这种情况。

在某些应该标出明确界线的准确位置上，即便是最严谨的思想家，也会产生分歧。对于这种争论，通常用人们对不同的实际便利的论断来予以解决。只是，这种论断要保证不能通过科学、严谨的推演而被建立或者驳倒，也就是，要留有足够的论争空间。可是，对分析本身而言，就不能保有这种争论空间。当两个人意见相左的时候，他们之中只能有一个人是正确的。总之，我们应该而且能够希冀通过经济学的逐渐发展，这种分析能够以坚实的基础为基石。

商品的不同用法

很多名词都具有多义性，但每一个名词都有一个用法更加符合近代科学的要求，这个用法就成为这个名词的主要用法。例如"商品"可以指市场上买卖的物品，也可以指为交换而生产的劳动产品。如图上的土著印第安人猎取海狸，将海狸交易给英国人，这里海狸作为一种商品，指为交换而生产的劳动产品。英国商人将海狸的皮毛剥下再出口，这里的海狸作为商品指市场上买卖的物品。

第二章

财富

人们想要获得的用以满足人类欲望的东西我们可以称其为财富。一个人的财富是由他外在财货中那些能用货币衡量的部分构成的。财富根据不同的占有者可以划分为个人财富、公共财富、国家财富和世界财富，而所有的财富都可以用价格来衡量。

1.财货

财富指人们要获得的东西，这些东西能够直接或间接地满足人们的欲望。但并非人们所有想要获得的东西都是财富。友情是使人感到幸福的重要因素之一。但除开诗意地表达外，友情并不是严格意义上的财富。所以，我们要对人们想要的东西分类，再分析这些东西中哪些可以被看作财富。人们想要获得的用以满足人类欲望的东西非常多，由于找不到一个简明的通用名词来代表这些东西，我们暂且使用财货来表示。

财货有物质的财货和非物质的财货。其中，有用的有形东西，拥有或使用这些东西的权利，从这些东西获取利益的权利，未来再次得到这些东西的权利等，这些方面属于物质财货。物质财货包含丰富而广大的内容，即自然的物质馈赠，像土地、水、空气以及气候；农业产品、工业产品、矿业产品和渔业产品；公营和私营公司的股票、各种垄断权、专利权、版权；各种抵押品、债券；建筑物、机械、工具等。尽管观赏优美风景和艺术品的能力属于人们内在的、个人的财货，但它们同时也是客观存在的物质便利的体现。因此，观赏美景、参观博物馆乃至旅行，都属于物质财货。

人类的非物质财货有两种。其一，包括人自身所具有的特性与人具有的活动和享受的能力。这些都没有超出人自身的范畴，通常人们称它为内在

财富的内涵

财富指人们要获得的东西，这些东西能够直接或间接地满足人们的欲望。但并非人们所有想要获得的东西都是财富。图中的贵妇人们正在兴致勃勃地谈论着，她们间的友情能使彼此感到幸福，但友情并不是严格意义上的财富。

物质财富

    物质财富包含的内容很广泛：自然的物质馈赠如土地、水、空气以及气候；农业产品、工业产品、矿业产品和渔业产品等都属于物质财货。图中是位于纽约的麦迪逊广场花园，它位于第七大道和第八大道间。发展到今天，这个大公园中心里有戏院、保龄球中心、画廊、会议集会场等，它作为一种建筑物是物质财富的一种。

的财货。比如，人类所拥有的从事某行业的经营能力、专门技能、从阅读或听音乐中获得的享乐能力等。其二，指由有利于一个人与他人的关系组成的财货。由于这种财货已经超出了人自身的范畴，所以也称为外在财货。比如，在某些国家的农奴制时期，统治阶层为剥削农奴和下层人民而要求他们提供的劳动力和履行的义务。只是随着时代的发展，农奴制被废除了，这种财货已经不存在了。目前，商人和自由职业者之间的信誉和经营关系是一种主要的外在财货。

除了物质的和非物质的财货，还有可以转让的和不可以转让的财货。其中，不可转让的财货包括人的内在的财货，即他自身的特性与他的活动和享受的能力。比如一个人的信誉；一个人享受阳光、空气、气候等自然赠予的机会；一个人的公民权利以及他对公共财产的使用权等。

自由财货指不为私人所有、没有经过人类努力而直接从自然界中获得的财货。如原生态的土地、海中的鱼、自然生长而没有作为私人用途的牡蛎繁殖地等。但如果从个人角度来看某个固定地方的土地就不是自由财货；如果一个国家将某个海上渔场严格保护起来，并专门供应本国的人民，这个渔场就属于国家财产，而不是自由财货；人工养殖的牡蛎繁殖地也不是自由财货。另外，巴西的某些森林中，木材仍属于自由财货。

还有一些东西，需要我们加以分类。个人的私有财产，若从国家的立场考虑，仍然属于自

自由财货　托马斯·科尔　绘画　1839年

　　自由财货指不为私人所有、没有经过人类努力而直接从自然界中获得的财货。如原生态的土地、海中的鱼、自然生长而没有作为私人用途的牡蛎繁殖地等。图上是一片广阔的土地，土地上生长了茂盛的原始森林，它们是自由财货的一种。

由财货。然而，若从个人的立场考虑就不属于自由财货。农民在自由的土地上种植的小麦和从自由的渔场捕到的鱼，不是自由财货，因为它们是人们经过劳动和努力得到的。

2.财富

一个人的财富，通常包括这个人拥有的两种财货。

其中一种财货，指依据法律或风俗习惯，一个人拥有私有财产权的那部分物质财货。并且，这部分财货可以用来转让和交换。这种财货包括很多，如土地、房屋、家具、机器和其他一些可以单独私人拥有的有形的东西；公营公司的债券、股票、抵押品和一个人所保有的能够向其他人索取货物或货币的契约。一个人背负的债务也属于这种财货，只不过是负财货。一个人的净财货指从他所拥有的财产总量中扣除负财货剩下的财货。

还有一种财货，指一个人所拥有的、存在于这个人自身之外的那些非物质的财货，并且这些财货必须可以用来获取物质财货。因此，人的自身特性以及他的才能（包括这个人的生存能力）都属于人的内在财货，而不属于这种财货。另外，如果一个人的个人友谊没有明显的经营价值，这种友谊也不属于这种财货。

所以，一个人的营业和职业的关系以及他的企业经营组织都属于第二种财货。这种财货所包含的财货必须属于经济学范畴，又被看作经济财货。这种财货包含所有客观实在的东西，这些

物质财货的可交易性

一个人拥有的财富由他拥有的物质财货和非物质财货组成。物质财货可以用来转让和交换。土地、房屋、家具、机器和其他一些可以单独私人拥有的有形的东西都属于物质财货。图中是日本新娘出嫁时的陪嫁品，这些家具属于物质财货的一种，它们是可以用于交换的。

技能可被看作财富

　　一个人的专业技能是他用来满足他人物质欲望，进而间接满足自己的欲望的直接手段。这种技能可以被看作是广义上的财富的一部分。图中的印钞工人正在印制钞票，印钞这种技术对她们来说是一种财富。

东西只能是某一个人拥有，而且只能用货币来衡量。这种衡量涵盖了两方面的内容：其一，表示人们为生产这些东西付出的努力和牺牲；其二，表示这些东西能够满足人们的欲望。

3.财富的广泛适用性

　　所有个人的财富用"财富"一词来说明，是比较合理的。对财富采用一种比较宽泛的解释，是为了达到某种目的。我们还要根据上下文特别说明来看财富，否则极容易混淆。比如，一个木工，他的专业技能正如他工具箱中的工具一样，是一种他用来满足他人物质欲望，进而间接满足自己的欲望的直接手段。如果这种技能可以用一个名词来说明，并且这个名词可以被看作是广义上的财富的一部分，情况就显得非常方便了。

　　根据亚当·斯密的说法和大部分欧陆经济学家奉行的原则，我们认为，凡是一切直接对人类获得产业效率有帮助的精力、才能和习惯，都属于个人财富的范畴。另外，在狭义上的财富中，各种经营关系也属于个人财富。

　　人们从事产业的能力属于财富的一个原因，是因为我们可以对这种能力的价值进行间接衡量。如果将人的产业才能包含在"财富"一词里，很容易造成混杂的局面。"财富"这个词应该只是用来指称一个人外在的财富。只不过，当我们使用"物质的与个人的财富"这个短语的时候，好像也没有什么不当之处，反而会带来某些益处。

4.共有财货

　　一个人和他的邻人共同拥有的财货，应在我们的考虑之内。只是这种共同拥有的财货，在对比这个人与他的邻人各自的财富的时，没有必要考虑。但是，有时共同拥有的财货却可能有着十分关键的作用。例如，为了某种目的，尤其在对比远方或者前代之间的经济情形时，这些共有的财货常常有着很大的作用。

　　这种共有的财货，指人们在某个时间内住在某一个地方所得到的利益和某一个国家或社

共有财货　贝洛托·贝尔那多　布面油画　1745年

人们使用的公共财产和基础设施设备都属于共有财货。比如，人们使用道路煤气灯等东西的权利、享受法律保护和义务教育的权利等都是共有财货。图中，画家以明亮的阳光画出了城市的轮廓。河流上的桥梁，人们都可以使用，属于基础设施，是共有财货的一种。

会中的人们所取得的利益。公民的以及军事的安全、人们使用的公共财产和基础设施设备都属于这种共有的财货。比如，人们使用道路、煤气等东西的权利、享受法律保护和义务教育的权利等都是这种共有的财货。此外，某个城市中或某个乡村中的居民没有耗费任何成本，却得到了其他城乡居民不容易得到或者要耗费很多成本才能得到的利益，这些利益也属于这种共有的财货。

其他条件相同，如果个人住所相对于其他人的住所，拥有更好的天气、饮水等自然条件，拥有更好的道路和比较干净的下水道等基础设施，享受更优的报刊、图书以及娱乐休闲、受教育的场所，那么这个人就比其他人拥有更多真正意义上的财富。

以上所说的很多东西都是人们共有的财货，而不是个人所拥有的财货。这也是我们能够从社会观点（而不是与之对立的个人观点）来探讨财富的原因所在。

5.国家财富

在考虑由个人财富组成的国家财富时，国家财富中会有些容易被忽视的因素。这些被忽视的因素也在我们探讨的范围之内。所有种类的物质财产是国家财富最显著的表现形态，例如道路、运河、建筑物、公园、煤气厂、自来水厂等就属于这种物质财产。我们要注意的是，在这些物质财产中，有很多是依靠向公众借款建造的，不是依靠公众的储蓄建造的，这些大量的借款，即债务，也是财富，只不过是负财富。故此，在统计这类财富时，就需要扣除这些负财富。

英国的泰晤士河，给英国带来了巨额财富。泰晤士河对英国的贡献，大大超过了英国其他运河，也超过了英国所有的铁路。我们知道，除了泰晤士河已经改善的航运外，泰晤士河是大自然的馈赠，而运河则是由人工开凿的。即便如此，因为种种目的，我们还是把泰晤士河归入英国财富的范畴之内。

涉及国家财富的某些问题时，重视国家财富中的非物质因素是合理的，就像德国经济学家做的那样。但是，这种重视并不能用在关于国家财富的所有问题上。无论在哪个国家发现的科学知识，不久都会成为整个文明世界的财产，进而成为全世界的财富。此外，机械发明以及很多生产方法上的改善和进步、音乐等都是这个道理。当然，许多文学作品在翻译成其他国家的文字的时候，常常会因为不恰当的翻译而失去原来的韵味。这种情况，在某种意义上就可被视为那些国家使用本国文字撰写成的他们国家的财富的流失。由于某些特殊目的，一个拥有自由、并且井然有序的国家组织，是能够成为国家财富的重要因素之一的。

国家财富，由个人财产和全国民众共有财产构成。当我们估算国民的个人财产的总量时，为了减少不必要的问题，就需要省去该国国民彼此之间的所有债务和义务。举一个具体的例子，当我们估计英国的国家财富时，在涉及英国国债、英国铁路债券时，只要是这些国

国家财富 1836年

道路、运河、建筑物、公园、煤气厂、自来水厂等都属于国家财富。在这些物质财产中，有些是依靠向公众借款建造的，这些借款即债务，是负财富，在统计国家财富时，需要扣除这些负财富。图为原美国库务署，现为联邦大厅国家纪念馆，它作为建筑物是国家财富的一种。但它究竟是不是负财富就要看建造它的资金是否是借款了。

世界财富 克罗逸·彼得·赛戚林 布面油画 1893年

　　一个国家的河流是该国的国家财富，地球上的海洋则是世界财富中最有价值的一部分。总之，世界财富是国家财富在整个地球上的扩大化。图中两位穿着高雅的女人在海岸边漫步，海洋和天空在天际处融为一色，制造出宁静的气氛。图中的海洋属于世界财富之一，在计算世界财富时不可遗忘。

债和债券是英国本国人民拥有，我们只需要将英国铁路和政府债券排除在外，而只考虑英国铁路是国家财富的一部分就可以了。然而，如果外国人拥有英国政府或英国国民个人发出的债券，在估计英国国家财富时，需要排除在外；英国人拥有的外国债券却要被算在国家财富之内。

　　世界财富和国家财富之间的不同，与国家财富和个人财富之间的不同极为相似。为了便于计算世界财富，一国国民与他国国民之间的债务，可从收支两方面中扣除。我们知道，一国的河流是该国的国家财富。同样，地球上的海洋则是世界最有价值的财产的一部分。因此，世界财富的概念是国家财富的概念在整个地球上的扩大化。

　　个人财富的所有权以他所在的国家的法律为依据，国家财富的所有权以国际法律为依据，抑或二者把可以产生法律效力的风俗作为依据。故此，无论我们探讨何时何地的经济状况，我们都要考虑当地的法律和风俗。

6.价值与价格

价值的概念和财富的概念紧密相连。亚当·斯密曾对价值做过这样的解释，他说："'价值'一词包括两种不同的含义：其一，指某些特殊物品的效力和用途；其二，指由于占有该物品而获得的购买其他物品的能力。"随着人们实践的发展，已经证明了"价值"一词不适用于亚当·斯密所说的第一种含义。

能够被称作有价值的物品，是可以在任意时间和地点内同其他物品进行交换的东西。"价值"一词是相对的，它说明了某一时间和地点内两件物品彼此之间的关系。我们知道，某样物品的价值，可以称作它的交换价值。这种价值，指能够在交换的那时那地获得的并且可以同第一种物品进行交换的第二种物品的数量。

随着社会的发展，人们一般采用货币来表示物品的价值，不少文明国家使用黄金、白银或黄金、白银并存的方式来作为货币。因此，我们不是用物品与物品彼此表示价值了，而是使用通行的货币来表示物品的价值，这样所表示的每样物品的价值就是价格。举个例子，对于铅和锡两者的价值，不需要彼此表示。我们只需知道在任意的时间和地点内，1000千克铅可以用15镑来表示，1000千克锡可以用90镑来表示。而且我们也知道，那时那地的1000千克锡的价值相当于6000千克铅的价值，这就是铅与锡的价值。

所有物品的价格随着时间和地点的变化而不停地发生变化。对每件物品而言，这种变化发生的时候，货币购买力也随之改变。例如，假如货币购买力对一些物品来说有所上升，而对另一些重要的物品来说却有所下降，此时货币的一般购买力，即货币购买一般物品的能力，没有发生变化。任何物品的价格能够表示该物品和一般物品相比时的交换价值，即可以表示该物品的一般购买力。

～∞ 价值和价格 ∞～

价值是由占有该物品而获得的购买其他物品的能力所决定，而价格是物品价值的货币体现。

价值	价格
表现物品价值的就是价格。	物品的价格能表示该物品和一般物品相比较时的交换价值。

第三章

生产、消费、劳动和必需品

我们可以生产新思想，但我们不能生产物质的东西。物质本身是无法由人创造的，人们生产和消费的只是效用而已。人们生活所需的物品可以分为必需品、舒适品和奢侈品，其中对维持产业工人效率的必需品的分析，有助于我们探讨有效劳动的决定因素。

1. 人类生产效用

我们可以说，随着时代的发展，人们在道德和精神领域中生产了许多不同于以前的新思想。但是，我们却不能说人类生产物质的东西。物质本身是无法由人创造的，因为人们生产和消费的只是效用而已。人类对物质所做的一切努力和付出的代价，只是使物质的表现形态或者排列结构发生改变，进而使该物质能够很好地满足人们的欲望。对于自然界中的物质，人们能够做两方面的工作：其一，整理物质，使它们具有使用价值，比如木料在被人们做成桌子以后，就变得对人们更加有用；其二，努力使该物质借助于自然的力量而变得对人类有用。比如，在自然力量有利于种子生长的地方播种，就可以达到人们种植的目的。

利用自然的力量

对自然界中的物质，人们能够努力使该物质借助自然的力量变得对人类有用。比如，在自然力量有利于种子生长的地方栽种梨，到一定的时候，我们就可以收获到如图中所绘的这样美味的梨。

有人认为，商人不参与生产活动。比如，家具是由木工制造出来的，家具经销商则是销售木工已经做好的家具。显然，这种区分是没有严格的科学依据的。其实，木工和家具经销商都是生产效用，并没有生产出其他的东西。因为家具经销商所做的是挪动和重新整理物质，以便使物质能变得比以前更有用，而木工的工作也是同样的道理。矿工在地下采煤，船员和铁路工人在地上搬运煤，这看似有些不同，其实他们都是在生产煤的效用；捕鱼人和卖鱼人都是将鱼从需求不大的地方移动到需求很大的地方。不过，市场上对经商者人数的需求常常少于商人的实际人数，这样就会造成某些资源的浪费；如果两个农人做一个农人就能完成的工作，也会产生浪费。在这两种情形中，所有参与者都参与生产活动，只是他们可能生产得不多。

生产效用而不能生产物质　沃伯格·约翰·西门　摄影　1910年

人类可以生产思想，但不能生产物质。人们的生产，不过是移动和重新整理物质，以便使这种物质具有使用价值。我们不能说我们生产了橘子，只能说我们生产了橘子的效用。图上是一个橘子摊，夫妇俩正在卖橘子，他们和种植橘子的人一样，都是生产了橘子的效用而不能说生产了橘子。

中世纪时，有人认为贸易不参与生产活动，就极力指责贸易活动。现在，仍有人重蹈覆辙，对贸易活动进行批评、指责。其实，这些批评者混淆了指责对象。他们不应该指责贸易活动本身，而是应该指责贸易中的欠缺完善的组织，特别是其中的零售贸易组织。

通常，消费被称作负生产。人类生产许多服务和非物质的东西，即人类生产效用。同样，人类对于这些服务和非物质的东西的消费，也只能是效用。人们的生产，不过是移动和重新整理物质，以便使这种物质具有使用价值。同样，人们的消费，也只是重新排列物质的次序，并对物质的效用有所破坏。关于消费，西尼尔曾经说过，人们所消费的东西，是被诸如时间之类的渐进的力量破坏掉的。

此外，人们曾经认为，消费者财货和生产者财货之间的差异非常重要。消费者财货指能够直接满足人们欲望的东西，如食物、衣服等；生产者财货指有助于消费者财货生产而间接满足人们欲望的东西，如织布机、原棉、耕犁等。现在，这种差异变得模棱两可了，实际作用可能并不大。

2. "生产" 的多义性

人们劳动的目的是为了达到某种结果。但纯粹为了努力本身而做的努力，并不属于劳动，比如人们为了享乐而进行的某些竞赛。严格地说，劳动是人类依靠心智或身体所做的努力，主要为了从中获取利益，而不是为了直接从这种努力中获取快乐。有些劳动对人们的目的不起作用，即不产生效用，这些劳动就不能被看作是生产。除此之外的劳动，都可以称作是生产。

然而，"生产"一词的含义已经发生了许多变化。在这些变化中，"生产"的含义与不断积聚的财富有十分密切的关系，它并不看重当前的、一时的享受，有时甚至不包含这些享受。根据习俗，这个词的核心概念指将来（不是现在）能够满足人们欲望的意思。

诚然，奢侈的娱乐为人们的努力提供了动力，这些娱乐（无论奢侈与否）都是公共的和私人的活动的正当目的。如果人们放弃追求暂时的奢侈欲望，但人们从事产业的效率和精力却没有受到不利影响，人们就可以把暂时的奢侈欲望放在一边，转而追求更加坚实和长久的资源。这些资源不但能够促进产业向前发展，还将丰富人们的生活，进而促使整个国家获取丰厚的利益。人们在研究经济学理论的各个阶段都讨论过这种观念。许多经济学家还根据这种观念对各种行业进行了划分，即生产的行业和不生产的行业。

举例说明，亚当·斯密认为用人不属于不生产的行业，不少经济学家持有相同观点。其实，大部分专门蒸煮威士忌酒的人与这用人的情形是一样的，但没有经济学家把他们划入不生产的行业。同样的，为一个家庭烘烤面包的烘面包者所做的工作，同专门烘烤马铃薯的厨师所做的工作，两者性质是一样的。如果这个烘面包者换成糖果商，抑或换成一个高级面包师，那么这个人在不生产的劳动（通常，不生产的劳动指某些人提供的不必要的享受的劳动）上消耗的时间至少与家庭厨师是相同的。

"生产"一词单独使用时，主要指两种生产，即生产资料的生产和持久享受源头的生产。我们无法很好地驾驭"生产"一词，这说明在要求用词精准时，我们不能使用这个词。此外，当

生产者财货——耕犁

消费者财货指能够直接满足人们欲望的东西，如食物、衣服等；生产者财货指有助于消费者财货生产而间接满足人们欲望的东西，如织布机、原棉、耕犁等。图中两头强壮的牛拉着的即是耕犁，它可以帮助人们生产粮食，属于生产者财货。人们曾经认为，消费者财货和生产者财货之间的差异非常重要。但现在，这种差异变得模糊了。

"生产"被用来表达有差异的意义时，一定要有特别的说明，如生产必需品的劳动等。

总之，在探讨物质财富的积累方面，名词"生产"有很大的帮助。一方面，生产的目的是消费；另一方面，凡是有益的消费，都能形成利益。但在这些利益中，许多最有价值的利益，对物质财富的生产并没有直接的促进作用。基于以上原因，"生产"一词就非常容易让人产生误解。

3.必需品

必需品、舒适品和奢侈品三者很容易区分。必需品指人们急切所需的东西，即必须满足的人们的欲望。与必需品不同，其他两者指人们不是十分急切所需的东西。即便如此，我

奢侈品

必需品指人们急切所需的东西，即必须满足的人们的欲望。奢侈品指人们不是十分急切所需的东西。图中精美的糕点看上去就很可口的样子，它却不是人们生活必须满足的东西，属于奢侈品的范畴。

们仍然没有很好地阐释必需品。必需品是指维持生活的必需品，还是指维持效率的必需品？

对"必需品"一词的使用，我们要十分谨慎。必需品具体指哪一类东西，由读者根据自己的理解进行添加。有时，读者并不知道其中隐藏的东西，这时读者就会误解作者的意图，进而给作品添加一个与作者本意相违背的东西。为了避免这种误会产生，在重要之处，作者要向读者明确地表明自己的意图。一直以来，人们认为，必需品指劳动者满足本身及家人的基本生活需要的东西。

舒适和高雅的衡量标准，亚当·斯密及其支持者曾经有过研究。他们指出：不同的地方，气候和风俗不相同，因此，某种东西在一个地方是必需品，但在另一个地方却可能是不必要的东西。当时，亚当·斯密深受重农理论影响，法国的大部分人都认为，能够满足生存所需的东西才是必需品。除此之外，法国人不清楚其他所谓的必需品。随着时代的发展，我们能明白：任何时间和地点内，无论哪一种产业的收入所得，都包含两方面的内容。其一，为了满足该产业所有员工生活所需的那部分收入；其二，用来维持该产业生产效率所需的那部分收入。

在我们估算必需品时，除了有特殊说明外，我们都必须把估算的前提限定在特定的时间和地点内。我们认为，所有产业阶级的收入水平都低于该产业阶级的必需水平。这样，随着产业劳动者薪水长时间地增加，劳动者的生产效率就会提高。然而，通过改变习惯，我们或许可以减少消费开支，但是必需品确实不能够有任何减少。

4.习惯上的必需品

对维持产业工人效率的必需品进行细致分析，有助于我们探讨有效劳动的决定因素。假如，我们对维持当代英国普通农民和不熟练的城市工人以及他们各自家人的效率的必需品加以

必需品

通过对维持英国不熟练的城市工人及他们家人的效率的必需品的分析，我们得出：这些必需品主要包括拥有多个房间和便捷下水道的住所、舒适的衣物、洁净的饮水、充裕的肉食和牛奶、少许的茶、基本的教育和娱乐设施等内容。图中的牛肉就属于维持他们效率的必需品之一。

认真分析，我们就可以得到十分清晰的认识。这些必需品，主要包括一套拥有多个房间和便捷的下水道的住所、舒适的衣物、洁净的饮水、充裕的肉食和牛奶、少许的茶、基本的教育和娱乐设施等内容。此外，这种必需品还包括，劳动者的妻子在工作之余，能够尽到她作为母亲和妻子的责任这一内容。

我们知道，如果一匹马没有得到很好地饲养，或者一架蒸汽机缺乏煤的供应，这匹马的精力会受到损失，这架蒸汽机的作用也无法真正得到发挥。同样，如果不熟练的工人缺乏上述任何一种必需品，这个工人的工作效率就会受到影响。必需品的消费不能有一点减少和节约，一旦低于这种消费，就会产生极度的损失。

在某些地方，对烟酒的大量消费已经习以为常，这些东西可以称为习惯上的必需品。如果收入平常的人想要得到这些东西，就必须相应地减少用于维持效率的必需品。这些人的薪水一般不足以用于维持效率所需。当然，如果这些人的薪水既足够支付严格意义上的生活必需品，也足够支付习惯上的必需品，他们就不会面临薪水无法满足维持效率所需的情形。一般来说，产业工人习惯上的必需品属于生产的消费。不过，如果我们深入研究，就会发现这种习惯上的必需品的消费并不是真正意义上的"生产的消费"。对此，我们应当附加具体的阐释，用来指出习惯上的必需品是否属于"生产的消费"。

此外，那些被看作是奢侈品的东西在有些情况下也可能是必需品。因为在某些情况下，生产者消费奢侈品，而这种消费本身也是一种生产。

收入与资本

本章主要讲了货币收入、经营资本、纯收入、利息与利润等基本概念。然后从私人观点将资本分为了消费资本和辅助资本，又从社会观点对资本和收入进行了区分，并在章末指出资本具有生产性和预见性两种相对等的特性。

1.货币收入与经营资本

原始社会时期人们的日常所需大多来源于人们自己的劳动。那时，人们的收入中很少是货币的形态。即便某个原始社会的人认真考虑自己的收益，他也不能看出明显的差异。

货币经济的不断发展，缩小了收入概念的范畴，即以货币形态表现的收益才是收入。"实物工资"，如免费使用房子、煤气、水等内容，属于工人的收入，却取代了货币工资的位置。一般来说，在经济学上，一个人的资本被视为他的财富中用来获取货币形态的那部分收入。换句话说，一个人凭借经营的方式获取的那部分收入即经营资本。这两方面的内容都符合严格意义上的收入。

经营资本指人们用于经营的外在货物。人们出售这些货物以便得到货币收入，也可以用这些货物生产可以出售的其他物品进而获得货币。经营资本的内容包括很多，如工厂和生产者的经营设备（包括机器、原材料、供员工使用的衣食住等方面的物质）以及他们的经营信用等。一个人的所有物，还要包括他的权利以及凭借这些权利获取的东西，如一个人用抵押或其他方式发放的贷款。另外，在近代复杂的金融市场中，一个人对资本的支配权也属于这些所有物。当然，我们在估算一个人的资本时，必须扣除他的债务。

> **经营资本**
>
> 经营资本指人们用于经营的外在货物。它包括工厂和生产者的经营设备，如机器、原材料、供员工使用的衣食住等方面的物质以及他们的经营信用等。下图是英国伯明翰生产油炉灶的工厂，它是经营资本的一部分。

2.纯收入、利息与利润

如果打算以经营为生，人们就需要准备相应的原材料以及聘请员工。这样一来，人们的纯收入，指从所得的总收入中扣除了为得到总收入而付出的代价之后的那部分收入。

一个人名义收入的增加，是通过他为获得货币收入而做的所有努力；如果这个人是单纯地为了自己而做出努力，这并不能增加他的名义收入。若这些努力只是一些细小零碎的事情，我们就无须考虑。但是，假如一个人为了做这些事情而付出了相应的代价，这些事情就需要引起我们的重视。对这个问题，还需要说明一个名词——纯利益。

纯利益是一种真正的酬金。任何职业都存在工作疲乏等一些不利因素，而且任何一种职业的利益不是只包含货币工资这一种收入。鉴于这一事实，我们在计算每种职业所能提供的真正酬劳时，我们就要从该职业的所有有益的货币价值中扣除该职业的所有不利的货币价值，这样才能得到纯利益。

利息指借款人由于使用贷款而付出的酬劳与贷款之间的比率。一般情况下，人们用利息来表示从资本中获得的所有收入的等价货币。当利息用来表达相对于贷款的资本额的某一百分比的时候，资本就不再是现存的一般的东西，而是货币。例如，贷款100英镑，年利率是4%，则每年的利息就是4英镑。

纯利益

纯利益指从某一职业的所有有益的货币价值中扣除该职业的所有不利的货币价值，这样得到的就是纯利益。如下图中租借公羊的人，在他租借公羊获得的收入中扣除饲养公羊的花费和他因为工作产生的疲惫等因素之后剩下的才是纯利益。

钢琴与利息 维米尔·扬 布面油画 1674年~1675年

利息与机器具有的货币价值有关联，而与机器本身无关。图中一个年轻的女子坐在古色古香的钢琴前边，我们可以认为钢琴产生价值，但不能认为钢琴产生利息。

利润指从资本中获得的所有纯利益，大于根据目前利率计算所得的资本的利息。某个经营者一年的利润，指在同一年中，该经营者的经营收入与经营支出之间的差额。我们根据该经营者拥有的机器设备、原材料等具有的价值在每年年初和年末之间的差额的增加与减少，来判断这些价值是属于收入还是支出。该经营者的经营收入，指在他所得到的利润中扣除根据目前利率计算而得到的资本利息（保险费用也要扣除）后剩余的那部分。这样，我们可以得到该企业的利润率。利润率指经营者的利润与资本在一年之中的比率。

租金指人们为了租用特定的东西而付出的酬劳，如为了租借房子、钢琴、缝纫机等而付出的酬金。如果经济学家站在个别经营者的角度考虑收入问题，这不会有不当之处。但如果我们将研究经营的个人角度转为社会角度，租金就表示从大自然的馈赠中获取的收入。基于这个考虑，在本书中，我们将用"准地租"一词来表示经营者从机器设备和其他人工做成的生产工具中获得的收入。换句话说，每一种特殊的机器都可以产生一种带有地租性质的收入，这种收入有时也称作地租。我们可以认为机器产生价值，但不能认为机器产生利息。因此，利息与机器具有的货币价值有关联，而与机器本身无关。

3.从私人观点看资本分类

资本包括消费资本和辅助资本。消费资本指能够直接满足人们欲望的货物。换句话说，就是能够直接维持生产者生活的货物，比如衣食住行等方面的货物。

凡是能够在生产上帮助劳动的货物，都可以称为辅助资本。辅助资本主要包括工具、机器、工厂、铁路、码头、船只、各种原材料等。一个人的衣服必然能够温暖他，并且帮助他顺利展开工作。一个人直接由他所在的工厂的劳动保护中得到的利益，和由他直接在自己的房屋中得到的利益是相同的。

穆勒认为：流动资本只能够使用一次，然后这些资本就完成了自己全部的生产任务；固定资本指以持久的形态存在，要经过相当长的时间才会还原为资本。

4.从社会观点看资本和收入

当讨论为了销售而生产货物，和支配货物的交换价值的因素时，商人的观点和经济学家最常采纳的观点一样。当商人考虑支配整个社会的物质福利的因素时，商人和经济学家必须站在宽泛的角度看待这些因素。从社会观点来看，收入指人们凭借努力在任意的时间内得到的所有利益，并且这些努力是由人们在充分利用自然资源时所付出的努力。但是，绚丽的彩虹或者芳香的空气给予我们的舒适感，并不是我们得到的利益。

如果一个人把自己现有的劳动用于自己，他的劳动就会为他带来直接收入；如果他把这种劳动用来服务他人，他就可以从中获得酬劳。一个人的物质利益，不仅来源于他从过去做成或者得到的所有有益的东西；也来源于以前做成或者得到的人依据目前的财产法而遗赠给他的所有有益的东西。若这些东西被用于经营，由此产生的收入就会以货币的形态表现出来。从广义上讲，收入指一个人从自己的财产所有权中获得的所有利益，并且不需要考虑他怎么使用这些财产。

在税收官员看来，人们居住的房子是税收的一个来源。究其原因主要有三：其一，房子具有的现实重要性；其二，人们常常以经营的方式来看待房子的所有权；其三，这样得到的收入

辅助资本

　　资本包括消费资本和辅助资本。凡是能够在生产上帮助劳动的货物，都可以称为辅助资本。它主要包括工具、机器、工厂、铁路、码头、船只、各种原材料等。图中是18世纪初俄国的圣彼得堡码头，一艘英国货船正在圣彼得堡码头进行商业贸易。从这个意义上说，圣彼得堡码头可以称得上是一种辅助资本。

便于区分和计算。当然，这些官员并不会对税收规定之内和规定以外的东西做出种种类别上的区分。

　　我们必须站在整个社会的物质福利的角度来看待"资本"的用法。亚当·斯密认为，资本指一个人想要从自己的资产中所得到利益的那部分收入。长时间以来，人们认为，名词"资本"与"收入"有各自的用法，但它们之间的联系非常紧密。这联系表现在：几乎在每一种用法上，资本都指一个人想要从自己的资产中所得到利益的那部分收入。

　　以社会观点来看，我们使用名词"资本"的目的在于探讨生产的三要素，即研究土地（也就是自然的要素）、劳动和资本（即劳动和资本如何促进国民收入的增加）、分配关系（如何分配国民收入）。这是资本和收入在任何角度上看都有密切关联的原因。因而，资本在本书中指所有东西（土地除外）可以形成的在日常交谈中被视为收入的那类收入，以及公众所有的东西中可以被视为资本的东西。被排除在外的土地，则指自然赠予的所有能够产生收入的东西，比如矿场、渔场等。

　　正如税官员所表现的那样，资本常被认为是能够产生收入的东西，但经营者拥有的家具和衣服不属于资本。因此，资本指经营者为了经营拥有的任何东西，如机器、原材料、制成品、戏院、宾馆、家庭农场、房子等。

资本的内涵 约翰·康斯太布尔 绘画 1816年

　　资本指经营者为了经营拥有的任何东西，如机器、原材料、制成品、戏院、宾馆、家庭农场、房子等。图为康斯太布尔的早期作品《魏又侯庄园·埃塞克斯》。魏又侯的佃户在湖面上拉网捕鱼，奶牛在农场漫步，隐藏一角的庄邸，荡漾的碧波，茂密的树林都使画面显得清新。这美丽的庄园是农场主经营的资本之一。

　　"资本"一词的这种用法合理的原因有二：第一，这种用法符合经济学家大致探讨重要的社会问题，然后探讨细节问题的做法；第二，这种用法符合劳动包含广义上能够产生收入

的所有活动的这一观点。一般来说，在计算国民收入时，劳动、资本和土地常被视为所有收入的来源。

在计算社会收入时，我们可以将这个社会中的所有个人的收入累计到一起。但在这个过程中，我们必须保证没有重复计算任何一种东西。

纯收入的"纯"指从一个人的收入中扣除了他所欠的债务之后的那部分收入。因此，这个人从利息或者其他方式中获得的纯收入应该列入他的收入中。某个国家从别的国家纯收进来的

社会收入不能重复计算 工艺品 13世纪

在计算社会收入时，我们必须保证没有重复计算任何一种东西。比如我们在计算左图这个炀葡萄酒壶的价值时，就不能将工人生产它的劳动再计入收入。包括工人在酒壶上做的青瓷雕花也是不能重复计算价值的。

货币或别的东西，也应该划归到国家收入的范畴中。

　　财富的货币收入或财富的流入，常被作为衡量一个国家繁荣的标准。尽管这种衡量不是非常恰当，但有时候的确比以一个国家既有财富的货币价值为衡量标准要合理得多。这是因为，大部分国家财富是由生产资料构成的。而且，这些生产资料只有在能够帮助人们生产用于消费的商品的情况下，它们才会对国家财富有所帮助。

5.生产性和预见性

　　在资本的供需上，资本主要有生产性和预见性两个相对等的特性。在完全抽象的推理方面，名词"资本"和"财富"几乎可以互相代替；其中，为了某种特殊目的，我们要把固有的土地从资本中扣除。

　　严格地说，资本指可以作为生产要素的东西；财富则包括可以作为生产结果的东西、可以作为消费对象的东西、可以作为能够产生愉悦感的源头的东西。因此，一方面，资本的生产性以及它所供给的服务，就产生了对于资本的需求。另一方面，资本的供给还和人们的预见性有关。人们为了不断地积累资本，就需要有预见性。这要求人们要等待时机和减少损耗，有时甚至要损害现在的利益，以便在未来创造更多的利益。

相关链接

　　资本，指的是用于生产的基本要素，例如资金、厂房、设备、材料等。资本可以分为消费资本、辅助资本、流动资本、和固定资本。从总收入减去生产费用就是收入。而利润是从资本中获得的全部纯利润扣除按现行利率计算的资本的利息。

第三卷

论需求及其满足

　　本卷主要研究需求与满足的关系，内容涉及欲望与活动的关系，消费者需求的等级，需求弹性，同种物品的不同用途，价值与效用的关系等。

随着社会的发展，人们发现，需求和消费的问题变得越来越重要。本章主要研究这两者的关系。

重新重视需求与消费问题

起初，人们将经济学定义为：经济学是研究财富的生产、分配、交换和消费的一门学科。但随着生产实践的发展，越来越多的经验表明，分配与交换之间存在着极其密切的关系，为了弄清楚这种关系，人们欲将两者分开进行研究。然而这样做是否有利，是很值得怀疑的。

之前，人们对需求和消费这个问题一直都有些忽视。但近年来，对这个问题的研究变得愈来愈重要，其原因有三。

原因一：在分析决定交换价值的原因时，经济学家日益相信，李嘉图分外注重生产消耗方面的习惯，对后人危害不浅。这是因为，李嘉图和他的主要追随者虽然知道，需求的条件和供给的条件在决定价值上同样重要，但他们都没有将这个意思清楚地表达出来。所以，绝大部分的读者都误解了他们。

原因二：随着确切的思考习惯在经济学上的逐渐养成，人们更加注意应将其推论的前提叙述明白。

原因三：随着财富的日益增长，我们享受的福利是否会随之增长，这是一个现代人普遍关心的问题。这个问题又促使我们去研究财富。对于财富，我们主要研究的是，公用或者私用的因素的交换价值是多少，以及如何使它准确地代表幸福和福利的增加程度。

财富与福利

随着财富的日益增长，我们享受的福利是否会随之增长，这是一个现代人普遍关心的问题。图上是英国著名的牛津大学的校园一景，对大学教育设施的投入属于社会福利的一部分，人们会对这些投入会产生普遍关注。

欲望与活动

以前是欲望促使了活动的发展，但从现在来看，每一个新的活动都会使人产生出新的欲望。欲望具有多样性和自豪感，对优越感欲望的追求成了促进技术进步的一个重大因素。

1.多样化的欲望

随着文明的进步，人类的需求逐渐增多，对日常消费的东西，他不光要求增大数量，还要求提高质量；他不光要求有更多的花样，还要求有新的东西能满足他心中新的欲望。

随着人脑的发达和文明的进步，人类的欲望很快就变得更为精细和多样。另外，早在人类还没有摆脱习惯的束缚时，就已经希望生活琐事要不断变化了。这方面的需要，是随着火的发明和使用而来的。懂得使用火以后，人类慢慢创造了很多不同的烹调方法，来制作各种各样的食物。不久之后，如果只让人类长久地以一两种食物来维持生活，他们就会觉得很痛苦，因为他们再也不习惯这种单调和无变化了。

一个人食物的多样化，是随着他的财富的增多而扩张的，同时，他的食欲要受到自然的限制。当他在食物上的花费过于奢靡时，他对自己感官的放纵，要比满足炫耀富有的欲望的次数要少得多。

西尼尔曾说过："尽管人类强烈地追求多样化的欲望，但他们更疯狂追求的是优越感的欲望。在人类的所有情感中，最有力的就是优越感的欲望，它是人类与生俱来，至死而终的，所以具有极强的普遍性和永久性。"

2.自豪感的欲望

由于气候和季节的变化以及人们职业性质的不同，对衣服多样化的需求属于自然欲望。但是这种自然欲望却败给了人类习惯上的欲望。在文明初期，为了提倡节俭，许多国家或地区的法律和习俗曾明令规定：每一个社会阶层或产业等级成员，所穿的服装必须达到相应的样式和花费标准，不能有任何的越轨。如今，这些法令虽然有了巨大变化，但其中一部分依然保留着。

目前，在英国社会的上层中，虽然女子的服装是多样而昂贵的，但男子的服装却比东方的服装简单、便宜，并成为一种风尚。这是因为，真正卓越的男子，不喜欢靠服装去吸引别人的注意，而会凭自己的真本事去赢得世人的关注。

虽然房屋的主要功能是遮风挡雨，但从人类的有效需求上来说，此功能起不了丝毫作用。因为一所狭小却结实的房屋，虽然可以遮风挡雨，但它同时有很多害处，比如空气无法很好地流通，房内难免比较混乱，环境较为吵闹。

欲望的多样化 德·特洛瓦·让－弗朗索瓦 布面油画 1735年

　　随着人脑的发达和文明的进步，人类的欲望变得精细和多样。这幅作品是作者受路易十五的委托，为路易十五凡尔赛的私人住所所画的。图中，在华丽而繁复的洛可可式宫殿内，一群富有的贵族及权势人物正在享用牡蛎及香槟盛宴。人类不仅追求稀有的美食，还讲求吃的方法的多样化。

维持效率的必需品

　　即使对生活在社会最底层的人来说，宽敞、舒适的房屋也是一种维持效率的必需品。在物质上为自己求得荣誉，是满足自豪感最直接、最有效的方法。图中是一处装饰豪华的房间，这样的屋子是很多人追求的目标，拥有这样的房子可以极大地满足他们的自豪感的欲望。

　　如果长时间住在这样的房屋里，人们就会感到身体不适、精神不振，而且无法进行较为高尚的活动。但人们对参加高尚活动的需求，会随着社会的发展而不断增加，因此人们就会迫切地想要住进较大的房屋里。

　　所以，即使对生活在社会最底层的人来说，宽敞、舒适的房屋也是一种"维持效率的必需品"。此外，在物质上为自己求得荣誉，是满足自豪感这一欲望最直接、最有效的方法。因此，那些虽然已经拥有了足够宽敞、舒适的房屋的人，仍不满足，他们都希望自己的房屋可以再大再美一点，以便有条件进行更高尚的社会活动。

3.消费理论的地位

　　在社会每个阶层的成员心中，都普遍存有一种发展活动的欲望。人们不仅把这种欲望当作追求科学、艺术、文学本身的需要，而且还将其视为职业人工作性质的需要。以前的空闲时间一般都用来休息，但现在这种机会正日益减少；以前作为发展活动的运动比赛和旅行，被当成放纵感觉器官的欲望却迅速增长。

　　就范围而言，为了优越感而追求优越感的欲望，与层次较低的自豪感的欲望几乎同样广

对优越感欲望的追求 拉乌尔·杜菲 绘画 1934年

以前人们的空闲时间一般都用来休息，但现在这些时间都用来追求更高尚的活动了。运动比赛和旅行越来越受到人们的重视，这些被当成放纵感觉器官的欲望迅速增长。这幅作品展现了帆船比赛的场景，帆船比赛这种活动越来越受到人们的关注，这是因为人们都习惯追求优越感的欲望。

泛。自豪感可分为不同的等级，从希望功名远扬的上层青年，到希望生活无忧的下层姑娘，人人都有追求自豪感的愿望。为了优越感而追求优越感的欲望，可分为不同的等级，从像牛顿那样异常非凡的人，到像农夫这样平凡无奇的人，人人都有追求优越感的欲望。

为了优越感而追求优越感的欲望，不但在才能和发明的供给方面产生了很大影响，而且在它们的需求方面也发挥着重要作用。因为，对最熟练的自由职业者的服务和最优秀的技术工人的工作的需要，大部分都来自两种爱好，一种是人们有训练自己的才能的爱好，另一种是人们有借助适当的工具来发挥这种才能的爱好。

可以说在人类社会发展的最初阶段，人类的欲望引起了人类的活动，但在以后的每一步发展里却正好相反，都是新的活动引起了新的欲望。

麦卡洛克曾说过："一个欲望的满足只不过是向下一个新的欲望更近了一步而已。"这句话正好道出了研究欲望的学问和研究活动的学问这两者之间的真正关系。

价格能衡量一种商品对个别购买者的边际效用，但价格不能衡量一切购买者的边际效用，因为每个人的购买力和购买欲望都是不同的。

1.欲望饱和律

商人或制造商买东西的目的与一般消费者不一样，他们是为了进行转卖或生产。他们的需求以最终可获得多少利润为依据。在任何时候，这些利润都要根据市场的风险和其他各方面的原因来确定。商人或制造商在买东西时支付的价格，最终要根据消费者对商品愿意支付的价格来定。因此，消费者的需求是一切需求的最终调节者。

在经济学中，效用（指物品带给人的愉悦或其他好处）通常被视为是希望和欲望互相关联的代名词。我们无法直接衡量希望，只能通过由它产生的外部现象来间接衡量。这种衡量在经济学主要研究的事例上，是通过一个人为了让希望实现而情愿支付的价格来表现的。他的希望或许不是有意识地想要获得满足，但我们现在主要涉及的是想要获得的满足的愿望。在我们看来，想要获得满足的愿望，与购买东西时想要获得的满足大致相当。

尽管多样化的欲望是无穷的，但每一个个别的欲望却是有限的。这一点，我们可用欲望饱和律（效用递减律）来解释：一种物品对一个人的全部效用，尽管会随着他对此物拥有量的增加而增加，但不会有拥有量的增加那么快。因为，如果他对此物的拥有量以相同的比率增加，那么他由此获得的好处却是以递减的比率增加的。换而言之，他因对此物的拥有量增加而获得的那部分新增的好处，会随着他

欲望饱和律

一种物品对一个人的全部效用，会随着他对此物拥有量的增加而增加。他对此物的拥有量增加而获得的那部分新增的好处，会随着他拥有此物数量的增加而递减。下图为20世纪早期的爱马仕手表广告，一个人从拥有的第二块爱马仕手表中获得的满足感往往不如从第一块中获得的满足感大，这就是所谓的欲望饱和律。

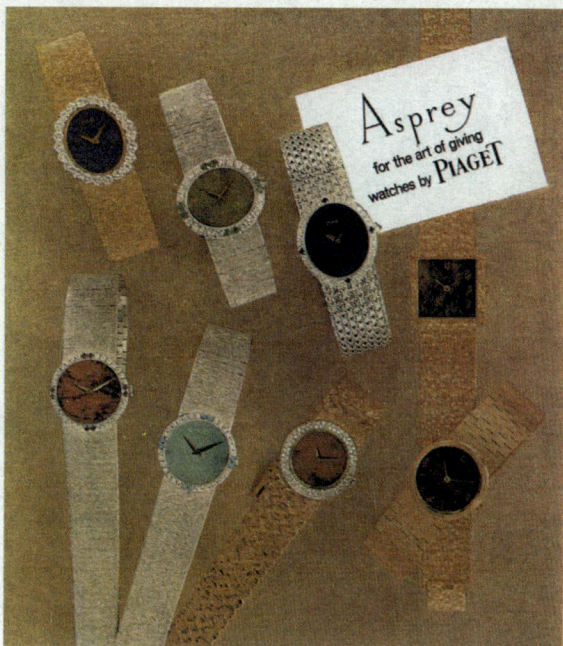

拥有此物数量的增加而递减。

边际购买量是一个人在购买一件东西时，他刚刚被吸引购买的那一部分，因为此时他还处在买与不买的边缘，不知道它是否值得他花钱去买进。他的边际购买量的效用，就被称作是这件东西对他的边际效用。如果最后他不购买这件东西，而是亲自动手制造它，那么这件东西的边际效用，就是他认为刚刚值得他去制造的那一部分。一件东西对一个人的边际效用，是随着他拥有此物数量的每一次增加而递减的。

2.边际需求价格递减

依据效用递减规律，我们可得到以下结论。

一个人拥有一件东西的数量越大，假如其他情况不变（即货币购买力和他拥有的货币数量不变），他对此东西稍多一点所愿付的价格就越小。也就是说，他对这件东西的边际需求价格是递减的。

边际需求价格递减

一个人拥有一件东西的数量越大，假如他的货币购买力和他拥有的货币数量不变，那么他对此东西稍多一点所愿付的价格就越小。比如说图中的鲜花，如果一个人需要9枝花，他愿意花9元来购买，但他不会愿意再花1元来买第十枝。也就是说，他对鲜花的边际需求价格是递减的。

一个人只有当他愿支付的价格达到商家愿出售的价格时，他的需求才是有效的。在同一时间内，如果一个人拥有的货币量不变，那么货币的边际效用对他来说，就是一个固定的数量。

3.货币边际效用的变化

货币的边际效用是随着一个人财富的增加而减小的。一个人越是富有，他就越会增加对任何一定的利益所愿支付的价格。同样地，货币对一个人的边际效用是随着一个人的财富的减少而增大的，一个人越贫穷，他就越会减小对任何利益所愿支付的价格。

4.一个人的需求表

一个人的需求表是根据其需求情况，他对一件东西（比如说茶叶）愿付的价格表。这个表格，可以清楚地将他对不同数量的茶叶的需求价格表现出来。有了这个表格，我们就能了解一个人对一件东西的需求情况。

比如，一个人对茶叶的需求表：

每磅茶叶的价格	他会购买的磅数
50便士	6磅
40便士	7磅
33便士	8磅
28便士	9磅
24便士	10磅
21便士	11磅
19便士	12磅
17便士	13磅

从上表中，我们可以看到，茶叶不同的购买数量有相应的价格。我们可以清楚地了解到他对茶叶的需求情况。

为了正确地表明他对茶叶的需求情况，我们必须列举出他愿购买茶叶不同数量的各种价格。不说明他要购买不同数量的各种价格，而只是用"他愿购买的数量"或"他对愿购买某一数量的渴望程度"来表明他对茶叶的需要是错误的。

一个人对一件东西的需求量，是由此物的价格来决定的。在价格不变的情况下，他买此物的数量会比以前多一点，而当价格提高时，他则会买得跟以前一样多。一个人需求的总量增加，是他愿购买此物不同数量的全部价格的增加，而不是说按现行价格他愿意多买。

5.市场的需求

在上述研究中，尽管我们针对的只是一个人的需求，但像茶叶这种特殊东西，一个人的需求就能代表整个市场的总需求。因为人们需要茶叶是经常性的，另外，茶叶不但可以少量购买，而且它的价格只要有变动，一个人的购买量也会随之改变。不过，对需要经常使用的东西，即使它们的价格经常稍有变动，但一个人对它们的需求却不会不断改变。只有当它们的价格有大的变动时，一个人对它们的需求才会随之改变。

一个人对许多东西的需求都不是经常性的，只是偶尔的、无规则的。因此，对婚庆蛋糕或外科专家的服务，就不会有一个人的需要价格表。可是，对经济学家来说，他是不会考虑个人生活中的特殊和偶然事件的。因为，经济学家研究的只是"在某些条件下产生的一个产业集团的成员的活动过程"，而那种活动的动机又只能以货币价格的衡量为限制。

价格决定需求量

一个人对一件东西的需求量，是由物品的价格来决定的。一个人需求总量增加，是他愿购买此物不同数量的全部价格的增加，而不是说按现行价格他愿意多买。如西湖龙井雨前茶叶，在正常情况下，价格不变时，一个人可能会多买一点存储，而价格提高时，他则会买够喝的量即可。

在多数人较为有规则的总体活动中，个人活动的多样性和易变性就消失不见了。所以，整个市场中个人的欲望就会消失于总的需要的较为有规则的等级之中。在其他条件不变的情况下，即使一件商品的价格只要略有下跌，它的总销售量也必然会增加。要想使一样商品在特定时期特定地点的每一个数量，都能找到购买者，我们就必须先在进行必要的了解之后，制作出一张标有不同价格的价格表。

为了找到购买者，商品的价格要随着商品数量的增大而降低；或者说，需求量会随着价格的下降而增大，并随着价格的上涨而减小。但是，价格的下降与需要的增加之间，并不存在相一致的关系。价格每下降10%，也许会使销售额增加20%。而当价格提高时，销售额总是会随之减少。

尽管价格能衡量一种商品对个别购买者的边际效用，但我们并不能说，价格能衡量一切购买者的边际效用，因为每个人的购买力和购买欲望都是不同的。

6.影响需求表的因素

在前面的需求表中，我们列出的需求价格，是指在特定时期和特定市场中，一件东西能出售的不同数量的价格。如果其中的任何一方面改变了，价格可能会随之改变。另外，价格也会随着以下情况改变：因为习俗的改变，或因为与其竞争的某种商品的价格下跌，或因为某种新商品

竞争商品对价格的影响

　　茶与咖啡是相互竞争的商品，咖啡的价格升降和收成情况会影响到茶叶的价格。图上是一杯泡好的咖啡和乌龙茶，旁边还放有一枝玫瑰。如果今年的咖啡歉收，或者咖啡的价格上调了，茶的价格也会相应提高。如果茶的价格不变，它的销量就会大幅度增加。

的出现。比如，假设在知道了咖啡价格的情况下，我们制定出了茶叶的价格需求表。如果咖啡收成不好，茶叶的价格就会提高。再比如，某种茶叶的价格下跌了，一种比它质量差的茶叶就会被它替代，这与由于电灯的改良就会减少对煤油的需求是同样的道理。

茶叶需求曲线图

　　从图中可以看出，随着茶叶价格的升高，消费者的需求在降低。价格是影响需求的因素之一。

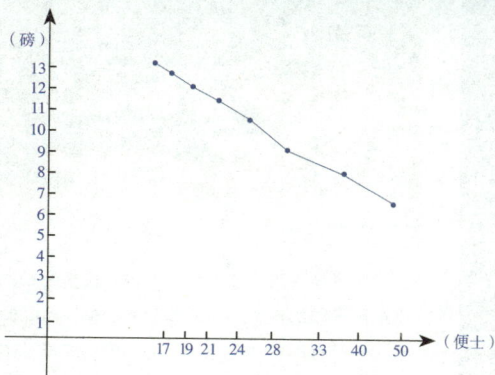

需求弹性

需求弹性表示在一定时期内，价格在一定程度上的变动所引起的需求量变动的程度。商品本身的价格，商品的适用范围、消费者的偏好和消费者的收入水平都会影响需求弹性。

1.需求弹性

在其他条件不变的情况下，随着一种商品数量的增加，一个人对它的需求会递减，这是一种普遍存在的规律。而递减的速度，有时快，有时慢。如果递减速度快，那么随着价格的下跌，这个人购买量的增加会很小。在这种情况下，他的购买欲望没有随着价格的下跌而有任何扩大，也就是说他的需求弹性小。但是，如果递减速度慢，那么随着价格的下跌，这个人购买量的增加就会较大。在这种情况下，他的购买欲望就会随着价格的下跌而有很大的扩展，即他的需求弹性大。

无论价格下跌还是上涨，一个人对一物品的需求都是有弹性的。整个市场的需求也存在着弹性。一般而言，根据需求量随着价格下跌而增加多少，和其随着价格的上涨而减少多少，我们就可以确定市场需求弹性的大小。

2.价格对不同阶级的影响

需求弹性

需求弹性表示在一定时期内，价格在一定程度上的变动所引起的需求量变动的程度。商品本身的价格，商品的适用范围、消费者的偏好和消费者的收入水平都会影响需求弹性。图中是将在市场上出售的肥牛，它出售的价格将会对它的需求弹性产生影响。

物品同一价格对不同阶级的人的影响是不同的。由于富人和穷人的经济实力有很大差距，所以富人认为比较合理的价格，对穷人来说，也许就相对较高，甚至超过了他的购买力。比如，富人大多经常畅饮葡萄酒，并且毫不在乎其昂贵的价格，但穷人们几乎不曾尝过葡萄酒的滋味，因为他们无力购买。因此，我们如果一次只考虑社会上的一个阶级，就能找到需求弹性的规律。

如果一种物品的价格对所有阶级的人来说都相当高，人们对此物的购买量就会非常少。但在特殊情况下，由于受风俗习惯的限制，即便是一种物品的价格下跌了许多，人们对此物的购买量也不会很多。因为，有些物品只能用于某些特殊场合，比如某种贵重的药品，就只能用在某种病人病情严重的时候。但是，一旦这种物品成了日常生活的必需品，那么其价格的大跌，就会促使人们对它的需求量大增。无论对高价的还是中等价位的物品来说，需求弹性都是相当大的。

随着价格的下跌，需求弹性会不断下降，直到渐渐消失（当价格下跌到顶点时）。这个法则几乎适用于所有的商品和每个阶级的所有人，只有以下两种情况例外：其一，对不同阶级的人来说，高价终点和低价终点的水平是不同的；其二，对不同阶级的人来说，低价终点和更低价起点的水平也是不同的。

人们对有些商品的需求容易达到饱和点，当这些商品达到低价时，其需求弹性几乎就完全消失了；而人们对有些商品的欲望是无穷的，即使它的价格下跌很大，其需求弹性仍旧非常大。

价格对不同阶层的人的影响

某一物品同一价格对不同阶级的人的影响是不同的。富人和穷人的经济实力有很大差距，富人认为合理的价格，穷人也许会觉得很高，甚至超过了他的购买力。图中生产于肯塔基州的威士忌就是这样的一种物品，富人经常饮用威士忌，也不在乎它的昂贵价格，但穷人很少品尝，因为他们无力购买。

在英国，即便对穷人来说，像食盐、多种香料、廉价的药品等这些东西的现行价格是很低的。人们对这些东西的购买量是否会随着它们的价格下跌而增大，的确还有很大的疑问。

就肉类、牛奶、烟草、羊毛织品、进口水果与普通医疗器械的现行价格来说，一旦它们发生了大的变动，工人阶级和中等阶级对它们的购买量就会随之发生很大改变。但无论它们的价格如何下跌或上涨，富人对它们的购买量也不会有多大改变。换而言之，工人阶级和中等阶级对这些东西的需要弹性很大，而富人并非如此。但此类东西的总需要弹性很大，因为工人阶级数量庞大，对这些有能力购买的商品，他们的总购买量比富人的总购买量多很多。

温室的水果、上等的鱼类和其他无比昂贵的奢侈品，一旦它们的价格有所下跌，中等阶级对它们的购买量就会有很大的增加。中等阶级对这些东西的需求弹性很大，而富人和工人阶级却并非如此。这是因为，富人对它们的需求几乎已经达到了饱和点，而工人阶级仍旧没有能力购买

它们。

除了富人之外，人们对昂贵的酒类、高质量的医疗和法律服务等这些现行价格极高的东西，几乎没有什么需要。可一旦需要，这种需要的弹性往往会很大。对一些价格昂贵的食品的需要，只是一种满足虚荣心的需要，并且这种需要几乎是无穷的。

3.影响需求弹性的因素

由上述研究可知，价格是影响需求弹性的一种因素，但生活必需品却是例外。以小麦为例，不论小麦的价格高低，其需求都几乎没有弹性。因为即使小麦十分缺乏，但在人们的日常生活中，它仍是一种最便宜的食物；即使小麦产量很大，但在人们的日常生活中，它除了作为食物之外也不会有其他用途。

如果一件商品不是生活必需品，而且它容易腐烂，再加上人们对它的需求没有弹性，它的价格变化会很大。比如，一条新鲜的鱼刚在市场上出售时，价格很高，但两天或三天之后，它基本上就只能被当作肥料来出售了。

对少数一些东西，我们可以从它们的各种价格来观察其消费情况。比如水，当它处于适当的价格时，人们对它的需求是很有弹性的，因为能使它充分发挥各种用途；但当水的价格下跌到几乎为零时，人们对它的需求就随之失去了弹性。食盐的情况基本相同。食盐在印度的价格比在

不同阶层的人的需求弹性

如果肉类、牛奶、烟草、羊毛织品、进口水果与普通医疗器械的价格发生了大的变动，工人阶级对它们的购买量就会随之发生很大改变。但无论它们的价格如何涨跌，富人对它们的购买量不会有多大改变。图为英国移民在田间收获他们在北美种植的烟草，远处的货船正等待烟草装船运往英国本土。烟草价格的变动会影响工人阶级的购买量。

英国高，所以在印度人们对食盐的需求弹性就比在英国大。

但是，除了在人们丢弃的一些地方以外，房屋的价格从未下跌到很低的程度。由于房屋不仅为人们提供了方便，而且还带来了社会地位，所以在社会环境比较好的地方，人们对房屋的需求总是很有弹性的。另外，除了以炫耀为目的外，人们对于某种衣服的需求也是能达到饱和点的，当它的价格特别便宜时，它几乎也没有了需求弹性。

非必需品的鲶鱼

一件商品如果不是生活必需品，而且不容易保存，再加上人们对它的需求没有弹性，它的价格变化会很大。例如图中的鲶鱼，刚在市场上出售时，它的价格会比较高，但如果一直未能卖出去，两天或三天之后，它基本上就只能被当作肥料来出售了。

对高品质东西的需求，往往是根据感觉而定的。例如，有的人不在乎酒是否香醇，他只希望酒的量越多越好；有的人却很在乎酒是否香醇，他希望酒的品质越高越好。不过，对高品质东西的需求，容易达到饱和。

具有不同用途的东西，一般都是很有弹性的。对水的需求就是这样，水可以用作饮料、烹调、洗涤等多方面。当不干旱时，桶装水的价格或许会低到连穷人也毫不在乎。尽管如此，穷人在烹调时一般两次会用一桶水，在洗涤时就用得更少。而中等阶级，或许在烹调时一般一次用一桶水，但在洗涤时就用得比较多，因为他们认为用桶装水比无限制地用水要节省很多。当水是以水管的形式供给，而且按水表收取很低的费用时，很多人在洗涤时就会任意使用水。但是，当水费不按水表收取而是每年固定，而且凡是需要之处都装有水管时，人们对水的需求也就完全达到了饱和。

绝对必需品（不同于常规必需品和维持效率的必需品）以及一些花费富人收入不多的奢侈品，基本上没有弹性。

4.时间引起的困难

制作一张价格表，首先考虑的困难是由时间引起的困难。在经济学上，许多问题的最大困难的根源是时间。

假设其他情况不变，一个需求价格表代表的就是一种商品能被出售的价格上的变化。引起这种变化的因素，是此商品被用作出售的数量上的变化。但经研究发现，其他情况也会发生变化。有妨碍的原因时有发生，而这些原因产生的结果，与我们要的由特殊原因产生的结果，是不容易被分开的。这就造成了一种困难，而以下事实又使这种困难加大。

在经济学上，由一个原因引起的全部结果中，很多都不会立刻表现出来，通常是在此原因消失后，它们才会渐渐发生。

由于货币的购买力是不断变化的，所以对从货币保持不变的假设中得出结果，我们就有必要将其进行更正。如果我们能清楚地掌握货币购买力的变化，要想克服以上困难，就容易

各种商品的购买力并非同时下降

我们要想正确知道购买力的下降程度，必须对尽可能多的东西的价格和消费量进行比较。图中是一杯可以用来止咳的大蒜冰糖茶，通过对大蒜、食糖、牛油、纺织品等商品的全部消费量的统计，我们可以知道整个社会的全部购买力并非是同时快速下降的。

得多。

繁荣和整个社会拥有的全部购买力都是不断变化的。尽管这些变化会产生重要的影响，但并没有我们想象的那么大。因为，价格会随着繁荣的衰落而下跌，结果，有固定收入的人的资财就会增加，而这是以牺牲没有固定收入的人的资产为代价的。判断繁荣是否衰落，一般是根据没有固定收入的资产亏损来衡量的。但根据茶叶、食糖、牛油、纺织品等商品的全部消费量的统计来看，整个社会的全部购买力并非是同时快速下降的。虽然有下降，但我们要想正确知道这种下降的程度，就必须对尽可能多的东西的价格和消费量进行比较。

人口和财富的逐步增长，也会引起很多变化。如果我们能清楚掌握这些变化，就容易对需求价格表上的数字进行更正。

5.风尚的变化

除了上述变化之外，风尚、爱好和习惯的变化，我们也必须考虑。我们还要考虑以下几个方面：一种商品新用途的产生，能替代它的商品的新发现、新改进或其价格的下跌。要考虑从经

新交通方式的适应时间

　　图为19世纪时加拿大太平洋铁路的一个火车站。当这条铁路刚开通时，住在铁路沿线的居民还不习惯利用它带来的便捷。但随着时间的推移，在这条线路附近工作的人们，为了上下班方便有不少人将家搬到它的附近。

济的原因到其结果所经历的时间，有很大的困难。原因有以下几个：一、一种商品涨价后，需要经过一定的时间，才能对整个市场的消费产生完全的影响；二、消费者对替代品，需要经过一定的时间，才会觉得习惯；三、生产者需要经过一定时间，才能习惯于生产大量的替代品；四、消费者对新商品的使用方法，需要经过一定时间，才能熟练掌握。

例如，当一条新的电车线路或火车线路开通时，即便是住在这条线路附近的人们，也不会立刻就习惯利用它。在这条线路附近工作的人们，为了上下班方便而将家搬到它的附近，则需要经过更长的时间。如果把价格的下跌看成是消费量增加的唯一原因，就过高地看重了价格下跌所能造成的影响。

此外，还存在着另一种困难，造成这种困难的原因是：对于许多要购买的东西，如果暂时买不起可以延缓购买，却不能一直延缓下去。比如，在高价的压力下，衣服可以想法使用更长一段时间。又如，在英国棉花稀缺时，整个社会的消费量就很小，其中一部分原因是零售商的存货减少了，当然主要的原因是人们为了不买新的棉织品，就尽可能将旧的棉织品维持更长的使用时间。但是，到了1864年时，很多人的旧棉织品都已经破得不能再继续穿了，只好购买新的棉织品。所以尽管那一年棉花的价格比以往的年份都高，但棉花的消费量却增加了很多。再如，在美国1873年经济大萧条之后，最先恢复的是鞋子制造业。因为鞋子不同于衣服和帽子，它的损坏速度比较快，需要更新的速度也比较快。

6.统计上的困难

一个整体市场是一个或大或小的区域，在这个区域内，很多销售者和消费者之间都对彼此的情况了如指掌，所以一种商品的价格在一个区域内基本上都是一致的。我们几乎没有可能获得一系列的价格，也不可能在特定市场的特定时间内，将这一系列价格上的不同数量的商品卖出去。虽然许多人不以买卖为目的，单纯是为了消费，他们对市场的变化都不留心，但我们现在不考虑这一方面的事实。尽管如此，在许多交易中应该支付什么样的价格，这仍然是我们无法清楚地掌握的。另外，除了以海洋和海关边界来划分的区域之外，一个市场在地理上的界限是无法清楚划分的。因此，对由本国生产而供给本国消费的商品，没有一个国家能得到较为精确的统计数据。

在我们现有的统计数据中，存在着许多模糊的地方。当商品转入商人手中时，对商品的统计就会转入消费额内。要将商人存货的增加与消费的增加区分开来很不容易。不过，这两种增加所受的支配的原因是不同的。价格上涨了，消费就会被遏制。但如果持续上涨，商人的存货也许就会增加。

还有一个困难就是保持商品具有相同的品质。比如，收获的小麦在经过一个炎热、干燥的夏季后，它的品质会变得更加优良。因此，我们认为，当到次年小麦收获之后，它的价格应该会更高。我们对这点加以考虑是适当的。但对很多种工业品的品质变化来说，这种考虑就是不适当的。即使是对茶叶这种商品，也是如此。近年来，由于印度浓茶替代了中国淡茶，所以消费的实际增加量，已经超过统计数据显示的增加量了。

7.消费统计的说明

关于某些种类的商品的一般消费统计，许多政府已经发表出来。但因为上述原因，在研究价格变化与消费量变化的因果关系，以及研究社会不同阶级与各种消费分配之间的因果关系时，这种统计对我们几乎毫无帮助。

一个生活在某个工业城市中的工人区域内的商人，对大部分顾客的经济情况，他都有办法准确掌握。这里正在开工的工厂有多少，工人们一周工作多长时间，工人们工资的变动等，他都能打听得很清楚。他的顾客对他出售的生活日用品的价格变动，也了解得很清楚。因此他很清楚，一种商品价格下跌了，势必会促使其消费量的增加。他还知道，这个原因产生作用的速度非常迅速，而且在没有其他妨碍的原因存在时，它可单独产生作用。即便是有其他妨碍的原因存在，他也可以预测到这些原因的影响。

如果我们能得到比较完备的需求表，这些需求表就可以提供给我们间接的方法，去衡量由价格的变化引起的全部需求的变化。这样，我们就可以达到用其他方法达不到的目的。由于一

次要需求

对参与商品生产的工人的需求，生产工具的需求，医生、家仆及直接为消费者提供服务的所有工作人员的需求属于商品需求的次要需求。图为1831年奥贝德·赫西发明制造的小麦收割机，它虽然需要畜力牵引，但比人工收割要省力和高效。对这种收割机的需求属于商品需求的次要需求。

种商品价格的变动往往是在较小的限度之内，因此如果它的现价变为其原价的5倍或1/5，我们就不能从相关的统计里得到预测它的消费变化的直接方法。

如果一种商品价格很高，它的消费人群几乎只限于富人；如果它的价格很低，一般情况下，它的消费人群基本上都是工人阶级。如果一物的现行价格对工人阶级和中等阶级都比较高时，我们就可以根据它们在现行价格上的需求规律，推测出这样的情况：当价格上涨对富人也相当高时，富人的需求将是如何的。反过来，如果一物的现行价格对富人适中时，我们可根据他们在现行价格上的需求规律推测：如果价格下跌到对工人阶级适中时，工人阶级的需求将是如何的。所以，我们要想掌握正确的需求规律，就必须把这些不完全的需求率结合起来。

另外，对商品的需求存在着一些次要的需求，即对参与商品生产的工人的需求，对生产工具的需求，对医生、家仆及直接为消费者提供服务的所有工作人员的需求。对这些需求规律进行研究时，我们可以利用上述方法，因为这种需求与对商品本身的需求具有相同的特性。

在以下几个方面中，商品的支出以什么样的比例来分配，是极为重要的。这几个方面为：一、在整个社会中，各个阶层的人对生活必需品、舒适品及奢侈品的需求；二、人们对单纯的娱乐用品和对同时有利于身体和道德的物品的需求；三、人们对低级趣味的东西与高尚情操的东西的需求。

小麦的品质　梵高　绘画　1888年

　　图中农庄四周是生长旺盛的小麦，小麦经过一个炎热、干燥的夏季后，它的品质会变得更加优良。到次年小麦收获后，它的价格应该会更高。但这种考虑对很多种工业品的品质变化来说是不适当的。

第五章

一种物品不同用途的选择

一种物品往往具有多种用途，在我们将它用于现在或将来时，我们都会考虑到它的边际效用。而用于未来要打折的快乐的折扣率与要打折的可能快乐的折扣率是不一样的。

1.合理调整边际效用

当一个人有一样具有多种用途的东西时，为了使它在所有用途上都具有相同的边际效用，他会按照这些用途来分配它。因为如果其中一种用途的边际效用比另一种用途的边际效用大时，他就会从前者中取出该物的一部分，将其用到后一种用途上。

在无自由贸易的原始经济中，存在着一个很大的缺点：一个人拥有的一样东西，具有太多的用途，当他将此物用于一切用途时，每一种用途的边际效用都是最低的。

随着社会的发展，商品将逐渐变得多样化和专门化，我们对货币或一般购买力的随意使用的需要就变得日益迫切。这是因为，在无限多样化的购买行为上，只有货币是便于使用的。在货币经济时代，合理调整每种支出的最后那个边际效用，使在每种支出上值1先令的货物都具有相同的边际效用，是支配的良好表现。事实上，这是每个人都能做到的。如果他在某样东西上花费很多，那么从一种花费上取一点用于另外一种花费时，他便能得到很多好处。

2.现在需要与未来需要的分配

通常，一个人购买一种商品后，会将其分配于各种不同的用途，而这些用途并非全都是现在的，其中有些可以是未来的。为了使自己的财产在每个用途上的边际效用相同，一个心思缜密的人会尽力把他的

墨西哥的金属硬币

图为墨西哥在21世纪发行的金属硬币。随着社会的发展，商品逐渐变得多样化和专门化，这使我们对货币或一般购买力的随意使用的需要就变得日益迫切。在无限多样化的购买行为上，只有货币是便于使用的。

财产分配于所有不同的用途，包括现在的和未来的。但在对用于未来的商品现在的边际效用进行考虑时，我们必须考虑到以下两点：一、它的不确定性，这种客观方面的特性是有见识的人都会考虑的；二、对未来的快乐与现在的快乐进行价值比较，并发现它们的差别，这种主观方面的特性，不同性格和不同生活环境的人，都会按照各自的习惯来考虑。

如果未来的利益与现在的利益，在人们眼中同样需要，他们就会将一生中所有的快乐和其他满足进行平均分配。如果他们认为未来同样的快乐是有把握得到的，他们就会放弃现在的快乐，转而追求未来的快乐。但是，由于本性使然，许多人在对一种未来的利益进行估计时，往往以折扣的形式减少它的未来价值。而且随着利益时间的延缓，这种折扣就会越来越大。把一种未来的利益当成与现在的利益是同样的，有的人能办到，而有的人办不到。后者对未来的想象力低，他缺乏耐心和自制力，只要不是眼前的利益，他就不是很关心。

对未来利益折扣率的考虑，会影响一个人购买较便宜的东西，也会影响他购买较实用的东西。比如，在买一件新衣服和办一次狂欢会中，他更愿意为前者花钱；在简单却耐用的家具和漂亮却易损坏的家具中，他更愿意为前者花钱。

3.两种不同的折扣率

我们不能对在不同时间得到的两种利益的数量加以比较，即使它们是同一个人得到的。当一个人延缓可能得到的快乐时，他不是在延缓现在的快乐，而是让未来的快乐或未来可能得到的快乐取代现在的快乐。现在的快乐与他希望的未来的快乐哪个更大一点，我们现在无法确定，除非我们了解此事件的一切情况。因此，我们不可能通过了解他对未来可得快乐的事件的折扣率，来判断他对未来快乐的折扣率。

要想人为衡量他对未来利益的折扣率，我们可以做两个假定：第一，假定他希望的未来和现在差不多富有；第二，假定他从购买的东西中可获得利益的能力，在总体上是保持不变的。有了这两个假定，如果他确定一年之后会有1个金币的收入，而他为了自己或后代的利益，情愿从现在的支出中节省1镑，我们就可算出，他对能确定的未来利益的折扣率是5%。我们还能确定，他对能确定的未来利益的折扣率，与在金融市场上他对货币会打折的贴现率是相同的。

以上我们已经单独考虑了各种快乐，但人们购买的很多东西属于耐用品。这些东西不会在使用一次之后就被消耗掉。

未来利益折扣率的影响

对未来利益折扣率的考虑，会影响一个人购买较实用的东西。比如，在简单却耐用的家具和漂亮却易损坏的家具中，他更愿意为前者花钱；在买新衣服和办一次狂欢会中，他更愿意买一件新衣服。

消费者剩余指买者的支付意愿减去买者的实际支付量。消费者剩余衡量了买者自己感觉到所获得的额外利益。

1.消费者剩余

对一物实际支付的价格代表着占有此物产生的利益，而这种利益达到了怎样的程度，是需要我们仔细考虑的。这个问题经济学家说得很少但却有重要的作用。

一个人在购买一件物品时，他支付的实际价格，一般都比他情愿支付的价格低。所以，他因购买此物而得到的满足，往往要大于他因不愿付出代价而放弃的满足。从购买此物中，他获得了一种剩余满足感。而对这种剩余满足进行经济衡量的，就是他为了得到此物而情愿支付的价格超过他实际支付的价格的那一部分，我们可以称其为消费者剩余。

从不同商品中得到的消费者剩余是不同的。一个人为了得到一件物品，往往情愿支付较高的价格，如果最后他支付的实际价格较低，他便从中取得了利益。

2.消费者剩余与个人需求的关系

为了明白这个概念，我们现在对用作家庭消费的茶叶的购买情况进行考虑。下面，我们将以个人为例来说明。如果茶叶的价格为每磅20先令，则他刚好每年购买1磅；如果价格为14先令，则他每年购买2磅；如果价格为10先令，则他每年购买3磅；如果价格为6先令，则他每年购买4磅；如果价格为4先令，则他每年购买5磅；如果价格为3先令，则他每年购买6磅。但茶叶的实际价格为每磅2先令，而他也确实买了7磅。那么我们要研究的，就是他从以每磅2先令的价格购买的茶叶中，获得的消费者剩余为多少。

我们知道，当价格为每磅20先令时，他刚好每年购买1磅，这说明，他从这1磅茶叶中得到的满足，就等于他用这20先令购买其他东西所能得到的满足。

当茶叶的价格为14先令时，如果他愿意，仍然可以只买1磅。这样他就从支付的14先令中，获得了对他来说至少价值20先令的东西，而他得到消费者剩余至少为6先令。但实际上，他购买了第二磅茶叶，这就说明他觉得对自己来说，这第二磅茶叶至少价值14先令。与此同时，第二磅对他的效用也增加了。这时，他花28先令得到价值至少为34先令（20先令加上14先令）的东西。所以说，不管怎样，他最后得到的消费者剩余都不会因为购买了第二磅茶叶而有所减少，而仍然至少是6先令。这2磅茶叶对他的全部效用就至少价值34先令。对他之前想要购买的茶叶量，每次实际购买的增加量都起到了相反的作用，因为这一点在制作需求表的时候，我们已经考虑过了，所以就不能重复计算了。

当茶叶的价格为10先令时，如果他愿意，仍然可以只买2磅。这样他就从所支付的20先令中，获得了对他来说至少价值34先令的东西，而他得到消费者剩余至少为14先令。但实际上，他情愿购买第三磅。因为，对他来说购买第三磅不会使他的消费者剩余减少。这时，因为他买3磅茶叶花去了30先令，其中第一磅至少值20先令，第二磅至少值14先令，第三磅至少值10先令。所以，这3磅茶叶对他的全部效用至少价值44先令。以此类推，我们还可以得到买四、五、六磅茶叶，对他的全部效用分别是多少。

当茶叶的价格为2先令时，他购买了7磅，这7磅茶叶的价值至少为59先令（20先令、14先令、10先令、6先令、4先令、3先令和2先令的总和）。这时，这7磅茶叶对他的全部效用至少价值59先令，而他从这7磅茶叶中得到的消费者剩余至少为45先令。那么，他从购买茶叶中所得的满足就是45先令，而这一满足比他以14先令（59先令减去45先令）多购买其他商品得到的满足要大。这是因为，他觉得要是多买一点这些商品，以它们的现行价格来说是不划算的，而且他也得不到消费者剩余。换句话说，他购买茶叶的时机和环境与他对茶叶的欲望是相适应的，所以他才得到了价值45先令的剩余满足。如果这种适应不存在，那么不管他出怎样的价格，也得不到这种满足。而这种满足，与他从多用45先令购买的其他商品中得到的满足，至少是相等的。对他来说，这些商品也刚好只值他实际支付的价格。

3.消费者剩余与市场的关系

在研究消费者剩余与市场的关系时，大多数人的平均数，是我们应该考虑的一个点。而在考虑这一点时，我们可以把个人性格上的差异忽略掉。如果在这大多数人中，富人和穷人所占的比重是相同的，价格对效用的衡量就是正确的。

对不同的人来说，相同数额的货币所代表的快乐是不一样的。但如果我们暂时不考虑这一点，就可以根据茶叶在整个市场的需求表中的价格总额，与茶叶的实际销售价格总额的比较结果，来对整个市场中茶叶销售提供的剩余满足进行衡量。一个人对各种东西支付的价格，并不能衡量出这些东西对他的真正价值。

消费者剩余　18世纪

一个人在购买花瓶时，他实际支付的价格，一般都比他情愿支付的价格低。他愿意支付的价格超过实际支付价格的那个部分，我们称之为消费者剩余。

不能用商品价格衡量商品价值

一个人对某种物品支付的价格，并不能衡量出这种物品对他的真正价值。例如食盐，一个人购买食盐的花费比他购买酒的花费小很多，但食盐对他的真正价值却比酒大得多。因为，一个人可以不饮酒，但绝不能不用食盐。

研究一物的真正价值，依据的不是它与个别人的关系，而是它与一般人的关系。对大部分经济学研究的事件来说，它们对社会上各个阶层的人的影响几乎都是一样的。在用货币衡量每个事件带来的幸福时，如果结果是相等的，这两个事件带来的幸福通常就是一样的。不论是在理论上还是实际中，都应注重对一个市场中的消费者剩余做出正确的衡量。

我们必须根据每种商品的需求价格，对它的全部效用和消费者剩余进行估计。在假设其他条件不变的情况下，一种商品的价格才能上涨到罕见的价格。如果用该方法来计算用于同一目的两样商品的全部效用时，我们不能这样认为：两样商品合起来的全部效用，与每样商品各自的全部效用加在一起的总和是相等的。

一个人购买一物支付的钱越多，他对此物的购买能力就越小，而货币对他的价值就越大。如果我们对它加以考虑，它也不会影响我们论断的实质。虽然论断的实质不变，但它的形式却会发生复杂的变化。这是因为，在此考虑下做的更正方面，它只包含很少的重要的实际问题。

但也存在着一些例外，比如在面包价格上涨的情况下，贫穷的劳动者家庭消费面包的数量不是减少了，而是增多。因为，面包价格的上涨，致使原本就很贫穷的劳动者家庭变得更加贫穷，还使货币对他们的边际效用变得更大。所以，他们为了节省开支，只好减少肉类和较贵的淀粉食物的消费，而增加对他们来说价格仍是最低廉的面包的消费。然而，这种情况毕竟是少数。如果真遇到了这种情况，我们的研究就必须要依据各种实际情况来进行。

我们不能正确推断，当一种物品的价格与人们通常对它的实际支付价格有很大的差距时，人们会购买多少这种物品。因此，除了接近平常的价格以外，我们的需求价格表具有很强的推测性。当我们推测任何物品的全部效用时，不可避免会出现差错。但这并不是十分重要。这是因为随着商品的价格接近平常的价格的变化，消费者剩余也在发生变化。

我们估计福利对物质财富的依靠时，要仔细考虑一个人的幸福，不但要依靠他的外在条件，更要依靠他自己的内在健康。但这些条件中，对他的幸福至关重要的很多条件都容易被他忽

价格上涨而消费增加的特例　让·巴蒂斯特·西梅翁·夏尔丹　绘画　约1738年

现实中存在着这样一种情况：面包价格上涨了，但贫穷人家消费面包的数量不减反增。这是因为，面包价格的上涨，致使原本就很贫穷的人家变得更贫穷。他们只好减少肉类等较贵食物的消费，增加价格仍是最低廉的面包的消费。图中的是年轻女仆准备晚餐的情景，桌子已经摆成像要准备圣餐的样子：面包和高脚杯都具有神圣的寓意，白色大水罐则暗含洗礼的意味。

略。大自然会恩赐给每个人一些条件，如果每个人拥有的这些条件都是相同的，我们就没有必要再理会它们是否有害。但实际上，它们是不同的。不过，在这些条件中，还有很多是属于共同财富的因素。但这种共同的财富在估计个人财富时常被忽略。然而，在我们对近代文明世界的各个部分进行比较时，对这种共同财富的考虑就变得很重要；在我们对现在的时代与之前的时代做比较时，对它的考虑就变得更为重要。

4.广泛的财富效用

我们在估计福利对物质财富的依靠时，所指的是，对福利的衡量，是依靠对收入和由此而产生的支出的能力的衡量来实现的。虽然一个人通过对他现有财富的使用，可获得幸福，但总的幸福与他现有的财富总额之间并不存在直接的关系。

当一个人的收入足以维持生计时，他就开始从收入中得到满足了。他得到的满足会随着收

新财富吸引力消失的原因

利比·菲利比诺 壁画
1485年

经过一段时间之后，人们新获得的财富对人的吸引力就会慢慢消失，除了习惯的因素外，还有一个原因就是人的衰老。如图中这个穿着无装饰短大衣的老年人一样，当人们越来越老时，对财富的厌倦情绪和紧张神经就会越来越强。更严重的是，随着财富的增加，他们会慢慢习惯于身体活动的减少和快乐感受力的减弱。

贫苦经历的益处

如果人生没有经历一些艰难困苦，一个人就很容易堕落，这是人类的本性。不论是为了身体还是内心的健康，我们都有必要奋发有为。图为1609年冬天，一户詹姆士敦移民家庭由于缺乏食物而人人愁苦的场景。在这种境况下，只有奋发向上，才能摆脱贫困的阴影，贫困的经历也有助于他们保持身心的健康。

入的增加而增加，也会随着收入的减少而减少。

在经过相当长的时间之后，新的财富中的大部分吸引力会消失掉。其中的一部分是由人们的习以为常造成的。一旦习以为常后，虽然人们会为失去惯用的东西而伤心，但他们从这些东西中已经得不到多少快乐了，所以就渐渐对它们产生了厌倦心理。另外一部分是由下面的原因造成的：当人们越来越老时，对财富的厌倦情绪和紧张神经就会越来越强；更严重的是，随着财富的增加，他们会慢慢习惯于身体活动的减少和快乐感受力的减弱。

佛教认为：最高尚的人生理想是淡泊名利、宁静致远；最明智的人会尽量剔除本性中的所有欲望、邪念；真正的财富不是拥有很多的钱财，而是具有清心寡欲的内心。然而，社会上还存在着另外一种观点，它与佛教的看法完全相反。它认为：新的欲望的产生对人们总是有益的，所以人们要不断地努力。这些人把生活的目的看成了工作，而不是把工作的目的当成生活，所以他们是错误的。

如果人生没有经历一些艰难困苦，一个人就很容易堕落，这是人类的本性。不论是为了身体还是内心的健康，我们都有必要奋发有为。想要过上富裕的生活，我们就必须尽量多地参与一些有助于高才能发展的活动。在追求目标的过程中，我们会感到很快乐。

不管是哪一等级的人，对财富都会出现误用的情况。我们知道，只要工人阶级的财富增加了，整个人类生活的富裕和道德的高尚也会随之增加。这是因为，财富增加了，真正的欲望就可以得到满足。

近年来，把财富当作炫耀手段的欲望正在增长，这种欲望已经危害到了各个文明国家中的中等阶级。要想使人避免对个人财富的炫耀，颁布禁止奢侈的法律条文是起不到什么作用的，而宣传节约的道德却能起到一定的作用。从适当的豪华中能获得真正的快乐，但这种快乐只有在既无虚荣也无忌妒的情况下，才能达到最大的限度。从公共建筑物、公共竞赛、公共娱乐等上得到的快乐，就是这样一种快乐。

不管是把财富用在家庭消费的必需品上，还是把它用在公共的高尚形式的娱乐上，追求财富的目的都是高尚的。而且随着我们用财富促进的高尚活动的增长，这种追求带来的快乐也会增加。

当我们拥有了生活必需品之后，我们应该做的是对这些现有的东西加以美化，而不应该对它们的数量和华丽过分追求。对家具和衣服进行艺术改进，有助于生产者技能的提高，也易于消费者幸福的增长。但是，如果我们把增加的财富都用在增添生活用品的复杂性上，而不去提高现有生活用品的美观标准，那么，我们所得的幸福就不会持久。

个人财富的效用

人们通过获得财富可以获得幸福和满足感，但是这种幸福和满足感并不存在必然的关系。

个人财富

> 个人财富最重要的作用是满足生计的需要。当一个人的收入足以维持生计时，就会获得一定的满足感，并且这种满足感会随着收入的增加而增加，随着收入的减少而减少。个人财富首先会被用于家庭消费的必需品上。

> 个人财富被当作炫耀手段。马歇尔认为人们的需求在数量上是无限的，数量越多获得满足感就越多，在维持基本生计的基础上，人们开始追求奢侈的满足感。为了满足个人欲望，对物品的华丽。

第四卷

生产要素

　　本卷主要研究的是生产要素，也就是作为满足欲望的手段的那些要素，包括人自身在内，因为人是生产的主要要素和唯一目标。另外，土地、劳动和资本是构成生产要素的三大元素。

土地、劳动和资本是构成生产要素的三大元素。土地不仅指陆地，还包括海洋和空气以及从大自然其他方面获取的物质和能源；劳动是人类体力和脑力劳动的总和；资本指能为生产提供原料，同时也能满足自己需求的所有设施。

1.生产要素

土地、劳动和资本是构成生产要素的三大元素。这里的土地不仅指陆地，还包括海洋和空气以从大自然其他方面获取的物质和能源。劳动就是人类体力和脑力劳动的总和。能够为生产提供原料，同时也能满足自己需求的所有设施都称为资本。资本不仅能够满足自己的需求，还是财富的主要来源，所以被看作生产要素的一部分。

资本分为私有和公有，大部分由知识和组织组成。生产力最强有力的动力是知识。我们征服自然，并从自然中获取生活所需的能力都来源于知识。从社会各行各业相互联系的企业的组织，到保障社会安全，为多数人提供帮助的国家组织，组织拥有不同的形式，并且为知识提供帮助。知识和组织之间私有和公有的区别，随着时代的发展变得越来越重要了。在一些情况下还

生产要素——土地 梵高 油画 1888年

土地、劳动和资本是构成生产要素的三大元素。这里的土地不仅指图中那种耕耘过的田地，它还包括海洋和空气以及从大自然其他方面获取的物质和能源。

超过了有形资产的公私区别。由于这个原因，有时把组织看作一个独立的生产要素好像更合理。

尽管之前生产要素被分成了三类，但从某种意义上也可以分为自然和人类两类。在自然的基础下，人类凭借对未来的预测能力，积极地为未来的各种准备进行工作。资本和组织就是这种工作产生的结果。因此，只要自然和人类的力量保持不变，不随着时间的推移而减弱，那么财富、知识和组织就会日益积累。自然在形成人类的环境中发挥着巨大的作用。这样来说，人类就成了生产问题、消费问题、分配与交换问题的中心。

负商品

负商品大致可以分成两类：一类是劳动浪费，一类是商品的滞销带来的浪费。图中是装满青鱼的木桶，这些青鱼由于卖不出去都处于滞销状态，这就属于负商品的一类。

2.边际反效用和供给价格

价值和反效用或负商品的关系是建立在价值与效用的关系基础之上的。一件商品肯定有价值，这是由它本身的使用价值决定的，因为消费者需要使用商品的某一种价值，这时负效应或负商品就会影响消费者购买商品的决定。需要是基于获得商品的欲望，供给主要决定于克服不愿遭受"负商品"的心理。这种负商品大致可以分成两类：一类是劳动浪费，一类是商品的滞销带来的浪费。

由劳动带来的负商品产生的原因有多种，比如由于身心长期的压力产生了疲劳，在不利于身体健康的环境中长期工作，与工作伙伴之间的不愉快，长期加班得不到放松。不管因为什么原因，劳动的紧张度越高，负商品的强度就越大，它们之间的关系是成正比例的。

我们不能排除有的工作本身就需要工作者非常努力，尤其像文艺创作和科学发明这一类工作，但是同样不能排除一些难度较大的工作是为了满足别人的需要而开展的。

一般情况下，当人类在提到"劳动"这个词时，大部分指为了满足物质利益的需要。一个人劳动时，从内心来讲也希望能够在这个过程中获得一种心理上的满足感。但在长时间的劳动之后，身体需要休息，所以当这种劳动结束时，内心也会觉得很愉快。这两种心态似乎是矛盾的。但是一个人待业家中时，内心反而希望自己能够出去劳动，哪怕没有回报。尽管这种寻求劳动的愿望十分迫切，但还是会以正常的价格出售自己的劳动力，不会因此降低身价。

这种心态用经济学的专业术语来表示就是边际反效用。同样一件商品，数量增加，其边际效用就会下降。需要每有减少，不光是对这商品的最后部分而且对其全部所能得到的价格就随之下跌。和负商品相同的是，劳动的边际反效用总是随着劳动量的增大而增大。

人类本性可以反映出为什么有些人已经有了工作，却不愿意更加努力地进行劳动。刚开始工作时，他往往会遇到一些阻力，为了适应环境，赢得上司和同事的好感，他要付出一定的努力。当逐渐适应了新的环境之后，这种压力就会慢慢减少直到完全没有。这个过程之后，工作带来的就是愉悦，就工作本身而言，当愉悦感出现时就会不断增长，除非因为特殊原因才会终止增长。当然，这种愉悦感和之前的压力一样，当增加到一定程度之后也会慢慢减少到零，随之而来的就是身心俱疲和对休息的需求。因为人能够使用的精力是有限的，只有经过适当的休息才能恢复。如果长时间处于高强度的工作之下，休息不够，健康就会受到损害。这一点大多数的老板都明白，所以加班时，他们都会付给加班费作为补偿。即使是这样，员工也不能长时间加班。因为负商品和劳动量的关系是呈正比例的，每当超过限度的劳动量时间增长，负商品和边际反效用就表现得越明显，就越需要休息。对工作增加部分的厌恶感增强，是因为留作休息和娱乐的时间减少了，对空闲时间的增加部分的喜爱就增大了。

当获取的报酬越来越少时，努力的程度会随着报酬的递减而递减。正像吸引购买者去购买一定数量的某种商品所需的价格，称为那个数量在一年或一定时期中的需求价格一样，对生产一定数量的某种商品必须做出的努力所需的价格，可以称为在同一时期中对那个数量的供给价格。假如所有生产都是凭借熟练工人完成的，就可以制作一张供给价格的表格，和需要价格表是类似的。原则上，在供给价格的表格上可以填上工人的工作量，还可以填上不同的工作量的价格分别是多少。但在实际上，对工作的供给进行的所有研究，都是建立在人数固定的基础上

恶劣环境下的煤矿工人

在不利于身体健康的环境中长期工作，与工作伙伴之间的不愉快，长期加班得不到放松都是由劳动带来的产生负商品的原因。图中为煤矿工人利用绳索下到矿井中工作。煤矿工人长期在昏暗，空气不流通的环境中工作，这是产生负商品的原因之一。

好职业的标准 梵高　油画　1889年

好的职业在父母看来，就是工作时劳动强度不大，子女能够轻松地掌握工作所需的技术，并且在工资和其他待遇上都能获得最大的报酬。按照这种看法，图中给麦子打捆的妇女所从事的工作实在算不上是一种不错的职业。

the，这样之前的假设就不能长期使用。因为各种原因，人口总是在不停变化，其中平均的劳动收入对人口的影响尽管是不规则的，但却占有很大的比重。

各个行业之间人口数量的分布和经济有很大关系。在所有行业内，不管程度大小，劳动的供给都是和劳动的需要相适应的。父母辛苦供子女读书的目的，就是为了他们将来能够拥有一份不错的职业。所谓的不错的职业，在父母看来就是，工作时劳动强度不算大，人能够轻松地掌握工作所需的技术，并且在工资和其他待遇上都能获得最大的报酬。

但这只是父母的美好愿望，在现实生活中，劳动供需之间的关系不可能达到那样理想的程度。因为工作的需要，可能会使自己所获得的劳动报酬在短期内或者长时间内和父母理想中的职业的报酬有所不同。所以，不管是什么样的工作，报酬的获取都和技术的难易程度、工作本身的劳动强度等问题密切相关，但是在中间会遇到很多问题来阻碍这种关系。

相关链接

传统生产三要素

马歇尔在进行生产供给分析的时候，沿用了萨伊的生产三要素：土地、劳动、资本。劳动是财富之父，土地是财富之母。劳动和土地都是生产的基本要素，土地有助于生产时因为它能满足人类需要，劳动是获得财富的重要来源，人口的数量对劳动的供给至关重要。而资本是一种延期消费，马歇尔认为资本的供给主要来自储蓄，应该依靠调节利率来保持资本的供求平衡。

本章主要讲述了土地的内涵，增强土地肥力的机械条件和化学条件，人类对土壤性质的改变，土地肥力的衡量标准，报酬递减规律及其适用范围，人口增加对土地的影响等一系列的问题。

1.土地的含义

有人认为土地和资金都是具有一定价值的具体实在的物质，主要区别在于是否借助了人类的劳动，只要是有人类的劳动在其中，就属于资本，反之则属于土地。这样的划分还不够准确，但是也有科学成分。物质是世界的基础，人类本身不具备创造物质的能力，但是却可以将物质改造成为有价值的形式，这样就创造了价值。根据最简单的供需关系，只要这种价值在需求上有所增加，就会带来供给的增长，这样价值就拥有了供给价格。

在经济学领域里，土地的含义远远大于地理意义上的含义。经济学所说的土地，除了它本来的含义之外，还包括了水源、阳光、风等。这些东西是没有供给价格的，因为人类无法掌控，只能由自然按照一定规律来实现。

土地的基本属性就是广泛性，关于这一点是从土地和通常认为的土地产物的区别中总结出来的。谁拥有土地，谁就有支配这块土地的权利。地球的面积是不会变的，所以地球上的一部分和其他部分的集合关系也是不会变的。这些是人力掌控不了的，也就不受需求的影响，也不会产生任何的费用，也就没有供给价格。

地球赋予了人类从事活动最基本的条件——提供活动的场所，包括了场所之内的自然环境。场所决定了人和人之间的距离，影响着人和人之间的关系，这是土地所特有的属性。土地这种特有的属性，是经济学家为什么要区别土地和其他物质的最根本的因素，同样也是经济学中很多问题产生的基础。

说到土地的生产力，最先想到的就是土地对农业的重要性。除此之外，土地对生产力的价值还体现在航海、开采以及建筑事业上。

2.增强土地肥力

按照农业家的看法，土壤必须拥有一定的机械和化学性质，这样才能维系植物的生命。

从机械性质来说，土壤的软硬要适中，既不能太柔软，也不能太坚硬。如果土质太过柔软，不容易保存水分，经常会出现干燥的情况。反过来，土质过于坚硬，不利于植物根系的生长，水分和空气不能自由地流通，也无法实现养料的转换，植物就无法正常生长。所以土质必须软硬适中，这样植物的根系就能自由生长，也能够保证植物生长所需的水、空气和养料。在上述

条件下，土壤肥力的机械条件首先来源于自然的作用：干净的水源、新鲜的空气和霜、雪都能将土壤中的矿物质转化为养料，只要不出现水土流失，土壤中的肥力就不会流失。在这种土壤肥力自然作用的过程中，人类活动在其中的作用也是不容忽视的。人们春耕秋收等活动，能够让土壤保持软硬适中的程度，保证根部的生长和养料。对一些不太适宜耕种的土地，人们通过施加肥料来改善土质。

从化学条件上看，土壤中必须含有无机成分，这种成分必须适合植物的吸收。从这一点来说，人类的劳动对土地的作用是巨大的。很久之前，人们用不同形态的石灰来增强土壤的肥力。随着现代农业科技的发展和成熟，有各种有机化肥和无机肥料对土壤中缺失的成分进行适当补充，很快就能把贫瘠、荒凉的土壤变成沃土。今天，还出现了利用细菌来增强土壤肥力的方法。

土地肥力的增强 梵高　油画　1888年

我们可以从机械条件和化学条件来增强土地的肥力。干净的水源、新鲜的空气和霜、雪都能将土壤中的矿物质转化为养料。图中人们正在忙着秋收，一片金色显示着人们收获的喜悦。人们的春耕秋收活动，能够让土壤保持软硬适中的程度，保证根部的生长和养料的供给。

3.人类力量改变土壤性质

从古到今，为了改善土壤的性质，人类都在不断地摸索着。经过几千年的探索，现在人类已经可以在很大程度上支配土壤的肥力。经过机械条件和化学条件的改良，现在几乎在任何一块土地上，植物都可以生长。不仅如此，现在的技术还能让植物适应土壤的性质来生长。现在农村大多数采用的是轮种方法，一个季节种植和该季节相匹配的作物，收获之后再种植另外的作物。这样就能让土壤很快成为适应一季作物生长的温床。很多农村也实行套种套养，利用水的排放和不同作物之间的相互补充，来改变土壤的性质。尽管目前对土壤的改良取得了不错的成就，但是规模都不大，而且都是在之前已有的土壤的基础上进行的，还没有完全由人工制造出来的土壤。随着越来越多的工程建设，机械使用得越来越多，可以将两种贫瘠的土壤混合成为一种肥沃的土壤，这在将来是有可能实现的。

和过去相比，现在的土壤性质已经发生了很大的改变，而人类的活动是这些改变发生的主要因素。随着科学技术的不断成熟和发展，在前辈劳动成果的基础上，土壤的性质可能会发生更彻底的变化。李嘉图认为土壤的自然属性具有不变性和永恒性，而这一部分性质在长期的实践活动中，已经产生了两种截然相反的结果：一是由肥沃转为贫瘠，另一种就是由贫瘠转为肥沃。

人类无法掌控气候　马丁·约翰　布面油画　1853年

下图中在阴沉、凶险的天空下，有着浓重的戏剧化效果，画家以此集中表现了大自然令人畏惧的神威。虽然人类可以运用自己的劳动来改变土壤的性质，但对地面上的气候却无法掌控。

人类可以运用自己的劳动来改变土壤的性质，但是对于地面上的气候却无法掌控。土地为动植物提供了生活的空间，这一片空间受到地理位置的影响，每年得到的光热等条件大致上是固定的。从目前来看，人类虽然能够通过植树造林，治理环境等方法来改善局部的小气候，但还不能彻底改变土地上的自然因素对土壤性质的影响。

对土地属性的划分可以从最基本的两个方面入手：一是自然赋予土地的永恒特性，一是运用劳动可以改变的人为属性。区分两者只需要记住：自然界中每年赋予这一片土地相对固定的空气、水、光和热，这一片土地和周围其他事物比起来是相对不变的，这就是永恒特征。土地的所有权区别于其他的权利就在于它的永恒性，这是土地自然属性中最主要的特征。

人类劳动的无效性　绘画　1630年

在具体的自然环境中，人类对某些植物施加的影响几乎可以被忽略掉。比如图中这棵一半在光中，一半在阴影中的橡树，只要有适合它生长的环境，人类劳动对它来说没有任何帮助。

4.报酬递减规律

要想知道土地的自然属性和人为的因素对土壤肥力的影响可以达到什么程度，就必须结合土地具体种植的植物来考虑，否则是无法进行全面剖析的。撇开自然属性不提，人类活动对不同的植物所起的作用是不相同的。结合具体的自然环境，人类对某些植物施加的影响就几乎可以被忽略掉了。

例如橡树，只要找到适合它生长的环境，人类劳动对它来说是没有任何帮助的，也就意味着想从橡树身上产生巨大的劳动回报也是不太可能的。在一些地势低洼，水分充足，但是有着很好的排水功能的土地上生长的草本植物也和橡树一样的，不需要人精心管理也会生长得十分茂盛，而以这种草为食物的动物在这个过程中就扮演着人的角色，就像被牛吃过的草依然会茂盛地生长出来一样。在英国，有很多肥沃的土地没有人类劳动的参与，它们和有人类劳动参与的土地，在相等的面积条件下，土地产出带来的收益是相等的。

尽管上面的例子都在说明有很多肥沃的土地不需要人类劳动的参与，也能带来很好的回报，但是不能否认的是人类劳动的参与对另外两种土地来说还是很必要的，就是畜牧用地和农业用地。人类在这两种用地中起到的最大作用就是播种。首先是准备适合种子生长的苗床，其次是精心挑选种子进行播种，确认排除对种子有害的因素。精心挑选种子通常是选取它们对人类最有用的一部分：能够快速并且充分生长的能力。这种种植习惯的历史并不久远，也并不普及，但是经过无数次的演变，现在已经有大量人工培育的种子出现了。这样就让人类更多地参与到了植物生长的过程中。

对不同农作物的种植，人类劳动起到的作用是各不相同的。假如人类劳动和资本的投入不断进行下去，那么土地产出的报酬不再增加，甚至会出现减少。任何因为资本和劳动的增

人类劳动与不同的土地

尽管很多肥沃的土地不需要人类劳动的参与也能带来很好的回报，但在畜牧用地和农业用地中，人类劳动的参与还是很重要的。图中是两个正在使用铁犁耕地的农民，他们的劳动可以增加土地的产出。

加而递增的回报，在超过极限之后就会出现递减，不过出现的快慢不一样。极限来得比较快的，基本上没有人类劳动的参与，土地的主要管理者是自然界；而极限出现较慢的地方是因为人类劳动的参与度高，即使长久劳动也不会出现极限。这样就有必要对报酬递减规律进行更深入的研究。

这里研究的资本和劳动的回报主要的衡量标准是土地产出的数量，和价格是无关的。因为价格会受到很多因素的影响，城市的扩大、人口的增加、市场的供求关系等都会影响价格发生变化。在人口和生活资料之间的矛盾增加时，运用报酬递减的规律来分析这种变化是很重要的，但是和规律本身无关。这是我们运用这个规律需要注意的地方。

5.土地肥力报酬递减倾向

报酬递减规律和报酬递减倾向可以用一些形象的说法来进行说明，首先是关于报酬递减规律的说明。

因为报酬递减规律和价值无关，只关乎生产数量，所以在土地的使用过程中，要想规避报酬递减规律，使土地的产出数量以高比例速度增长，单纯依靠增加资本和劳动的投入显然是不够的，还要依靠耕种方法和农业技术的改良才能够实现。因为报酬递减规律会出现的一个重要原因就是对土地的利用还不够充分。

土地所有者一般不会对一块土地进行特别细致的经营管理，即便是在这种方式下一块地也能给他带来大量的回报。他们经营土地的目的是希望通过较少的资本和劳动支出，来获取土地上的全部回报。只要在土地所有者的能力之内，一般会采用广撒网的方式进行耕种，这样就方便所有者能够的在更多的土地上进行耕种活动，就像圈地运动一样，土地的面积会越来越大。这样会出现一个问题，当土地面积太大时，资金和劳动就太过分散了，即便是所有土地都能分配到一定的资金和劳动，但是都不足以使土地得到充分利用，土地的报酬递减规律就会出现，所得到的报酬就会少于支出。在这种情况下，如果土地所有者采用精耕细作的方法，将资金和劳动都集中投入到一小块土地中，所得的回报要多于从整片土地中得到的。假如土地的所有者在经过思考之后，他使用的土地面积产出的回报恰好能达到最大的数量，那么集中精力就是一件得不偿失的事情。凡事都有一个度的限制，如果所有者集中更多的资金和劳动对小块土地尽可能地多利用，在这种情况下，所有者在小块土地上得到的回报，会少于在更多的土地上得到的回报，报酬递减规律也会出现。

以上假设情况都必须在农业技术处在同一水平下才能成立。在这样的情况下，土地所有者的子孙对土地进行更多的资金和劳动投入，只有对更广的土地面积进行投入，才会避免报酬递减规律的出现。但是他们已经没有办法再进行土地扩张了，因为土地可以无偿得到，周围的土地都已经归别人所有了。他们只有通过购买或者租借才能获取更多的土地，或者搬到另外一个可以无偿得到土地的地方去。

这里开始对报酬递减的倾向做一下简单的说明。报酬递减的倾向在使用土地支配权的地方可以充分展示出它的重要性。

正是因为报酬递减的倾向，农民并没有仅仅保留自己的一小块土地，而是纷纷去扩大自己的土地面积。如果能放弃这种疯狂的租地行为，把所有的租金和劳动都投入在自己的一小块地中，不仅可以避免昂贵的租金，同时他在这一小块土地上所得到的回报是等同于在所有土地上带来的回报的。也就是说小块土地上产出的数量是等同于所有土地的产出数量的，这样之前为了扩张土地而付出的租金就会成为收益的主要来源。

土地是农民赖以生存的根本条件，每个人都希望自己的土地越多越好，根本就没有考虑过自己是否有精力去管理大片的土地。但是杨格认为这种看法是不正确的，之后很多在农业领域里面稍有建树的人都会跟着对这种看法大加批判。按照他们的说法，农民应该将有限的资金和劳动集中起来，这样做是有益处的，但是并不一定会得到更多的产物。因为没有盲目扩大土

规避报酬递减规律的方法

在土地的使用过程中，要想规避报酬递减规律，使土地的产出数量以高比例速度增长，要依靠耕种方法和农业技术的改良才能够实现。图为在美国本土发明制造的风能涡轮机（左图）与粮食撒种机（右图）。19世纪30年代美国农场上出现的这些机械化农业机器，大大提高了农业生产效率，这是规避报酬递减规律出现的一个重要方法。

精耕细作的人

　　土地是农民赖以生存的根本条件，每个人都希望自己的土地越多越好。但有时候土地过于广阔却不便于管理。如果能把租金和劳动都投入在自己的一小块地中，不仅可以避免昂贵的租金，同时由于精耕细作他也可以得到与扩大土地等量的回报。图中是印度农民在田中劳作，精耕细作可以使他们在较小的土地上得到与更大范围土地相同的回报。

土地的潜力

土地都具有一定的生产潜力,但一味只在土地上投入资本和劳动并不能激发出土地所有的潜力。一如图中栅栏内的土地,只是增加资本投入和劳动力并不能激发这块土地的全部潜力,可以考虑采用更先进的耕作技术。

地,就可以免去租借土地的费用。这一部分费用减去可能会出现的报酬递减所带来的损失,还有剩余的部分,这样农业权威们的意见就有了充分的证据。

现在仍然有很多土地没有被很好地利用,即便是类似于英国这样发达的国家。如果将之前投入在土地上的资金和劳动都加一倍,相应地土地产出带来的回报也应该比之前多一倍,从逻辑上说,是没错的。所以有些人就根据这样的说法,让发达国家所有的农民都尽可能地在现有的资金和劳动的基础上加一倍,那么将来的回报也会加一倍。按照这种方法推论下去:土地的租金占到1/4,将产物以4英镑为基数分成若干,那么每4英镑就会增加到7英镑。如果再改进耕种的技术和方法,还可以增加到8英镑或者更多。但这毕竟只是假设,按照现在的实际情况,运用多的资金和劳动并不一定能得到更多的回报,以现在农民的精力和技术来讲,即便是将资金和劳动力都集中起来用于某一块土地,不需要付出任何租金,对农民脱贫致富也是杯水车薪。因为报酬递减规律,大多农民不愿意只集中精力种植一块土地,这也是由数量而非价值来体现的。

目前来说,所有土地投入的资本和劳动并不能激发出这块土地所有的潜力,因为农业科技的不断进步,能够有限地提高资本和劳动的付出之后的报酬率,而且在现有的科技水平之下,就算使用在土地上的费用继续增加,报酬的比值也能够超过3/4。如果将科学技术的原因排除在外,资金和劳动的投入增加,就必然会导致增加这一部分的产出量逐渐减少,这就是报酬递减规律。

6.一剂资本和劳动

一剂资本和劳动由詹姆士·穆勒提出,在解释这个名词时,他的观点是投入到土地之中的资本和劳动都可以看作是一个个等量的药剂,按照先后顺序陆续放入就会产生奇异的化学效果。他的理论现在已经被人们接受，根据他的阐述，最开始投入的药剂引起的反应并不大，收到的回报也有限。而随后加进去的资本和劳动药剂随着累计就会增加获得回报的比例。如果在这个过程中出现意料之外的事情，获得报酬的数量就会出现增减的波动。但是根据报酬递减规律，排除技术原因，当劳动和资本的投入到了限度之后，所有增加的药剂产生的回报一定会比之前药剂带来的回报少得多。一剂资本就是劳动资本的总和，不管它最后的使用者是谁。如果劳动资本的总和最后由资本家使用，费用就会转换为具体的货币形态，按照市场的规律，劳动会被转换成具体的货币等价物。

随着一剂资本概念的提出，还衍生出了一系列其他概念：边际剂、边际报酬等。边际剂就是恰好可以抵消劳动者消耗的费用的那一剂，边际报酬就是边际剂带来的回报。用一个简单的例子说明：周围的土地都种植过了，并没有多余的土地可以用来出租收取租金，而种过的部分得到的报酬刚好抵消了他在种植过程中消耗的费用，像这样的情况就可以看成是土地的边际剂，如果这一块土地用于耕作，就可以叫作耕作边际。这样的土地并不需要真实地存在，只需要关心的是，不管是贫瘠还是肥沃的土地，边际报酬就是耕作边际上能够使用的最后一支药剂产生的报酬。

最后一支药剂并不是指时间意义上的最后，而是在资本和劳动输出时，使用者所获得的回报刚好没有剩余，指的是在资本和劳动支出上的最后一剂。

耕作边际上，一剂产生的回报恰好可以抵消劳动者消耗。按照这样来推论，各剂的总量产生的边际报酬可以抵消付出的所有资本和劳动。但在实际的情况中，获得的回报会比投入的资本和劳动多，多出来的部分就是土地的剩余生产物，土地所有权在谁手里，谁就拥有剩余生产物的所有权。

如果因为剩余生产物由土地的所有者拥有就认为这和地租理论是一样的就大错特错了。虽然剩余生产物可以向地租转换，但是要分清楚的是地租是强行索取的。一般来说，要想构成完整的地租，必须有三个条件：自然中土壤的价值，人类对土壤进行的所有活动，人口的密度和交通。这三个因素缺一不可，而第三个因素显得尤其重要。

在一个历史悠久的古老国度里，土地最原始的状态没有办法知道。自从人类的活动开始参与到土地中时，就注定了没有办法消除这些活动留下的痕迹，不管这种痕迹是好是坏，都已经融入土地之中。在自然选择和人为活动都在对土地进行作用时，会产生一些无法辨别属性的成果，我们只好认为在人来开始进行耕种活动之前，困难是不存在的。这样一来，在使用资本和劳动药剂带来的回报应该是最大的，之后再也不会出现比这个更多。

土地的边际剂

如图中的这片葡萄园，如果它周围的土地都种植过了，并且没有多余的土地可以用来出租，而种植的部分得到的报酬刚好抵消了人们在种植过程中消耗的费用，这样的情况可以看成是土地的边际剂。

剩余生产物

耕作边际上一剂产生的回报恰好可以抵消劳动者的消耗，但在实际中，获得的回报会比投入的资本和劳动多，多出来的部分就是土地的剩余生产物。图中描绘了德国农民丰收回家的景象，她们的收获物中有一部分就属于剩余生产物。

7.土地肥力的衡量

在了解了一剂的资本和劳动之后，接下来就要了解是什么决定了各剂资本和劳动产出的数量。通常现在的产物已经不单是大自然选择产生的了，人类投入了他们的劳动，决定了产出物中相当一部分是由人类的劳动和自然共同完成的。但在这一部分中，由于土地类型不一样，产出物的数量也不相同。一般情况是森林里面产出物的数量是最少的，因为报酬的递减规律在里面表现得最为明显。相同的道理，锄耕地上产物的数量应该是最多的。当然不只是这方面的因素，土壤的性质和种植的方法等方面的差异也是导致差异出现的原因。这些因素都有利于我们继续了解，在生产过程中投入的各剂资本和劳动是按照什么比例来发生报酬递减的。

对怎样分辨土壤是肥沃还是贫瘠没有一个具体的标准，在其他外界条件都处在同一水平的条件下，产出物的数量就是决定土地肥力的因素。假设有两块同样的土地都采用粗放经营的方式种植，其中一块的产量肯定会相对低于另一块地的产量，但是如果两块地都采用精耕细作的方式来种植，之前产量少的一块很可能就会超过另一块的产量。这时我们就可以说这一块土地是肥沃的。由于耕种的精细程度不一样，土壤肥沃不是绝对的。

一块本身就很肥沃的牧地，即便采用粗放经营也能获取很多回报，这种情况下，增加投入资本和劳动就会出现报酬递减。但是人口在其中发挥着作用，在人口急剧增加之后，拿出一部分土地种植另外的作物，并且保留原有的作物，在这样的情况下，报酬递减就会得到一定程度的缓解。但是有的土地不适合用于牧地，即便是这类土地在最开始投入资本和劳动时获得的回报很少，甚至越来越少，但是采用精耕细作的方式后，增加投入资本和劳动就会得到丰厚的回报。

热带地区和很多沼泽的土地低湿，植物生长茂盛，终年被沼气包围，根本不适合人类居住，没有了人类劳动的出现，生产物就更不可能产生了。这样的土地如果能够将多余的水排出，在土地上投入资本和劳动的回报就会在原来的基础上增加，但是后来有可能会出现递减。

改造湿地这样的行为一旦发生，投入到其间的劳动和资本是不能移动的。"人不能两次踏入同一条河流"，种植初期的情况不会再次发生，对湿地再增加劳动和资本的投入，获得的回报就会出现递减的趋势。

也有一些经过人类长期实践，已经被开发得很好的土地会出现一些细微的差别。就像土地不算低湿，但是水分比其他土地要多，需要进行排水工作，或者是上下层的土壤肥力并不相同，但是恰好可以互相补充，对这种土地进行深度耕作就能彻底改变土壤的属性。

当报酬递减开始出现端倪时，人们并不会认为获得的回报会越来越少，因为生产科技的进

土地类型影响产出物数量 雅各布·范·勒伊斯达尔 绘画 约1660年-1665年

很多时候人类投入的劳动和大自然共同决定了土地的产出。土地类型不一样，产出物的数量也不相同。图中是盘根错节的森林，有着潺潺的流水，阴霾的天空下枯枝横卧。在这样的森林里面产出物的数量比锄耕地上产物的数量少很多，报酬的递减规律在森林里边表现得最为明显。

步能够弥补这一点，它能增加资本和劳动的产出量。不考虑科技因素，只使用现有水平下已有的种植方式，人类能够增加可以投入的资本和劳动量，到了快要收获的时候，也能够增加土地的产出量。从种植初期到收获，其中各种因素连接在一起就像一条铁链，土壤的肥力是最大的限制因素，就好比铁链上最薄弱的一环。假如不加考虑胡乱使用有弱环的铁链进行生产，即使其他的环节再坚固也不一定能起到很好的效果。这时，如果有一条质量稍微差一点的铁链，但它每一环的力量是差不多的，只要精心维护，这一条铁链发挥的作用要比之前的铁链大得多。铁链的道理其实和木桶原理反映的道理是一样的。

移民对土地的选择要求是要适合耕种。假设一块土地不能马上耕种，而且土地上生长的不是能够增加报酬的作物就会令人非常头疼，即便这块土地将来通过人的劳动会变成肥沃无比的土地，也不能让他们满意。同样，水分太多的土地他们也不会满意，因为在他们耕种之前还要修建排水系统，这在他们看来是很麻烦的事情。如果一块土地，只需要简单的生产工具就可以进行耕作，就是他们最满意的土地类型。对他们来说，这种土地在耕种后作物能够获取到更多的养料，能更好地生长。

哥伦布发现美洲大陆之后，许多移民随后涌入美洲，成为最先定居这里的人。他们一般的劳动方式就是人力，即使现在机械化正在普及，他们仍然保留了这种手工劳动的习惯。因为受

肥沃的牧地

图中是一大片青草丛生的牧地。在这些本来就很肥沃的牧地，采用粗放经营就能获取很多回报。在这种情况下，增加投入资本和劳动就会出现报酬递减。但如果在人口剧增之后，拿出一部分土地种植另外的作物，报酬递减就会在一定程度上得到缓解。

移民涌入美洲

　　哥伦布发现美洲大陆之后，许多移民随后涌入美洲，成为在这里定居的人。当时彭从欧洲招募开拓者，很多欧洲宗教受压迫者都来到美洲，他们与当地的印第安人关系良好。彭从美洲土著手里购买了一块新土地，这便是以他的名字命名的宾夕法尼亚州。图为摩拉维亚的开拓者在宾夕法尼亚州的特拉华河边展望这片新得到的土地。

到地形的限制，机械化不太适合山地，更适合在平原操作。但是当时的美洲人却不挑剔，山地上的产出量比平原少得多，但是却要付出更多的资本和劳动。

　　一块土地肥力的影响因素包括劳动者的技术水平、可支配的劳动和资本、个人对报酬的需求和耕种的方式等各个方面的因素，只有所有的条件都具备时我们才能比较两块土地的肥沃程度。假设劳动者需要获得更多的报酬，就会尽可能地支配有限的资本和劳动在最大产出量的土地上，这一块土地就被认为是最肥沃的。排除了时间和地点的因素来讨论肥力是没有意义的。

　　即便是加上了时间和空间的限制，还是不能给肥力做出一个十分明确的定义。因为人类衡量土地肥力的标准是多样化的，有时根据土地总的生产能力强弱，即生产物的总量来判断；有时凭借剩余生产物的多少来判断。按照这两种标准，英国的耕地和所有的牧地都是非常肥沃的。根据不同的目的，肥力可以被理解成各种意义，但在极少数情况下还是要给出明确的定义。

8.人口压力与土地价值

　　土壤肥力的大小可以随着耕种的方法和种植植物的变化而不同。时代的需求是影响肥力的重要因素。第一次工业革命时，各个国家对木材的需求大大增加，能够作为木材生产原料的松树就变得炙手可热，生长松树的山地的价值要比其他土地的价值高很多。但是，蒸汽机发明之后，煤成了主要燃料，同时由于交通的发展，铁成了造船的主要材料，这样木材的价值就大大下降了，之前长着松树的山地的价值就下降了。水分太多的土地不适合种植其他植物，但是水稻和黄麻除外，它们的种植提高了这一类土地的价值。但是随着国家政策的变化，肉类和乳制

品的需求增多，价格上涨，谷类的价格相对下降，种植水稻的土地的价值就下降了，而牧地和能够生产饲料的土地的价值就增加了。由此可以看出，时代的需求对肥力的判断有一定的影响。

即使不考虑以上两种影响土地肥力的因素，土地的价值也会出现等价的趋势。不去考虑可

蒸汽机和煤　绘画　19世纪

时代的需求是影响土地肥力的重要因素。瓦特发明蒸汽机后，煤成了主要燃料。以前的主要燃料木材的价值就大大下降了，之前长着松树的山地的价值也就下降了。图为19世纪的一个英国煤矿，烟囱下边是一台蒸汽机，蒸汽机的发明使煤的用途更加广泛了。

能的特殊原因，只是人口和资金增长这一点，就会使土地的价值发生彻底改变，由原来的贫瘠变成肥沃。因为之前人口有限，这一类土地不受重视，但由于人口增加，对土地的需求量变大，这类土地被后人施加了大量的资本和劳动，再加上本身的自然环境大致相同，所以能很快变成肥沃的土壤，但这样一来，能用的劳动部分就大幅度下降了。

和肥力相对应的是耕种的方式，土地对此没有一种明确的规定。在离市场需求最近的一块最肥沃的土地上，用最适合的方式进行耕种，同时下大力气投入资本和劳动，这样的土地按理价值应该很高，但如果不付诸人类的劳动，完全由自然去选择，它的价值将会大打折扣。就像铁链上的薄弱环节一样，靠近海洋的土地缺少植物生长必需的碳酸和碳酸钾。如果不借助海草的帮助，它永远也成不了坚固的铁链。在英国，精耕细作被认为是良好的耕种方法，这样会让土地农作物的产量大大增加。但在美国，这样的方式只会加速他们破产，因为精耕细作在他们看来就不是好的方式。

人口影响耕作方式 1967年

人口压力会影响土地的耕作方式的选择。在英国，精耕细作被认为是良好的耕种方式，这样会让土地农作物的产量增加。但对美国人来说，这样的方式只会加速他们破产，因为相比较而言，美国有着广阔的土地，对一小块土地进行精耕细作对他们来说不是好的耕作方式。图中为美国北卡罗来纳州广阔的耕地。

9.人口对土地的影响

李嘉图认为最肥沃的土地最先被耕种。这句话本身没有什么问题，但他忽略了稠密人口为农业提供的间接利益。

李嘉图对报酬递减律的描述显然是不够准确的，不管是思想还是措辞的疏忽，还是为了自己的目的，根据当时英国的情况，李嘉图理所当然地认为报酬递减律已经不构成重要的问题了。但是他忽略了一个很重要的问题，就是后来发明越来越多，并且提供了大量的新能量。借着当时自由贸易的东风，给英国的农业带来了一次全新的变革。

李嘉图还认为，一个国家中最肥沃的土地会最先被移民占有，只有当人口达到一定的数量后才会开始开垦贫瘠的土地。按照他的这种说法，土壤的肥力就有了固定的判断标准。然而实际情况是，因为不需要付出任何代价就可以享有土地的支配权，在这样的基础上，人们会按照自己的需要来选择最适合自己的土地，在经过计算之后会获得最佳的报酬。这时对土地的选择要忽略掉肥力的因素，除此之外要考虑有没有其他不满意的因素。低湿的地方因为有太多的沼气是不能选择的，另外市场、资源以及交通状况都要考虑，最重要的是要能够保护自己不受到野兽等危险因素的攻击。人们经过复杂的选择，并不能保证所选择的土地就一定是最肥沃的。

在新的国家中，被英国农民看作是贫瘠的土地，反而可能比他们认为是肥沃的土地先被耕种。这表面看起来和李嘉图的观点相反，这是在人口增加之后出现的。因为人口太多，生活资料的压力增大。这使研究兴趣的中心从农民生产物的数量转移到它的交换价值，而交换价值是以农民附近的工业人口所提供的与农产物交换的东西来表示的。

李嘉图和他同时代的经济学家从报酬递减律得出以上推论，是很草率的。他们没有仔细考虑组织的力量。农民不是一个个单独的个体，他们之间以及他们和城镇居民之间利用交通工具共同建立起一个农业市场。市场形成之后，只要拥有符合规范的条件，就能够买到自己需要的东西，在这个市场上会提供个人和家庭生活的一些生活用品。人的知识会得到充实，视野会变得开阔，不同工具的使用将提高农业的生产效率。

历史将会证明，人口的增长会带来工业和贸易组织的繁荣。因此，在某一个特定的区域内所有的资本和劳动在报酬递减律上表现得并不是那么明确。这一点和所有土地上的资本和劳动是不一样的。在对土地的种植已经到达某种程度时，在土地中使用的每一剂的资本和劳动之后获得的回报都要少于前一剂产生的回报，而人口数量的增多让生活原料快速地增加，甚至已经超过了原来增加的比例，这就意味着报酬递减律已经被推迟。在没有其他因素让人口增长放慢速度的情况下，只有生活资料的短缺会有作用。即便是报酬递减律已经开始发挥它的作用，人口增长带来的压力还是会在很长一段时间内存在，除非出现新的供给范围以及交通变革或者是组织和知识的进步才会有所缓解。

10.渔场、矿山和建筑用地的报酬规律

经济学中土地的概念包括了江河湖海，报酬的递减律对它们也是有用的。河流的报酬递减律表现得格外明显。资本和劳动增加得越多，增加部分产生的回报就越小，这一点人们已经达成共识，但对海洋的看法则不一致。有人认为报酬递减律是不适用于海洋的，因为海洋占到了地球

李嘉图的土地使用观点

李嘉图认为，一个国家中最肥沃的土地会最先被移民占有，只有当人口达到一定数量后才会开垦贫瘠的土地。按照他的这种说法，土壤的肥力就有了固定的判断标准。但实际上人们选择土地时会按照自己的需要来选择最适合的土地。

面积的7/10，有无数的鱼类生活在其中。广袤的海洋可以无限地提供原料，剩下的鱼类数量也不会出现明显减少。另一些人的看法正好相反，大部分渔场经过大量捕捞之后，生产能力会下降。这样下去，随着人口膨胀，鱼类的供给在质量和数量上都会大打折扣。

报酬递减律同样适用于矿山（包括石矿和制砖厂）的生产物，这是一种很容易让人误会的说法。依靠地理知识的不断完善、采矿技术的进步，人类有了更多掌控自然的能力，但是在矿产的数量上，遇到的问题是显而易见的。在其他条件保持不变的前提下，投入资本和劳动就会使矿山的生产物逐渐减少。这里所说的生产物不像之前提到的是纯粹的生产物，只是它本身财富中的一部分。之前的报酬是可以往复循环的。因为生产物本身就是矿山的一部分，而田地的产出并不包括田地本身，运用正确恰当的种植方式，还可以长久保留它原有的肥力。

矿山和田地计算租金的方法不一样。首先，租用田地的农民在将来可以将土地完璧归赵，但矿山不可能做到这一点；其次，两者的费用组成也不一样，田地是按照年为单位收取费用的，但矿山是按照从里面开采出的矿物量的比例来征收费用的，也就是所谓的"租用费"。

土地除了包括江河湖海外，还有空气、阳光、水等自然环境，它们为人类活动提供的服务，也是严格按照报酬递减律实现的。在位置上具有特殊利益的地方，增加投入的资本是有好处的。世界各地的高层建筑，自然光线和通风都是通过人工来补充的。住在高层的人不必担心上下楼，因为有电梯。这种资本和劳动的支出换取的回报就是方便和快捷，但是这种回报会随着投入的增加变得越来越少。因为用于建筑的地租很高，大多数建筑商都想把楼层盖得越高越好，这样就可以节省费用，但是楼高有它自己的限度，超过限度之后，往上增加高度的成本要比重新租用地皮的租金高出很多，这时就不如重新租用一块地皮了。这和农民种地是一个道理，当对某块土地精耕细作到一定程度后，再增加投入也不能产生丰厚的回报，这时农民就会利用扩大耕种的面积来增加回报。建筑的租金和田地的租金在本质上是一样的。

11.报酬递减律的注释

我们需要对报酬递减律的伸缩性进行充分的思考。各个行业都可能出现这样一种状况，当支出超过一定程度时，利润反而会变少，这就是"递减的报酬"。

大海和渔民 油画 1807年 英国国家美术馆藏

关于海洋是否遵循报酬递减律这里有两种看法。一部分人认为海洋可以无限提供原料，剩下的鱼类数量不会出现明显减少，所以报酬递减律并不适用于海洋；另一部分人认为大部分渔场经过大量捕捞后，生产能力会下降。随着人口膨胀，鱼类供给在质量和数量上都会打折，报酬递减律是适用于海洋的。图为19世纪英国渔民清晨在大海边卖鱼以及清洗捕鱼工具的场景。

报酬递减律广泛适用于渔场、矿山、空气、阳光和水。图为美国纽约的哥伦布环岛，这里高楼林立，高大的建筑物也一样遵循报酬递减律。这里建筑物的光线、通风等通过人工补充使建筑物得到了最大程度的使用而减少了地租的花费。但当楼层的高度达到一定程度时，再增加楼层的高度就得不偿失了。

生产资源的分配问题在生产的每个方面都会出现，其中必然有最优的分配方法让所有支出产生最大的效益。对管理者来说，个人的才干越突出，分配就越接近合理。随着管理者业务范围的扩大，就意味着生产要素的需求量也扩大了。在使用时就要注意恰当地调整各生产要素之间的分配比例，而不是简单地按照之前分配的比例来增加各种生产要素。如果管理者能够对各种生产要素进行合理地分派，这些生产资料就能带来最大的报酬。反之，如果其中一种生产要素投入过多，其他生产要素就不能很好地配合使用，所带来的效益必定会递减。

农民从土地获得的递减报酬也是一样的。精耕细作使自己得到的报酬越来越少，这样他就必须用之前土地的价格去租用更多的土地，来扩大耕种面积，否则就会被认为是一个失败的农民。这只能说明一个问题，在个体的农民看来，土地只是一种资本的表现形态。但是，经济学家在研究报酬递减律时，既从农民的个体来研究，也从整个国家的角度来研究。

具体的生产工具，国家可以通过统计，从而发现工具的数量是否恰当。通过宏观调控措施，对缺少的工具进行补充，多余的工具慢慢回收，从而达到平衡。但对土地却不能采用这种方法，因为土地的数量是固定的，只能决定耕种的精细程度。从社会的角度来说，土地在生产上的地位和其他生产资料是不一样的。

每个国家在成立之初，都拥有大片没有经过开垦的土地，这时土地的固定性是不能发挥出效果的。有的经济学家认为土地的价值或租金不是取决于这块土地是否肥沃，而是取决于土地和市场之间的距离。受这种观点的影响，直到现在，美国还有很多肥沃的土地没有开垦。在这个过程中美国的经济学家忽略了一个事实：在英国，即便是投入的资本和劳动带来的回报是递

未开垦的土地　威廉·梅里特·切斯　绘画　1893年

　　每个国家在成立之初，都拥有大片没有经过开垦的土地。有的经济学家认为土地的价值不是取决于土地的肥力，而是取决于土地和市场之间的距离。受这种观点的影响，直到现在，美国还有很多肥沃的土地没有开垦。图中是没有经过开垦的辛尼克山。

减的，但是和由于耕种方法不当或者机器使用不当带来的报酬递减是不一样的，区别在于个人认真和谨慎的程度。

人类生产的目的是为了满足自身物质和精神上的需求，而实现的手段也是由人类自己来完成的。这一章对劳动供给相关的人口数目、体力以及知识、性格的发展进行了一系列的阐述。

1.人口学说史

动植物的繁衍受到个体繁殖其族类的倾向以及生存竞争两个方面的竞争。根据达尔文的优胜劣汰原则，不能适应生存法则的生物在成熟之前就会被自然淘汰掉。但是人类的情况因为各种因素的影响表现得更为复杂。由于作为父母的责任或者其他动机，人类对未来产生了很多焦虑，为了减少这种情绪，人类开始渴望能够支配自然，最典型的例子就是帝国时代的罗马，这是一方面的原因。另外，宗教、法律和道德给人类的种种束缚和压力，致使人口的增长时快时慢。

尽管人口增长的历史开始得比较晚，但是有思想的人很早就已经开始了比较模糊的人口研究。在世界历史中有很多在立法、道德和思想上有自己想法的人，他们制定的法规和风俗民情以及社会的文明礼仪等，对当时人们的影响是极为深远的，但他们并没有得到大多数人的认可。一个民族的强盛，尤其是在战火肆意燃烧的时代，人类最需要的就是可以充当兵力使用的青壮年男子；在取得一定的进步之后，政府就开始明白要尊重人类生活的权利，这是神圣不可侵犯的。但在进步刚开始时，政府却鼓励人类残杀老弱妇孺。

最具典型的代表是古希腊和古罗马，政府为了保证自己的殖民地力量不被削减，同时因为经常会爆发战争，所以当时的人口激增。这种情形被很多人看作是一种公共力量的象征，所以更多的人倾向于结婚，甚至连法律也开始鼓励结婚，一些思想家也觉得，想要减轻为人父母的压力，结婚是可行的方法之一。在这之后，国家政策鼓励增加人口的现象就时而繁盛时而衰弱了。英国都铎王朝最开始的两位统治者都非常鼓励人口的增长，但是只持续到了16世纪，之后就逐渐减弱了。

鼓励人口增加的政见的减弱和当时的社会背景有关。当时，国家的情况已经基本稳定，在政策上对人口的刺激也比较明显，僧人不必再一个人生活，牧羊场逐渐增多，之前由僧人建立起来的工业体系瓦解。社会对劳动力的要求相对较弱，所以鼓励增加人口的政见就开始减弱了。18世纪上半期，英国人开始将小麦作为主要的食物，人类生活的舒适标准升高了，人口增长因此受到阻碍。

蔡尔德认为，人口减少会带来国家的贫穷，世界上大多数富裕的国家，人口都比贫穷国家的人口多。后来英法战争爆发，英国急需更多的军队，机器制造者需要更多的工人来从事生产，因此统治者提出了鼓励增加人口的政策。

伊苏斯之战 阿尔特多费尔·阿尔布雷克特 板面油画 1529年

图中描绘的是亚历山大大帝的伊苏斯之战，左方坐在马拉战车上的是亚历山大大帝，画上方的镶板装饰，说明了亚历山大打败大流士的战绩。战争时代，人类最需要的是可以充当兵力的青壮年男子，这为鼓励人口增长政策的出台提供了最有力的动力。古希腊和古罗马就是典型的代表。

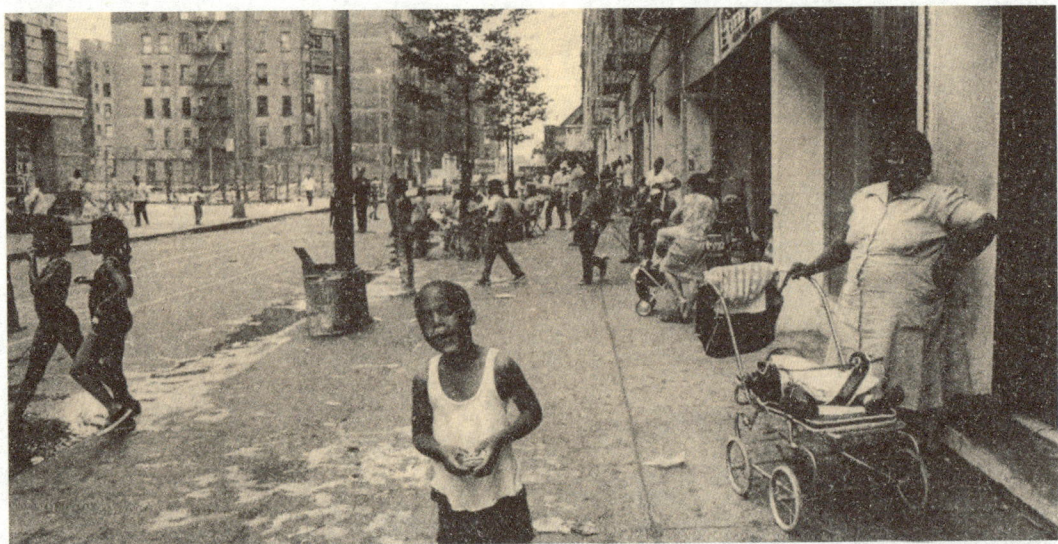

人口增长的压力

人口增长过快，社会的承受能力又有限，这就会给人民的生活造成困难。魁奈认为人首先要做的是为增加国民收入做出贡献，而不是让人口变得越来越多。如果人口过多，收入满足不了全部人口的生活资料，生活的矛盾就会凸显出来。图为美国的一处贫民聚集的街道，城市显得暗淡无华，人口稠密，地面肮脏不堪，他们的生活相当困苦。

英国在战争时期的政策，使得人口倍增，有一些对社会问题比较关注的人发现，人口增长过快，社会承受能力有限。尽管他们之前为国家的强盛和和平做出了巨大的贡献，但是对社会造成的问题也是事实。而且个人没有必要为了国家的强盛牺牲掉自己的幸福生活，人民没有赋予统治者那样的权利。魁奈认为人首先要为增加国民收入做出贡献，而不是让人口变得越来越多。在他看来，丰厚的收入能够让人生活得更加舒适，但是如果人口过多，收入满足不了全部人口的生活资料，生活的矛盾就会凸显出来。他的这种看法在当时是可取的，但是没能受到重视。

亚当·斯密认为，生活资料随时随地都可能出现巨大的变化。但对这句话蕴含的深意，他却没有进行充分的解释。在当时的情况下，他还没有预见到重农主义学说的另外一个限制。直到现在，因为交通的发展，从美洲将粮食运送到英国的运费，要比之前国内运输的运费还要少很多，这时重农主义忽略掉的第二个限制因素就变得更加明显了。

到了19世纪，英国工人阶级的状况可以用惨不忍睹来形容。农业收成不佳，加上连年征战，工业发生了翻天覆地的变化。而政府对贫困的救助方法不力，使得英国的工人阶级面临了英国历史上空前绝后的凄惨状况。在这样的境遇之下，受到法国共产主义的影响，英国工人阶级将抚养子女的责任通通交给了社会。

在这样的社会背景之下，负责招募士兵的军曹和劳动力的所有者之间都需要有一些能够控制人口增长的措施。假设人口再次长期增长下去，这个民族是否会走向衰落，这个问题是当时一些有预见性的人想弄清楚的问题，其中就有《人口论》的作者——马尔萨斯。他在这本书中提到的关于人口增长的问题是近代人口理论的起始。

2.《人口论》

劳动力的供给、劳动需要以及结论三部分组成了马尔萨斯的人口理论，在阐述的时候三个部分是分开的。

首先是关于第一部分劳动的供给的论述。在对历史的事实进行了详细地了解之后，马尔萨斯总结出，能够载入史册的民族都是人口众多的民族，如果能够拥有足够的生活资料，没有疾病、战争或者其他残害生命的行为以及自我有意识的遏制，人口将会持续增长下去。

关于劳动需要的阐述是建立在事实的基础上的，只不过事实的类型和第一部分有所区别。马尔萨斯认为，直到他的书稿完成时，所有的国家，而不是城市，在人口的密度变得非常大时，生活资料的供给速度总是跟不上人口增长的速度。自然对人类的劳动给予了回报，当然只能是有效的人口需求，自然没有义务为超出的部分提供需求。但在那时，尽管人口增长很快，但是对生活资料的需求的增加还不是特别明显。

最后一部分就是马尔萨斯得出的结论，即便是历史上已经发生过的事情，在将来也许会再次发生。人口的增长会受到贫穷或者其他艰苦条件的限制，只有用自我意识才能遏制人口快速增长。因此，他提醒人们要有意识地控制人口增长，提倡晚婚，保持道德生活上的纯洁。

在19世纪初期，英国经济学家对人口对生活资料施加的压力显得过于担心。虽然马尔萨斯没有预料到交通运输工具取得如此大的进步，但是这不能怪他。正是这种进步，使得英国只用花很少的费用，就能享受到全球的生活资料。

因为马尔萨斯没有预料到交通发展得如此迅速，他后面的两个论断就脱离了时代，即便在实际上它们还具有一定的指导意义。19世纪后期，对人口增长的遏制取得了不错的成效，西欧舒适的生活习惯逐渐地在世界范围内传播，这一点马尔萨斯功不可没。

马尔萨斯的论断脱离时代

马尔萨斯认为随着人口的增加，生产资料供给的压力会越来越大，他提醒人们要注意控制人口的增长。但是马尔萨斯没有预料到交通会发展到今天的便利程度，这使他的一部分论断脱离了时代。图中是一个海上贸易港口，正是海上交通的发展使英国可以享受全球的生活资料。

马尔萨斯认为：如果能够拥有足够的生活资料，没有疾病、战争或者其他残害生命的行为以及自我有意识的遏制，人口将会持续增长下去。图为1789年法国大革命时期，人们攻破位于巴黎东部巴士底狱监狱的情景。像法国大革命这样的战争，会造成人口锐减，没有战争、疾病等因素的影响，人口将会持续增长。

3.结婚率与人口出生率

人口的增长可以由两种途径来实现，第一个是人口的出生率高于死亡率，可以算是一种自然的增长方式，第二个就是通过移民来实现人口增长。

婚姻习俗和人口的出生率是密切相关的。在历史的长河中，由于婚姻习俗的不一样，使得

各地人口状况呈现了各自的特点，这里研究的范围仅限于相对文明的国家的婚姻习俗。

气候和人结婚的早晚有关系。如果气候湿润、温暖，生育行为发生和停止的时间都很早，而气候干燥、寒冷的地方则恰好相反。在任何情况下，在适婚年龄之后结婚的，拖的时间越久，出生率就会下降得越多，女性的结婚年龄比男性重要得多。在不受气候的影响下，他们独立生活的能力、朋友之间比较认可的舒适生活的标准、维持家庭生活的能力都是影响平均结婚年龄的重要因素，这对不同身份地位的人会有所区别。

中产阶级的收入很少能在50岁之前达到最大值。这个阶段，子女的抚养费和教育费是一笔庞大的开销，持续的时间也很长。技术人员在没有升职到管理者时，收入的最高值是在21岁时，之前的收入根本就不多。在孩子最初成长的15年中，技术人员的负担有可能达到最大值。如果想减轻这种负担，可以让子女从小开始训练谋生的能力。不熟练的劳动者最高收入到来的时间更早，18岁时就可以算是工资最高的了，同样他们的子女要在更小的时候学会谋生。这样看来，平均的结婚年龄由高到低依次是中产阶级、技术人员和不熟练的劳动者。

如果不熟练的劳动者的生活可以维持，也没有任何外界因素来干扰，这一群人的数量就会在30年内增加到原来的两倍。在数量增长的同时，能力的增长却很缓慢。我们有理由认为，不熟练的劳动者的增长没有长时间的持续下去，这已经被历史证明了。在整个中世纪，所有欧洲的人口中，不熟练的劳动者不是和父母住在一起，就是在田地旁的小屋内。当然，只要结婚了，就需要有自己单独的房子。当一个村子里房屋的数量不变，而人口增长却很快时，年轻人能做的就是等待。

雇佣劳动力的地位已经和以前有很大的不同。在城市中，雇佣劳动力和子女都可以得到很好的待遇，如果想要移民，有可能会取得更大的成功。因

英国人在加拿大定居

移民是人口增长的重要途径之一。图为1749年英国人在大西洋沿岸的哈利法克斯定居的场景。在这里，人们不执行长子男继承制，也严禁地主对土地长期独占。人为的宽松政策和当地适宜的气候，使这个地区的人口迅速增加，不久哈利法克斯就成了著名的港口城市。

落基山脉 比兹塔特·阿伯特 布面油画 1863年

在美国这个新兴国家中，农村的大片土地是人口增长的最好条件。在这里，人们不必担心人口对生产资料的压力。图为巍峨、壮丽的落基山脉，前景为约塞米蒂溪谷，不少人在溪谷前忙碌着，因为有广阔的土地，他们并不担心生产资料会短缺。

为土地变得越来越少，价值也就越来越大，在实行自耕农政策的地方，人口的增长就要受到压制，而在这些地方，几乎没有人想要创建贸易市场或者移民。在当地父母看来，子女拥有的土地越多，在社会中的地位就越高。这种思想使得家庭人口的数量受到限制，也成就了很多政策联姻。让自己的子女和有土地继承权的人结婚，以此获得更多的土地。在英国的贵族中，长子能够结婚的对象必须是人口不多的，并且对方拥有财产继承权的女子，他们甚至会阻拦小儿子结婚。这样的习惯导致很多贵族已经不存在了。不仅英国的贵族有这样的习惯，法国的农民也有，人口数量少的家庭尤其偏爱，所以他们的人口数量基本上是保持平衡的。

在新兴国家中，农村的条件是人口增长的最好条件。在农村，有着大片的土地，不必担心人口对生产资料的压力。因为海陆交通工具的发展，人们不仅能将自己不需要的生活资料运出，还能以比较低廉的价格运回更多让生活更加舒适的生活资料，甚至是奢侈品。因此，在美国人的眼中，人口数量多对农民来说并没有太大压力，反而有好处。所以，农民的家庭生活更健康，之前成为限制人口增长的理由，这时都成了刺激人口增长的条件。对美国而言，大量的移民也起到了很大的作用。在这样的大环境下，即使有人不喜欢有太多的孩子，但却改变不了大趋势，所以美国的人口在不到100年的时间里就增加了将近20倍。

在物质条件较好的家庭中，人口的出生率相对来说较低，而条件一般的家庭的出生率相对要高一些。舒适的生活会让生殖能力下降，同样精神压力太大也会。所以，如果父母的精力保持不变，精神压力就会让他们打消建立一个大家庭的想法。对长期从事智力工作的人来说，他们的体质和神经往往要高于平均水平，所以高尔顿才说他们这样一个阶级，生殖能力应该是比较强的。但是由于各方面的原因，他们的结婚年龄都晚于适婚年龄。

4.英国人口史

在整个世界人口增长的历史中，英国算是比较有意思的一部分，相比于联合国的人口历史，研究起来更有趣味。

12世纪时，包括英国在内的欧洲国家对人口都采取限制政策。人们没有办法成家立业时，通常会选择成为僧人。宗教上奉行的不婚主义，对人口增长的遏制起到了一定作用。人们将这种途径划分到自然力量的类别中，并不认为是一种新的方式和方法。当时传染病和流行性疾病大多是因为不讲究卫生引起的，表现最糟糕的就是英国。当时农业上歉收和交通运输的困难已经造成了严重的饥荒。

乡村生活没有什么趣味可言，已婚夫妻还健在，年轻人活动的区域有限，这时成家立业还有很多困难。这时的年轻人还没有考虑过要迁移到其他地方去。当战争、疾病或者其他因素导致人口数量减少时，当地的活动空间相对变大，就会有很多人结婚来填补由于人口减少造成的空白。和之前的已婚夫妻比起来，他们更加年轻。

有一个很有意思的现象，当疾病和各种天灾人祸盛行时，农业人口迁移一般会选择到灾害最严重的地方去。从事技术的工人各地的流动都差不多，尤其是和建筑、五金和木材相关的技术人员，表现得更加明显。这种人口经常流动的年份被称为"漫游年"，成员以年轻人为主，但是这个年景过后就会逐渐定居下来。流动人员中有相当大一部分是显贵家族的家臣。尽管之后行业之间的排外性越来越明显，但是因为人们在家乡找不到工作和成家立业的机会，所以城市就成了很多人的避难所。在这种情况越来越明显的背景之下，经济政策开始松动。社会的发展，科学技术的进步，海外贸易的进行等各种迹象表明，劳动力的需求开始增加，人口的增长

小麦取代谷物作为粮食

梵高　油画　1888年

从17世纪过渡到18世纪的一个世纪中，英国人的生活水平得到了提高，其原因和结果都应该归于人口的慢增长，最主要的表现就是用小麦取代了谷物作为食物。图为麦田边的三捆麦子，抬眼望去无边无际的都是金黄的麦田。

犹大之吻 乔托 壁画 约1305年

　　12世纪时，包括英国在内的欧洲国家对人口都采取限制政策。人们没有办法成家立业时，通常会选择成为僧人。宗教上奉行的不婚主义，对人口增长的遏制起到了一定作用。图为乔托的著名壁画，中间带黄斗篷的为犹大，他的斗篷遮挡住了耶稣，似乎想将耶稣吞没。画面上的僧人都活灵活现，表情不一。

和流动对这一点是有帮助的。

　　从17世纪过渡到18世纪时，国家机关颁布了阻止各地人口供给和需要相匹配的居住法令。根据这项法令，一个人在一个地方居住时间超过40天，他的管辖权就属于这个地方，在居住的40天之内，他有可能会被强制遣返，回到原来生活的地方去。各地的地主和农民都不愿意外来人口在自己的地方获得居住权，这样会对收留难民的住所造成极大的破坏，甚至是完全毁灭。正是因为这样的原因，在近一个世纪里，英国的人口基本没有变化。同时，工业还没有完全发展起来，没有办法接受更多的劳动力也是原因之一。在这一个世纪中，英国人的生活水平得到了提高，其原因和结果都应该归于人口的慢增长，最主要的表现是用小麦取代了谷物作为食物。

1760年后，年轻人谋生的区域不再受到限制，他们流动到新型的工农业区域内寻求谋生的手段。因为需要劳动力，这些区域不会执行强制遣返原籍的规定，在新区域谋生比在家乡容易很多。人口自由流通，使得当地人口的出生率和死亡率都增大了，结果就是当地的人口急剧增加。之后马尔萨斯的《人口论》就诞生了，救贫法重新开始影响结婚的年龄，这时人们大多倾向于早婚。

对法战争和长期饥荒，使英国工人阶级的生活极其悲惨，实行救助政策已经成为必然。因为要补充兵源，有的人觉得大的家庭也应该得到救助，所以如果一个家庭有很多孩子，孩子的父亲不用参加工作就能得到很多好处，这是很多小家庭或者没有结婚的人辛苦一辈子都得不到的。所以利用这种政策的人都被认为是最自私、卑鄙无耻和最懒惰的人。因为这个政策，尽管在以工业为主的城市内，死亡率高得吓人，但是人口还是增长很快。但在1834年通过新救贫法之前，人的品行并没有多少进步。从那以后，城市人口的增加就趋于增大死亡率。但这一点已为医学技术的进步和节欲抵消了。随着移民数量的增加，结婚年龄在原来的基础上提高了一点，已婚人士在所有人口中的比例略有下降；但是，生育的比例却提高了，这样人口的增长就呈现了稳定的趋势。

生活悲惨的工人阶级

图中的工人居住环境十分不好，很多人聚居在狭小的房间里。衣服、杂物堆满了房间，他们休息、抽烟、娱乐都在这狭小的空间中。对法战争和长期饥荒，使英国工人阶级的生活极其悲惨，实行救助政策已经成为必然。

人口的健康与强壮受很多因素的影响，其中比较主要的有：生活必需品的充足，希望、自由和变化的影响，职业的影响和城市生活的影响等。

第四章　人口的健康与强壮

1.健康与强壮的一般条件

物质财富的创造是由工业效率决定的，而工业效率的基础，是人类的身体、精神和道德等方面表现出来的健康与强壮的程度。如果物质财富能被充分利用，对人类的身体、精神和道德健康和强壮是有帮助的。

在大多数行业中，强健的身体、健康的体魄和良好的精神面貌所体现出来的一个人的身体素质是工业效率最重要的东西。在利用人的力量进行工作时，必须要考虑在一天之内，这种力量能够使用的时间是多久，通过累计来推出一年或者一辈子这种力量能使用的时间是多久。这样有利于测量一个人力量的大小。

在从事使用力量较大的工作时，身体素质固然起着重要作用，但也不能忽略意志力和性格起到的作用。这种意志力和性格可以看作是坚强的表现，但不属于人身体强壮的范畴，它是精神上的，是由身体内强大的神经系统支撑的。这种不屈的精神、坚定的决心和良好的自制力，是人类获取进步的动力。

这种精力是以各种方式表现出来的，想要进行精确的计算不太现实。但人类一直在不断尝试和摸索，将一个人表现出来的精神和其他人进行比较，以此判断他是否坚强，是否具有良好的品质和较大的潜力。

决定人身体和精神力量的因素在很大程度上和决定寿命长短的因素是一样的。气候是其中很重要的一个因素。

气候因素

决定人身体和精神力量的因素在很大程度上和决定寿命长短的因素是一样的。气候是其中很重要的一个因素。图中居民区的上空乌云密布，如果一个地方经常下雨，会对居住在这里的人的身体和精神造成一定的影响。

2.生活必需品

气候除了能影响人的体力和活力之外，对生活必需品也有很大影响，最重要的就是对食物的影响。食物配置是否适当，取决于主妇的能力。穷困家庭中新生儿的死亡率较高，很大程度上是在饮食调制上缺乏注意和判断。那些没有母亲照顾的婴儿，长期缺乏合理的饮食，长大后体质比其他人要弱。

英国在17、18世纪时，谷物价格上涨，死亡率比谷物价格低时增长了8%。之后，因为物质条件的改善，交通的进步，即使在印度这样人口众多的国家，食物缺乏也得到了很好的改善。而在人口较少的欧洲和美洲，已经不再发生饥荒了。所以现在饥饿已不再是导致死亡的主要原因了，但是身体素质的减弱还是和缺少食物有关。因为人的身体素质下降，工业效率也就跟着下降了。

由于工作性质的改变，和效率相关的必需品也会改变。人在进行体力劳动时，力量的大小和食物有紧密的联系。假如不是持续的体力劳动，休息时提供物美价廉的食物，就能够让他们的体力得到补充，高效率地完成工作。

除了食物之外，比较重要的就是服装、住房和燃料等生活必需品，归纳起来就是衣食住行。当衣住行得不到满足时，人会非常容易疲倦，精力下降，长期如此，就会影响体质。休息是增强个人体质的必要因素。各种过度的工作都会降低人的生命力。忧虑、过度紧张，对体质、生殖能力和民族活力都有很大影响。

红皮圆椒

食物对健康有着重大影响，历史上从来不缺少因为饥荒而导致人大量死亡的例子。即使在现在由于科技的进步和交通的改善，人们的生活水平得到了很大提高，但身体素质的强弱和饮食还是有很大关系。图中色泽亮丽的红皮圆椒富含维生素C，对人体健康有重要影响。

3.希望、自由和变化

希望、自由和变化对精神面貌的影响也是比较重要的。在历史记载中，有很多因影响了精神面貌而降低工作效率的例子，这些因素包括奴隶制度、农奴制度和其他政治压迫等。

不管在什么时代，殖民地的人的体力和精力明显要超过拥有他们管理权的国家。其中一部分原因是土地面积大，生活必需品价格低廉，一部分是拥有强大精神力量的自然选择，还有一部分是因为人种的生理因素。但是不管怎样，对生活的希望、自由和变化的渴望还是最重要的因素。

这里的自由，指没有其他外界的干扰，这就对自制力提出了很高的要求。想要进入到最高级的行业中去，这种依赖于高尚生活理想的自由是很重要的因素。怎样判断生活理想高尚与否，一是政治和经济条件，另一个就是个人和宗教的作用。对个人来说，母亲小时候对个人的影响是很重要的。

幸福的家庭

对人的健康有重要影响的必需品除了食物外，比较重要的是服装、住房和燃料等生活必需品。当衣住行得不到满足时，人就容易疲倦，精力下降，长期如此，就会影响体质。图为一个美国普通家庭生活照。母亲跨在小轿车上，她的三个孩子快乐地在车上玩耍，背后是漂亮的住宅。良好的生活环境是他们健康、幸福的保障。

4.职业的影响

不同职业对体力和活力有很大影响。

20世纪初，工厂的劳动环境很差，人在里面很不舒服，尤其是小孩子。之后，劳动和教育方面的法令已经将这些不利的条件去除了一部分，但在一些家庭作坊和规模较小的工厂中，仍然存在很多不利于人体健康的因素。

和农村相比，在城市中，人们能够获得更高的报酬，受教育的程度也高，医疗技术发展得也很快。按照道理，城市的死亡率应该比农村的死亡率低很多。但事实却不是这样，城市的死亡率要比农村高很多，表现最明显的地方有很多都是因为父母为了金钱而放弃了家务劳动。

5.城市生活的影响

所有国家都会出现城市化趋势，即农村人口向城市迁移的现象。在伦敦这样的大城市，会从其他地方吸收优秀的人。

优秀的人往往拥有健康的身体、矍铄的精神，道德健康和强壮程度都是最好的。城郊的人数会逐渐增加，因为这里拥有不错的住房条件和燃料设备，在教育和娱乐上也非常便捷，这些都有助于提高精力。尽管现在城市的一些地方对人的危害程度只下降了一点，但在人口密度较大的情况下，造成危险的情况也减少了。就现在的条件来说，想要将各种便利生活的设施和条件向远离商业中心的地方转移，会很缓慢。但是，工业向郊区转移，以及需要强壮劳动力的速度却增长很快。

统计数据对城市来说还是很有利的。尽管一些因素依然影响着人的精神状态，但对死亡率的影响几乎没有了。随着城市化进程的加快，大量青壮年涌入城市，这些人的体力和活力比城里人多得多，这就提供了大量优秀的劳动力。但又不会带来很重的人口压力，因为这些人的父母一般还在农村，遇到特殊情况时，这些年轻人依然会回到农村。

在大都市中建立公园和广场，在和铁路部门约定之后，工人列车的班次有所增加，对工人出行提供了便利。

6.人类活动对自然选择的影响

按照达尔文的进化论，优胜劣汰是自然选择的法则，但是现在由于人类活动的干预，弱者也能够生存下去。

在文明最初建立的过程中，因为战争和竞争的原因，强壮和优秀的人的子孙很多，正是因为这样，人类才取得了更大的进步，但是现在这种影响几乎不存在了。在文明发展过程中，上流社会的结婚年龄都比较晚，子孙的繁衍落后于工人阶级，这样的事情早就司空见惯了。但是工人阶级仍然保持着和以前一样的传统。换句话说，上流社会能够提供的体力和活力越来越

恶劣的工作环境

图为德国的一间玻璃吹制车间，工人们在拥挤的车间从事着简单的重复劳动。早期工厂的劳动环境很差，虽然后来相关的劳动法令已经去除了一些不利条件，但在一些家庭作坊和规模较小的工厂中，仍然存在很多不利于人体健康的因素。

少，而要依靠从社会底层涌现出来的力量才能弥补。但是最近在法国、美国和英国，有一些比较能干和优秀的工人阶级并不愿意家族过于庞大，结婚率和出生率都有下降的趋势，这是一种很危险的趋势。

随着医疗技术的发展，体力和活力衰弱的婴儿也能很好地存活下来，很多疾病都得到了医治，死亡率大大下降了。但是有知识、富有体力和活力的优秀人群却不愿意过早结婚，并且对孩子的数量有明确的限制，这种现象不得不令人担心。很多时候，限制孩子的数量是考虑到子孙将来的社会地位。

尽管如此还是不能影响计划生育成为进步的主要因素，在很多希望晚结婚少生孩子的人中

查理四世全家像　弗朗西斯科·戈雅　绘画　1800年

图为查理四世全家像，正中牵着小王子的是皇后，小王子右边的是查理四世，这是一个庞大的家庭。但近年来，贵族结婚都比较晚，家族成员日趋减少。甚至一些比较能干和优秀的工人阶级都不愿意家族过于庞大，结婚率和出生率有下降的趋势，这是一种很危险的趋势。

间，还是会有很多子孙会进入到优秀的行列之中的。

在一个大家庭中，成员之间可以相互教育和沟通，这是小家庭不具有的。大家庭的孩子表现得更加活泼和聪明，通常也比较强壮。当然，这种性格的养成离不开他们父母的性格影响，轮到他们自己成家立业时，他们也会倾向于大家庭的选择。对人种的飞速前进而言，大家庭和他们的子孙的功劳还是很大的。

凡事都有利有弊，大家庭虽然有很多好处和重要的作用，但小家庭在照顾孩子上具有优势，他们能够更细致地照顾孩子。在所有条件保持不变的情况下，孩子的数量越多，婴儿的死亡率就越高，这时候大家庭就变成有害的了。如果有一份不错的收入，但是小孩因为得不到细致的照顾而导致死亡，这会让母亲感到悲伤，对家庭其他成员也是一种损伤。

假设自身拥有良好的自制能力，在不违反道德的基础上，能够控制家庭的规模大小，这种情况下，早婚是有很大益处的。

医疗条件和技术的完善，物质条件的改善，政策上对保健卫生工作的持续扶持，都让死亡率大大降低了。人的健康水平有了提高，生活的时间也越来越长。但是一些社会地位较高的人不愿意过早结婚，结婚了也不愿意生养太多的小孩，这样人口的生命力就会下降，死亡率就增加了。如果只是医疗技术发挥作用，给予适当的调节就能控制人口过多，那么人类生活的环境和满意的程度都将是史无前例的，但是当后面一种因素占据主导地位时，人类的退化就不远了。

在现实生活中，两种因素起到的作用都差不多，第一种因素起到的作用稍微多一点。在英国，人口和过去增长的速度差不多，但是增加的部分都是身体和精神都很健康的人口。除开人口稠密的工业区，人们衣食住行的条件越来越好，身体和精神健康与日俱增。人们的平均寿命有了稳健提高。

相关链接

自然选择

自然选择是达尔文进化论的核心观点，马歇尔在此处引用这个概念是为了说明人类活动的干预也会帮助弱者继续生存下去。

第五章

工业训练

本章在研究了人口增长的原因之后，主要讨论人口在提高工业效率上所需要的练习。内容主要涵盖从事工作的一般能力和专门技能，普通教育与工业教育，美术教育的作用，国家投资教育的尺度以及不同职业等级间的流动性等问题。

1.一般能力与专门技能

如果一个人天生就有特别出众的能力，他在这一事业上能够获得很大成功，他在其他类似的行业内也能够取得成功。但这并不是放之四海而皆准的真理，有的人天生就是为艺术而生的，其他的工作对他来说就是一种痛苦；也有的人从小就是个实干家，但却对艺术没有欣赏力。但是，神经强健的种族，在有利条件下，在几代之内，几乎可以发展任何一种他看重的能力。一个在战争或工业较为简陋的形态中获得活力的民族，能够迅速获得较高的智力和艺术欣赏力。世界历史上，从古至今发生的每一次关于文艺的盛世，神经强健的民族都是功不可没的。在还没有依赖舒适品和奢侈品之前，他们也曾和高尚的思想交流过。

对舒适品和奢侈品的爱好，在很大程度上阻碍了人们利用增加的资源给我们的机会，把种族的最高能力运用到最高尚的目的。现在，

强健民族的能力 波提切利·桑德罗 约 1470～1480年

世界历史上发生的每一次文艺的盛世，神经强大的民族都功不可没的。图中三女神的透明服饰、维纳斯的细致双手以及花神所穿的衣服，结合成这幅文艺复兴时期最美丽的画作。作者波提切利·桑德罗出生于佛罗伦萨，文艺复兴中很多艺术家、文学家都来自意大利、法国等国家。它们都是神经强大的民族。

科学技术的进步带给人的力量反而比实际要少。造成这样的原因是，在文艺领域里面，天才们在很年轻时就已经取得了傲人的成就。但科学技术上的成就是需要很多知识累积，才可能实现的。以至于取得成功需要一个漫长的过程，很多人有可能在成功之前，就失去了当初旺盛的精力。而且这种工作创造的价值，不像一本书或者一幅画那样明显。同样的道理，现代机械的操作工人的品质经常被认为还不如中世纪手工工人的道德水平。因为在人类生活中，能够经常被看到的长处就不再被认为是优点了，基于这样的心理，不熟练的劳动者是不断演化出来的这一点也就很容易被忽略。

在我们认为的不需要任何技术就能够完成的最简单的工作，对于极度落后的民族来说，也是需要一定技术的。他们不能长时间地持续进行任何工作，很重要的一点是因为他们缺乏进

阅读的贵妇人

在贵族们还没有养成对舒适品和奢侈品的依赖时，他们也曾与高尚的思想进行过交流。但对舒适品和奢侈品的爱好，阻碍了他们的进取心，这在普通人身上也是一样的。图为19世纪80年代的油画，它描绘了法国一个贵妇人倚在沙发上阅读的情景。房间内摆满了充满东方情调的装饰物，其奢华程度不言而喻，而正是这些奢侈物养成了贵妇人的懒散习性。

取的精神，除非经过长期的训练，才能够培养出。在教育普及度很高的地方，即便是需要阅读和写作的工作，通常也被看作是不需要任何技术含量的。假如是在工业发达的区域，认真负责、仔细小心地处理贵重的机械设备和生产资料等这样的习惯，基本上已经成为共同的特征，所以也不认为管理机械需要任何技能，只需要不被重视的人管理就可以了。但实际情况却是，在全世界所有的人口中，懂得这样的技术、具备一定的智力、道德和自我控制能力的人还不到1/10；即便是经过实际训练之后能够胜任此类工作的人也不到1/2。就算是对生活在工业区的人口来说，这种乍看之下很单调的工作，一开始就能完全掌握的也只有很小的一部分。以机械织布为例，相对来说是很简单的，但是也分为初级和高级，在初级的工作中，很多人都没有织布最基本的素质。这种差别在建筑、钢铁或者其他重金属行业中就表现得更加明显。

有很多需要手工完成的工作中，经常需要一种动作经常性地重复，这种情况已经越来越少了，因为机械化正在逐渐取代手工操作。

手指的灵活程度是影响工业效率的重要条件，一般都是因为强壮的神经功能和相当的自制力产生的结果，但这是需要经过专业训练的。现在的情况是很多人只是具备一般性工作的能力，但是并不是特定职业所需求的。这和打球是一样的道理，就像一个网球高手能够很快学会棒球一样，一个技术非常熟练的工人，在转到其他行业之后，他工作的效率在丧失很短时间之后就会恢复，这一段时间可以看作是他的适应期。

手工技术是一种非常专业的能力，在转换职业的过程中发挥不了它的作用，所以对于生产而言，几乎已经没有什么重要性可言了。将艺术的欣赏和创造能力排除在外，可以得出这样的结论：因为自己所有的聪慧和充沛的精力，并不是某一种行业所特定的需求，这种优越感就是判断一种行业高于另外一种行业的标准之一，也可以看作是一个地方的工人比另外一个地方的工人工作效率更高的原因。

一个伟大的工业民族需要具备以下特征：强大的记忆能力，及时对各种需要做好准备，在出现问题时能够快速反应，采取正确的补救措施，能够很快适应工作细节的变化，并且为人坚强可靠，随时以充沛的精力应付可能出现的问题。但是这些特质并不是某一种职业的专利，而是所有职业都需要的。具备这些特质的人如果不能从一个行业转移到另一个同类行业中，最可能的原因就是，他要对生产资料的知识和不同的使用方法进行适应。

所以这里将不同的能力分为一般能力和专门能力。一般能力就是在所有的高级行业中，共同需要的那一部分才能

专门能力

不同的能力可以分为一般能力和专门能力。其中专门能力指某一种行业需要的特定的手工操作能力以及对特殊方法和精神的熟悉程度。在图中的汽车车间里，工人们正在忙碌地工作，汽车装配属于一种专门能力。

和对于知识和智能的一般性需求。而专门能力则指某一种行业需要的特定的手工操作能力以及对特殊方法和精神的熟悉程度。

2.普通教育与工业教育

童年和少年时代所处的环境影响着一般能力的大小。其中，母亲的影响是最早最直接，也是最大的，然后就是其他家庭成员的影响。当年龄渐渐变大，从身边能看见、听见的事情中，孩子们就会学到很多东西。如果对富裕家庭的孩子、工人阶级的孩子以及不熟练的劳动者的孩子进行研究，家庭环境的影响是首要考虑的因素，其次要考虑的是学校教育对孩子的影响。

学校的普通教育对工业效率产生了比看起来要大得多的影响。生在工人家庭的孩子，在学完了读书、识字、计算和作图的基本功之后，就面临着辍学的可能性，这是一个不争的事实。有的人甚至认为，与其花时间在学校学习，还不如直接到工厂进行实际操作，这样还会更有效果。有这种想法的人忽略掉了一点，学校的教育之所以能够让孩子取得进步，除了孩子自身的原因之外，最主要的是学校教育能够培养孩子将来取得进步的能力。好的学校教育，能够帮助孩子在长大后，使用最适合自己的能力，并用这些能力促进教育的发展，学校的教育没有行业之间的区别，因为那种细节上的不同是属于工业教育的内容。

母亲对孩子的影响　阿瑟尔·戴维斯　油画　1742年

环境影响着人一般能力的大小，在幼时，对人影响最大、最直接的是自己的母亲，其次是家庭中的其他成员。图中约翰·巴肯正在鼓励小儿子演奏长笛，另外两个孩子在玩纸牌游戏，最小的孩子多萝丝则依偎在她母亲的身旁。孩子越小对母亲的依赖性越大，母亲对他的影响也越大。

普林斯顿大学

图为18世纪的普林斯顿大学，它教授学生一般的能力，并培养孩子将来取得进步的能力，这是作为普通教育的学校的职责之一。它和工业教育教授人专业的技能有所不同。工业教育需要对特殊学科做更详细的计划，以便实施对特殊行业的教学。

在过去，工业教育的作用只是对一个比较聪明的人教授一种技巧，能够帮助这个人在工作之初以最短的时间学会使用手工技巧以及机械的使用方法。而现在，工业教育提高了它的目的性。这是因为，即使这个人学会了这种技能，在刚开始工作时，能够比什么都不知道的人多获取一些报酬，但是这样他的能力就没有了发展的空间，时间一长，反而会阻碍他才干的增长。一个年轻人在经过教育，得到一定的知识，他比接受老旧的教育方式的人的进步会更大。现在的工业教育已经开始逐渐纠正自身的缺点了，这样做有助于眼睛和手指都能灵活运用，但是把这种内容划分到普通教育的范畴之内是更恰当的，并且在普通教育中也开始慢慢增加这种内容的教育。工业教育还可以使用特殊行业的方法，这种方法是平常工作中很少能学到的技巧和知识。值得一提的是，机械自动化越来越精密，用途越来越多时，手和眼的操作就会越来越少，由一般教育培养出来的能力会越来越重要。

在英国，最好的工业教育应该保持和普通教育的一致性，需要不断开发学生的才能。和比较成熟的普通教育相比，它们的基础应该是相同的。但是和普通教育不同的是，工业教育需要对特殊学科做更详细的计划，来方便实施对特殊行业的教学。欧洲的西方国家已经率先将科学的练习深入到坚强、勇敢的精神和实践中去，这一点是值得学习的。如果在少年时期，缺少这种实践，那么这个人的精力不会太旺盛，实践的技能也会减少。在一个制度完善的工厂中，年轻人在实践中学到的经验，往往比在工业教育中老师教给他的知识更加有效，并且这种实践活动对智力的开发也是有用的。

传统的学徒制已经无法适应现代工业的需求，逐渐退出了历史的舞台，所以需要建立一种新的体制。最近，一种新的习惯在慢慢养成，一些商人会将自己的接班人放在企业的各种部门依次工作，因为企业最后是由他来管理的，所以事先熟悉整个企业的流程是必要的。但是能够实现这种教育方式的人并不多，这些只是具有才干的制造商人们培养出来的。对于大的企业来说，会有很多不同的工业部门，想要让每一个徒弟学会所有的一切，只靠师傅一个人，是绝对没办法实现的。资质平常的年轻人很容易在这个过程中失去方向。从某种意义上来说，保留学徒制的名义，加以适当的改良，也有可能成为现实。

到现在为止，所有工业上的变革都是率先在英国发生的，而其他国家也不甘落后，开始参与到这种变革中。

在美国，他们的普通教育形式非常丰富。因为移民众多的关系，不同的种族之间思想交流也比较频繁；在农业上，美国有得天独厚的优势，并且具有百折不挠的探索精神，工业的教育也在逐步完善。在德国，科学知识比较普及，大部分的中等阶级和工人阶级的语言能力都比较出众，加上有很好的求知观念，他们在机械方面是和英美齐头并进的，他们还率先将化学应用到工业的其他方面。

现在还有很多种类的工作，有没有相关的知识和方法都不会影响它完成的效果。因为教育中的高等学科所传授的知识对他们来说并没有太大的帮助，能够利用这种教育的只有很少一部分老板和技术工人。但是，不要认为这种教育是没有效果的，它对大多数普通工人带来的更多的是间接的好处。良好的教育可以开发智力，促使人养成良好的习惯，在工作上表现得更加聪慧和能干、可靠，它还可以提高生活的品位。所以说，良好的教育是影响物质条件的重要因素，即便是为了自身的利益，也不会比生产物质条件更加低俗。

对普通教育和工业教育进行改良，很大一部分直接利益都会归于国家。在关注工人阶级之外，更应该将关注的目光放在从社会底层成为高级技工或者成功商人的这一部分人群，还有可能在科学、文艺上直接创造国家财富的那一部分人。

控制天才诞生的法则是没有的。已经在社会上获得很高地位的人，他们的子女拥有很高天

柯柏联盟学院

图为柯柏联盟学院旧时代的风景照，它是位于美国纽约州的著名私立大学，也是美国境内少数能提供全部学生全额奖学金的院校。学校提供工程、艺术、建筑学位，尤以建筑专业最为著名。但入校难度相当大，几乎与常春藤盟校不相上下。在美国，普通教育的形式非常丰富，工业教育也在逐步完善，大量移民间的思想交流也很频繁。

赋的比例明显多于工人阶级出生的孩子。但工人阶级人数众多，所以一个国家最优秀的天才一半以上都来自这个阶级。出生在身份低微家庭中的天才，假如他们就在平常的工作中度过，没有任何机会施展才干，将会是浪费国家财富最大的毒瘤。

学校教育和奖学金制度联系起来的方式，能为出生贫穷的天才提供机会，特别是中等学校的改良。这样聪慧的小孩，即使出身贫寒，也能够一步步接受到优秀的理论和实践相结合的教育。

对中世纪的自由城市和苏格兰取得的巨大成就，贡献最大的是工人家庭出生的天才。在英国发展最快的地方也是一样，大部分领导者都出生于工人家庭。在工业革命初期，社会地位的悬殊在英国南部表现得最明

奖学金制度

图中是中学生正在上地理课的情景。学校教育和奖学金制度联系起来的方式，能为贫穷学生提供机会，特别是中等学校的改良。这样即使出身贫寒的优秀人才也能够接受到优秀的理论和实践相结合的教育。

显。在英国南部，有一种类似于世袭社会阶级的精神，工人和他们的孩子是不可能上升到领导阶层的地位的。但贵族家庭又缺乏天才，也没有能够为社会创造利益的精神活力。这种世袭社会阶级的精神，不能和工业领袖很好地融为一体，在很大程度上导致了英国南部城市的衰落。

3.美术教育

训练思维的教育通常能够培养坚忍不拔的性格和精神，这是美术教育达不到的。但培养人的美术才能是教育的重要目的之一，美术才能是工业效率的重要因素。美术教育和训练思维的教育具有不同的地位和作用。

这里研究的指美术这一学科。虽然文学和音乐也有助于美好生活，但它们的发展不直接影响或依靠经营的方式、制作的方法和技术工人的技能。

近代，在由于风俗习惯、工业和社会进步引起的各种变化中，每一个人都是新局面的创造者。在没有成熟的大众意见来对他的做法提出意见和指导时，新局面的创造往往依靠自身的能力。

和几个世纪之前的人比起来，现代工人受到各种教育之后，他各方面才能的发展会让他拥有更高的欣赏美的能力和更加丰富的想象力，也能够为人类的进步做出更多贡献。但他们管理机械的才能，对美术的发展并没有直接而显著的作用。如果个人认为自己各方面能力比其他人出众，就会努力在相关的工业协会或者负责管理的机构内获取领导权；或者是先集中少量的资本，从本身所从事的领域中谋求更大的发展，这些需求都是正常的。假设他在从事本职工作的基础上，发挥自己的才干创造出精美的美术作品，那么他的志向也许会更高尚，更有利于世界的发展。

工人阶级中的天才　赖特·约瑟夫　布面油画　1772年

　　上层社会的子女拥有很高天赋的比例明显多于工人阶级出生的子女。但工人阶级人数众多，所以一个国家最优秀的天才一半以上都来自这个阶级。图中是一个铁匠工场的场景，熔炉的光亮照出铸造者及家人和工人们。如果天才出生在这样的工人阶层，假如他们就在这样平常的工作中度过一生，没有任何机会施展才干，将会是国家最大的损失。

　　但是，要实现这种高尚的志向，在实际中会面临很多难题。装饰风格的变化在我们心里的承受时间变得越来越短，我们要求新风格出现的速度越来越快，频率也越来越高。对时间的要求和在世界范围内的风格变化带来了很大的弊端，这样设计师就要时刻注意作品的供需在世界范围内的变化。这样一来，本来因为时间紧迫而变得匆忙的努力就会分散得更多。

　　由于物质条件的提升，人们在购买商品时越来越以满足自己的爱好为主，对商品的实用性就不再那么注重了。所以在生活中，款式越多越美观，商品就会越畅销，这已经成为一种趋势。所以英国从波斯和印度等东方国家学到的色彩搭配知识，设计出的一部分作品甚至让以擅长织造著称的法国也自叹不如。但是在其他方面，法国的技术还是一流的。如果想保留自己在世界上的地位，仅仅依靠英国的样式，是绝对不能实现的。这是因为，法国巴黎是世界公认的时尚之都，在服装和装饰的欣赏能力上表现出来的敏感和仔细是世界一流的。这样精美的设计和时尚相结合，和其他的同等价值的商品相比，当然会有更好的销量。

　　因此，工业教育虽然不能直接增加美术天才的数量，但是它可以使许多天生的美术天才充分发挥自己的能力。古老的手工操作方法是不能够进行大规模复制的，这样看来，工业教育对美术教育的作用就更加重要了。

4.国家的教育投资

衡量公私资本用于教育是否恰当的标准，不能单纯依靠教育的直接结果。作为一种投资方式，教育为大多数人提供了更多的机会，从这一点来说，教育是一件功在社稷的事情。更何况，凭借这种方式，更多的人就能获得充分发挥个人才能的机会。其中不乏伟大的天才，只需要一个工业天才出现，他所创造的经济利益，就可以抵消一个城市所有的教育投入。就像英国白塞麦的发明一样，增加的生产力和十万人的劳动力是相等的。吉纳和巴士特在医学上的创新，使人类的健康得到了更大程度的保障，也能让人更好地从事工作。其他学科的科研工作，或许要经过很长时间才能显现出对增加生产力的帮助，或许这种作用并不是很明显，但是这种科研的重要性和其他学科是等同的。用一个形象的说法，为全民教育进行的所有投资，只需要培养出像莎士比亚、贝多芬等这样杰出的人物，所有的投资就能够抵消。

国家和家庭如何分配承担孩子的教育费用，是经济学家最关心的现实问题。无论父母承担多少费用，经济学家更关注的是决定父母承担这一费用的能力和意愿。

父母对待孩子的态度，很大程度上会受自己父母对自己态度的影响。当父母对孩子的方式与其他父母不一样，而且效果明显要比原来的方法好很多时，其他父母就会纷纷效仿。想要父母以更好的方法对待孩子，除了道德和情感的因素外，更重要的还有精神上的习惯。这种习惯能够使父母把未来能够预料到的事情，放在和眼前事情同等重要的位置。这种习惯是文明的产物，也是形成文明的主要因素，除了在文明国家的中上层阶级中，这种习惯很少得到发展。

5.等级内和等级间的职业流动性

孩子们从事的职业等级往往和父母一样。这样，上一代该等级的人口数量，会在很大程度上影响下一代该等级的劳动供给的总和。在这种等级中间，流动性很大。当等级内某一职业的收入明显高于其他职业时，很多人就会从等级内的其他职业转入到这个职业。但是等级和等级之间的流动，规模和速度就要小得多。当一个等级获取的利益大于面

莎士比亚

莎士比亚（1564年~1616年）是英国文艺复兴时期伟大的剧作家、诗人，欧洲文艺复兴时期人文主义文学的集大成者。代表作有《哈姆雷特》《奥赛罗》《李尔王》《麦克白》等。衡量国家教育投资是否恰当，不能单纯依靠教育的直接结果。为全民教育进行的所有投资，只需要培养出像莎士比亚这样杰出的人物，所有的投资就有所值了。

羊毛工人

职业的流动性在等级内比等级间大，但是所有等级的流动人数总和是很大的，足够满足这个等级的职业对劳动力的需求。像图中的羊毛工人一样，孩子从事的职业等级，往往受到父母的影响。上一代该等级的人口数量，会在很大程度上影响下一代该等级的劳动供给的总和。

对的困难时，就会有一部分劳动者开始转入这一等级，表面上看来人数不是特别多，但是所有等级的流动人数的总和还是很大的，足够满足这个等级的职业对劳动力的需求。

一方面劳动力的自由流通受到时空条件的限制，另一方面这些条件又可以吸引一部人改变自己原先的职业。在现有条件不变的基础上，劳动增长率会随着劳动收入的增加而增加。

如果知识水平、社会道德和家庭习惯保持不变，全体人民的活力和特别是任何行业的人数和活力，在以下的意义上是有供给价格的：需要价格的某种水平使上述的人数和活力保持不变；需要价格上升，社会全体活力就会上升，反之则会下降。这样，人口的增长和劳动的供给就受到经济因素的控制。虽然如此，但对人口数量的影响不是通过直接的方式来影响的，而是通过社会道德和家庭习惯来影响的。社会道德等因素受经济的影响速度很慢，但程度很深，而在方式上有些是难以探测的，有些是不能预测的。

第六章

财富的增长

随着经济的发展，越来越多的高价形态的辅助资本投入到了生产中；财产安全得到有力的保障使储蓄变成了越来越多人增加财富的选择。货币经济的发展在很大程度上刺激了储蓄行为，而家庭情感则是人们进行储蓄的主要动机。

1.高价形态的辅助资本和积累能力

最初，财富就是打鱼狩猎的劳动工具和用来装饰的东西。对生活在寒冷地方的人来说，财富就是御寒的衣物和住所。在这个阶段中，驯养动物开始了。人最开始喜欢动物是因为动物本身美丽的外观，对人来说，驯养这样的动物是一种享受。就像用于个人的装饰物一样，仅仅是为了满足个人的需要，并不是为未来所需做的准备。之后驯养的动物越来越多，到了畜牧时代，驯养的动物不仅能给人带来自我的愉悦和满足，还象征着一种社会身份和地位，同时也开始以满足未来的需要和积累财富的重要手段为目的了。

随着人口密度的增加，人们逐渐定居，开始从事农业生产，这样最重要的财富就是土地资源。在土地所有的价值中，人们通过逐渐完善产生的价值，就是狭义的资本的组成要素。除了土地之外，住所、饲养的动物、用于打鱼狩猎的船只等也是财富的一部分。在很长一段时期内，农业和家庭的生产工具是不具备任何价值的。但是，在其他地方，贵重的金属和宝石就是积累财富的主要手段，也是满足人们需要的主要因素。文明初具形态时，君主的王宫是社会财富的象征，包括很多用于宗教、交通和水利等方面的公共建筑在内，也是财富的形态之一。

上述的东西作为积累的财富的形态已经有几千年的历史。在城市中，除了住所和家庭用具，价格高昂的生产资料的积累也是很重要的。从个人的角度来说，城市居民的财富是超过农村居民的，但是因为城市的人口总数没有农村的人口数量多，所以在财富的总量上，城市是少于农村的。在这样的社会背景下，航海运输就算是唯一使用高价工具的行业了。相比于商船来说，纺用的织布机，耕地用的铁犁，打铁用的砧板的结构都是非常简单的。18世纪之后，英国才开始逐渐使用高价工具。

18世纪是英国农用工具的分水线，之前它们的价值一直处于缓慢增长的状态，而在这之后，农用工具得到了很大的进步。工业革命之后，蒸汽动力取代了之前的水力，生产部门购买高价的机器设备来取代廉价的手工劳动。之前的高价工具除了船只之外，还有提供航道和水力的运河，现在相同的一点就是，交通工具仍然是高价工具，包括水上和陆地上的各种工具，还有电话系统和水厂。因为煤气厂的设备主要是用来分配煤气的，也可算是高价工具之一。此外，矿业、钢铁厂、机器制造厂和印刷厂，都拥有很多价格昂贵的生产机器。

图尔大教堂

不同时期，财富的表现形态不同。原始社会时期，打鱼狩猎的劳动工具和用来装饰的东西就是财富；农耕时代，土地、住所、饲养的动物和用于打鱼狩猎的船只都属于财富的一部分；在文明初具形态时，图中的图尔大教堂等公共建筑就是财富的表现形态之一。

新方法和新机器的使用离不开科学知识的推广和不断积累。人类为了达到最终目标，会在相当长一段时期内不断地努力，新机器的出现就可以节约劳动力。现在很多工业种类在以前是没有，所以要衡量知识的进步并不简单，但并不是没有办法。通过对农业、建筑、纺织和运输这四大永恒不变的产业的过去和现在进行对比，对产品的普通性质做出比较就可以了。在农业和建筑业中，在手工操作占重要成分时，高价工具的使用也在迅速推广。

随着文明的不断进步，人类就会有新的需求，为了满足这些需求，就会出现以各种高价的方式来满足需求的手段。人类进步的速度是不规律的，时快时慢，甚至会出现倒退，但现在进步的速度一年超过一年，对于什么时候会减慢，我们并不知道。综合考虑各方面的条件，一定会出现改变社会和工业性质的机会，这样我们就能够利用积累的财富来满足新的需求，并且可以作为将来用比较节约的方式来满足欲望的手段之一。让人相信现在已经处于静止不动的状态还缺乏足够的理由。静止不动就不会产生新的需求，那么现在积累的资本在将来使用的机会是很少的，这样一来，财富的累积就不会产生任何回报了。但是人类的发展史表明，财富和知识累积得越多，人的需求也会随之增长。

资本投入的机会越来越多，生产出来的商品就会远远大于生活必需品的数量，多出来的部分就会产生积累财富的动力。在生产能力不高的情况下，多出来的部分是很少的。除非是统治阶级以很低的代价迫使人民艰难地从事工作，或者是因为气候比较舒适，生活物资的需求相对不高，很容易就能得到满足，这两种情况下即使生产能力不高，剩余的部分也会很多。从生产能力上考虑，将来生产劳动力的增加就会带来资本的积累，而最终的结果就是生产物的剩余会越来越多，从而就能实现更多的财富增长。经过这样一个长期的过程，不管气候如何，文明都会一步步实现。工人受到正常的待遇，在之前生产所依赖的条件没有变化的情况下，也会实现物质财富的积累。因为财富和知识的积累，生产财富和推广知识的能力就会逐渐增长。

在历史的发展过程中，人类还不习惯对将来进行预测并做出相应的措施来预防可能出现的情况。但是富有经验的冒险家告诉人们一个经验，只要利用一点知识和力量，在不增加劳动力的基础上，可利用的资源和享受的成果就会成倍增长。例如，将一小块土地用篱笆围起来，防止野兽的袭击等等。

和国家中一些阶级的铺张奢侈相比，这种对将来比较冷漠的态度实在不算什么。有的人一个星期可以赚很多，但是有时候又会陷入没钱吃饭的地步，并且这种情况经常出现。当他们有收入的情况下，1先令的作用远远赶不上在没有收入的情况下1便士所发挥的作用，即便如此，他们仍旧不会为将来做准备。和这种挥霍相比，另外一种极端就是守财奴，他们对财富的积累已经到了近乎疯狂的地步。这种现象在农民和其他阶级中也会存在，甚至连必要的生活品都节省掉了，但是这种节省最终会对他们的工作能力造成伤害。这样，这种人无法体会到美好的存在，节省出来的财富数量和通过劳动赚钱积累的财富数量相比，要少得多。假如节省的这部分财富能用在自己的生活上，那么通过劳动力来赚取的财富会更多。

18世纪的英国建筑

农业、建筑、纺织和运输这四大产业一直以来都是国民经济的重要组成部分。对它们的过去和现在进行对比，就可以知道新方法和新生产工具是否得到了发展和推广。图为英国18世纪的建筑，整个房屋为双层起脊阁楼，适合用于企业生产和经营。

在印度，有些人确实因为牺牲了自我享受的机会从而积攒了大量的财富，但是这些财富都用在了婚丧嫁娶的排场上面。在爱尔兰也有这样的人存在，但是还没到印度那样厉害的程度。爱尔兰人积攒财富只是为了短时期的将来做准备，但并没有什么固定的长期打算。因为一些庞大的公共项目会增加生产资料，但是这些大项目通常都是利用和他们克制力差不多的英国人的财富来完成的。

在不同的社会环境下，影响财富积累的因素是不相同的，而且在不同的民族中间，这些因素也是不完全相同的。即便是同一个民族，阶级不一样也会产生不同的影响。财富的积累在社会、宗教和社会风俗的约束力下降时，个人性格上的差异，怎样会使得在相同条件下长大的邻人，在他们的奢侈或节俭的习惯方面各有不同，比在其他任何方面的不同更为普遍和常见。

2.财产安全是储蓄的前提

过去的人不太节俭大部分要归咎于财富缺少必要的保障，要想为将来做好准备，需要有保障财富的能力。当时的实际情况是，只有特别富有的人，才拥有保护自己财产的能力。而农民通过辛勤劳动和节约积累的财富，很容易就会被更强大的人夺走。这种情况经常出现，就迫使农民养成了及时行乐的习性。在英国和苏格兰交界的地方，只要还存在抢夺他人财产的情况，进步就是无稽之谈。18世纪的法国农民的储蓄是很少的，只有他们被看作穷人时，才能使自己逃避税吏的巧取豪夺。即使在四十年前，爱尔兰土地的佃户们为了避免地主对地租的过高要求，也不得不照样行事。

财富没有保障的时代已经成为过去，文明的社会中不再会出现这种状况。但是，在英国社会，救贫法给工人阶级带来了一种新形式的危险。根据这一法规的规定，工人阶级要拿出一部分工资作为救助贫困的资金。但是这种资金在他们中间的分配，与他们的勤劳、节俭和远见是成反比的。所以很多人认为，将财富用来为将来做准备是一件非常愚蠢的事情。由于这种有害的经验养成的传统和本能，到现在这种观念仍然阻碍着工人阶级的进步。"国家只考虑贫富的状态而忽略做出的贡献"这种救贫法的基础原理，直到现在还在发挥着作用，尽管这种影响不大。

当然，现在这种情况正在减少。国家和私人对贫民的救助观点有了很大改变。自力更生和努力为自己将来做准备的人，比懒惰和不愿思考的人，将得到社会更多的照顾。但是这种进步的进程还比较缓慢，我们还有很多事情要做。

3.货币经济发展对储蓄的影响

近代经营管理方式的发展以及货币经济时代的到来，给习惯于奢侈消费和挥霍生活的人带来了很多新的吸引力，从某种程度上影响了财富的积累。在过去，一个人想要获取住房，必须亲自动手。但现在，大量条件设施不错的房子通过一定的租金就能得到。爱喝酒的人过去只能通过好的酿造厂才能喝到好酒，但现在市场上卖的酒比之前自己酿造的酒的品质更好，而且更廉价。想要获取大量的图书，不再需要自己购买，而是通过在图书馆借阅就能满足。在没有经

财产安全　欧仁·德拉克洛瓦　绘画　1863年

　　以前的人不太注重储蓄问题很大程度上是因为他们储蓄下来的财富并不能得到保障。在当时，只有特别富有的人才有能力保障自己的财产安全。这就养成了大多民众及时行乐的心理。图中狂乱的战马，愤怒的士兵和荒凉的景色融为一体，这幅作品描绘的是摩洛哥苏丹王的收税员和当地叛军之间的一场战斗。当财产安全得不到保障时，人们就不会刻意去储蓄了。

银行

货币经济的发展给储蓄带来了巨大影响。一方面它可以使现在的储蓄在将来使用时更加便捷；另一方面，它使投资更加具有安全性，也使得一个没有任何机会从事经营的人也可以从中获得好处。银行就是货币经济发展的产物，图为早期的银行柜台，银行使得人们可以将现在的储蓄留到年老以后使用。

济能力购买家具时，也能通过租借来满足装饰的需要。因为这样的买卖租用制度，各种需要的发展，让很多新的消费和现在的既得利益都是建立在将来报酬的基础上的。

另一方面，货币经济增加了用途的多样化，在这些用途之间，个人能够分配他将来的支出。在原始社会状况下，人类只能通过物品的积累来满足将来的需求，有可能这些积累的东西的用途，还没有那些没有积累的东西的作用大，因为将来的很多需求不是物品本身能够直接满足的。但是通过货币的形式，只要需要的东西，都能通过货币收入实现。

不仅如此，近代的经营方式使投资更加安全。这使得一个没有好机会从事任何经营的人也能获得收入。正是因为有了这样的条件，很多人才会将财富通过储蓄的方式为年老后做准备。如果没有这样的机会，他们绝对不会这样做。此外财富积累还有一个更大的结果，即使自己死后也可以为妻子儿女提供财富：因为，家庭情感是储蓄的主要动机。

4.家庭情感是储蓄的主要动机

很多人会因为财富积累在手中越变越多而高兴，但是却很少考虑要用财富为自己或者他人创造一种幸福感。出现这种情况是因为人们竞争和追求的本能希望胜过其他人，在展现自己获得财富能力的同时，还能够因此获得较高的社会地位。有时，他们真正需要运用货币时，是出于一种习惯性的条件反射，为了积累财富而积累，这样才能让他们有满足和畅快感。但从另一方面讲，如果不是为了家人，很多平时辛苦工作，谨慎进行财富储蓄的人，只要能够满足自己舒适生活的需要，只需要购买固定金额的保险，或者安排好退休之后的花费，就不必再辛勤工作了。如果是为了家庭考虑，他们死后很可能就什么都没有了。但是只是为了自己，则会因为自己的意外死亡造成储蓄的多余。人们努力工作很大程度上是为了家人。这些人退休后，花费一般不会超过从储蓄中得到的财富。他们愿意将自己的储蓄留给家庭的其他成员。以英国为例，每年都会有2000万镑的财富通过保险来储存，直到死后，这些财富才会开始动用。

使自己和家庭成员获得更高的社会地位，是最能激发一个人斗志和激情的。这种愿望有时还能让人充满极高的动力，可以冲破所有；正是这种动力，安逸的生活，获得平常的快乐这种需求对他来说是小菜一碟，但有时难免会因此毁掉他内心对美好的感觉，以及更高尚的向往。

家庭生活

　　家庭情感是储蓄的主要动机。使自己和家庭成员获得更高的社会地位可以很好地激发一个人的斗志和激情。而大部分人留下积蓄，都是为了年老之后使用或者留给妻儿。图中是佛兰德尔家庭生活的场景，一个女子正在给奶牛挤奶，后边的男子将羊群赶出去吃草，他们辛勤劳作都是为了能积累更多的财富。

现在美国的财富正在以惊人的速度增长，同这种趋势一样的是，为了家庭的这种愿望能够促使人成为强有力的生产者和财富的创造者。假如这种财富不被用于提高自己的社会地位，那么就会走上一条挥霍、奢侈的道路，就像放纵自己的脾气造成的结果一样。

出身贫寒的人，会从事非常辛苦的工作，即使在事业上取得很大成功，但在生活上依然能够保持艰苦朴素的作风，对奢侈浪费不齿，拥有死后比其他人更加富有的愿望，这样的人往往会拥有很多储蓄财富。通常，在一个历史久远，但是依然精力旺盛的国家中，在相对偏远幽静的地方，经常可以见到这种性格的人。但是在经过战争和沉重的赋税压力之后，从生活在英国乡村的中等阶级中也能见到这种性格的人。

5.积累的源泉、公共积累、合作事业

现在要讨论的是财富积累的源泉问题。一个人储蓄能力的大小是根据其收入大于支出的比例来判断的，富人是储蓄的主力。在英国，巨额收入通常是在资本中获取的，数额比较少的收入只有很小一部分是从资本中获取的。20世纪初期，商人们往往拥有比绅士和工人更好的储蓄习惯。综合上面所有的因素，上一代经济学家多认为储蓄的财富全都是来自资本的收益。

但是在近代英国，地租、自由职业者和雇佣劳动者的收入，都是积累财富的重要手段。在文明初步形成的阶段，它们是积累财富的主要源泉。在包括自由职业者在内的中等阶级，自己辛勤工作的目的就是为了能将收益投资在子女的教育上。很多工人阶级的工资很大一部分投入在了子女的健康和强壮上了。以前的经济学家忽略掉的一点是，人类的才干和其他的资本一样，都是生产的重要手段。由此我们可以得出和之前的经济学家相反的结论：其他的条件不变，在财富的分配上，增加劳动者的工资收入，相应地减少资本家的收益，物质生产的速度就会加快，物质财富积累的速度也不会因此减慢。但是如果使用暴力的手段来实现这种分配，社会公共安全就会受到威胁，其他的条件也会相应地发生变化，上述结论就不太可能实现。但是从经济的概念上来说，适当地阻止物质财富的积累，只要这种阻止没有引起骚乱，并且能够给更多的人提供更好的机会，提高生产的效率，促使他们养成良好的习惯，让他们的后代能够拥有更高的生产效率，这样就是一件好事。假如真的能够实现，这样的阻止比增加现有的工厂和设备更能促进财富的增长。

志向高远的民族如果能进行合理的财富分配，就会产生巨额的公共财富。一些本身就富有的民主政体只需要利用这种方式来进行财富的储蓄，那么就会成为社会财富的主体，当然这些财富还包括从上一代手中继承得来的。

各种社会合作运动和储蓄形式的发展都在证明：按照物质财富的积累来看，社会的生产原料用于支付劳动者的报酬并不完全是亏损的，这一点和之前的经济学家是一致的。

6.现在的满足与延缓的满足

了解了储蓄方式和财富积累的发展之后，现在可以研究现在的满足和延缓的满足之间的选择问题了。

通过之前对需求的分析可知，如果一件商品有多种用途，人就尽可能将它用在最适合的地方，最大化地来满足自己的需求。

当一个人认为能够通过转移商品的用途来最大化地满足需求，就一定会将这种转化付诸实践。假设对这件商品的用途分配是恰当的，那么在不同用途的某一点上他就会停止这种分配，这一点上他获得好处和将商品用于其他用途得到的好处是相同的。即他会将这件商品用在不同的方面，在每一方面都能达到相同的边际效用。

不管用途是立刻就能实现，还是只能实现一部分，上边提到的用于满足最大化的需求的道理都是成立的。如果有些用途需要延缓才能实现，就需要估计到更多的因素。首先，如果要延缓需求的满足，怎样才能保证将来的需求一定能得到满足？其次，从人类本质的特征上来讲，现在的满足才是最实际的，尽管将来的生活也能够提供相同的满足，但是毕竟是无法预料的。

询问土地租用

在近代英国，地租、自由职业者和雇佣劳动者的收入，都是积累财富的重要手段。在文明初步形成的阶段，它们也是积累财富的主要源泉。图中是一群农夫正在向负责土地管理的官员询问土地出租的事宜，地租是当时财富积累的主要源泉。而到了现在大部分储蓄财富都来自资本的收益。

对一个性格小心的人来说，假如生活的全过程都能够从固定的财富中得到不变的满足感，这个人就会将他的财富进行平均分配，使人生每个阶段能够使用的财富数量都是相等的。假设一个人认为自己获得财富的能力会逐渐减弱，这个人就会进行储蓄为将来做好准备。不管这种储蓄会增加还是减少，他都会这样去做。这种人会储存必要的物品防备不时之需。例如在冬天储存鸡蛋和水果，尽管这些东西不会因为储存就增值，但是到了冬天这些都是缺乏的物品。假设一个人不知道如何利用财富进行投资，可以效仿前辈，在退休之后，带着为数不多的财富回到乡村。在这些人的观念中，使用更多的财富获得的满足感是比不上退休之后使用少量金钱带来的满足感的。对他们来说，保留这些财富会带来不必要的麻烦，如果有人能够帮助他们避免这种麻烦，同时能保证他们的财产不会承担任何风险，他们会支付一定的报酬。

但这就可能出现这样的情况：储存的财富不能够进行很好的利用，但是又要为将来提供必要的准备，于是就需要财产的借入。但是这种人往往不能提供非常可靠的承诺，保证将来归还等价的货币。出现这种情况时，延缓的满足就不再是一种获得收益的手段，而相当于是一种惩罚。如果一个人将自己财产的管理权交到别人手上，在归还时得到的报酬比当时借出去时还少，那么利率就会成为负数，收益也就无从谈起。

人类对工作的需求是非常强烈的，有时为了能够工作，甘愿接受一些惩罚条件，这样的情况和上一段提到的情况都是能想象的。一个性格小心的人为了自己，乐意延迟消费一部分财富，与之相同的是，一个健康的人也会因为自己的意愿而从事某些工作。如果能够将一些工作交给政治犯去做，对他们来说就是一种极大的赏赐。从人类的本性出发，可以说利息就是享受物质财富的等待所换来的报酬。如果没有利息，就不会有人愿意储蓄财富，就像没有工资，很少有人愿意辛勤工作一样。

养老乡间　乔治·英尼斯　绘画　1856年

如果不知道如何利用财富进行投资，也可以将财富存储起来，退休之后，带着为数不多的财富回到乡村。图为拉克瓦娜山谷，它实际描绘了一幅美丽的乡村景色。年老后在这里度过晚年也可以让很多人感到满足。

经济学家口中的节欲是为了将来的准备而放弃现在能够获得的满足，但这个名词显然被误解了。能够积累很多财富的人往往本身就很富有，其中不乏有人的生活极度挥霍。这一部分人显然是不会按照等同节约的意思来进行节欲。而经济学家的本意是，一个人在他消费能力以内对某些消费进行节欲，这样就能够增加将来的财富，这种节制能够带来更多的财富。需求的满足延期会产生财富的累积，也可以说，人类的先见性，即想象将来的力量大小决定了财富的积累。

财富积累的需求价格表现为许多形态，但其实质总是一样的。一个人建了一所房屋用来抵御寒冷，但是另外一个人却用更少的劳动力建成了一所相同的房屋，当他不再受到寒冷之苦时，他就能在房屋上获得更多的满足感，这种满足感是用他的劳动力和等待赚取的价格。因为一时兴起，立刻满足眼前的某种需要所取得的满足感，和之前因为劳动和等待获得的满足感相比，后者是更加理性和明智的，它能够预防将来可能出现的灾难，也能够满足将来的某些需求，是一种生产力上的提高。退休医生将他的财富借给工厂，让工厂能够改善设备，他也可以从中获得利息，之前提到的满足感的增加在基本的条件上和利息有着相同的地方。利息在数字上是非常清楚的，可以作为从财富中得到其他形态利益的典型代表。

劳动是获得满足感的最初源泉。但一个人不论是通过劳动获得满足感还是通过交换、继承财产、贸易关系或其他坑蒙拐骗的方式获得满足感，和目前的目标没有任何关系。现在讨论的问题是：财富的增长包含了人有意识的等待和他愿意这样等待的动力来自对未来丰富的想象力和为

节欲的正确含义 希罗尼穆斯·博斯 绘画 约1485年

经济学家所说的节欲是为了将来的准备而放弃现在能够获得的满足。它是指在一个人消费能力以内对某些消费进行节欲，以增加将来的财富。图中的守财奴为了存储金钱而不惜掠夺，克制自身的基本需求，连死神到来了也舍不得放下自己的财富。这样的克制行为并不是经济学家倡导的节欲。

未来做准备的习惯。

7.利率与储蓄

按照人类的本性，如果现在的放弃能够换来将来满足感的增加，那么人们就会放弃更多的东西来换取未来更大的满足。假如一个人不愿意消耗他的财富，而希望通过财富来获取利息。那么，银行的利率越高，他获得的收益就越大。一般来说，利率下降会让人觉得放弃现在的满足，去获取财富储蓄中为将来带来的微小满足是极不划算的。所以利率下降会刺激消费的增长，为将来获得满足感的准备也就相应减少了。

200多年前贾尔德爵士就曾经说过，在利率高的地方，商人积累的大量财富不再依附于贸易，而只需要通过放款就能获得巨大财富；但在利率低的地方，商人只有通过不断地贸易才能增加自己和国家的财富。其次，沙更托认为，当一个人决定继续工作和储蓄，直到存储能够满足他在年老和死后家庭的需要，在利率下降时，他将比平时储蓄更多财富。

这样看来，随着利率的下降，世界财富每年增长的部分就会越来越大。但是，由一定量的工作和对未来的等待得到的未来的利益下降，会减少人们对未来的准备。换句话说，利率下降

市场 吉瑞特·贝克贺伊德 绘画 1693年

在利率高的地方，商人积累财富不再依附于贸易，而只需要通过放款就能获得巨大财富；但在利率低的地方，商人只有通过不断地贸易才能增加自己和国家的财富。图中是哈勒姆的市场，这里左边深处的房屋和商铺并列，开敞的广场中人们散步、玩耍。在这个利率还很低的地方，商人们还是要通过经商才能持续增加财富。

会抑制财富的积累。随着人们支配自然能力的增强，即便是在利率下降的情况下人们依然会继续储蓄财富。但是，根据人类的本性，只要利率下降，更多的人还是会减少储蓄的财富数量。

之前曾谈及，社会的风俗、自我控制的能力，预见未来的能力和习惯，加上家庭情感在内的因素，都能够影响财富的积累。要进行财富积累就要对财富安全提供必要的保障。知识和智力的发展，都能够起到促进财富积累的作用。

银行利率上升，会带来储蓄财富数量的增长。利率的上升会带来储蓄财富增长的这种心理，是普遍的。利率升高，储蓄的能力会增长，就相当于提高生产资料的效率一样。之前的经济学家对利息存在误解。他们往往认为利息的增长是以牺牲工资作为代价的，能够一直增加储

土地的价值 埃贝特·谷波 绘画 1650年

最重要的财富有三种形态：土地、住所、牲畜。和住所、牲畜不同的是，土地只有当它的面积稀少时才会增加它本身的价值。图中是一个普通的牧牛人和五头牛。远处的船只在河上漂流，近处的牛群显得强健而安静。牛越多其财富值越大，但土地却与它相反。

蓄能力是一种过分夸大的说法。但是他们忽略了一点，站在国家的角度，不管财富是用在劳动者身上，还是用在机器设备上，都是用于生产这个目的的。

必须要强调的是，每年用于投资的资本只占总财富数量的很小一部分。因此，即使每年的储蓄率提高得很快，但是，总财富数量每年的增加并不明显。

8.财富增长统计的注释

一直以来，财富增长的数据统计都很少，而且不容易让人信服。因为要制定出一种计算财

富数额的方法来适用于不同的地点和时间是很困难的，此外在搜集数据时缺乏有规律的统计。美国曾经对每个人的财产状况做了统计，尽管结果还是不能令人满意，但是相比之前的数据，已经有所进步。

其他很多国家基本上都是根据收入作为标准来进行财富统计的，而个人收入则是按照工龄计算的。工龄有两个主要参照物，一个是当时的银行利率，另一个是通过使用财富增加的收益。第二种参照物分为两种，一种是因为财富本身所创造的收益的能力大小，另一种是在使用财富的过程中劳动和资本的消耗。这点对钢铁厂和矿业开采来说非常重要，因为它们的损耗量的比重很大，尤其是矿业的开采。一旦开采完了就没有利用的资源了，所以他们的资本是在固定的年数之内的收益。因为考虑到土地是可以增大收益能力的，所以从土地取得的收益应该以更多年数的收入来计算。

最重要的财富有三种形态：土地、住所、牲畜，这是不分时间，不分地域的。但是和其他两者不同的是，土地面积稀少才会增加它本身的价值。从这个角度上说，将土地价值的增加说成是需求的增加，要比将之作为满足需求的手段的增加更为合适一些。就像美国在1880年的土地价值和英国的土地价值是相等的，但只是法国土地价值的1/2。一个世纪之前，土地的价值不会以货币的形式来衡量，但是再过两三个世纪，当美国人口的稠密度和英国大致相等时，美国土地的价值和英国土地的价值比将至少达到20:1。

中世纪初期，死在地上的动物都比英国土地的价值高很多。现在很多肥沃的土地已经用于住房和交通，质量优良的牲畜的数量比以前多出十倍还不止，农业资本也比之前大大增加，用于农业的土地价值是农业资本的三倍还多。因为英法战争的摧残，英国土地的价值比之前翻了一倍。

利率的下降增加收入的年数，而在这些年数中任何收入都必须被化为资本，因而就增大生产一定收入的财产的价值。将这一点和上述事实结合起来，可以看出，就算对国民财产的统计的数据都是真实有效的，统计出来的结果还是会让很多人误解。但是，不能否认的是，这样的统计还是具有一定参考意义的。

财富的形态

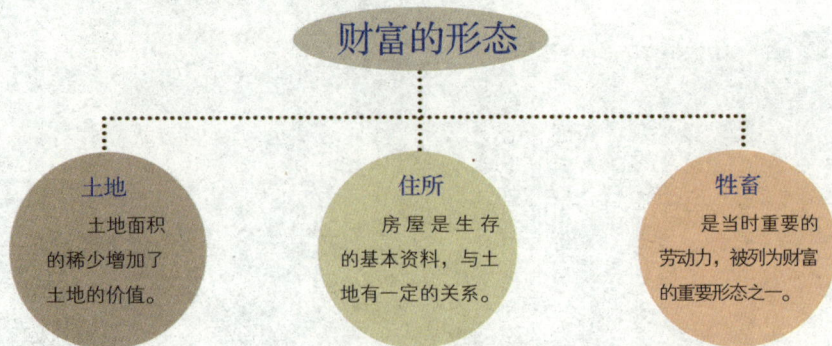

财富的形态

土地
土地面积的稀少增加了土地的价值。

住所
房屋是生存的基本资料，与土地有一定的关系。

牲畜
是当时重要的劳动力，被列为财富的重要形态之一。

组织增大效率的学说是旧有的，但亚当·斯密给了它新的生命。生存竞争对组织会产生怎样的影响，很多经济学家和生物学家都曾经研究过。最开始的物竞天择、优胜劣汰这种残忍的竞争逐渐因为遗传而变得平和了。

1.亚当·斯密和工业组织

柏拉图研究组织能够增长劳动的效率之后，很多社会学家开始跟风。在这一点上，亚当·斯密利用哲学的知识进行了很明确的阐述，并且运用事实，赋予了这个学说新的时代意义。在对分工合作的益处进行阐述时，亚当·斯密指出，因为人口的增长，对生活资料的需求，很多种族因为缺少必要的组织，或者其他各种原因，不能对当地的优势进行充分的利用，这样就会被淘汰掉。

在亚当·斯密成名之前，对生物之间高等和低等如何进行区别和划分，生物学家已经获得了实质性的进展。在之前，达尔文受到马尔萨斯关于人类生存竞争的启示，开始对动物和植物的生存竞争进行研究，最终得出了"物竞天择、优胜劣汰"的结论，证明生存竞争在影响人类的同时也影响着动植物界。与此同时，因为发现了以工业组织为典型的社会组织，和高等生物身体组织之间有着一些奇妙的相同点，经济学家们大受启发。他们通过研究最终形成一个结论，这个结论可以用来说明作用于物质和精神世界的一切自然法则之间的效果是具有统一性的。包括自然和社会在内的有机体的发展，能够让各部分的机能有所增长，还能加强各部分之间的联系。按照这个原理，如果每个小部分自己能够提供的原料越来越少，那么它的收益就会越来越多地依赖其他的部分。所以在一个高度成熟的有机体中，不管是哪部分出现问题，都会影响其他部分的运转。

人群众多的华尔街

亚当·斯密指出，随着人口的迅速增长，对生活资料需求的迅速增加，社会组织的作用显得越来越重要。很多种族因为缺少必要的组织，或者其他各种原因，不能对当地的优势进行充分的利用，这样就会被淘汰掉。图为1929年的美国华尔街街景，大量人口的增加更需要一些强有力的组织。

在这个原理中，机能能够增加的部分，可以称之为"微分法"。在工业上的表现就是会出现细致的分工，专业的技能知识、机器设备等的进步。而工业的有机体之间，联系和稳定性的增长可以看作"积分法"，具体表现在商业信用的保障度越来越高，交通工具和运输的形式越来越多。

按照之前的说法，发达成熟的有机体，在激烈的竞争环境中是能够最快找到生存办法的，这已逐渐形成一个学说。当然，因为对经济学和生物学之间的关系，还没有完全弄清楚，这个学说还在不断发展中。但是这个学说在经济学上最重要的作用就在于，因为竞争的关系，能够在这种竞争中获得好处的有机体正在逐渐增加。

从另外的角度看，因为生存上的竞争，很多能给人带来好处的有机体不一定能够生存下来。从经济学的角度看，工业设备需求一般不会产生供给价格，除非这种需求还包含了其他的需求。

这种其他需求一定要是有效的，也就是说一定能够为满足这些需要的人提供很好的回报或

动物的自我牺牲　乔治·斯塔布斯　绘画　1770年

在动物界中，家庭和种族的义务标准很高。只有每个种族的成员都为整个种族的生存做出贡献，这个种族才可能生存下来。图中的狮子凶狠地盯着前边的白马，白马受惊扬起了马蹄……但即便像狮子这种不付出任何回报就捕杀其他动物的野兽，也会为自己后代的利益做出一些自我牺牲。

者其他方面的利润。如果仅仅是工厂的员工想要进入工厂的经营管理层，获取更多的利益，或者是有才干的年轻人迫切地需要进行工业教育，那么根本不能算是需求。因为只有能够提供自然的和生活必需的才算是需求。但是因为劳动者之间互相帮助而不索要好处的种族的繁衍，这种残酷的竞争已经开始弱化。因为这种种族往往人口较多，会有很多具有这种优良品质的后代。

即使在植物界中，不考虑自己种子存活条件的植物，不管它生长得多么繁盛，还是逃脱不了灭亡的结果。在动物界中，家庭和种族的义务标准是很高的。即便像老虎、狮子那样不用付出任何回报就捕杀其他动物的野兽，也会为自己后代的利益去努力。从狭隘的家庭利益到整个种族的利益，类似于蚂蚁和蜜蜂的种族能够生存下来。因为它们每个成员都很努力地为整个种族做着贡献，而不仅仅是为了自己的直接利益。

对于人类来说，他们拥有理性的思维和丰富的语言，会通过各种形式，利用内心的民族责任感来增强民族的影响力。虽然在原始社会时，个体对他人所提供的各种帮助，有很多是完全出自习惯和感性的冲动，就像蜜蜂和蚂蚁那样。

不久，有意识的、道德上的自我牺牲就出现了。这种自我牺牲是预言家、僧人以及法律的创造者利用他们的远见指导人类养成的。逐渐地，起源于低等动物的没有理性的同情心，范围逐渐扩大，成为后来人类有意识进行活动的基础。民族责任感最初也不比想在狼群或强盗中占据优势高尚。后来民族责任感就演变成了高尚的爱国心，而宗教的理想也得到了提高和纯净。在其他条件相同的情况下，在经历战争或者其他灾难时，民族责任感和爱国心高度成熟的民族，会成为最坚强勇敢的民族。因此，个人能够为了周围人的利益牺牲自己，这样的民族最能适应环境，也最能在激烈的竞争中生存下来。

但是这种民族在生存上的优越性，对整个人类来说，也存在不利的一面。因为对战争的喜好，很多野蛮的民族会经常战胜喜好和平的民族。尽管社会科学家和生物学家都曾经表示，被征服的民族有时候也能为征服它的民族提供帮助。但是很多时候这种帮助只是为了自己的某种利益，在充分利用这个民族的特性之后，征服它的民族是不会提供任何好处的。

2.古代的社会阶级与近代的阶级

遗传性在社会组织中表现最为明显。因为社会组织的发展速度比较缓慢，要经历很长时间才会形成，它是好几代人的产物。因为社会组织是建立在大部分人稳定的风俗和习惯上的，不会很快发生变化。过去，宗教、政治、军事、社会道德等社会制度的不同方面，在为世界的发展做出过贡献的国家中，差不多都采取了严格的阶级制度。这样的历史证明，社会阶级的区分是适应它的环境的，它可以在某种程度上强化统治者的权力。作为生活的一部分，如果这种制度会产生不良的作用，那么这个国家就不可能超过其他国家。但是实行阶级制度国家的进步不是说这种制度没有缺点和不利影响，而是说就其对国家的进步来说，它是利大于弊的。

在动植物的竞争中，如果有两种特征是竞争者所不具有的，那么第一种特征会对它产生有利的影响，第二种特征就是无关紧要或者是有坏处的。但是第一种特征仍然会让动植物在竞争中胜出，第二种特征不会被认为是有益处的。这样的情况在人类中也有相同之处。在社会竞争中，能够帮助人类在竞争中生存下来的性格和习惯往往不是单一的，而是和那些对他们竞争不

不同阶级的人

在为世界发展做出过重要贡献的国家中，都曾经采用过严格的阶级制度。经过历史的证明，社会阶级的区分是适应当时社会需要的，它在很大程度上强化了统治者的权力，促进了国家的发展。图中左边的是资产阶级的贵族，中间的是商人，右边的是宫廷女子。从图中人物的穿着和神态就可以看出他们属于不同的社会阶级。

利的习惯绑定在一起的。在崇尚武力的国家中，军事上的成功会成为发展前进的动力，但对其他的人类劳动就不那么重视了；在商业比较发达的国家中，国家会更加关注财富的增长和使用，以此作为向别人炫耀的资本。这两种情况是比较具有代表性的，在社会阶级中都能够找到很多事例，但最显著的例子还是见于有关组织的问题中。虽然阶级制度有诸多限制，最典型的是为了社会的利益会毫不犹豫地牺牲掉个人的利益，太过苛刻，但是阶级制度与它必须做的特殊工作非常适应，因而它能盛行不衰。

省略掉中间的社会阶级制度而马上谈到西方的近代组织，它与社会阶级制度对照，有很多不同之处，但是在某些方面又表现得非常相同。变通性代替了过去的严厉性，过去一成不变的工业生产的方法正以极快的速度发生着翻天覆地的变化；过去阶级社会关系，个人在本阶级中的社会地位是有明确规定的，现在这些规定是可以改变的，并随着社会的改变不断地改变形态。但是，在紧急情况下，为了社会利益而放弃个人利益，和过去社会阶级制度的统治又是极其相似的。造成这种情况的原因是，不同阶级之间的分工，以及阶级内的分工是不能进行调和的。所以生产者的真正利益，为了加大他的工作对物质财富的总生产所起的增加作用，有时反要牺牲这一部分利益。

3.自然组织学说及才能的发展

亚当·斯密曾经对飞速发展的细致的社会分工和比较完善的工业组织带来的好处进行详细的阐述。但他认为在给社会带来好处的同时，这种社会制度有很多地方并不成功，还存在很多对社会不利的方面。但是，在亚当·斯密的追随者中，因为对哲学和实际情况的认识不同，有人声称现在的任何东西都是正确的。他们曾说，如果一个人拥有出众的企业领导能力，那么他一定会运用这种能力造福社会，但是这并不意味着他要放弃自己的个人利益。在他创造利益的过程中，其他人会根据他的能力来提供他能使用的最大资本，受到自我利益的驱使，他同样会根据员工的能力来给予他们最大的资金，所以基本上每个人都能达到最大的工作效率。同样，他还会购买有利于自己利益的机器设备和其他东西来投入生产。这些东西在他手中产生的价值，能超过它们本身满足世界的欲望的费用的等价物。

这种自然组织的学说，包含了很多关于人性的道理。因此，真诚和习惯思考的人会青睐它。但过分夸大这种学说会带来很大的坏处，有时是对于那些青睐这种学说的人。在生活的周围，会发生很多变化，其中有好有坏。但一味推崇这种学说会让他们看不见变化中的危害。在近代工业的诸多特点中，很多是过渡性的，当时它们产生的效果是良好的，就像当时的阶级制度产生的效果一样。它们主要是有利于引向对一个时代幸福的较好安排。而这种学说会夸大它的效果，从而带来坏处。

此外，自然组织学说没有考虑到，器官的功能会因为使用而得到加强的情况。斯班赛认为，在使用身体或者精神的过程中，如果产生了愉悦和满足感，那么就会渐渐习惯这种感觉，随之身体和精神的功能会很快增加。在低等动物中，他的这种观点和"适者生存"产生的效果是息息相关的，所以它们之间的区别也就不需要进行特别的说明了。在面对生存的压力时，低等动物运用身体器官的功能是无效的，愉悦和满足就无从谈起，演绎和观察都可以用来证明这一点。

因为人类刚强的性格，因而有较大的自由。人类是因为喜欢使用才能才使用才能的，不论是高尚地使用还是卑劣的使用。在宣传希腊生活和因为某些目的而进行谨慎、坚强的努力下使用才能，算是高尚的；酗酒嗜好的病态发展是卑劣的。宗教、道德、艺术和智力上的才能，不是因为能够帮助社会的发展进步才具有的，而是因为人在运用这些才能的过程中获得了愉悦和满足。经济发达很重要的原因也是同样的道理，是因为国家机构的有序化。这种有序化是多种动力的结果，但是和对财富的追求并没有很大关系。

不容否认的一点是，人身上很少遗传到父母身体上的特征。但是有的人认为有些身体和精

金陵八景图 *绘画 郭存仁 南京博物馆藏*
图为金陵八景图中的《石城瑞雪》，全卷共八景。本图表现的是金陵的冬季，山冈和城郭都被瑞雪覆盖的情景。宗教、道德、艺术和智力等才能，不是因为能够帮助社会的发展进步才具有的，而是因为人们在运用这些才能时能获得愉悦和满足。

神都很健康的人的后代也很健康；假如有些人的父母长期生活在不利于身心健康的环境下，身体和精神的健康就会衰减，那么这些人的后代在出生时体质也会偏弱一些。这一点还没有足够的事例能证明。但是有一点是确定的，父母身体和精神都很健康的后代，能够得到更好的照顾和教育。这样有利于培养健康的人格，并且对他人的关心和自尊心会让他们中的很多人对社会

做出巨大的贡献，成为推动社会进步的主要力量。

如果改变现在的工业组织来为更多人提供机会，这样低级工业的潜力就能得到开发。在运用的过程中，这种潜力的使用会带来愉悦和满足感，从而使这些潜力得到更好的利用，这样究竟是好是坏，还需要仔细地分析。如果认为这种变化有好处，竞争的压力很早之前就会让这种变化成为现实，这样的看法是很不恰当的。人类的特权，因对未来的预测和对下一步的准备，而扩大了对自然发展的有限而有效的控制。

正因如此，思想和工作，应用优生学，用高等的血统对人种进行补充，对男女各自的才能进行教育等方面，都会以更快的速度发展。但不管速度如何快，进步都是渐进和缓慢的。与人类科技水平的提高和对自然的控制能力的增长相比，进步的进程是非常缓慢的。对自然的支配能力的提高需要勇敢、智慧、细心和远见。因为进步的速度很缓慢，很多在新基础上提出的社会改造意见迅速发展的情况下，很难保持相同的速度。实际情况是，由于我们对自然界的控制能力的增强，很多比之前要大很多的工业计划都能够得以实施。也正是因为这个原因，那些提出社会和工业新发展思路的人，就将要承担更多的责任。虽然制度的变化速度很快，也有多种形态，但是想要获得长久的生命力，还是要符合人类的速度，如果变化得太快，超过了人类能够适应的速度，那么这种制度的稳定性就岌岌可危了。发展进步已经对人提出了一个警告：妄想超过自然界的经济是不可能实现的。

发展进步的进程很漫长，但从物质的角度来看，生产效率发生变化时，能够使人类在财富生产和分配上比较公平的组织还是可以存在的。那些让低级工业中的高端人才的才能没有用武之地的制度是不被人们接受的。

父母对孩子的影响　朗克雷·尼古拉　布面油画　1742年

父母身体和精神健康，其后代大多能得到很好的照顾和教育。他们大多拥有健康的人格，会关心他人，也有很强的自尊心。这些优秀的品质会让他们对社会做出巨大的贡献。图中表现的是一个亲密的家庭，小女儿的洋娃娃在草地上，妈妈正在给她喂食，爸爸则用关爱的目光看着她们。温暖的家庭环境有利于孩子的成长。

分工的不断细化使工人对某个工艺的熟练程度不断加强；机械取代手工投入使用，一方面使生产效率得到了极大的提高，另一方面也使工人从简单、重复的劳动中解放出来。当然，机械的投入使用同时对工人的判断力提出了更高的要求。

1.熟能生巧

在一个工业组织里边，每一个劳动者都能根据他们各自的能力和教育水平得到适合自己的岗位；在他进行工作时，能够拥有最好的工作设备和所有必备的工具；只有满足这些条件，才能说这个工业组织是有效的，这是判断有效的工业组织的首要因素。对于生产细节方面的劳动者和对工作进行经营并承担风险的劳动者之间的分工，不是这里要讨论的问题，只是分析对受到机器影响的不同等级工人之间的工作分配问题。

有些工作开始时很难完成，但熟能生巧之后其结果往往比之前出色。这一事实可以用生理学的知识来分析。生理学家认为，这种变化大多是因为条件反射，或者是新的习惯逐渐养成造成的，这些和人脑的思维没有任何关系。但是，人脑的中枢神经对所有有意识的行为都会关注，人脑从中枢神经或者其他相关的神经接收到信息数据之后，就会对局部神经或者肌肉神经发出具体的命令，这是一个非常流畅的过程，所以能够将想要的结果变成现实。

尽管现在对脑部工作的生理学依据还没有完全明白，但是凭借着仅有的脑部结构知识，可以说明，不管什么样的思维训练，脑袋中各部分的联系就会增加。在不久前还不能应付自如的问题，经过训练，就能快速解决。商人、律师、医生知识的丰富程度和直觉判断力会随着时间而积累。但人的精神不能在同一个方面过度使用，就像一个很努力的人，对于不属于他工作范围的某一种工作，有时会很有兴趣，但是让他长期从事这一工作，就很容易产生厌倦感。

也有人认为，从事脑力工作

思维训练的作用

尽管生物学家对大脑的工作原理还没有完全弄明白，但有一点是可以确定的：经过思维训练可以加强脑部中各部分的联系，使以前不能应付自如的问题能变得熟能生巧。图为一个影像装置，艺术家旨在通过今天的高科技探究人的无意识，对大脑的探究工作还有很长的路要走。

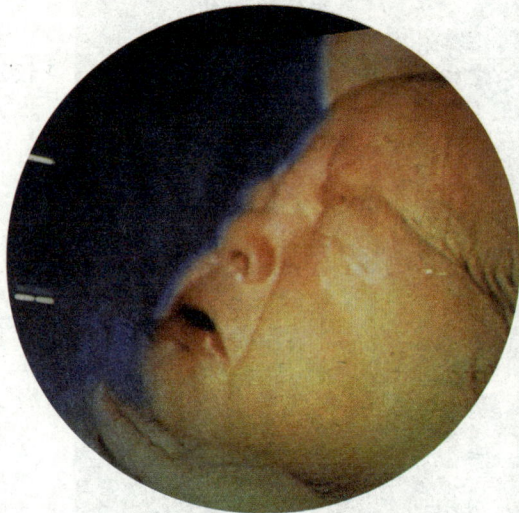

的人，做适当的手工劳动，不会影响他们获得知识和解决问题的能力。但是根据之前的经验，要想彻底减轻过度疲劳，最好根据自己的情绪来决定工作是否结束。心情一旦过去，就马上停止。具有经营性质的工作，有时需要用自己的意志力强迫完成工作，这种工作就会快速消耗精力。以现代经济学眼光来看，这不是经济有效的办法，除非，他受到的损害能够有足够的价值来补偿。

2.专门化可以增大效率

在高级的工作部门中，专门化应达到什么程度是一个亟待解决的问题。在科学研究中，有一个比较正确的规则，在年轻时，研究的范围可以很广泛，但是随着年龄的增长，就可以逐渐减小。这好比一个医生一直致力于某种疾病的研究，但是另外一个医生先是凭借广博的知识对这一疾病和健康的关系进行探讨，然后将越来越多的精力放在研究这一疾病上，这样就能够积攒丰富的专业经验和技能。这样，对于这一疾病提出的意见，前者不一定比后者高明。但是在大量需求手工劳动的行业中，分工会很大程度地提高工作效率。

梳理羊毛　米勒　油画　1858年

图中的工人正坐在椅子上细致地梳理羊毛。像梳理羊毛这样的工作，随着工人训练时间的增长，工人梳理羊毛的速度会越来越快，这就是所谓的熟能生巧。但是，当这一工作能够被机械操作时，工厂就不再需要那么多的熟练工人了，只需要人员监督机械工作就可以了。

亚当·斯密认为，一个年轻人除了制造钉子外什么事情都不做，那么他制造钉子的速度，即便是一流的铁匠，也赶不上他的一半。这种工作基本上是靠条件反射，它不需要中枢神经接收信息，再传达命令这一过程，所以速度要快很多。这和纺织厂中专门绕线的童工一样。在服装厂中，有一个专门负责对大小完全相等的布料，运用机械或者手工进行重复接缝的人，即便是最灵巧的习惯于做完整衣服的工人，他的工作速度也是赶不上前者的。

在建筑行业和金属行业中也是一样的。一个工人对同样的材料长年累月地进行着重复工作，那么他耗费的时间和劳动力将会是最少的。经过长期训练，工人精力的消耗比体力的消耗少得多，并且会越来越少。

但是，当这种重复性的工作成为习惯时，机器就可以取代人工来进行操作了。使用机器操作，最重要的是能够将材料固定在合适的地方，这个地方要使机器能够进行比较方便的操作，保证不在这方面消耗太久。假如在机器上进行的劳动和支出能够获得相当的回报，那么困难很快就能解决。之后，所有的工作只需要一个人来对机器进行管理和操作就可以完成了。工人在机器前，一只手将材料放在机器固定的位置，另一只手按下开关，最后再将完成的材料放到已经完成的部分中去就可以了。正是因为这些机器的产生，很多工会的汇报中开始有不满的情绪：过去需要训练有素的技师的技能和判断才能做的工作，因为机器设备的改进和分工的进一步细化，很多不熟练的劳动者，甚至他们的家属都被用来从事这样的工作。

3.机械对人类生活品质的影响

从上述的事实中可以得出一个规律，这个规律在一些工业部门中的作用更加明显，但它对所有的工业部门都是有效的。不管什么工作，如果它的操作是重复性的，同一件事要用同样的方式重复来完成，那么这种操作就一定会被机器取代。虽然中间会有一些困难，但只要这种机器进行操作的规模很大，人类就会投入资金发明这种方法，直到克服所有的困难。

按照这样的分析，对机器的改进和进行精细的分工，是同时进行的，并且两者之间存在着一定的联系，但这种联系并不是息息相关的。市场需求的进一步增加，对同类商品的需求量大增，尤其是制作精良的商品。对机器进行改进和完善带来的影响，主要表现在精细化分工的价值开始下降。举一个例子来说明，波尔顿和瓦特最初在沙河开办工厂时，一致认为，要对分工进行最大限度的划分。但那时还没有现在设计精良的机器设备和工具，只能依赖极少数的技术工人的双手和眼睛的精确程度。要知道的是，当时技术工人的数量远远比不上现代技术工人的数量。波尔顿和瓦特为了解决这个难题，开始给工人固定的特殊工作，以便让他们尽快地成为工作上的好手。这时工人在使用同一件工具设备，以及在制作相同的物品上坚持训练，于是他们工作的熟练程度大大提高了。因为机器的不断改良和完善，机器开始不断取代手工操作，直到再也不需要手工操作了。到了亚当·斯密生活的年代，分工最主要的利益就表现在要获得完全的手工操作技能。机器的使用让工业的规模越来越大，为工业的发展提供了精细化分工的需要，之前的不利影响已经不是最主要的了。总之，机械对人类生活品质的影响，一部分是好的，而另一部分是坏的。

4.零件配换制度的新时代

对精确度要求极高的工作已经由机器操作取代了手工操作，金属行业中一些进行替换零件的部门发展迅速，他们对机器操作的能力是最了解的。在手工劳动中要把一块材料做成和另一块材料的精度高度契合或者完全的相同程度，除了要接受长时间的练习，还要花费极大的耐心和劳动力，但是这种精度依然不是最理想的，但是机器能很容易完成这样的工作。用手工制造农业机械设备的成本是非常高的，而且这些机器发生损伤时，只能送回原厂进行维修，或者是支出较大的费用请高级熟练的技术工人来进行维修。

但在实际上，在制造过程中，制造厂会留有很多由机器生产出来的和损坏部分一样的组成部分，可以直接进行替换。美国西部的农民距离机器店很远，却能安心地使用各种机器。机器损坏之后，农民只需要将机器的型号和损坏部分的型号告诉修理店，很快就能利用便捷的交通将新的零件运送过来自己组装。之前一直没有重视零件配换的重要性，现在越来越多的现象表明，用机器生产制造出来的机器被广泛地运用到了各种生产部门，甚至包括家庭和农业的工作范围，这时，零件配换制度就显得尤为重要。

电器厂装配车间 摄影

　　图中是位于德国卡尔斯鲁厄的电器厂装配车间。车间内摆放着生产设备和产品，其中工人非常少，他们主要负责维持机械的正常工作。随着机械的不断改进，工人从简单、重复的工作中解放出来了。

　　制表业可以很好地证明，机械对近代工业性质发生的影响。很多年以前，制表业的中心地区是瑞士邻近法国的地区。在中心地区，大部分工作都是由分散的工人来完成，但当时的分工已经极其精细。制表业可以分为50个不同的制作部门，每个部门只承担制表中非常小的一部分工作。基本上每个部门都需要非常熟练和专业的手工技术，但是却对判断力没有要求。当时，制表业属于新兴的行业，还不具备垄断的资本和机会，普通的儿童通过简单的培训就可以开始工作，工资是非常低的。但是，这个工业现在正为以机械制表的美国方法所压倒，这种方法不需要专门的手工技术。随着机器化的不断发展，手工就变得越来越多余；另一方面，机器的精密程度越高，就需要管理机器的人拥有更大的判断力和耐心。

　　现在要将表的各个部分组装成一个完整的成品，专业技术一定要高度熟练，但是在制表厂中使用的机器和其他工厂中使用的机器在本质上并没有多大的差别。有很多都是从其他机器改装而来的。分工越来越细致，不同行业之间的界限就会不断缩小。在过去，因为表的需求量减少，即便是其他制造厂需要大量的劳动力，对表厂的工人来说并不是什么值得高兴的事情；但

钟表修理技师

在以前，钟表坏了需要很熟练的技师才能够维修，而且耗时耗力，花费不菲。现在，随着机械的高度发展，零件配换制度得以推行，这大大降低了钟表修理技师的工作难度。他们现在只要将损坏的零配件换成相应的配件即可。

现在，制表的工人转入到其他的制造行业，会发现很多机器和之前使用的机械都是相似的。现在将制表厂改成其他的制造厂房，损失也不大，但是在新的工厂中，以前习惯于从事一种工作的工人是不适合去做需要较高智力的工作的。

分工的精细化在很大程度上是由于机器设备的改良和数量的增多，印刷业就是一个很好的例子。在规模较大的印刷公司，工人之间的分工非常细致，但工人从行业内的一种工作转为从事另一种工作的难度并不是很大。在伦敦，从事机器管理或排字工作的人，在失去原来的职位后，大多会利用他们原来的专业技能，以及原来职业中的一般知识去寻找另外一种用机器的工作或者其他相关行业的工作。工业中再分工的精细化分界，对很多种工业的专业化来说是有很多好处的，这种分工的界限跨度并不大，甚至只是很细小的差别，所以一个人在原来的部门失去机会后，能够很快地适应其他相关部门的工作，损失也不会很大。但在中世纪，手工业的分界跨度很大，手工工人一旦失业就很难再找到其他的工作。

一方面，机械和科学的工具不断替代需要手工技能和熟练而不需要判断力的工作；另一方面，它们把确实需要运用判断力的那部分工作让人类去做，而且形成了非常需要判断力的各种职业。例如印刷中新机械的使用，让校对者的判断力、鉴别力、文学知识和版面设计等能力越需要加强。

5.机械的使用减少了工人生活的单调

运用机器取代人工劳动之后，很大程度上减轻了人肌肉的过度疲劳。英国工业革命之前，基本上所有的工人都会出现肌肉过度疲劳的现象。在钢铁厂，可以充分证明机器的力量。在规模较大的钢铁制造厂，需要很大的力量才将成品制造出来，这些力量根本就是人类无法达到的，这些需要力量的工作都已经被水力或者蒸汽的动力取代了，工人只需要做好对机器的管理、维护等工作。

对机器的使用增强了人类支配自然的能力，但是工作的性质却没有多少变化，如果没有机器从事这方面的工作，人类根本就没有办法去取代。尽管如此，不可否认的是，机器在很多行业让人的劳动大大减少了。就建造房屋来说，之前的人运用同样的材料，但是要花费比现在多很多的力量才能完成。现在人们一般选择自己最愉悦和最想了解的部分作为自己的工作，每个乡镇和村落，都有了蒸汽厂，之前容易让人未老先衰的过度疲劳已经在很大程度上被缓解了。

新机器刚产生时，需要很细心地对其进行维护。但是，对机器进行管理的人往往被安排进行其他的工作，只要是需要高度重复的单调的工作，机器就会取代人工劳动。经历了这样的过程，机器的自动化程度越来越高，工人只需要固定的添加材料和取出成品就足够了。虽然人的劳动减轻了，但是还是要对机器进行精心的维护，保证它们的正常运转。但是，随着自动机件的出现，人的这种工作也被取代了，只要机器出现任何部位的故障，就会立刻停止工作。

在过去，对浅色或者白色的布匹进行纺织可以说是范围最小，也最枯燥的。但是现在只需要一个女工，就可以同时对四台以上的机器进行维护管理。这样机器每天完成的工作是之前用手工完成的很多倍，女工们就从枯燥的工作中解放出来了，但是对判断力的要求就提高了。现在每完成的一百匹布中，枯燥程度下降了80%，甚至更多。

在工业发展的历史中，很多行业都可以找到相关的例证。近代工业组织的发展，会运用怎样的方式来缩小每个人的工作范围，这是我们正在思考的问题。工作范围缩小，必然会导致工作枯燥，上述的事例就很重要了。精细的分工，一般最易导致肌肉的疲劳，但这种工作最可能被机器取代。这样一来，枯燥的工作造成的损耗就减少了。罗雪尔曾说，比工作的枯燥更严重的是生活的枯燥，工作的枯燥最严重的是会让生活也产生同样的感受。当工人在工作中需要耗费很多力量时，下班之后就不会从事其他活动了，而智力除了在工作中能够运用到之外，平时

涡轮发动机生产车间

机器取代人工劳动之后，工人的劳动强度得到了减轻。在规模较大的钢铁制造厂，很多工作都是人力无法完成的，只能借助水力或者蒸汽的动力，工人只需要做好对机器的管理、维护等工作。图中是一间涡轮发动机的生产车间，机器的使用使工人的疲劳度得到了很大程度的缓解。

造纸工人

　　工作的枯燥会使工人对生活产生厌倦。当工人在工作中需要耗费很多力量时，下班之后就不会从事其他活动了，而智力除了在工作中能够运用之外，平时根本就没有机会用到。图中是三个工人造纸的场景，简单、重复的工作会使他们丧失对生活的热情。

根本就没有机会用到。但是就算是在工作中，对精力的消耗也是很少的，尤其是在工作环境比较安静，工作时间不长的企业更明显。在工厂的生活环境中，不管是工作时间还是休息时间都能够刺激脑力运动，在看似枯燥的工作中的很多人，智慧和谋略都很高。

在美国，农民一般都很能干，他们后代的地位能得到很快提升。这是因为，大片的土地所有权都在农民自己手中，这些社会条件要比英国的农民好很多。美国农民习惯为自己考虑，即使是结构很复杂的机械，他们也能够熟练地使用。但是英国农民的情况就没这样好了。在近代之前，英国农户受教育的程度都很低，并且封建统治已经在很大程度上抑制了农民积极进取的心态。到了现在，这些消极影响都已经不存在了。现在的英国农民在年轻时就会接受良好的教育。在这个过程中，他们学习使用各种对农业有所帮助的机器，自我的独立性增强了，对他人的依赖程度大大下降了。他们的劳动更加的多样化，在城市中的最低级的工作也没有他们工作的方式多，并且这种工作也有助于智力的开发，他们的地位也渐渐提高了。

6.专门技能与专门机械的比较

在什么情况下才能让分工获得最大的经济利益，是需要我们思考的问题。经济的使用有两个条件，一个是机器或技术的使用效率，另一个是它们的效率能在合适的工作中发挥出来。要想在生产中获得经济利益，除了要在一定范围内进行重复工作外，还需要不同的工人分担不同性质的工作，而且这种工作能够让工人自身的技术和能力得到充分发挥。如果某一种工作需要特殊的机器，那么这个机器的利益就需要这个机器的使用寿命尽可能地延长。如果需要将这个机器用到其他工作中，那必须是使用这种机器才能完成的工作。如果这种工作用其他的机器也能完成，那么使用这种机器就会造成经济上的损失。

从生产的经济角度来看，机械和人类的社会地位都是一样的，机械是生产的手段，而生产的最终目标就是让人能够获得经济利益。曾经考虑过这样一个问题，工作的专业化让少数人承担了工作中最困难的一部分，如果这种专门化到了极限，那么对人类来说究竟是好是坏？

自然条件、政府的政策、交通工具的改良和移民等因素都会对工业的分布产生影响。一个工业组织在一个地方落成，其辅助行业也会逐渐在其周围出现。

1.地方性工业的原始形态及起源

在文明的最初阶段，城市的大宗商品想要消费，一般依靠本地资源，除非拥有便利的水陆运输。随着需求和社会习惯的变化，人们的消费观念也随之变化，一些奢侈品也逐渐被越来越多的人接受。服装和首饰等较轻的贵重

商品，一般都是通过远距离运输实现消费的。这些商品能够在整个欧洲畅销，一是因为有固定的集市和专门负责运输这些商品的商人；一是因为商品生产者会长途跋涉去推销自己的商品。这些生产者自己承担这种小本买卖的风险，保证商品的正常生产和供应。在本地的生产中，一些远距离的新商品也会加入销售的行列，这样就能刺激消费者的新需求。这种在一个地方集中生产的工业可以称为地方工业或特色产业。

顺密苏里河而下的毛皮商人　乔治·宾厄姆　布面油画　1845年

　　这幅油画描绘了一对贩卖毛皮的商人在密苏里河上顺流而下的情景。服装和首饰等贵重商品，一般都是通过远距离运输实现消费的。很多这些商品的生产者会自己承担小本买卖的风险，长途跋涉气去推销自己的商品。这是这些商品能够在整个欧洲畅销的原因之一。

地方性工业的出现，奠定了机器生产和企业分工的发展基础。直到现在，我们还可以看到，在中欧的小村落中有着最原始的工业形态。因为交通便捷，它们生产的商品能够运送到繁华的工业中心。

影响工业地区分布的原因很多，最主要的是自然条件。气候的性质，土壤的肥力，矿产资源的分布以及交通的便利程度都是其中的因素之一。所以矿产资源相对丰富或者燃料充足的地区就会分布着金属工业。

另一个原因是宫廷的鼓励。宫廷的鼓励会让很多熟练的技术工人涌向宫廷，对当地的工人进行训练。很多国家由于各种原因不断迁都，旧都城的发展就源于原来宫廷的专门工业的发展。有时，统治者会特意将远距离的技术工人集中到一起。正是因为有了威廉一世对铁匠的影响，才有兰开夏人杰出的机械才能。外来移民教会当地人编制毛织品，但是在他们学会之后的一段时期之内，还是会将织好的物品送到荷兰进行后期制作。

外来移民的先辈从地中海和远东古代文明的传统技术获得了益处。一般来说，重要的知识都有悠久的历史，这种历史分布的范围很广阔，随时可以重新焕发生命的活力。如果一个国家的政治体制和社会习惯对工业的发展有助力，能够促使工业不断进步，那么在很早之前这个国家就会出现比较繁荣的经济。会有一些偶然的因素导致工业在某个城市繁荣起来，有时国家的工业性质，会受自然条件和社会条件的影响。虽然自然因素会促进工业的发展，但是商业上的便利，才是高级形态发展的重要条件。人对利润的使用，是建立在个人生活理想之上的。这一点告诉大家，世界历史上宗教、政治和经济的线索都是互相交织在一起的，很难彼此分开。

2.地方性工业的各种要素

一种工业选定了一个地方作为生产基地时，短时期内是不会更换的。所以从事这一行业的邻近地方的技术工人能够得到较大的利益。行业的秘密不再是秘密，小孩子在潜移默化中就能学到很多东西。优秀的工人受到欣赏，机器的使用和制作方法，以及企业的组织形式和

克虏伯钢铁公司

图为德国的克虏伯钢铁公司，像这样的钢铁公司在一个地方固定下来之后，一般情况下不会轻易搬迁。这样就会给周围的钢铁技术工人带来好处，连他们的孩子也可以在很小的时候就学会一些钢铁行业的技术。而随着钢铁公司的落户，相关的辅助行业也会在公司附近逐渐出现。

改良能得到很快运用：一个人的新看法，能够很好地和他人的看法联系起来，这时就会因为思维的碰撞产生新的看法。一个工业组织在一个地方稳定下来之后，周围很快就会出现相关的辅助行业，为这一工业提供生产资料和生产工具，负责生产物的运输等，从而又可以促进当地原料经济的发展。

在经济发展的任何一个环节中，除开原始时期，其他的阶段因为技能提供了广阔的市场，地方性工业能从中得到很多好处。雇佣者一般会到能够提供他所需要的专业技术的地方去寻找合适的工人，同样，寻求工作的工人，一般也会去需要他的专业技术的雇佣者的地方去，以便自己

法国戈布兰毛纺织厂

一个地方如果只有一个单一的工厂，只雇佣那些年轻力壮的成年人，并不会给他们家庭带来多大的好处，反而会增加工厂的劳动力成本。要解决这一办法可以在工厂附近开设其他工厂，对原有的工业进行补充。例如图中的这个毛纺织厂雇佣妇女为工人，就可以很好地与附近的钢铁厂形成劳力互补。

能得到更多机会。假如只有一个孤立的工厂，即使经营者能获得大量的劳动力，但是如果缺乏专业的工人，厂主也没有办法获得利益。同样，拥有熟练技术的工人如果被解雇，也很难在周围找到其他就业机会。在这里，社会力量与经济力量合作，雇主和工人之间的感情比较深厚。如果双方出现摩擦，他们都不愿将这种矛盾扩大。如果他们之间的关系破裂，双方都愿意能容易地中断这种关系。这些问题对于需要专业技能，但是周围没有相关其他行业的企业来说，都是成功的阻碍。但是这些阻碍正随着交通、通讯事业的发展而逐渐减弱。

对家庭来说，如果地方性工业的工作种类比较单一，就会产生一些对劳动力市场不利的因素。如果没有雇佣女工或者童工的工业出现，成年男子可能能够取得很高的工资，企业经营者的生产成本就会增加，但是每个家庭的平均收入却没有因此增长。

解决这种问题的办法非常简单，只需要在附近建立一些工业，能够对原有的工业起到很好地补充作用就能解决。所以矿产开采行业和钢铁厂附近才会有纺织行业的出现，有些地方是在无意识的状态下建立起来的，但是有些地方却是人为地兴建起来的。这些职业对女工和童工的技术并没有特殊要求，巴罗就是一个典型的例子。

一个工业城市能够不断地发展，很多原因是因为地方性工业的利益和对职业需求多样化的利益同时存在。如果将一个大城市的中心地带用于商贸所带来的利益，和将这块地皮用作某一工业的厂址用来收取租金相比较，肯定是前者能获得更多的好处，即便是两种情况同时存在，也是一样的道理。商店的员工和工厂的工人对住宅用地的竞争与此类似。这样造成的结果是，工厂一般不会出现在大城市的中心地带，反而在郊区比较多。

如果一个地方只依赖产品单一的工业，那么如果市场上对这种产品的需求减少，或者是生产的原料供应不足，就容易出现经营惨淡的局面。而拥有多种工业性质的工业城市或者是工业区就能避免这种情况的出现。即便是一种工业出现衰败，城市也能够从其他工业中得到一定的帮助，而其中的工人也能在其他工厂中获得新工作。

这里对工业地区的分布只是从生产经济的角度进行分析，但是对消费者的便利程度也不能忽视。零碎的东西消费者一般都会就近选择商店购买。如果购买的东西很重要，消费者一般会选择他心中最好的购物地方，哪怕很麻烦。所以经营高档物品的商店可以集中，而提供日常需要的商店一般会零散地分布。

3.交通工具改良对工业地理分布的影响

当交通工具价格下降，新的方式能够方便地进行远距离的思想交流时，影响工业分布的因素就会出现新的变化。

影响工业分布的交通因素

当交通工具价格下降，新的方式能够方便地进行远距离的思想交流时，影响工业分布的因素就会出现新的变化。

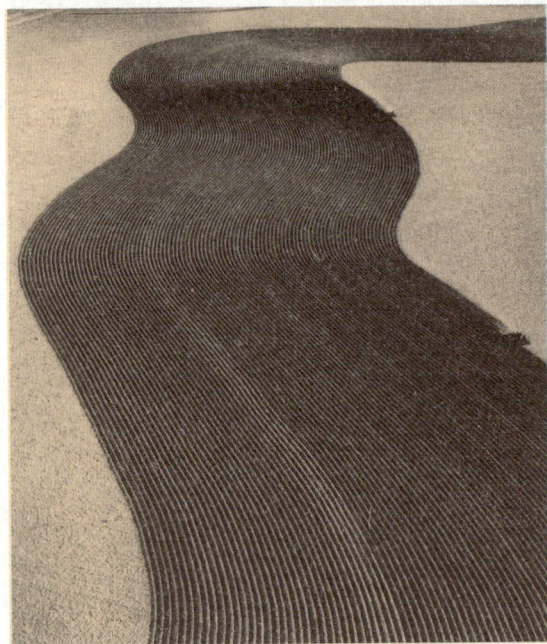

如果运输费用和关税降低，会使一个地方更多地从远处购买它所需要的产品，这样特殊的工业就会聚集在特殊的地方。而另一方面，如果迁移变得容易，那么熟练的技术工人就会接近购买他们产品的消费者，他们的技能也能得到最大化的利用。这两种截然不同的现象，都能够在英国人的近代史中找到例证。

美国和印度到英国的海陆和铁路交通运输的发展，使得商品运输的费用下降，再加上英国实行自由贸易，这样一来英国的农产品数量就迅速增加了。同时，英国很多高度熟练的技术工人和有才干的商人，开始纷纷去国外创办新的企业，这样这些国家就能够自己制作从英国购买的产品了。各国对机器使用的基础知识，一般都来自英国的工人。英国的矿工在国外开采矿藏，因而减少了外国对英国的许多产品的需求。

第十章 | 大规模生产

1.原料的经济

大规模生产的经济，在工业上表现得最为清楚。能够自由选择工作的地点是工业的一个特点，这个特点使得工业成为最能表现大规模生产经济的最佳证明。农业、矿业、渔业等在地理位置的分布上都要受自然条件的限制，而制造或者维修适用于少数消费者需要的产业则受到消费者的限制，不能和消费者的距离太远。即便远离了消费者，也不会造成经济上太大的损失，这是工业和它们的不同之处。

技术、机器和原料的经济是大规模生产的主要利益。但是，与其他两项相比，原料的经济正在迅速失去其重要性。孤立工作的工人经常会将一些零碎的东西扔掉，但是在工厂中，这些零碎的东西则会被收集起来，然后加以利用。地方性的工业中，包括规模很小的制造商在内，都不会出现上述浪费材料的现象。除了农业和家庭饮食习惯有着较大的浪费之外，近代英国的所有工业部门都不会出现这样的浪费现象。不可否认，近代的很多进步都是因为废品得到了再利用。这些废品得以再利用很大程度上得益于化学和机器上的特殊发明，虽然分工的精细化对这种新发明起着很大的促进作用，但并不是直接的原因。

在数量很多的建材或者服装一定要按照一致的样式进行制作时，在木材和布料的裁剪方式上花费心思，能对原料进行最大限度地利用，减少材料的浪费。这属于技术经济的范畴。

2.大工厂的经济

专业机器的采购与销售、适用与改良、专门技术和企业经营管理工作的精细化，是大工厂经济最直接的体现。而小制造商的经济体现在监督上，现代知识的发展给小制造商的发展提供了便宜。

随着机器更新换代速度的加快，很多小制造商都处于劣势。因为即使不算利息和机器维护费用，单因为机器的改良，小制造商要承担的折旧费就非常庞大。这导致了许多小制造商使用手工或不完善的机器来制造商品，虽然他知道使用专业机器制造的东西更好，成本更低。

另外，小制造商未必知道目前最适合他的机器是什么。如果他从事的工业已经实现大规模生产，他只要有资本购买市场上最先进的机器就可以达到行业的标准。目前，农业和棉纺业已经是这样的工业。但是对于一些处于初级发展阶段的工业，如化学工业、制表工业等都不是这样的。

开采金矿

工业与农业、矿业、渔业等最大的区别在于，工业可以自由选择工作的地点。农业、矿业、渔业等则在地理位置的分布上受自然条件的限制。图中描绘的是工人在进行金矿的开采工作。他们的工作地点受金矿在地理上的分布情况影响，工业生产则不受这方面的限制。

在上述行业中，制造商为了他们自己的生产需要，设计出了很多新的机器以及新的制造方法。这种新的变化很有可能成为又一次失败的新实验，而成功的实验就要承担本身和之前失败的实验所用的花费。小企业的经营者可能会认为自己能够对机器进行改进，但是不得不思考的是，对机器的改进进行尝试，要承担的风险和花费都非常大，而且对自己其他的工作也会产生不利的影响。即便能够完成改进，未必就能进行充分的利用。如果制造商能够发明一种特别的新发现，并且这个新发现能够引起社会的广泛关注，那么这种发现的市场前景就非常广阔，但是真在付诸实践时，就要花费大量的资金，这样也许会迫使他放弃这种打算。对于已经存在的畅销产品，制造商对这类产品的改进还是具有优势的。但他的发明想要获得很好的利益也是很困难的，除非他申请获得这项发明的专利，或者出卖使用权。要么将使用权卖出，或者是扩充资本来扩大经营，要么就彻底改变原本经营的性质，将资本投入到改进之后的制造阶段。但是上述的情况都是很特殊的情况，随着机器的式样越来越多，价格也越来越贵，小制造商的压力格外沉重。正是由于这样的情况，他们已经被很多行业完全排挤出来了。

大工厂利益的体现

专业机器的采购与销售、适用与改良、专门技术和企业经营管理工作的精细化，是大工厂利益最直接的体现。随着机器更新换代速度的加快，很多小制造商都处于劣势。因为即使不算利息和机器维护费用，单因为机器的改良，小制造商要承担的折旧费就非常的庞大。

在一些行业中，大规模生产从机器上获得的经济，在工厂的规模缩水到中等的时候，就基本上没有了。在棉纺业和织造业中，小工厂在保证生产过程中持续使用性能良好的机器的同时，它自己的地位不会受到影响。这样就可以将大规模的工厂看成是几个小工厂的组合。有些棉纺织工厂的经营者在扩大工厂规模时，往往会将纺织的部分扩大。这样的情况下，大工厂就很少获得机器的经济带来的利益。在建筑行业，烟囱的建造，在蒸汽动力的经济和机器的管理维修上，也会有一些节余出现。在大的轻工业工厂中，拥有自己的技术部门，就能减少维修的花费，在故障出现时能够及时地进行修理。

不管是什么类型的大工厂，总是会获得和上面最后一个事例中所获取的经济相似的经济，这些是小企业不具备的。大企业在购买生产资料时，数量往往很大，价格很低，运输费用也很低廉，这样就可以节省很大一部分开支。如果火车能开到工厂附近，工厂

蒸汽机车

随着机器更新换代速度的加快，很多小制造商都处于劣势。因为即使不算利息和机器维护费用，单因为机器的改良，小制造商要承担的折旧费就非常的庞大。图中的蒸汽机车是火车头示意图和剖面图，但是到了现在，火车的蒸汽机车已经更新换代好多次了。

能节省的运输费用就更多。大批量销售产品，可以避免很多麻烦。大工厂在做零散销售时，因为库存很多，消费者可以进行充分选择，而且大工厂的品牌还能让消费者对其产生信赖感。这些大工厂可以利用旅行中的商人和其他的方式进行广告宣传，经营店会将远距离的商贸消息稳妥、可靠地提供给工厂。工厂自身不同产品之间也能互相宣传。

企业合并能成为一种趋势，最主要的原因是合并后的企业具有组织性购买和销售的经济。这是德国卡特尔和其他同行业的组织进行联合的主要原因。这种经济可以使小企业的经营风险分摊给大企业。

其次是技术的经济。有能力购买专业机器的大工厂可以获得机器上的经济，这对专业程度很高的技术来说同样有用。大工厂能让员工长期从事他能力范围内能承担的工作，同时，将工作的范围不断减小，以便产生熟练使用带来的经济效益。大的制造商比小的制造商更有机会获得技术人才，这往往就是大工厂创造品牌的部分。

大企业的领导者能保存他的精力用以应对企业最广泛和最基本的问题。他不必为细节问题操劳，可以将更多的精力用来解决企业最重要和最艰难的问题，还能对市场变化和国内外的重大事件对企业的影响进行预测。而小企业的领导，即便他具备这样的能力和才干，也没有时间进行这样的工作。他对行业的情形往往看得不够远，只能跟在别人后面。此外他的日常工作需要花费很多时间。如果他想获得成功，就必须具备超强的创造和组织能力。

但小企业的领导也有自己的优势。他可以直接监督工人，防止他们偷懒；企业中责任分明，不会出现互相推诿的现象；可以省去烦琐的账目记录工作，这在大企业中是必须的。

小制造商在获取消息和进行实验方面处于不利地位，但他仍然能够从大的发展趋势中获得有利帮助。在对企业的经营知识上，外部经济越来越多地发挥作用，内部经济的重要性正在降低。通过报纸和其他各种出版物，小制造商能够不断获取信息。经营方面已经不存在什么秘密了，经过最初的试验，方法上的改进是大家熟知的，这些对小制造商很有帮助。

现在，依靠实践经验使企业发生的改变越来越少，更多的是依靠科学原理和方法的改良。在这些改良中，有一部分是由为了寻求知识的学者实现的，并且为了公众的利益，快速地发表改良方法对他也是有好处的。如果小制造商拥有足够的时间去获取知识，那么他在竞争中即使不能处于领先地位，也不会落后。

便利运输带来的经济

大企业在购买生产资料和销售产品方面能获得规模效益带来的经济，而小企业是不具备这方面优势的。如果工厂附近有便利的交通，就可以为工厂节省很多的运输费用了。图中是位于美国内布拉斯加州境内的铁路，它可以给它周围的企业带来运输上的经济。

3.规模生产带来经济的行业，产品多不易售出

经营农业和许多其他行业的人，不会因为生产规模的扩大而获得新的经济。这样的企业在相当长时间内在生产规模上不会有任何变化。但是，如果大企业能够得到小企业无法获得的各种重要收益，情况就另当别论了。一个新经营企业的人，如果想在某行业站稳脚跟，和一些资本雄厚，机器和劳动的专业化、自动化程度高，与其他经营者联系密切的大企业进行竞争，并获得广阔的经济，他就必须拥有足够的精力、强大的适应能力、勤劳、对企业的各种细节问题非常关心。如果他将产品数量增加一倍，但仍以原来的价格将产品卖出，他获得的利润将是原来的两倍。这样一来，他在银行和其他投资者眼中的信任度就提升了，他可能获得更多的资金来扩大规模。这又将扩大他的经营，如此循环。

开始看不出哪里是他会停下来的地方。在大规模的经营中，他也拥有足够的才能和精力，那么他的企业将逐渐形成行业垄断。另一方面，高价引起竞争者出现是限制有限垄断的主要原因。但在未达到垄断之前，虽然他的能力依然在，但他不再努力工作，他就不再进步。这时，

他将企业转给和他能力差不多的继承人去管理，那么他的企业就可以长时间保持昌盛。但想保持这种不断发展的趋势，一定要具备很难在一个工业中并存的两种因素。一些行业能够通过增加生产量来获得较大的内部经济，而在另外一些行业，能够通过产品的畅销来获得外部的经济，但这两种情况同时存在的企业并不多见。

一般来说，比较重要的能够大规模生产的行业，它的产品要畅销都很困难，但也有例外。对于性质单一，可以大批量生产的产品，市场的前景也很广阔。但是这种产品一般都是农产品、钢铁产品和布料之类的产品。正因为它们单一，所以才能进行批量生产。

生产这些普通物品的企业，除了在主要的生产中运用最近发明的高级机器之外，它的地位很难稳固。在满足这个条件之后，其他的次要的生产工作，交给相关行业就能完成。在大企业和其他企业之间能够获得的经济之间，区别并不明显。小企业遭受大企业排挤的趋势，已经偏离了原来的方向，开始促进这种趋势发展的各种力量都已消耗殆尽了。

只有很特殊的商品，才能让报酬递增的规律产生强大的作用。而这些特殊商品的生产企业都是花费了很大的资本才逐渐得到了特殊的市场。生产能力能比较容易地提升，但销路却不能。

一个企业能够获得新的生产经济的条件，即是新企业取代它的条件。特别是强劲有力的大规模生产经济，和新的生产工具和生产方式联系在一起之后，如果企业不能长久保持旺盛的精力，衰落就是必然的，而大企业的全部生命力能长期维持的并不多见。

4.大商店与小商店

大企业胜过小企业的各种优势在工业上是明显的。而在其他行业，这种倾向也越来越明显，在零售行业中表现尤其明显，小商店开始衰落。

与小商店相比，大商店具有如下优势。第一，大商店可以规模订货并降低商品的运费，可以为消费者提供更多的选择。第二，大商店拥有强大的技术经济，小商店要花费

规模带来的优势

大商店相比小商店具有更多的优势，例如，可以规模订货并降低商品的运费，可以为消费者提供更多的选择；大商店拥有强大的技术经济，小商店要花费很多时间去做日常工作，大商店可以雇佣助手来完成这些工作，而店主只需将精力集中在需要运用判断力的事务上。但小商店的优势会抵消大商店在这些方面获得的效益。

很多时间去做日常工作，大商店可以雇佣助手来完成这些工作，而店主只需将精力集中在需要运用判断力的事务上。但小商店的优势会抵消大商店在这些方面获得的效益。小商店的送货上门服务，能够满足不同消费者的需求；小商店对非常熟悉的消费者能够放心赊账来借出资本。尽管如此，最近的诸多变化还是对大商店更为有利。

现在，赊账的习惯已经没有了，这是社会进步的表现，但经营者和消费者之间的关系已经越来越疏离，这种变化是很遗憾的。另外，时间变得越来越珍贵，人们不再愿意花太长的时间去购物了，更多的是从详细的价格表中选出自己需要的商品，写出很长的订货单，通过包裹邮寄来完成商品的购买。如果他们决定上街购物，附近的火车或者汽车能够让他们到城市中心的大商店去选购，并且更加便宜。由于这些变化，即使在食品业和其他不需要很多库存的行业，小商店的生存也变得更加艰难了。

商品样式的多样化和潮流的迅速变化对小商店尤其不利，因为他没有足够的库存来供消费者挑选。如果紧跟最新的样式来订购货物，小商店的那些过时而卖不出去的商品所占的比例比

红色的葡萄园　梵高　油画　1888年

经营农业和许多其他行业的人，不会因为生产规模的扩大而获得新的经济。比如图中的葡萄种植园，农场主并不会因为生产规模的扩大获得多大的规模生产经济。这就导致了这类企业在相当长时间内在生产规模上不会有任何变化。

商场

　　大企业胜过小企业的各种优势在工业上是明显的。而在零售行业，这种倾向也越来越明显。图中是零售业大商店的代表——商场，里边有着琳琅满目，可供比较、选择的商品。与小商店相比，商场拥有很多优势，例如可以规模进货并降低商品的运费，可以为消费者提供更多的选择等。

大商店要多很多。家具、服装和其他一些行业的机制商品变得越来越便宜，很多人不再去小商店定做，而直接去大商场买回来。大商场和制造商之间往往没有中间商，这就不用招待代理商了。小店主在修理等行业还占有一定的优势。另外，许多行业中有巨资的企业，宁愿成立许多分店也不愿意成立大的商店。在这些行业中，采购集中于总店，这样分店有大量的存货却不必保持大量存货的费用。分店经理能专心招待消费者，如果他能力出众，对店的业绩非常关心，就会成为小店主们的强敌。这样的情况已经开始在服饰和食品行业显现。

5.依靠地理位置的工业

　　这一节讨论依靠地理位置分布的工业在大规模生产中的变化。

　　现在，运输行业中小规模的经营形态包括了乡村的搬运工和少量的马夫。铁路和公路的规模正在逐渐扩大，对他们进行经营管理需要投入更多的资本。大的商业船队通过统一管理，在各地的港口都能迅速装卸货物，因而能够获得各种收益。随着商业日益多样化和复杂化，获得的利益会随之增加。在运输行业中，除了运输垃圾、自来水和煤气等企业由国家经营外，人们

195

　　大矿山与小矿山之间的竞争，没有表示出一种具体的倾向。主要原因是矿山的经营过分依赖管理者的刚正和对细节问题的处理，国家官员很多并不能很好地发挥才能去经营矿山。图中是位于英国威尔士西北部的安格尔西岛，岛上有着丰富的深红色大理石，这种大理石是很好的建筑材料。

强烈赞成更多的行业由国家来经营。

　　大矿山与小矿山，大石坑与小石坑之间的竞争，没有表示出一种具体的倾向。在国家经营矿山的过程中，有很多不幸的事情发生。这是因为矿业的经营矿业，过于依赖主持人的刚正和对细节问题及一般问题的判断，国家的官员不能充分发挥个人才干去经营。我们期待在大小矿山和石坑的竞争上，在其他条件保持不变的情况下，经营者能够拥有自己的看法和应有的地位、权力。但购买工具和交通运输的费用很高，规模不够大的企业根本无力承担。

　　在农业上是不存在分工和大规模生产这样的说法的。这是因为，一个规模中等的工厂雇佣的劳动力的数量，是所谓的大规模农场雇佣劳动力数量的十倍。一方面，由于自然条件的四季更替，很难在一个地方雇佣到大量的劳动力；另一方面是由于租地法的相关规定。这些问题，将在对土地的供给和需求进行分析时，再进行细致分析。

前边我们分析了工业和雇佣手工操作工人的企业关于经营管理的问题。现在我们要分析商人承担的各种职能和责任。包括这些职能在大企业的领导者之间如何划分；在生产部门和销售部门相互合作的企业中，这些职能又怎样划分。

1.博学职业的直接交易

原始的手工业者与消费者直接交易，博学的职业通常也采取这一方式。在这中间没有第三方的介入。

经营广义上指只要能够满足人的需求，以期从受益人处得到直接或间接报酬的所有事情。它与各人为了满足自己的需要的事情不同，也与由于友谊和家用情感等原因的善意帮助不同。

最初从事手工业的人，他的所有经营都是自己管理的。他不需要对其他工人进行管理，这样的工作不会消耗太多的脑力。因为战争和灾荒对他和周围的人不断地增加压力，让他的工作没法正常继续下去，所以他的生意不能长久兴隆下去。但是就像他认为天气的好坏是他无法控制的一样，运气的好坏也是不受控制的，尽管他不间断地劳动，但是脑力却不受影响。

同样，医生或律师都是自己经营、打理所有事务。这种方式不是尽善尽美的，一些自由职业者，拥有相当高的技能，却没有经营能力，这样很多行动就没有起到效果。假如第三方能够为他们安排工作，他们就能获得丰厚的回报，提高生活质量，并为世界做出更大的贡献。但这种高级和精细的才能服务，只有在对一个人完全信任的状态下，才会实现所有的价值，第三方一般是不被信任的。

英国的律师，除了雇主和企业家这两种身份之外，还能担任法律事务顾问。有很多优秀的青年教师，通过学校这种机构，来向消费者卖出他们的服务，还有的是通过购买他们服务的校长来实现的。雇主提供出卖教师劳动力的市场，即便购买者本身缺乏判断力，也能够获得授课质量的保证。

各种艺术家多会认为雇佣劳动力为消费者提供服务是很有好处的；同时，一些没有声誉的艺术家则依赖投资商生存，这些人本身不是艺术家，却能够将艺术品用最能得到好处的方式卖出去。

2.管理者

很多人能够对生产进行指导，在进行一定程度的努力后，就能最大化地满足人们的需求。但在现在绝大多数经营中，这种工作开始由专业的雇佣者来胜任，换句话说，就是开始由管理者来支配。经营风险的承担，工作必要的劳动和资本的聚集，对于经营的安排，对细小的事情进行监督，这样的事情都落在了管理者身上。从一种角度来看，管理者是高度熟练的产业阶级，从另一个角度来说，他们是手工操作的工人和消费者之间的第三方。

有一些行业中的管理者，他们并不是劳动力最直接的雇佣者，但是却承担着极大的经营风险，并且他们的产品对于生产者和消费者来说，影响力都很大。这类管理者的典型代表就是存在于商品市场和证券交易场所之内的商人。尽管他们每天对巨额的资金进行投资，但是他们很少拥有工厂或者仓库，有的只是一个工作间和少数的劳动者。对这种投资活动，结果的好坏判断并不简单。而我们需要分析的是那些很少从事投机活动，但是非常重视经营管理的企业形式。这里，普通的工业形态是最好的例证，此外要留意管理者的其他工作和承担风险之间的关系。

3.许多行业的经营风险与管理细节无关

在建筑业和其他一些行业中，经营的主要风险，有时与经营管理的细节工作无关。

建筑业是最合适作为例子的普通工业形态，主要的原因是它在一定程度上还保留着最原始的经营方式。中世纪末期，即使没有建筑师的帮助，个人也能自己建造房屋，这种习惯至今还存在。自己雇人建造房屋，在建材和时间上都有很大的浪费。这样的浪费利用分工可以完全避免，让专业的建筑人员来监督工人，建筑师承担设计的部分。

如果房屋是由专门的建筑公司来负责建造，而不是由房屋的主人雇佣工人来建造时，分工的程度就能达到最大化。假如一个城市需要开辟新的郊区，这样大规模的建筑会获得极大的好处，就会吸引财力丰厚的资本家的注意。这些资本家虽然经营能力出众，但他们建筑方面的知识还很匮乏。他们会根据自己的判断来预测未来住房的供求关系，细节问题他们会交给他人来管理。建筑师和测量员被雇佣之后，按照资本家的意图进行设计，设计完后，资本家和专业的建筑业者签订合同，由建筑业者按设计施工。经营的风险由资本家承担，经营的方向也掌握在他们手中。

大工厂时代还没有开始之前，羊毛业的责任划分是大家都知道的。企业家承担具有投机性质的采购和销售上的风险，但这些企业家并不是劳动力的雇佣者。小的承包商承担管理的细节

律师事务没有第三方

律师或医生这种职业的人都是自己经营、打理所有事务。这有时候不能使他们专业上的能力得到很好的发挥。假如有第三方为他们安排工作，他们能为世界做出更大的贡献。但这种高级服务，只有对一个人完全信任才会实现所有价值，第三方一般是不被信任的。图上是一个埋头于各种法律文件中的律师。

雇人建造房屋

　　在现代，房屋基本都是由建筑商承建的，而在以前，房屋的建造更多是依靠自己的力量。图为早期法国殖民者在加拿大魁北克地区的尚普兰修建房屋的场景。这种相对原始的建房方式会对建筑材料和人力造成极大的浪费。

工作以及在履行合同过程中出现的一些小风险。在纺织业对未来预测十分困难的部门中，这个方法仍然很流行。

"家庭工业"的复兴在服装行业表现很明显，而很久之前这个行业在纺织业非常流行。家族工业是大企业家将工作分配给能够独立劳动的人，或者是他的家属也能够帮忙的工人，还有就是雇用一部人到小的工厂去完成工作的一种体制。在英国很多偏远的乡村中，那些大企业的代理商会在不同的乡村之间，将衬衫、衣领、手套半成品的制作材料分配给不用的村庄，最后将完成品带回。世界的大都市和古老的大城市中间，有着很多身体和精神并不强壮，品质低下的不熟练的劳动者。工厂和家庭工业之间的竞争一直存在，并处于此起彼伏的状态。

虽然国外的商人没有属于自己的船只，但是他们能够集中精力分析贸易发展的倾向，并承担最主要的风险。假如他们购买船只，就要承担更大的困难和经营的风险，于是他们雇佣其他人来承担运输的部分。这些人拥有很好的经营能力，但是对未来的预测和分析能力，则不是很突出。在出版行业中，一般是由作者和出版商一起承担主要风险，负责印刷的人是劳动力的雇佣者，为相关的经营活动提供高价的印刷工具和机器。

一个工厂的主要成就，很大一部分是依靠一批一直坚持工作的劳动者来获得的。但是，对资本家来说，将工作分配给工人回家去完成，如果这一部分工人的数量较多，对他是有好处的。这样他就可以对其中每个人偶尔给一部分工作，让他们产生竞争。因为这些工人彼此并不认识，他们就不能采取统一的行动来维护自己的利益。

4.理想工业家所需的才能

一般认为，劳动力的雇佣者就是实际经营收益的获得者。这是因为，在研究经营取得的成效时，人们认为和收益联系最密切的就是劳动力的雇佣者。在经营管理中，对劳

纺织工人　梵高　油画　1884年

一个工厂能获得利润主要得益于大批坚持工作的劳动者。很多资本家将工作分配给工人回家去完成，如果工人数量多，他就可以给其中一部分人一些工作，让他们产生竞争。因为这些工人彼此并不认识，不能采取统一行动来维护自己的利益。图中是一个独自在家纺织的工人。

动的监管并不是特别重视，它只是很小的一部分。承担全部经营风险的雇主，为社会履行着两种完全不同的职务，他们需要有双重能力。

生产商生产产品是为了获得固定的商场，满足消费者对特殊商品的需求并不是主要的。首先，他要对自身所处的行业有清楚的认识和洞察力。作为管理者和生产组织者，他产生的影响很大。对生产和需求的变化，他要能准确、及时地判断，能够敏锐地察觉到新的商机，判断对原有生产方案有利的契机。他承担着生产经营中的主要风险，所以一定要对所在行业的生产资料和机器有着清醒的认识。

其次，他要拥有天生的领导才能，这是从他作为劳动力的雇佣者所产生的影响来说的。助手是非常重要的，他们要选择能力最适合的助手，并充分信任助手的能力。管理者要通过一定的方式刺激助手关注企业的经营情况，激发他们的事业心和创造的才能。同时，大局的掌控权要掌握在自己手中，保证经营方案的正常执行。

一个完美的管理者要拥有许多才能，以至于同时拥有这些才能的人非常罕见。但是这些才干的重要性不是一成不变的，因为工业性质和经营的规模不同，不同才能的重要性是不一样的。不同的管理者，拥有的才能也会不相同。很少有管理者会因为拥有相同的一套才能而成功的。

上面都是对企业经营管理的一般能力进行的讨论，而不同的阶级会怎样利用契机发展经营才干，在获得契机之后，对发展这种能力的资金要进行怎样分配也是值得讨论的问题。上面所分析的重点是责任、风险都掌握在一个人手中的企业管理形式。而经过现在的分析之后，企业的各种管理方式都可以联系起来。之前由个人经营管理的方式正在逐渐被其他的企业组织形式取代，现在更多的是企业的合伙人或者股东分散了企业的最高权力。私企、股份有限公司、合作社、公共事业在企业中所占的份额越来越重。之所以会出现这样的情况，最主要的原因就是这样可以给更多的人提供管理的机会，特别是那些能力出众，但却因为继承制度而无法获得机会的人。

5.商人未形成世袭阶级的原因

众所周知，已经成功的商人的后代，从出生起就拥有比其他人更多的优势。他年轻时就能方便地接受教育，获得知识和才能。在很大程度上，他从接受的教育中获取的知识都是他的父母在企业经营中所需要的。在周围环境的潜移默化下，他父母企业中有关联的行业买卖和相关人物的基本情况他就会有所了解，也明白了经常思考的那些问题的重要性。于是他就掌握了这个行业的专业知识，包括机器制造和使用方法。而这些知识，有的只能在他父母的行业中才能发挥作用，而更多的对其他相关行业都帮助。此外，因为父母的缘故，商人的后代很小就开始接触其他企业的领导者，这些领导者身上敏锐的判断力和洞察力，不断拼搏的精神、慎重和干练等各种才能会对他产生影响，不管他以后在什么行业从事经营管理，都是很有帮助的。

成功商人的后代，在从事生产经营时拥有比其他人更多的物质财富。他们继承父辈的企业后，企业与其他企业的联系和物质财富，都对他有很大帮助。

这样看来，成功商人将自己的后代推到管理者的位置，很可能让商人世袭阶级变成现实，从而成立一个商业管理的王朝，长时间实行对它们的统治管理。然而，实际情况并非如此。这是因为，在他们成功地建立一个大规模企业之后，即便是他的后代拥有各种有利条件，但却很少具备将这样一个大企业发展到更高级的才干和性格。成功的商人一般都具有坚强的性格和顽强的毅力，这些性格从小就在他的脑海中形成了和困境斗争的思想，但他们的后代拥有很好的家境，很少具有这种品质。

上一辈的努力为后代建立了一个相对稳定的经营纽带，以及能力出众的下属和帮手。只需要按照正常的步骤，将企业的传统发挥出来，长时间维持正常运转是可能的。但因为时代的变化，之前的计划方案不一定符合现实的情况，而且之前的老职员会逐渐退出公司的经营管理，分崩离析就是这个企业发展的必然趋势。

而成功商人的后代大多还通过更为快捷的方式达到这种结果。他们认为，与其用辛苦的工作来换取两倍的利润，还不如轻松地享受现有的丰厚的利润。所以，他们就会转变企业的形式，不再由自己一个人来承担风险和利润，而将企业卖给私人企业或者股份公司，或者是隐藏的企业合伙人，这样他就不再参与企业的直接经营管理。这样，资本的掌握权就属于其他人了。

6.私人合伙组织

想要企业一直保持强大的势头，可以从能干的下属中提升一批年轻人，使他们成为自己的合作伙伴，这是最古老也最简便的方式。随着年龄的增加和精力的减退，大规模企业的管理者会越来越依赖主要的下属来承担更多的责任。尽管最高的经营权仍然还在手中，但在具体事务上，他对下属的精力和忠诚的性格更加看重。由于各种原因，他的后代无法帮他承担责任，他就会将自己信任的下属变成合伙人，在减轻自己负担的同时，也放心让合伙人将自己的企业管理下去。这些下属的习惯是他一手培养起来的，对他们，他就像对待自己的后代一样。

除此之外，两个或者更多条件相差不大的私人企业，或者财富和能力相当的人，将所有资产和能力联合在一起，来从事比较困

商人肖像 扬·葛沙尔特 绘画 约1530年

已经成功的商人的后代，拥有比其他人更多的优势。他从幼年时就开始接触相关的行业经营管理知识，比如机器的制造和使用；另一方面，他很小就可以和其他的企业领导者接触，潜移默化下感受到这些领导者身上敏锐的判断力、洞察力等各种优秀能力。图中为中世纪的商人肖像，他的眼神中透露着他的精明。

难的大企业的经营，这种情况在现在是很常见的。这就需要对经营权进行清楚的分工。就像在工业中，其中的一个负责生产资料的购买和商品的销售，而另一个就负责工厂的管理；在零售行业，一个负责批发，另一个负责管理零售部门。经过明确的分工，私人企业会有非常强的适应性和伸缩性，能适应各种不同的问题，释放顽强的生命力。

7.股份公司组织和国营事业

从中世纪末到现在，一些行业已经从私人企业转变成了股份公司。股份公司的股票在公开市场上可以随意进行买卖，而私营企业的股权只有经过同意才能买卖。这种变化使得很多对经营知识匮乏的人将他们的资金交给其他人去支配，新的企业管理分工也应运而生。

墨西哥纸币样张

图为资本的代表——货币，这是墨西哥纸币的样张。商人没有形成世袭阶级的很大一部分原因是后代并不具有前辈的很多优秀品质。他们不愿辛苦经营企业，很多人选择将企业卖给私营企业或者股份公司，他不再参与企业的直接经营管理。这样，资本的掌握权就属于其他人了。

股东将企业经营管理的细节工作完全下放给雇佣的经理。他们不经常参与企业的具体经营，但要承担企业经营的所有风险。企业的创建者不再参与具体的管理，董事就掌握了主要的经营权。在大规模企业中，董事所持的股份比例很小，他们的管理经营知识和技巧很匮乏。董事不需要整天在办公室工作，主要是在保证经理坚守岗位职责的情况下，运用自己的知识和判断能力，解决在企业规划上的重要问题。而经理不需要承担企业运行的资金，他们主要让下属承担经营规划的主要工作和管理的所有工作，很多人认为他们是根据自己的管理才干一步步升职到现在的职位的。在英国，国内的各种企业形式中，最多的就是股份公司。这样，拥有极高管理经营天赋的人，在股份公司中就找到了施展自己才华的机会。

股份制公司具有很大的伸缩性，在很多方面都具有很大的优点，如果它的业务范围足够广阔，就能无限制地进行扩大。但它有一个非常大的缺点，就是股东虽然承担企业的主要风险，但对公司却没有足够的了解。尽管有些大规模的私营企业的领导者也承担着主要的风险，具体的工作也是雇佣劳动力来完成的，但他能够对下属的能力和忠诚度，能否为他带来更好的效益做出直接的判断，所以他能保持地位的稳定。假如他雇佣的劳动力在购买和销售产品时，从第三方获得非法收入，他能很快察觉到这种欺骗行为。当他雇佣的劳动力任人唯亲，不考虑实际能力，或者不能很好地履行自己的职责，或者是当初出众的能力已经消磨殆尽，他能及时纠正这些错误。

股份公司中，有少部分知道工作具体情况的一般性的领导者。但大多数股东对上文提到的情况是毫无办法的。现在，商业上的诚信和公平竞争有了惊人的进步，大部分公司领导者不

会受到一些员工在工作上的非常大的诱惑而去做违法的诈骗性质的事情，这就是一个有力的证明。如果像最开始出现文明的商业历史中一样，股东故意利用职务之便去获取公司的利益来满足自己的需要，那么就会出现大范围的信任危机，最终会阻碍这种公司形态的进步。商业秘密的不断减少和公开的程度加大，对促进商业道德是很有帮助的，以至于它能一直这样进步下去。

大的股份公司和国营事业在经营管理上的问题并不简单，其中有很多至今没有定论的，在这里不进行讨论。尽管大企业的增加速度不如想象的那么快，但是已经足以让这些问题日渐迫切。矿业、运输业和金融业如果没有雄厚的资本作为后盾，就不会有太大的发展。市场的范围和作用的影响，在大宗贸易的处理上技术也更加成熟，这导致了之前变化的出现。国有企业中，民主氛围很强，也存在着经营技术和组织形态上的创新，这在私营企业中比较少见。因为经营的时间比较长，规模也在不断扩大，私营企业难免会染上官僚的做法。这样一来，小企业发挥创造性的范围就变小了，这很可能带来新的不利影响。

可口可乐的广告

股份制企业的股东将企业的经营管理权下放给职业经理。他们不经常参与企业的具体经营，但要承担企业经营的所有风险。图为美国股份制公司可口可乐公司生产的饮料可口可乐的广告，可口可乐是著名的软饮料品牌，在全球拥有48%的市场占有率。

美国的生产规模可以说是最大的，它们的生产一般都带有垄断性质，就是俗称的"托拉斯"。在这些垄断企业中，不乏从单独的企业中发展起来的，但是更多的还是由多个独立的企业合并而成的。他们最开始的合作就是德文所说的"卡特尔"，是一种比较松散的企业之间的合并。

8.合作社及利润分配

为了避免出现股份公司和国营事业经营方式的缺点，所以出现了合作社。

合作社背负着很多希望，但是这种形式比较理想化，一般难以实现。合作社中承担经营风险的一部分或所有股东都是企业雇佣的。这些被雇佣的人，即使不能提供企业的物质资本，也能得到收益，同时享有某些选举权，通过员工大会决定企业的经营管理计划，并任命职员去执行这个计划。他们是他们自己的经理和工头的雇主和主人，他们有自己的方法来判断经营计划

凯迪拉克的广告

美国企业的生产规模可以说是最大的，它们的生产一般都带有垄断性质。在这些垄断企业中，不乏从单独的企业中发展起来的，但更多的还是由多个独立的企业合并而成的。图为美国股份制公司通用汽车公司生产的汽车凯迪拉克的广告，通用汽车公司先后联合或兼并了别克、凯迪拉克、雪佛兰等公司，是目前全球最大的汽车公司之一。

是否被有效执行。

但合作制本身存在着很多问题。对个体来说，这些被雇佣的股东不是自己或经理的最好领导。一般表面上看不出难度的工作才是企业管理中最艰难的工作。一方面，手工操作的工人，看低了对于企业经营管理进行计划的工作强度和难度，容易产生不满的情绪；另一方面，这种工作的报酬与在其他地方得到的差不多，他们容易滋生不满。而合作社的经理也很少具有私企领导者的机警、创造性和多才多艺。所以合作社到现在还没有完全实现，除了在零售行业小有成就之外，基本没什么建树。但是，最近兴起的"合股经营"已经取得了一定的成绩。

合作制度的理想，在某些方面比它的实践更高尚，但它更多依赖道德的动机。很多合作原理都在各种条件下进行着尝试，并且都表现出新的气象。私营企业保有管理上的自由权，在利润的分配原则上，他们会按照市场的标准分给员工报酬。不管是按照市价还是数量来分配，企业会将自己预计范围内的底线以上的任何收入分配给员工。企业希望通过减少摩擦来增加企业的物质和精神回报。这样，员工也会乐于去做一些对企业有利的事情，以吸引才干和能力都在中等以上的人来为企业劳动。

9.工人地位提高的机会

因为信贷的快速发展，工人受到资本缺乏的阻碍正在减少，但是经营的日益复杂对工人非常不利。

当工人地位可能提升到充分发挥经营管理才能的时候，他会因为资金的缺乏而面临一些困难，但是这并不是最主要的困难。真正的困难是如何让他身边的人相信他具有诚信等难能可贵

银行大楼

　　阻碍工人地位提升的一大原因是没有充足的资金。在这一点上，银行可以给他们提供帮助，银行会将资金借给他们
认为有能力和信用度的经营者。随着信贷的快速发展，企业所需的资金就不再是难题了，尤其是对那些能够克服在早期
资本筹集困难的经营管理者来说。

的品质和从事管理的能力。

　　在所有经营管理中，想要平稳创办一个企业，需要的财富会越来越多。那些自己不使用资
金的人，他们手中的财富会越来越多，并且增长的速度要比前一种情况更快，这样就迫使他们
能够接受比较低的利率，因为他们很迫切地要将巨额的资金借出。银行界会获得这些资本的大
部分，转手将这些资金借给他们认为有能力和信用度的经营者。之前可以从原料的供应商那里
赊账；这是属于直接的借贷方式，而到现在，这样的机会也很多，企业所需要的资金就不再是
难题了，尤其是对那些能够克服在早期资本筹集困难的经营管理者来说。

　　对工人地位的提高，不明显但很关键的一大阻碍是企业的经营管理变得越来越复杂了。现
在的企业领导者要考虑很多之前想没想过的事情，这些阻碍恰恰是工厂训练中没有涉及的。要
想突破这种困境，必须迅速改良工人的教育。这里的教育不仅指学校的教育，还包括从报纸、
合作社、公会等接受到的生活中的教育。

　　在现在的英国，有一种自下而上的大变动。从工人成为劳动力的雇佣者这样地位变化太快
的人数比以前减少了。更多人是他们自身的地位提高并不明显，但他们的子女却能够从获得更
多的机会达到最高地位。在一代人的时间内就转变社会地位的人越来越少，取而代之的是在两

代人之内完成社会地位的完全转变。对整个社会来说，这样的趋势是有好处的。

随着大规模生产的公司和股份公司的快速发展，有一点是不能否认的，在对后代寄予厚望的工人当中，会希望自己的后代能够从事一些社会工作。在这些工作中，他们很可能面对巨大的影响，就是逐渐丧失掉在从事其他创造性的工作中原有的强壮体格和良好的品格。假设他们能够克服这种不良的影响，保持原来的能力不变，他们就很可能成为世界留名的伟大领袖，尽管并不是在原有的行业中。

10.资本经营能力

一个能干的商人能迅速增加他掌握的资本，而无能的人，他的生产规模愈大，损失的资本就越多。这两种情况会让有能力运用资本的人积累更多的财富。这种对资本的经营能力，在英国有着很清楚的供给价格。

商人的能力大小和他们所管理的企业大小之间的统一性越来越密切，这是从能力差的人让资本流失的力量和有能力的人增加资本的力量所产生的结果中得出的。具有管理能力的天才可以通过各种方式在私营企业和股份公司提高自己的地位。在英国这样的国家中，大规模生产所需求的资本和能力会很快出现。

敏锐的判断力、智谋、耐心、坚强的意志等这些能力对工业的帮助越来越大，就像管理的才能一样，这些能力并不是某一行业特有的。实际上，相对于低级的工业技术和能力，经营才能的等级越高，它应用的方式就越多。经营资本的能力向其他能够提供更好机会的行业的转移，不论纵向、横向都是很简单的。在分析这个问题的最初，我们有理由相信，资本的经营能力，能很好地符合近代英国的需要，所以会有非常清晰的供给价格。

三个因素构成了资本经营能力的供给价格，它们分别是资本的供给价格、经营能力和精神的供给价格、适当的经营能力与必需的资本结合在一起的组织的供给价格。其中资本的供给价格即为利息，第二个则称之为纯经营收入，而后两个因素合在一起就是总经营收入。

宾夕法尼亚公报

阻碍工人地位进一步提升的另一个因素是企业的管理变得越来越复杂，而这些知识是平时的工厂训练中不曾涉及的。这就要求想要进一步提升的工人要不断提高自身能力，他们可以从学校教育以及包括报纸、公会等方面的生活教育中获得相关知识。图为《宾夕法尼亚公报》1729年9月25日到10月2日的一周报。

报酬递减说明投入的资本和劳动增多，组织就会得到进一步的改进，而这种改进又会反过来增加资本和劳动的利用效率。

1.报酬不变与报酬递增

在分析影响商品和供给价格之间的各种因素时，产生的结果一般都是很重要的。为此有必要对一种商品的生产和总体的生产量的正常开支做出详细的研究，这样，对总体生产量下面一个典型的生产者的所有开支进行研究也是很有必要的。这个代表一般不是刚刚参加的生产者，也不能是一个拥有非常持久的能力和好运气的企业。生产费用应当以一个代表性的企业来说明，这个企业能正常获得属于一定的总生产量的内部经济与外部经济。

不论是私营企业还是股份公司，在经过大范围的调查之后选择这样一个企业来进行分析，按照现在的水平来推论，它是可以代表这一行业的，这样就能达到研究的目的。

任何一种商品总生产量增加，具有代表性的普通企业的规模就会扩大，相应地会增加它的内部经济。外部经济会随着总生产量的增加而增加，因此就能够花费更少的劳动和投入来生产商品。即受自然的影响，生产上会出现报酬递减的趋势，但是经过人类活动的影响，则会出现报酬递增的趋势。报酬递减说明投入的资本和劳动增多，组织就会得到进一步的改进，而这种改进又会反过来增加资本和劳动的利用效率。

投入的劳动和资本的增长，会让获得的回报增长一般不会出现在从事农产品生产的行业中。而上面所说的对组织的改善会逐渐的减少，这种减少的力量超出了自然阻碍农产品增长的最大阻力。假设报酬递减律的作用被报酬递增率的作用抵消了，那么就会出现报酬不变律，这时，产品会随着劳动和资本的增长而保持相同的比例来增长。

报酬递减律和报酬递增率的趋势是相互压制的。报酬递减律在不能自由地进出口小麦和羊毛的国家中是非常有利的。但在很多精细生产的工业部门中，生产资料上的开支一般都不会产生太大的影响。这样在大多数近代运输业中，报酬递增律所起的作用基本是无法抵抗的。

报酬递增说明一方面是努力和牺牲的数量，与另一方面是产品的数量之间的关系。因为生产方式的改变。但由于需要机械及各种新的，与以前不同的比例的熟练和不熟练的劳动，这些数量就无法准确计算出来。但大致上我们可以说，在近二十年的时间内，一定的劳动和资本所生产的总量增加了1/3或者1/4。因为货币的收支比较容易变成对资本利润率的估计，所以用货币的方式来衡量开支和产量，是一种很危险的方式。

剪羊毛和收割麦子

　　报酬递减律和报酬递增率的趋势是相互压制的。有的行业报酬递增率与报酬递减律的作用会恰好抵消，而在大多数近代运输业中，报酬递增律所起的作用基本是无法抵抗的。图为15世纪晚期北欧的农耕画面，像图中的麦子和羊毛等行业的报酬递增率与报酬递减律是可以相互抵消的。

2.人口密度与社会福利

在人口密度大的城市中，损坏健康和精力的习惯是伴随着人口的快速增长而发生的。有时，人口刚开始出现增长的趋势时，生活资料的供给就超过了限度，人们就会用改进之前的工具过渡开垦土地，这就引起报酬递减规律在农产品上的强烈作用。但他们没有足够的能力去减少这种影响，这就导致了贫穷的出现。而且伴随着人口的继续增长，性格上的缺点会产生严重的后果，对整个民族的工业发展都是极为不利的。

上面说的都是人口增长的不利方面。对于一个拥有个人能力和活力的民族来说，不能否认的是，在共同效率提高的情况下，超过人口增加的比例是能实现的。利用简单的运输来输入生活资料，暂时缓解报酬递减律的影响；他们财富增长的速度能够和人口增长的速度保持一致，保持良好的生活习惯，保证身体的强健，那么他们获取生活资料的能力就会增长。随着人口的增长，专业的技术和机器、地方性工业、大规模生产等不同的经济也会增长，这样交通就更加

布里奇波特职员上班景象

人口密度与社会福利有很大关系。如果在开始出现增长趋势时，生活资料的供给就超过了限度，这对人们的生活极为不利。但如果人口增长的同时社会财富也对应增长，人口增长就对社会福利没有太大的影响。图为美国人清晨上班时的景象。

的方便了。人和人之间的距离拉近了，社会交往节省了大量的时间和精力，他们有更多的机会享受不同的舒适生活和社会娱乐活动。虽然人口的增长破坏了之前的宁静，对环境产生了一定的破坏，但总体来说还是利大于弊的。因为人口的增加带来了更多的享受，在农产品和其他生活资料能够满足需要，身体和精神道德的能力也不会因为自然环境的破坏和过分的享受受到损害的情况下，我们可以说，人口增长带来了物质财富的享受，并能更好地促进生产，那么这些用于享受的总体收入就会增长。

比人口增长速度更快的是文明国家的财富积累。一定程度上，人口增长的速度稍慢一点，每个人拥有的财富增长就会更快一些。但随着人口增长而来的，对物质生产的帮助会比以前增长的速度更快。在英国，非常简单就能得到国外大量生产资料的供应，人口增长除了对空气、阳光等自然资源的需求日益困难外，用来满足人们其他需要的比以前多得多。这部分的增长就是人口的增长带来的，和工业效率的提高没有直接关系。人口增长对没办法增长财富的人来说还是不利的。英国虽然能够从国外获得大量的农产品，但如果国外的贸易法规出现变化，这种供给就会受阻，如果发生战争，很可能完全阻断这种供给。这样，为了保证国家安全、预防战争带来的军队费用的增长，英国人从报酬的递增率中获得的利益就要减少。

伊利湖之战

当一个国家能够从其他国家进口粮食用以缓解人口增长带来的压力时，生活必需品的供应就不会很紧张。但如果国外的贸易法规出现了变化，或者发生了战争，这种粮食供应就可能中断。图为1813年9月10日英国皇家海军和美国海军在俄亥俄附近的伊利湖爆发的一场战斗，最后美国军舰击败了英国军舰取得了伊利湖的控制权。战争的爆发有可能中断英国国内的粮食供给。

第五卷

需求、供给与价值的一般关系

本卷讲述需求、供给与价值的一般关系，分析了市场，研究了在市场上需求与供给是如何达到平衡的以及关于价格的一般原理。

论
市
场

本章阐述了市场的空间局限性和时间局限性，市场所受的间接影响以及怎样的市场才是组织完善的市场等问题。

1.市场的定义

一个企业成长、壮大，但在以后的某个时期，它也许会停滞、衰落。在这个转折时期，该企业的生命力和衰落力之间存在着某种平衡或者均衡。

我们在说到市场上供给与需求之间的关系时，所指的市场必须是同一个市场。关于市场，古尔诺曾说："经济学家所说的市场，指的并不是任何一个特定的进行货物交易的场所，而是任何地区的这一类场所的全部。在这个地区里，销售者与消费者之间可以非常自由地往来，所以相同商品的价格，很快就会区域相等。"

所以说，在一个越是完全的市场里，同种商品的价格就越容易趋向同一。但如果市场很大，卖给消费者的货物的运费也应当加入售价之中。

2.市场在空间上的局限性

通常，当我们在实践上应用经济学的推理时，我们不好确定其他地区的供求变动对某一地区的供求变动的影响程度。但随着电报、印刷机和蒸汽机的发展，这些影响的作用会不断扩大，而且它们的势力也会不断增强。从大的方面来说，我们可以把整个西方世界，看成是各种股票、证券、贵金属等的市场。但如果从小的方面来说，我们则可以把它看成是毛、棉、小麦等的市场。在确定市场价格的时候，适当地加上货物的运费（包括关税在内）也是必需的。因为即使加上了运费，也不能阻止西方世界各地的买主对相同商品的竞相购买。

由于很多特殊原因的作用，某个特定商品的市场有可能扩大也有可能缩小。然而，那些具有广大市场的商品，几乎都能满足人们的普遍需求，并且容易被人们识别出来。比如，棉布、小麦和铁都是人们日常生活的必需品，几乎都为人们普遍需求和易于识别。因此，即使买主与这些商品距离很远，也不妨碍他们前来购买。但为了方便起见，人们在开始买卖前，会从这些商品中抽取一些典型的样品，对商品的总体质量进行估判。这些拥有广大市场的商品，必须符合以下条件：第一，它们的耐久性必须相当强；第二，它们的价值和体积相比要大得多。

3.组织完善的市场

接下来，我们要对这些东西的市场进行继续考察。通过特殊的方式，这

铁制品　约公元前20年

　　由于很多特殊原因的作用，某个特定商品的市场有可能扩大也有可能缩小。然而，具有广大市场的商品，几乎都能满足人们的普遍需求，并且容易被人们识别出来。即使买主与这些商品距离很远，也不妨碍他们前来购买。图中的铁制品就是属于这样的商品。

些东西可让普遍的需求得到满足，同时，它具有易于识别和方便携带的特点。有价证券和贵金属就属于这样的东西。

　　国际证券在世界各地都是需要的。它们是世界上一些主要国家的债券，以及一些大公司（如苏伊士运河公司、纽约中央铁路公司）的债券。因为有电报这一方便信息交流的工具的存在，所以这类债券在全世界交易所中的价格几乎是完全相同的。如果在伦敦、纽约、巴黎或柏林的债券市场上，有一种债券的价格上涨了，这消息就会迅速传入世界各地，以致这种债券在其他市场上的价格也会趋于上涨。

　　如果有两种保险系数相同的证券，其中一种的发行额大，另一种的发行额小，而且前者流入市场很多，后者流入市场很少，那么商人们在前一场合所得到的利益（即卖价与买价之差）要比在后一场合中得到的小。一般来说，随着某种商品市场的扩大，它的价格变动就会减小，而商人在买卖该商品中所获得的周转利率也会降低。

　　由此可见，不论是过去还是现在，证券交易场所都是一个良好的市场的范例。因为它里面的产品完全符合具有良好市场的条件：容易识别，方便携带，能满足普遍的需求。但是，只有黄金和白银最符合这些条件。正因如此，黄金和白银都曾被当作代表其他价值的货币来使用。

　　由于世界上金银市场组织得非常完善，所以当我们讨论一些经济学法则的作用时，可用它们中的许多事例进行论证。

4.市场所受的间接影响

　　在整个市场中，某些商品与国际证券、贵金属这类商品，刚好是处于完全相反的两个极

弗罗林金币 工艺品 公元1344年

不论过去还是现在，证券交易场所都是良好市场的范例。它里面的产品完全符合具有良好市场的条件：容易识别，方便携带，能满足普遍的需求。其中的黄金和白银最符合这些条件。图中为佛罗伦萨早期的金币弗罗林。

端。首先是适合特定人的那些定做的东西，比如合身的衣服；其次是容易腐烂而体积大的东西，比如蔬菜，这些东西不便于长途运输。对于前者来说，要形成一个批发市场是很难的，因为它们都是小规模的零售和零购。

后者虽然能形成批发市场，但它们交易的范围很小。这种市场的价格与生产成本没有直接关系，而是由对市场的负担能力的考虑决定的。另一种是菜商位于两个相邻乡镇的中间，他可能会把菜拿到第一个乡镇的市场上卖，也可能去另一个乡镇的市场上卖。同样，居住在两个相邻乡镇中间的居民，有时候会到第一个市场上买菜，有时候又会到第二个市场上去买。一般情况下，这两个市场上的蔬菜价格几乎是相同的。从某种程度上说，这两个市场中的交易是彼此联系、相互依存的。

还有一种可能，由于第一个乡镇与伦敦或其他中心市场联系密切，所以它的价格是根据中心市场的价格而定的。当它们的价格有变动时，第二个市场的价格也会跟着变动。这么一来，价格变动的消息很快就会被传到各方各地，以致连最偏僻地区的市场的价格也会随之变动。

由此可见，在一个极端是世界市场，另一个极端是那些偏僻的市场。在前者中，起作用的是直接来自世界各地的竞争。但在后者中，不存在这种直接来自各地的竞争，不过有时它们也会受到间接传来的竞争的影响。然而，大部分市场都处于这两个极端的中间，它们是经济学家和企业家必须研究的部分。

5.市场在时间上的局限性

市场不但受地区差异的影响，也受均衡供求力量所需的时间长短的影响。相对于空间因素来说，这种时间因素是我们现在更加需要注意的方面。因为，市场所占用时间的长短，直接影响着均衡本身及决定它的那些因素的性质转移。

我们知道，在时间很短的情况下，市场的供给只能局限于现有的存货；在时间较长的情况下，供给将会在一定程度上受到该商品生产成本的影响；而在时间很长的情况下，供给将会在一定程度上受到生产该商品的劳动和物质资料的影响。当然，这三种情况是相互交织在一起的。

第二章

需求和供给的暂时均衡

在商品市场上，买主和卖主议价时一般都处于相同地位。劳动力市场与商品市场的一个区别是：各个劳动力卖主可出售的只有自己的劳动力。

1.需求和劳作之间的均衡

一般来说，在偶然的物物交换中几乎没有真正的均衡。但是，在需要和劳动之间却存在真正的均衡。当某人以自己的劳动来满足自己的某种需要时，这种均衡就能被发现。人与人进行偶然的物物交换，有时也会出现真正的供求均衡，但这极为罕见。在历史上，物物交换比买卖出现得早，而且它有些方面比买卖复杂。在较高文明的市场上，有一些可以证明真正的均衡的简单事例。

2.劳动力市场的特殊性

如果一个人购买某种东西是用作自己消费，他花在这种东西上的钱只是他拥有的总资金的一小部分；如果他购买这种东西是用作经商，那么他的潜在资金还是与以前一样多，因为他早晚会把这些东西卖掉。我们可以说，无论是上面的哪种情况，他在出手货币的意向方面都是无显著变化的。也许这并不适用于所有的人，但市场仍然是稳定的，因为市场上肯定总有一些拥有大量货币的人存在。

羊毛地毯 19世纪

图为19世纪生产的羊毛地毯，可以用来坐，它也可以用来铺在地上吃饭。如果购买这种地毯是用作自己消费，他花费掉的只是总资金的一小部分；如果购买这种地毯是用作经商，那么购买者的潜在资金还是与以前一样多，因为他早晚会把这些地毯卖掉。

劳动力作为商品

经济学家和雇主通常会把劳动力作为一般商品，把劳动市场视为一般商品市场，工人阶级对他们的这种做法有着本能的反抗。虽然劳动力市场和商品市场在本质上没有区别，但劳动力卖主出卖的只有自己的劳动，这是和其他商品的最大区别。

这些例外，在商品市场上出现得不多，也不重要，但在劳动力市场上出现得多，也很重要。当一个工人空腹度日时，他对货币的需要（即货币对他的边际效用）就很大。如果他与雇主议价时处于劣势，而且以低工资被雇佣，那么他对货币的需要同样很大。因为在劳动力市场上，买主在议价方面一般处于优势，而卖主则处于劣势，所以工人往往以低工资受雇于人。但是，在商品市场上，买主和卖主在议价方面一般都处于相同的地位。另外，劳动力市场与商品市场还有一个区别：各个劳动力卖主可出售的只有自己的劳动力。

经济学家和雇主通常把劳动力视为一般商品，把劳动市场视为一般商品市场，工人阶级对他们的这种做法有着本能的反抗。劳动力市场和商品市场的区别，在理论上来说不是根本的，但却非常显著，而在实践中也很重要。所以，当我们计算边际效用既取决于商品量又取决于货币量时，交易理论就变得复杂了。

在估计的价格极低的情况下，即使直接用作生产成本的费用很低，也能生产出与市场需求相适应的供给。而这些产品，也许不在生产的边际之上。当估计价格有所提高时，所增添的那一部分产品的价格将会比直接成本高很多，而且其生产边际也会相应地扩大。

1.未来估计的影响

对未来的估计，几乎会影响到一切不易损坏的商品的交易。在本章中，我们要研究供给价格是由什么因素决定的。

在谷物市场中，对生产和消费的未来关系的估计，会影响到均衡价格。期货买卖在欧美的主要谷物市场上已占据着优势，而且它还迅速而密切地将全世界谷物市场的主要路线联系了起来。在期货买卖中，确实有一些纯属投机的行为，但是它们大致还是取决于对全世界消费量的估计，以及对全世界现有储存量和未来收获量的估计。各种谷物的播种面积，作物的成熟时间，收成情况，可代替谷物的那些东西的供给，以及谷物可代替的那些东西的供给，这些都是商人关心的。对未来供应品生产费用的估计，会间接影响到一些商品的价格，所以价格上涨的预期就必定会影响到期货的预售情况，而这反过来又会影响到现行的价格。

价格在哪些时期内变动，是我们在本章和以下几章中必须要专门讨论的问题。但是，这些时期是比较长的，它们甚至要长于那些最具远见的期货商人所预料的时期。另外，与市场状况相适应的生产量，以及正常需求和供给所决定的处于均衡位置的正常价格，也是我们必须考虑的问题。

水稻

期货市场的商人会非常关心各种谷物的播种面积，成熟时间，收成情况，可代替谷物的那些东西的供给，以及谷物可代替的那些东西的供给。因为这些因素都会影响到谷物期货的价格。图为水稻的图案，它是谷物的一种。

219

2.生产费用与生产要素

一种商品的供给价格与它的需求价格之间存有相似点。当我们假定生产效率完全取决于工人劳动的努力程度时，我们可发现："一定数量（指一定单位时间内的数量）的商品的供给价格，其实就是生产它们所必要的努力而需要的价格。"然而，我们现在还需要考虑，在生产任何一种商品时，我们都必须付出许多不同种类的劳动，并且必须使用很多各种形式的资本。生产某种商品直接或间接所需的各种不同种类的劳动，生产中节约或储蓄使用资本所做出的牺牲，把这两者加起来，就构成了商品生产的实际成本。而把对这两者必须支付的货币金额加起来，就构成了商品生产的货币成本，即商品的生产费用。其实，商品的生产费用就是商品的供给价格，因为生产费用就是为生产商品所供给的各种劳动和牺牲所支付的价格。

为了简单起见，我们通常只需要考虑生产任何一种商品所需的各种不同原料的供给价格，而不需要再去考虑构成这些供给价格的那些成分。

所谓的生产要素，就是我们把生产某种商品所需的东西划分成的一些种类。任何一定数量的某种商品的生产费用，就是相应数量的这种商品的生产要素的供给价格。而且，这些供给价格的总和，与这种商品一定数量的供给价格是相等的。

3.代用原则

在典型的现代市场上，批发商买进货物的价格，就是厂商所提供的差不多不包含商业费用的价格。但如果从较为广泛的角度来看，我们认为，某种商品的供给价格其实就是我们所考察的市场上的价格。而我们要根据市场的性质，来分析有多少商业费用包含于这供给价格之中。我们可以将某种劳动力的供给价格分为：培育费用、普通教育费用、专门教育费用。各种费用可结合成无数种可能，而且各种结合又有它自己的分支。在对和它相关的任何一个问题进行彻底解决时，我们需要分别对待这些分支。不过，在本卷的一般推论里，我们都可以将这些分支忽略掉。

在对某种商品的生产费用进行计算时，我们要做以下考虑：即使在新发明还没有出现时，商品的生产要素就会随着它的生产量的变动而变动。生产者在生产任何一种商品之前，都会选

巨无霸

商品的生产要素会随着它的生产量的变动而变动。例如，如果要大规模生产图中的巨无霸汉堡，那么手工劳动就非常需要由机器来代替。它的大部分生产原料也需要从比较远的地方运来，这样付给搬运工的工资和各种中间商的费用等生产费用就增加了。

择最适于他们使用的生产要素，这是由他们各自的知识范围和经营能力决定的。虽然每一种商品的生产要素都不只一组，但生产者一般都会选择供给价格总和为最低的那一组。但如果生产者发现情况并非这样，他总会想尽各种办法，去寻找耗费较低的那种组合。在社会上，总会发生这样的情况：一个企业主通过各种各样的办法，来代替另一个企业主，以提高向社会做出贡献的效率。我们可把它称为代用原则，以便于引证。而在经济学所研究的各个领域内，几乎都可以运用这个原理。

4.一个代表性企业的生产成本

在考察一个企业的生产成本时，我们通常会从它的正常需求与正常供给的均衡方面入手。经济学中那些个别部门所具有的独特特点，我们现在不考虑；经济学共有的一般特点，是我们现在要集中考虑的。我们现在假定，卖主和买主各自单独行动，他们之间不存在紧密的联系，各自在各自的一方自由地同其他卖主或买主竞争。他们虽然是单独行动，但对市场的行情仍然了如指掌，所以他们所出售的或所购买的价格一般不会比别人低或者高。我们暂且假定，这与各种商品及其生产要素，与雇佣劳动和借贷资本都是相适用的。当我们假定同一个市场上只有一个价格时，货物被运往不同地方所需的运费之间的差异，是没有被考虑在内的。但是，如果这个市场是零售市场，那么零售业务所需要的费用，就是我们必须要考虑的了。

每一个特定数量的某种商品在这个市场上都有一个需求价格。按照此价格，每一个特定数量的某种商品在一定的时期内都可以卖出去。至于该商品的一定数量的价格所受的支配情况，是由其性质决定的。一般来说，某种商品在同一个市场上的出售价格，是随着它用以供给的数量的增加而递减的。例如，在某个市场上，有一些待出售的谷物或布匹，它们原本有着固定的价格，但如果它们的数量增加了，其需求价格就一定会降低。

就时间长短这个问题，我们可视具体情况而论。也许它会是一天、一月、一年或者一世纪。不过，与市场经历的时期相比，它们都是短暂的。我们假定，市场的一般情况在它所经历的时期内没有产生什么变化。例如，样式或兴趣上没有变化，可影响需求的新的代用品没有出现，可扰乱供给的新发明也没有出现。

供给始终正常的情况几乎是不存在的。因为生产所需的物质资本和非物质资本，都是渐渐变化的，所以供给的情况也是随着时间的变化而不断变化的。

到了这里，我们不妨回想一下那个"代表性企业"。我们知道，它在生产过程中的内、外经济是由其商品的总生产量决定的。我们现在暂且不谈论这个问题，而假定这种商品的正常生产费用，与它的任何数量的正常供给价格是相等的。这样，在这一价格的预期下，我们可保证该商品达到正常的生产总量。此时，无论有些企业是正处于产量增长的时期，还是另外一些企业正处于产量减少的时期，该商品在整个社会中的生产总量是不变的。但是，如果该商品的价格上涨了，它的生产总量会随之增加。因为这时处于产量增长期的企业就会发展得更快，而处于产量减少期的企业则会衰落得慢一点。反之，如果该商品的价格下降了，它的生产总量会随之减少，因为这时处于产量增长期的企业就会发展得慢一点，而处于产量减少期的企业则会衰落得更快。

泥布　工艺品　20世纪中叶

一般来说，某种商品在同一个市场上的出售价格，是随着它用以供给的数量的增加而递减的。例如图中的泥布，在某个市场里它原本有着固定的价格，但如果它的数量后来增加了，那么它的需求价格就一定会降低。

对那些虽停滞发展但依旧没倒闭的较大的股份制公司来说，它们同样会受到商品价格变动的影响。

5.价格表

现在，以毛织业为例，来使我们更加明确这一概念。假设，如果一个人对毛织业很熟悉，而他现在想知道次年生产几百万码毛布的正常供给价格，那么他肯定会根据各种生产要素的数量，来进行以下运算：制造该毛布所用的所有原材料的价格；厂房、机器等固定资本的磨损费和折旧费；所有资本的利息和保险费；需要付给工人的工资；经营上所能获得的毛利润。在运算的同时，他还会假设具有正常的供给情况。最后，他将上述的供给价格全部相加，就能得到自己想要的结果。

我们可以假定，在制定供给表时，所用的方法与我们制定需求价格表时是一样的。一定时期内商品的各种数量的供给价格，都应与这一数量相一致。如果生产量增加了，但大自然拒绝向我们提供我们所需的更多的原材料。与此同时，新的重要的经济方法在生产中也缺乏发挥作用的空间，那么供给价格就会上涨。然而，如果生产量比较大，为了提高利润，企业就会用机器生产来代替手工劳动，企业的生产费用会随着生产量的增加而递减，那么供给价格就会有所下降。即使商品的年生产总量不断增加，我们也无法就此断定供给价格的变化情况，因为它可能上涨也可能下降。另外，当供给价格随着生产总量的增加而下降时，企业必然会多一些困难。

6.均衡产量与均衡价格

因为某种商品的供给价格与它的实际生产成本之间，并不存在紧密联系。所以，如果一定时期内的生产量使它的需求价格比它的供给价格高，卖主就会将这一数量的全部商品运到市场上出售，因为这是有利可图的。而正在犹豫要不要继续生产该商品的人，会下定决心继续生产。所以，生产量就会趋于增加。

但是如果这一生产量使需求价格比它供给价格低，那么卖主就不会把这一数量的商品全部拿到市场上卖，因为这是要亏本的。而正在犹豫要不要停止生产该商品的人，会下定决心停止生产。所以，生产量就会趋向于减少。

当需求价格与供给价格相等时，生产量会处于均衡状态，既不会增加也不会减少。当需求与供给均衡时，我们可以称这一定时期内的商品生产量为均衡产量，它的售价为均衡价格。

这种均衡是比较稳定的，即使价格稍微背离了它一点，这种均衡也会像一个沿着它的最低点来回摆动的钟摆那样，逐渐恢复过来。

我们将会发现，一切的稳定均衡都具有一个特点：当生产量处于均衡状态时，需求价格比供给价格所高的那些数量，正好为比均衡数量小的那些数量，反过来也是如此。无论向那个方向发生移动，都不会改变这种均衡的稳定性。

事实上，不论需求价格还是供给价格，都是不断变化的，而不是长期不变的。随着它们的每一次变化，均衡产量和均衡价格也会有所变化。这样，生产量和价格就拥有了一个新的可来回摆动的中心点。

我们会发现供求在很大程度上受着时间因素的影响。一种商品的实际生产成本，可用它的生产价格来代表。由于我们所处的时代，是一个快速发展的时代，所以它变化得非常快。在这样的时代下，虽然正常的供求之间是均衡的，但从某种商品的消费中所得的满足，与为生产它而付出的那些总的努力和辛劳之间是不一致的。即使收入和利息都是正常的，它们也不会完全达到一致。对于亚当·斯密及其他经济学家提出的经济原理，正确的理解为：由于各种经济的力量，商品的正常价值，在长期内将趋向于它的生产价值，从而使两种价值达到均衡。但前提条件是，在足够长期的平静的一般生活状态中，这些经

绿色陶瓷花瓶 工艺品

商品在市场上的供给价格与它的实际生产成本并不存在紧密联系。比如像图中这种绿色陶瓷瓶，如果在一定时期内它的生产量使它的需求价格比它的供给价格高，卖主就会将全部绿色陶瓷瓶运到市场上出售，而制造该陶瓷瓶的人会继续生产，生产量就会趋于增加。

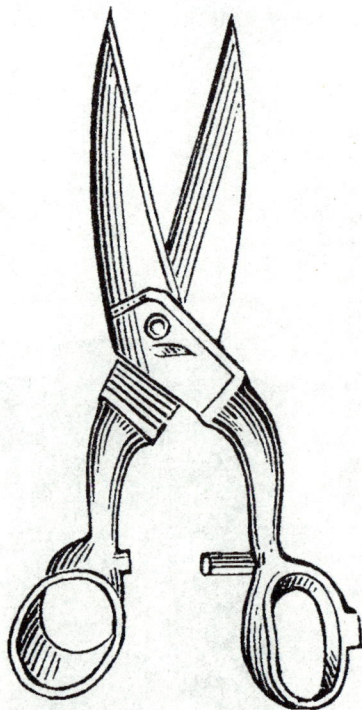

剪刀 插画

当我们讨论价值是取决于效用还是生产成本时，它和用剪刀剪纸是用剪刀上边还是用剪刀下边是一个道理。当剪刀的一边不动，通过移动剪刀的另一边来裁剪纸张，我们可以说：这张纸是由剪刀的第二边裁剪的。但这只能视为一种通俗的对现象的解释，而并非科学说法。

济力量才能充分发挥其作用。

与正常价格一样，市场价格同样受到许多因素的影响。而在这些因素中，有些是以道德为基础的，有些是以物质为基础的；有些是相互竞争的关系，有些是和平共处的关系。所以，正常并不代表没有竞争的存在。另外，当我们在对正常价格与市场价格加以区分时，以及在对广义的正常价格和狭义的正常价格加以区分时，应特别注意那些影响的持久性和它们发挥作用所需要的时间。

7.影响价值的因素

在短期和长期内，影响价值的主要因素分别为效用和生产成本。

在购买一种商品时，人们对它愿付的价格，主要取决于他们对它的需要和他们的购买力。而他们对它的需要，主要是由他们是否能用同样便宜的价格购买到它的代用品。而这种商品的供给价格是由它的生产成本决定的。

一般来说，需求对价值的影响是随着时期的增长而减弱的；而生产成本对价值的影响是随着时期的增长而加强的。因为，相比需求的变动对价值的影响，生产成本的变动对价值的影响，更需要经过较长的时间才可表现出来。无论什么时候，那些无常间歇性和短期性的因素对实际价值（即市场价值）的影响，要比持久性因素对它的影响更大一些。而在长时期内，价值完全是受持久性因素支配的。这是因为，这一时期内无常间歇性因素产生的影响，往往会与偶然性因素产生的影响互相抵消掉。不过，持久性因素不是一成不变的。实际上，即使持久性最强的因素也是容易变动的。因为，整个生产结构是逐渐变动的，在不同时期内，各种商品的相对生产成本也是易于变动的。

如果从雇主的角度看待成本，就需要用货币对它们进行衡量。因为资本家与工人劳动之间是直接关系，而这种关系是通过这一方面来体现的，即资本家须付给工人货币报酬。但是，资本家与工人为劳动而消耗的实际成本之间，只是间接的关系。我们知道，就某些问题而言，人们确实有必要用货币来对自己的劳动进行衡量。但是，如果从社会的角度来看待成本，并且进行以下的研究，即随着经济条件的变化，成本会有怎样的变化，那么我们就要考虑各种劳动的实际成本以及等待报酬的实际成本。假定购买劳动的货币的购买力保持不变，等待的报酬率也大体不变，我们就可以说，用货币衡量的成本与实际成本是一致的。但是，无论何时，我们都不能随便假定二者是相等的。

8. "正常"一词有不同含义

由于时期的不同，"正常"一词的使用方法就不同。比如，人们会说：这天羊毛的价格是不正常的高，尽管这年羊毛的均价是不正常的低；1872年矿工的工资是不正常的高，但到了1879年他们的工资却是不正常的低；14世纪末期工人的工资是不正常的高，但16世纪中期他们的工资却是不正常的低。所以，时期不同，"正常"一词的范围就不同。

在假定供给正常的情况下，毛布生产者如果想计算毛布的生产要素的费用，就必须先算出这些要素的数量是多少。同时，他对"正常"一词的范围大小的确定，必须要以他所估计的时间的长短为根据。

另外，生产者或许会根据过去几年内羊毛的平均价格，来计算羊毛的正常价格。同时，他还会考虑以下几点：一、往后几年内，对羊毛的价格有影响的任何变动；二、羊毛盛产地比如澳大利亚，因干旱而产生的后果。我们知道，干旱在某些地方确实时有发生，所以我们当它是正常现象。另外，因为大战的原因，来自澳大利亚的羊毛的供给很可能中断，但是这不需要我们来考虑。在毛布生产者看来，在计算羊毛的正常价格时，任何这种预算都应当被算作是非常的企业风险的一部分。

毛毯 手工艺品

在假定供给正常的情况下，商品生产者如果想计算商品生产要素的费用，就必须先算出这些要素的数量是多少。比如商品生产者要计算生产图中的上毛毯的费用，就要估计出生产毛毯的面料和线等的数量。

　　对那些因国内发生暴动或劳动市场上出现混乱而引发的风险，生产者或许会同样对待。然而，当他计算工人正常情况下的工作量时，他或许就会考虑由劳资纠纷而引发的生产中断。因为纠纷时有发生，属正常现象，所以由它引发的生产中断当然也是正常现象。

　　生产者或许很清楚，工人之所以罢工或怠工，一般不是因为追逐金钱，就是因为他们的自尊心遭到了伤害。但在计算的过程中，他并没有将后者列入其中。尽管如此，他还是会密切关注与它相关的所有事情，因为对生产中断或产品正常价格的提高，它还是具有一定影响力的。

9.对正常价值的剖析

要想剖析正常价值这一复杂问题，我们首先要做的就是静态假设。在它的帮助下我们也许能更好地对价值这一问题进行处理。

在经济学研究中，许多困难形成的一个主要原因是时间因素。因为这些困难的存在，所以具有有限能力的人就只能慢慢进步。人们通常会将复杂的问题分解为几个小部分，每次只研究其中的一部分，对问题进行局部的解决，最后再综合起来解决问题就可以了。另外，在分解整个问题时，我们会假定其他条件不变。因为，通常只有在假定其他条件不变的基础上，我们才能对某些趋势进行研究。这样问题就变简单了，对它的处理也就更准确了，但是它与现实也就差得更远了。然而，如果把每个小问题都处理准确了，对包含着它们的大问题的处理就容易多了。如果这些问题能逐步摆脱其条件不变这一假设的限制，那么我们进行的研究就会更准确一些。

时间因素影响着生产成本与产品价值二者之间的关系。在研究这一影响时，我们必须先对上述的那个著名的"静态"假设进行考虑，然后把从中得出的结果与现实世界中的结果相比较。

冲突蔓延到纽约

图为1776年纽约一街区被燃烧的大火摧毁的情景，纽约市发生了很大的暴乱。事件的起因是北美殖民地不堪忍受英国人的苛捐杂税以及对殖民地人的种种限制。当国内因发生暴动或劳动市场出现混乱而引发风险时，生产者会把这种风险算作企业的经营风险。

在静态中，不论是生产和消费，还是分配和交换，它们的一般条件都是静止不变的。但是，由于它们是生活方式的一种，所以它们又是不断运动的。我们知道，尽管每个人都是从少变到老的，但是人的平均年龄是可以不变的。在很多时期，因为产品的平均数量与人口的平均数量是相等的，而这些产品又都是由同一阶级用一样的方法生产出来的，又因为市场的需求基本都很稳定，所以生产工具足以与之相适应。

其实，我们完全可以这么假设：在静态中，所有企业的规模都是一样的，而且它们的商业往来也是一样的。然而，我们不需要进行这样的假设，因为有下面的假设就可以了。此假设为：虽然企业的发展情况不相同，有些处于进步中，有些处于退步中，但是那些"代表性企业的"的规模基本上是一样的。所以，由该企业引起的经济无变化，由其附近工业引起的经济也无变化。不论是内部经济还是外部经济，只要是那些"代表性企业"的经济，它们就是没有变化的。

在静态中，价值取决于生产成本。

其实，所有的结果都主要是由一个原因造成的，而原因与结果之间也没有较多复杂的作用与反作用的存在。而各种成本的要素都取决于自然规律，并且在一定程度上被固定的习惯所掌控。需求不存有反作用，而且由经济所造成的直接或间接结果之间也不存在本质上的差别。总而言之，在假设收获都是相同的情况下，长期正常价值和短期正常价值之间的差别就不存在了。这是因为，对那些"代表性企业"来说，它们具有一样的规模，使用一样的方法，进行着一样的交易，具有一样的市场需求，而且具有一样的支出。另外，这些企业生产的产品的正常价格一直无变化，因为其需求价格表与供给价格表都是永远无变化的。

然而，真实情况并不是那样的。在其他经济力量的作用下，被它们包围着的那种经济力

码头交易

在静态中，不论是生产和消费，还是分配和交换，它们的一般条件都是静止不变的。但由于它们是生活方式的一种，所以它们又是不断运动的。图为英国的一个海滨码头，人们在这里进行着产品的交换活动。在静态研究中，这种交换活动的一般条件是静止不变的。

量的作用是逐渐改变的。生产总量的变动、生产方式的变动及生产成本的变动之间，永远都是互相制约的关系，而且它们与需求之间也是互相影响的。虽然这些影响都需要经过一定的时间才能发挥作用，但是任何两种影响一般情况下都不可能并肩前进。所以说，在现实生活中，如果有一种学说认为生产成本、需求及价值之间存在着简单的关系，那么这种学说就一定是不正确的。我们在叙述一个问题的时候，如果把它的外观叙述得很容易懂，那么它造成的危害就很大。如果一个人虽然相信自己的经验和感觉，但从不以为研究价值理论是较易的，那么他很可能就是一个称职的经济学家。

在以上的叙述中，我们所说的静态是人口数量不变的静态。然而，在以下这些地方，它的那些明显的特征基本都可以显示出来：这里的人口和财富都处于不断增长中，我们假设它们具有几乎相同的增长率，而且也不缺少土地，另外生产方法和商业状况基本保持不变，而且这里的人的性格基本也保持不变。在此状态中，决定生产与消费的最重要条件，决定交换与分配的最重要条件，虽然它们的数量是不断增长的，但它们的性质都是一样的，而且它们之间还具有一样的一般关系。

这样的话，对静态的限制就没那么严格了，而随着这种限制的放宽，我们就会更加接近现实生活了。那么，对于那些由经济原因相互作用而产生的困难，我们也可以慢慢解决掉。如果生产和消费处于静态，那么它们的一切条件也都变为静态。我们可使用静态的方法，来做一较轻微的假设。有了这种方法的指导，我们的注意力将在某一点上集中。暂时，我们先假设它处于静态中，然后再对那些与它有关的并对它有影响的力量进行研究，同时还要对使这些力量趋于均衡的任何趋势进行研究。对不能一次解决掉的困难问题，我们只要通过这样的局部研究就可以将其解决掉。

渔船遇到风暴　油画　1801年

图为荷兰的渔民在大风中驾驶着帆船艰难前行的场景。天气的变化会对鱼类的价格变动产生影响。但在静态研究中，当我们对鱼类价格的涨跌进行研究的时候，可以把这个因素忽略掉。

10.正常需求与正常供给的均衡

与渔业有关的问题，我们可以将它们分成以下两类：一类问题是由极突然极迅速的变化引起的；一类问题是由长期的变动引起的。

在现在的英国，鱼类的价格变动，如果是由天气的无常变化和类似的原因引起的，那么正如我们假设的静态中那样，鱼类的价格是由事实上与此一样的原因决定的。这是因为，虽然我

渔民捕鱼归来

　　图为北威尔士弗林特城堡附近的渔民捕鱼归来的场景。如果海洋中的鱼类资源没有枯竭的迹象，在经济原因可充分发挥作用的时间内，鱼类的供给就会逐渐增多，其价格却会不断降低。

们四周的普通经济条件都有迅速的变化，但是这对价格的日日涨跌所围绕的短时期的正常水平并没有明显的影响。当我们在对这种价格的涨跌进行研究的时候，是可以把它们忽略掉的。

接下来，我们将进一步进行研究。现在，我们假设市场上对鱼类的需求增长了很多，并假设这是由家畜得了传染病引起的。在此类问题中，其中由天气的无常变化引起的问题实际上是可以被忽略的，因为这些变化太迅速，所以它们之间是能够极快地相互抵消的。另外，对于那些由渔民人数的变化所引起的问题也是可以被忽略掉的，因为这种变化太过缓慢，所以它们所造成的影响在肉类稀缺的一两年内是很小的。因此，对于这两种变化，我们暂且不做考虑。而对于这样一些影响，则是我们必须考虑的。它们是：为了吸引更多的船员从事捕鱼业，适当地提高了捕鱼的报酬，这样某些陈旧的渔船，以及非特制的渔船，会被用于捕鱼事业。鱼的正常供给价格是：它足以补偿被它所吸引的那些投入到渔业中的劳动和资本的价格之和。这样一些有局限的原因，决定了鱼价对渔业中投入的劳动和资本的影响。如果"正常"一词是指短时期而言，那么正常的供给价格就会随着需求量的增加而提高。这是一个具有普遍意义的规律的例证。

这一规律对遵循报酬递减规律的企业基本上都是有效的。然而，当我们转向研究长时期的正常供给价格时，事实就不一样了，因为这种价格取决于不同的原因，并且会产生不同的结果。

如果我们假设由于长期不食用肉类，人们开始对它一直憎恶下去；我们再假设，由于习惯了食用鱼类，人们对它的需求将会一直不断地增加下去。那么，鱼类的供给所受到的支配力量将能使自己的作用完全地发挥出来。在这样的情况下，由于报酬递减规律的存在，即使海洋中的鱼类资源可能有所枯竭，但是渔民也不会放弃这一职业，他们宁愿前往远岸或深海中去继续捕鱼。另外，有些人会以为，海洋中鱼的逐渐减少其实并非主要是由人类造成的。这样，在捕鱼业发展壮大后，一只和以前一样装备良好且船员技能不变的渔船，似乎可收获到与以前同样多的鱼。当捕鱼业发展到一定的规模之后，装备一只渔船所花费的正常成本肯定不会高于以前。另外，对于渔民来说，他们并不需要特殊的捕鱼天赋，只要有熟练的捕鱼技能就够了。所以在很短的时间内，他们的人数就会达到捕鱼业的需求。现在，与捕鱼有关的工业，比如造船业、织网业等都有了较大的规模，它们可以良好地结合在一起。如果海洋中的鱼类资源没有枯竭的迹象，在经济原因可充分发挥作用的时间内，鱼类的供给就会逐渐增多，其价格却会不断降低。如果"正常"一词是指在长时期的条件下，那么，需求增长得越多，正常供给价格就会降低得越多。

这么一来，我们就可以说出平均价格与正常价格之间的差别。某特定时间内的特定一组出售额的价格，都可以被取用作平均价格。而平均价格，既可以是某特定时间内很多市场上出售额的均值，也可以是很多这种均值的均值。然而，所谓的正常条件，对某种出售也许是合适的，但对其他的出售却不一定是合适的。所以说，"正常"一词的含义只有在静态下才永远是一样的。而且，平均价格与正常价格也只有在静态中才具有相同的含义。

接下来，让我们从其他方面来考虑这个问题：市场价值主要取决于需求与现有商品之间的关系，另外还取决于需求与未来供给之间的关系，以及同类商家之间所订立的协议。

在现在的供给中，其中一部分产品产生于生产者以往的生产活动。而这种生产活动，是生产者在对生产这些商品的支出与他们所期望得到的收益进行比较后才会进行的。他们对这些支出所涉及的范围的考虑，主要由他们考虑是仅仅使用现有的设备，还是增添一些新的设备所决定的。

因此，不论适应市场需求的新生产量大或小，都遵循着这一普遍的规律：只有在所估计的价格极低的情况下，即使直接用作生产成本的费用很低，也能生产出与市场需求相适应的供给。而这些产品，也许不在生产的边际之上。当估计价格有所提高时，所增添的那一部分产品的价格将会比直接成本高很多，而且其生产边际也会相应地扩大。一般来说，随着一种产品的估计价格的提高，生产该产品的人就会逐渐增多，而其生产量也会不断增加。这种价格时的边际生产，其实包括了两个部分，一部分是正在考虑根据该价格值不值得生产的那些人的生产，另一部分是正在考虑要不要生产的那些人的生产。而考虑要不要生产的人，几乎已处于生产边际之上。不过，这些人的数量一般不多，所以与无论什么时候都要生产的人的行为相比，他们的行为并不是很重要。

通常，"正常价格"一词的意义在任何时期都是保持不变的。然而从细微的方面来说，它又有着很大的不同。在任一种场合中，它都指特定时期的总生产量。另外，在任一种场合中，所估计的价格与人们所得到的补偿价格基本是相等的。

无论在哪一种场合下，生产成本即为边际成本。也就是说，由于估计价格过低而不会被生产的那些商品的生产成本，即是完全处于不生产边际上的边际成本。然而，这个边际是由所讨论的时期的长短决定的。从短时期来说，现有的生产设备的总量被人们认为是固定不变的。而对于这些设备的运用程度，则是按照他们估计的需求多少来考虑决定的。但从长期来说，为了使这些设备适应产品的未来需求，他们会想方设法对它们的总量进行调整。

瓷板

一般来说，如果一种产品的估计价格会提高，生产该产品的人就会逐渐增多，而其生产量也会不断增加。图中是一个有着精美纹饰的瓷板，如果它的价格可能提高，那么生产它的人会逐渐增多，其生产量也会逐渐增加。

11.短时期内的生产设备

从短时期来说，现有生产设备的总量是固定不变的，但如果需求变了，它们的实际利用率就会发生相应的改变。

由于某种产品的预期价格会有所上涨，便会直接导致人们扩大该产品的生产规模，从而超额生产出一部分产品。为了生产出这部分产品，雇主就会通过提高雇工的工资来使他们加班赶工。但是人的体力和精神毕竟是有限的，长期的加班很可能使雇工疲劳不堪，从而使他们的工作效率降低。此时，雇主就会对自己的行为产生怀疑，甚至认为是不值得生产那部分产品的。如果该产品的预期价格有所下跌，会直接导致人们缩小该产品的生产规模。这样，很多生产设备就会闲置不用，生产速度也会放慢。此时，如果生产者不自己破坏自己产品的市场，那么即使他们按照足以能补偿他们的支出的价格来生产该产品，也是能够盈利的。

蒸汽锤

图为詹姆斯·内史密斯发明的蒸汽锤，它可以利用蒸汽压力推动大型铁块向下移动，它的发明实现了重工业的工业化。从短时期来说，蒸汽锤这样的现有生产设备的总量是固定不变的。但如果需求变了，蒸汽锤的实际利用率就会发生相应的改变。

　　然而，在现实生活中，如果处于上述的后一种情况，生产者通常不会急于生产，而会等待价格上涨。因为每个生产者都担心以后该产品的价格会上涨很多，或者担心被同行的人们抱怨和憎恨。这样，不论是从个人自身的利益考虑，还是从同行中所订立的协议考虑，为了避免对市场有更大的破坏，每当产品的价格有所下跌时，生产者一般都会暂停生产。那么，这一情况下的边际生产，其实就是这些人的生产。而这一情况下的短期边际价格，其实也就是被生产者所暂停的那时的价格。而这种边际价格，通常要比直接成本（原材料、劳动、设备的磨损等费用之和）高。

　　如果一个行业的生产设备具有很大的使用价值，那么该行业所生产的商品的直接成本，只在总成本中占据着很小的分量。即使所订货物的价格比正常价格低很多，它们也会盈利很多，因为其价格比其直接生产成本要高很多。然而，如果生产者接受了此订货，以避免自己的设备闲置，市场上该商品的存货就会增加，从而使价格的恢复受到不应有的阻碍。但是，在现实生活中，很多生产者都不会这样做。因为他们知道，如果他们这样做了，在该行业中，很多生产者（也许包括他们自己）就会有破产的危险。在这样的情况下，供给情况一般反应不出需求的变化，而该产品的价格却会迅速提高。但是，不论对生产者还是消费者来说，这种迅速的价格变动都不是有利的。不过，对这种破坏市场的行为，社会道德舆论并不是完全反对的。

　　由此可见，在短时期内，影响供给价格的因素只有直接成本。但实际上，它会在一定程度上受补充成本的影响。通常，某个生产者不会将个别的小部分产量的成本从总成本中分离出来，而是会把绝大部分产量甚至是全部产量的成本合在一起，并将其看作是一个单位。另外，在现有业务的基础上，他还要考虑要不要增添新的业务，要不要购置新的设备等。他提出的那种自己情愿接受的最低价格，是在以下前提下进行的：将由这种变动产出的额外产量看作一个单位，并以这个单位的额外产量的全部成本当作一个参照。

　　也就是说，进行交易时，他大多不会把自己生产的产品的个别部分看作一个单位，而会把整个生产过程中所增加的那部分看作一个单位。所以，对在分析过程中，紧密联系实际的经济学家来说，他必须仿效以上方法。虽然以上的考虑会模糊价值理论的范围，但这并不会对它的本质造成影响。

　　从短时期来说，我们可得出以下的结论：虽然对于需求来说，物质资料的供给与恰当的工业组织的供给都不能与其完全适应，但是为了使供给与需求相适应，生产者会尽量利用自己现有的资源来进行生产。不过，存在以下两种情况：其一，生产设备缺乏足够的供给，并且因为时间过短，增加它们是不可能的；其二，生产设备有多余的供给，但其中的一些在使用方面有局限，并且因为时间过短，减少它们的供给同样是不可能的。所以，由这些设备生产出的产品所带来的收入是不断变化的，而这些变化在短期内对供给还不会产生明显的影响，对该产品的价格的影响也不是直接的。而这种收入，就是总收入比直接成本大的那部分。

　　然而，如果在长期内，它没有对企业中一般成本的适当部分给予足够的补偿，该产品的生产量就会不断减少。这么一来，如果短期内价格发生了剧烈的变动，那些藏身于长期内的因素，就会对这种变动产生一定的具有控制性的影响。同时，因为受到担心"破坏市场"的心理的影响，这些因素就会更加迅速地发挥作用。

短时期内的生产资源

图为哈格里斯夫在1765年发明的多轴纺纱机，哈格里斯夫将其命名为珍妮机。从短时期来说，为了使供给与需求相适应，纺纱生产者会尽量利用现有的资源进行生产，而不会选择增加新的纺纱机。

12.长时期内的生产设备

从长时期来说，生产设备的总量是随着产品的需求情况不断调节的。在这样的情况下，生产单位就不是任何一组商品，而是一个特定的过程。

另外，从长期来说，按照人们期望获得的收入的多少，我们可以对生产设备进行调节，以适应投入的物质资料、非物质资料及商业组织的需要。所以，生产设备的供给直接取决于人们对可获得的收入的期望，而生产出的产品的真正供给价格也由此形成。

在某个企业投入的资本中，仅内部组织和外部商业往来的建立所用去的就是其中的一大部分。如果该企业经营不善，卖出了它的物质设备可收回一部分成本，但是用于组织和往来上的资本却是收不回来的。在某一行业中，长期决定生产的商品的价格主要有以下两方面：其一，所估计的一个代表性企业的开办和经营需用的支出；其二，所估计的以这一价格在长期内所能获得的各种收入。

我们知道，无论什么时候，总有一些企业处于向前发展的状态中，也总有一些企业处于向后衰退的状态中。不过，当我们在广泛的范围内考察正常价格的决定因素时，不必考虑这些隐藏于狂潮之下的小漩涡。引起生产扩大的原因通常有以下两种可能：一种可能是，在资本不足、困难重重的情况下，一个新的企业家想靠努力拼搏来慢慢开办起一个兴盛的企业；另外一种可能是，在扩大了不动产的情况下，一个富有的工厂想通过扩大生产规模来相对降低成本，从而增加产量。在第二种可能中，相对于该行业的生产总量来说，新增加的这些产量只是很小的一部分，它的确会造成价格的下跌，但下跌的程度相当小，因此这个工厂便从中获得了很大的收益。然而，如果一些个别企业发生了各种命运的改变，那么生产总量的增加就会直接导致正常价格的逐渐下跌。

13.价值问题的简单分类

我们可以将价值问题分为四类，在每一类中，价格都取决于供给和需求之间的关系。这四类分别为：一、从市场价格来说，供给指的是现有的，或者马上就有的某一种商品的数量；二、从正常价格来说，如果把"正常"一词置于短期的条件下，供给指的就是现有的工人在特定的时间内使用现有的设备可生产出的商品的数量；三、从正常价格来说，如果把"正常"一词置于长期的条件下，供给指在特定时期内使用新的和旧的设备所生产出的商品的总数量。四、从处于逐步性和持久性运动中的正常价格来说，引起这种运动的原因是，随着时间的推移，知识、人口、资本是逐渐增长，而需求和供给也不是不断变化的。在本书的其他章节中，主要对上述的第三类进行研究：工资、利润和价格等在长期内的正常关系。

长时期内的生产设备　瑟夫·纳什　石版画

图中展示的是1851年世界博览会中英国展出的各种机器。从长时期看，生产设备的总量是随着产品的需求情况不断调节的。经营者会根据市场上对产品的需求来决定是否增添新的机器。在这样的情况下，生产单位就不是一组商品，而是一个特定的过程。

聪明的企业家为了使投资最大限度地达到外限或有利边际，他会考虑到自己企业的每一个方面，并将适当的资金投入其中。

1.自给自足下的投资动机

在对正常价值进行研究时，我们首先应考虑，为获得未来的利益而决定的投资的动机的性质。我们可以先对一个人的行为进行观察研究。这个人依靠自己的生产，来满足自己的需要，他对自己所生产或所需要的东西，从不出售或购买。所以，他既要考虑自己的劳动所要付出的代价，又要考虑从这些劳动中所能得到的满足。而这其中，没有丝毫的货币报酬存在。

例如，当一个人为自己的居住而建造房屋时，如果他所用的土地和建筑材料都是从大自然中免费得来的，而他所用的建筑工具也全部是由自己制造的。那么在建造房屋时，他一定会根据事先规划好的方案进行劳作，他还会根据实际需要适当增加各种劳作的具体数量。这样，待房屋建好之后，他之前的各种劳动和他的等待，都将得到房屋对他的效用的补偿。

房屋的各个部分，也许有不同的建造方法。当根据各种设计方案来投资房屋的各个部分时，我们需要对每一种投资与其所能得到的利益进行比较，同时还应使各种投资处于它的外限或有利边际之上。有利边际虽然可能有很多，但它们中的每一个与各种设计方案都是一致的。

2.过去收支的积累与未来收支的折扣

从上边的事例证明中，我们可以发现，某种商品的货币成本的基础，就是为生产它所付出的劳动。然而，在现代企业中，企业家虽然通常都是用货币来支付工人的工资或原材料的费用，但对于这些货币报酬作为劳动价值的尺度是否准确无误，他们是从来都不会考虑的。而对于经费，他从来都是慢慢支出的。为了获得相应的补偿，他一般会延长这些支出的收益期待的时间，从而使收益增多。但是，他必须承担一定的风险，因为并不是所有的支出都能获得收益。在这样的情况下，他必须将这些风险可能造成的损失也当作一项支出。根据预计，这项支出所获得的收益须比支出本身大，但是大于的那一部分，不是随着获得的报酬的增加而增加的，而是按复利与等待的时间之间的比例增加的。同时，他还必须将商业往来消耗的费用也当作一项支出。

为了便于研究，那些加上复利的任何支出（包含企业家自己的报酬）的要素，我们称之为累计要素。从被使用到得到收益这一时间内，各种支出要素处于不断累积的状态。如果把这些累积要素加起来，其总额就等于企业的支出总额。对于各种劳动和因它们而实现的满足的结算，我们可选择在任何

伐木建房

图中是早期移民美洲的人在得到了当地印第安人的生活补给之后，开始建设自己的房屋。如果他用的土地和建筑材料都是从大自然中免费得来的，他用的工具也是自己制造的。那么待房屋建好之后，他之前的各种劳动和他的等待，都将得到房屋对他的效用的补偿。

较为合适的一天进行。但无论我们选择哪天，都必须遵循这一规则：无论是劳动还是满足，只要是开始于那天之前的所有要素，都必须加上这个时期的复利。而只要是开始于那天之后的所有要素，都必须要有这个时期从该要素中折成的复利。但是，如果那天是在企业开业之前，对各种要素，我们都必须将它们折成现值。

等待是不能被分别加以计算的，它是成本的一种要素。在任何时期内，不论是货币还是支配满足的收益，都是这一时期内的一部分收入。倘若此时期在结账日之前，那么等待就必须被累积到那一日；但倘若此时期在结账日之后，那么等待就必须被折成那日的现值。但如果等待被存起来用以获得未来的收益，而没有直接用于享受，那么把这种收入当作投资的追加报酬，是绝对不可以的。

我们还需要制定一个资产负债表：向前面看，各种纯收入将被加在一起，在所得的数值中，延期的复利将被减去；向后面看，各种纯支出将被加在一起，在所得的数值中，它累积的复利将被加进去。那么，所折算出的总收入额，一定等于所累积的总支出额，这样的话，企业所获得的报酬刚好够本。应当注意的是，在计算总支出的过程中，企业负责人还必须加入自己的劳动价值。

3.代用原则发生作用的有利边际

自创业开始以后，为了用特定的支出获得较大的收益，或者用较少的支出获得相等的收益，机智的企业家总是企图修改他的投资计划。也就是说，他总是使用代用原则以便提高自己

细节上的差异

在同一地方的同一商业中，两个职业相同的人在追求同一目的时，运用的方法不一定相同。比如图中的零售商，他们有的需要将较大的资本用在积压的存货上，有的需要将较多的钱用于做广告，细节上的差异更是不胜枚举。

的利润。与此同时，他还会设法将一切工作效率提高，并尽力将人类对大自然的掌控力增强。

不同的地方有不同的特点，这些特点对当地各类商业的组织方法的影响，采用的方式也各不相同。即使在同一地方的同一商业中，两个相同职业的人在追求同一目的时，所运用的方法也不会完全相同。进步之所以会发生，其中的一个主要原因就是差异的存在。而这种差异是随着企业家的能力的增强而增大的。在有些行业中，差异也许只存在于相当小的范围内。在棉纺织业就是如此。而在木业或五金业等行业中，差异存在的范围就很广泛。

不光机会和资金，还有性格和想象，都是影响一个人行动的因素。每个人在分派自己的资金时，为了使投资最大限度地达到外限或有利边际，他会考虑到自己企业的每一个方面，并将适当的资金投入其中。换句话说，为了使最后获得的利益能补偿他所花费的支出，他会谨慎地将自己的资金进行合理地分配。即使在同一行业的各个部门或分部，我们也不能把有利边际当成是任何投资线上的一点，而是应当把它当成是与所有投资线相切的一线。

4.企业经济中资源的分配

通常，人们在某方面过多地使用某种资源或精力，那么这个人所得的报酬就会表现为一种逐渐降低的规律。在古典经济学中，在开发国家的土地上靠增加投资而获得的报酬，也会表现为一种逐渐降低的规律。一般来说，随着支出的增加，边际效用就会呈现出一种递减的原理。而这一原理与替代原理是相似的，甚至在某些运用上几乎是一样的。为了使更多的消费者有能力购买某种商品，生产者就会想办法研造新的代用品，或者尽量降低旧商品的价格。而另一方面，消费的变动，可有效促进生产的新发展和资金的再分配。尽管在促进物质财富的生产方面，那些有助于提高人类生活质量的消费方法只能起到微弱的作用，但是就生产和消费之间的关系来说，它们是紧密相连的。我们需要考虑的是：消费者的购买额在各种不同类商品之间的分配，是怎样通过生产的资金额在各种不同产业部门之间的分配而表现出来的。

较大的企业会面临一个典型问题。这个问题又是由以下三个小问题构成的：其一，相对来说，在不同的目的中哪个目的更重要一些？其二，相比可用的各种方法，哪种方法能更好地达到这个目的？其三，在以上两个问题的基础上，哪种手段达到的边际效用会更大一些？

要想找到这三个小问题的正确答案，企业家必须从比较大的规模上进行考虑。另外，在找到正确答案之前，他必须在多个方面进行比较和调整。他也必须考虑以下两点：第一，在某一点上，某一特定用途才可产生最大的利益，一旦超过此点，利益将会递减。第二，在对各种用途分配资金时，他不得不尽量使它们具有同样的边际效用。他很清楚，在某一个用途上少投入一点资金，就会遭受相应的损失；而在另外一个用途上多投入一点资金，则会得到相应的利益。所以，他不得不对这种损失和利益加以比较，以权衡自己的最终得失。在这些原则的指导下，他不用担心那些可获得较大报酬的劳作会被限制，也不用担心因投资过多会造成报酬逐渐减少。

所以，凡是足够聪明的企业家，他为了使投资最大限度地达到外限或有利边际，他会考虑到自己企业的每一个方面，并将适当的资金投入其中。通常，迂回之法比直接之法更有效，如果他能找到一些迂回之法，那么他就会运用它们中最好的哪一个。

5.与成本相关的术语

我们很难研究出成本与价值之间的关系，主要是因为完成不同的事业所用的时间不同。

下面，我们讨论几个与成本有关的术语：一般成本、特殊成本、直接成本、主要成本、补充成本、总成本。当企业家投资经营一个企业时，他期待通过出售这个企业的产品可以获得相应的补偿，以及任何一种产品都可以卖一个好价格。换句话说，产品的价格除了要对特殊成本、直接成本、主要成本进行补偿外，还要对其他的一般费用进行分担。对这些费用进行的分担，我们可以称其为一般成本或补充成本。而主要成本与补充成本之和就是总成本。

在不同的企业中，对主要成本的运用是不同的，这里说的是狭义上主要成本的运用。补充成本包含以下两种费用：厂房设备的维修费和高级职工的工资。后者被看作补充成本主要

英国代夫特陶盘

图为绘制有英国商船的代夫特陶盘，它做工精美却价格昂贵。为了使更多消费者有能力购买陶盘，陶盘生产者会想办法研造新的代用品，或者尽量降低旧陶盘的价格。

是因为在企业里，高级职业的工作量往往是不断变动的，而他们的工资却不会很快地与之相适应。特殊成本包含：购买原材料的费用、设备的额外消耗费用，以及计时工或计件工工人的工资。厂商对特殊成本开始考虑，一般发生在工厂部分开工时，或者在市场不景气下他计算最低价格时。如果在这种最低价格下，他仍然认为生产是有利可图的，他就会继续生产，而不顾及自己的行为可能造成的不良影响。这是由于，即使市场不景气，只要他觉得价格是有利可图的，那么此价格通常都要高于主要成本。

对补充成本的补偿，在短期内一般须用大量的出售价格，而在长期内则须用全部的出售价格。假如不这么做，生产将减少。虽然补充成本有很多类型，但其中的某些与主要成本相比，仅仅是在程度上存在不同而已。比如，某机械生产厂正在考虑要不要制造一辆价格低廉的机车。其主要成本有原料的费用、技工和工人的工资。但是，补充成本到底包不包含高级职工的工资，就无准确的规则可依了。这是因为，假如工作不忙他们可能就会有一些空闲，那么他们的工资一般都会被算入补充成本中。但是忙与不忙之间，并没有比较清晰的界限。因暂时没有多的工作要做就解雇一些工头和技术高的技工的事情很少发生。事实上，为了让他们有事可做，即便他们的工资不能被偶然订货的价格补偿，厂商也会接受这种订货。所以，在这种情况下，它们就不能被看成是主要成本。但是，对于该厂的办公室人员来说，他们的增减可随该厂工作的变动而变动。其方法为：当要生产的产品量较少时，不增添新人，但可辞退一些工作能力不行的人；而当要生产的产品量较多时，可增添一些新人，也可把一部分工作量转给其他的厂商。

大炮生产车间

图为第一次世界大战时德国克虏伯大炮生产车间，德国各种型号的炮筒都是在这里生产装配的。对这个车间进行维修所花的费用属于补充成本。一般意义上说，补充成本包含以下两种费用：厂房设备的维修费和高级职工的工资。

商品的成本

产品的价格除了要对特殊成本、直接成本、主要成本进行补偿外，还要分担其他一般费用，对这些费用进行的分担我们可以称其为一般成本或补充成本。商品的主要成本与补充成本之和就是总成本。即便像图中的面包也不例外，它的成本也有主要成本与补充成本组成。

假如我们不干这些工作，而转向一些耗时较长的任务较大的工作，那么，对和订货有关的行政部门职员来说，他们的工作就会被看作是特有的工作。这是因为，假如没有接受这种订货单，同时又没有接到其他的订货单，行政职员的工资一般也会跟着减少。

假如我们的考虑是基于这样的情况：在一个稳定的市场中，任何某一主要工业品都长期存在，我们以上所做的论证就很重要。因为，在这样的情况下，生产的主要成本就包含培训生产技能的费用、付给行政职员的工资、生产设备的费用。这些费用将会一直增加，直到达到一定的边际。这样，相对于产品市场来说，此工业部门就发展得过于快了，可能会造成不好的后果。

事实上，在历史的各个文明时期，主要成本和补充成本都是存在区别的。但这个问题被普遍注意只在资本主义这一阶段。

在不考虑风险与意外的情况下，如果某位雇主预计进行某种事业基本可以盈利，但如果这种盈利小于在此种事业上所付出的辛劳代价，他就不会去从事这种事业。所以，即便是现代的雇主，他们也必须把自己的劳动看成是实际成本。

本章介绍了间接需求、连带需求、派生需求、复合需求等的内涵；在第二小节讲了供给减少可以提高一个生产要素的价格的四个主要条件；章末介绍了各种供给价格和商品之间的复杂关系。

1.间接需求、连带需求、派生需求

面包能直接满足人们的需要，所以人们对它的需求为直接需求。然而，用于制造面包的磨粉机和烘烤炉只能间接满足人们的需要，所以人们对它们的需求就是间接需求。通常，人们对原料等生产资料的需求都是间接需求。通过利用这些资料，人们可生产出可供直接使用的产品，而那些间接需求都是从人们对这些产品的需求中派生出来的。

磨粉机和烘烤炉所提供的服务在成品面包中是连接在一起的，所以人们对它们的需求就是连带需求。另外，在制造麦酒的过程中，蛇麻和麦芽起着互相辅助的作用，因为它们被称为辅助品。对于各种辅助品的需求，其实都是从它们所生产出的某种成品中派生出来的。比如，由一块面包或一桶麦酒一起提供的服务。也就是说，在生产某种具有直接需求的产品时，对其中的任何一种辅助品的需求即为连带需求。而成品的直接需求，其实是由用于生产它的那些东西的很多派生需求共同构成的。

比如，由于对房屋的直接需求，产生了对各种建筑劳动和原料的连带需

直接需求与间接需求

鳝鱼能直接满足人们的需要，人们对它的需求为直接需求。而烧鳝鱼的锅和炉灶只能间接满足人们的需要，人们对这两样物品的需求为间接需求。

生产要素的需求表

某种商品的需求表，可用来表示其任何一种生产要素的需求表。我们可以用图中的鸡烧杏鲍菇这道菜的需求表来表示杏鲍菇的需求表。具体方法是：将鸡烧杏鲍菇各种不同数量的需求价格，与生产它的其他生产要素的供给价格相减，所得的结果就是杏鲍菇的需求价格。

求。而这些用作连带需求的东西，其实就是建造新房屋必需的生产要素。而对其中任何一种要素的需求，就是一种间接需求或者派生需求。

在论证上述事例时，我们可以将它与产生于劳动市场上的事例联系起来。在那些事例中，因为劳资纠纷只发生在短时期内，所以当我们在考虑可调节供求关系的因素时，只能选择那些在短时内起作用的因素。

我们假定房屋的供求是均衡的。我们知道泥水匠劳动的供给，受泥水匠罢工或其他有碍因素的影响。因此，为了单独研究该要素，我们先假定对新房屋的需求情况不变，再假定其他要素的供给情况不变。那么，建筑房屋的数量将会随着泥水匠劳动供给的减少而减少。这样，房屋的需求价格将会提高，但其他生产要素的供给价格则保持不变。而新房屋的销售价格，在抵消掉建造此房屋所花费的成本以外，还有很多剩余。假设泥水匠的劳动是不可或缺的，那么这种剩余价格就是泥水匠的劳动可能增加的极限价格。另外，随着泥水匠劳动供给的减少，这种剩余价格也相应减少。这一事实遵循以下准则：就某种商品的不同数量而言，该商品的所有要素的供给价格，都是以那个价格的差额为界限。将该商品一定数量能卖出去的价格，与生产它所用的其他那些生产要素的价格相减，得到的结果就是上述差额。

如果使用专门的经济术语来表达，我们可以说，某种商品的需求表，都可用来表示其任何一种生产要素的需求表。而我们的方法是：将这种商品的各种不同数量的需求价格，与生产它们的其他生产要素的供给价格相减，所得的结果就是这种生产要素的需求价格。

2.四个条件

我们在现实生活中应用这一理论时，必须考虑：如果一种生产要素的供给出现了混乱，其他生产要素大多会出现混乱。但是，当出现混乱的那种要素处于同一种劳动中时，雇主所得的报酬通常会在其中起到一定的缓冲作用。也就是说，首先遭受损失的是雇主。然而，雇主一般会通过辞退一些工人或降低工人的工资，来将一部分损失转嫁到其他生产要素上。而这一点得以实现的过程是不同的，它也许是由商业联盟的行为决定的，也许是由市场上的降价或其他原因决定的。对这一问题，我们暂且不做讨论。

供给的减少可以提高一个生产要素的价格的条件主要有四个。按照这些条件的规定，我们所需要的某一种东西，不是直接使用，而是用作某种商品的一种生产要素。而且，这种东西的价格会随着它的供给的减少而迅速上涨。

第一个条件：由于以适当的价格买不来合适的代用品，所以这种要素就成了生产这种商品必不可少的要素。

第二个条件：这种商品具有相当小的需求弹性，即使它的供给减少了，消费者也情愿支付高价购买。但此条件中，还包含这样一个条件：按照比该商品的均衡价格略高的价格，是买不来它的合适的代用品的。

第三个条件：在这种商品的总生产费用中，这种要素价格只占很小的分量。

第四个条件：只要需求量略微减少，就会造成其他生产要素的供给价格大跌。因为在此条件下，用来给这种要素支付高价差额的费用将会增加。

虽然这四个条件是独立存在的，但最后三个条件造成的结果都具有累积性。

如果能够不用灰泥，或者可以雇用价格低廉的非粉刷业的工人，就会限制泥水匠的工资上涨。但在某些场合，因为替代原理的作用，通过派生需求的作用，某商品的某种生产要素对其他要素的压迫可受到一定程度的缓和。

另外，在取得成品生产要素的过程中，我们往往会在某个要素上遇到严重的困难，但我们通常可以改变成品的性质来对其进行克服。我们知道，有些泥水匠的劳动或许是不可或缺的，但在房屋建造中究竟值得使用多少粉刷劳作，人们往往犹豫不决。如果房屋的价格上涨了，但他们付出的粉刷劳作比较少，那么因此而损失的那种满足的强度，即为它的边际效用。而在该使用量的范围内，对泥水匠的真正需求价格，就是在使用他时愿意支付的价格。

在相近行业的工会中，工人之间既存在着联合又存在着竞争。但是就泥水匠与砖匠等人的关系来说，这其中所表现出来的现象是既有教育意义，又很富有诗意的。不过，在可用来论证连带需求的事例中，有一大部分都是对某原料和工人需求的事例。

3.复合需求

一种商品的需求总量都是由需要它的不同集团的需求组成的。现在，我们要讨论"复合需求"这一概念，并对它在某些生产者所需要的生产必需要素上进行推广。

为了生产出各种商品，各种原料和劳动在很多工业部门都得到了应用。每一种商品都具有它本身的直接需求，而在这种需求中，任何一种被用于生产它的东西的派生需求都可以被分出来。这种东西会在它的各种用途上进行分配。因为这些不同的用途之间是相互竞争的关系，所以与它们相对应的派生需求之间也是互相竞争的关系。但是就同一种产品的供给关系来说，它们又是彼此合作的。

4.连带价格与派生供给价格

连带产品指在同一来源中并存着并且很难被独自生产出来的具有一个连带的供给的产品。如像牛肉和牛皮，或者小麦和麦草那样。在同一来源中并存的那些东西具有一个连带供给，这正像在同一目的上一起使用的那些东西具有一个连带的需求那样。对每个出于同一来源的单一供给来说，从它当中可求出来自它的任何一种东西的派生供给。

在连带产品中，同时生产两者所用的成本与单独生产一个所用的成本，达到完全相等的情况是极不常见的。比如，某个企业所生产的任何一种产品都有市场价值，而用于生产它的特别劳作和费用基本是必需的，但是如果市场对该产品的需求下降了很多，那么这种劳作和费用就会被减少或干脆被省去。在同一生产过程中，如果连带产品中的一个产品毫无价值，而且除去它又不必付出任何代价，那么生产者才不会去想办法改变它的数量。而在这样的场合以外的那些场合，对于连带产品的各自的供给价格，我们根本无法确定。因为，如果可以改变它们之间的比例，而且在改变之后，其中一种产品数量的略微减少不会使其他产品的数量有所变化，那么我们就可以肯定，在整个生产过程中有一部分费用是可以被节省下来的。而这部分费用，就是该产品的边际生产费用，同时，它又是我们所求的供给价格。

不过，这些场合都是例外的。因为，通常在一个企业或一个行业中，人们都觉得运用现有的设备、技术和组织，尽可能地同时制造出几类产品是有好处的。在此场合下，对用于几种用途中的任何一种东西的成本的补偿，是必须由这些用途中生产的成果来补偿的。然而，对这些用途具有的相对的重要性，以及它们借助总成本分配的比例，几乎是没有自然规律来决定的，因为它们很多都是随着市场的变化而转移的。

5.复合供给

复合供给的问题与合成需求这一问题类似。依照替代原理，一种需求的满足一般可通过几种用途中的任何一种来实现。而这些不同的用途之间，是互相竞争的关系。所以，与它们相对应的那些商品的供给之间，也是相互竞争的关系。然而在对需求的关系上，它们却是相互合作的关系，因为需求的总供给由复合供给来满足。

如果决定它们生产的原因基本一样，那么在很多场合中，它们都可以被视为同一种商品。比如，在很多场合中，牛肉和羊肉可被视为是同一种商品的变种。但是在另外的一些场合中，比如在毛皮的供给问题上，它们就必须被分开来对待。但是，所谓的竞争品，一般指生产要素，而不是指制成品。比如，有很多纤维都是可以被用于制造一般的印刷用纸的。正如上面所说的那样，当某种替代品能满足某种需求的时候，几种辅助品的供给就会遭到削弱。

6.诸商品之间的错综复杂关系

各种商品价值之间存有某些关系，其中的许多关系都是错综复杂的，很难一眼看明白。

比如，在炼铁业上，一般使用木炭做燃料。这时，皮革的价格虽然主要取决于铁的价格，

连带产品　保罗·波特尔　油画　1647年

连带产品指在同一来源中并存着并且很难被独自生产出来的具有一个连带的供给的产品。就像牛肉和牛皮都来自和图中一样的牛，我们不可能只饲养出牛肉或者牛皮来。

商品间复杂的关系

各种商品价值之间有着许多错综复杂的关系。比如，棉花的价格变动，一般会使图中的亚麻的价格发生变化，其他同类商品的价格也会受到影响。

但它还受其供求关系的影响。如果它的使用量增加了，它的供给价格就会降低，而它的销售量则会增加。这样下去，它的供给价格就会持续下降。因此，在与其他商品竞争的时候，它的优势就会不断提高，最后它将完全占领这一领域的整个市场。但是，这一准则不是在任何情况下都适合的。

事实上，那些遵循报酬递加规律的商品，在其所在领域的市场上，的确可以长久地充当竞争品。需求的增加会造成完全相反的结果，只不过它必须快速发生作用，使生产与消费相适应。

此外，棉花与棉籽油是连带产品，近来因为棉籽油的加工技术有所改进，使棉花的价格有所下降。而棉花的价格变动，一般又会使毛、麻、布等其他同类商品的价格受到影响。而且，棉籽油与其他同类商品之间的竞争也越发激烈。

第六章

混合企业各部门应分担的费用

本章阐述了混合企业中各部门应该分担的费用有哪些，并阐明了精确分担这些费用面临的极大困难。

1.分担生产费用面临的困难

让我们再次来讨论直接成本与补充成本。在这里，我们要注重在企业的连带产品中分配适宜的补充成本。

在一个企业里，产自于一个部门的某种产品，通常会被用作另一个部门的生产原料。这样的话，只有使用了精密的复式簿记制度，才能将这两个部门的相对赢利给确定下来。但是，一般情况下，人们都是通过主观猜测来大致估算的。

准确计算各种产品的赢利是有困难的，现在举一个事例对这种困难加以解释。船主在分配他的船只的费用时，必须在质量很重和体积很大但质量不重的货物上进行分配。他总是想方设法将这两种货物搭配起来运载。在港口与港口之间的竞争中，凡是只能为体积大的船货或者只能为很重的船货提供服务的那些港口，都处于相对的劣势中。如果一个港口主要出口那些质量很重但体积不大的货物，且所收运费非常低廉，那么它就能引诱生产该类产品的那些工业到自己的周围来。

然而，自由竞争在轮船行业中也是存在的。在轮船的大小、形状、航线及运营方法上，它的抉择权都是很大的。所以，我们在多个方面都可以运用这一原理：在调节某企业的连带产品的相对比例时，我们必须做到，按照这一比例，各种产品的边际生产费用与它的边际需求价格应该是相等的。也就是说，每种船货的载运量都是逐渐向均衡点趋近的。一旦达到了这个均衡点，在正常的情况下，这一数量的运费都可以由它的需求价格做足够的补偿。而在计算这种运费的时候，必须将直接成本（货币形式）以及因长期运输而直接或间接产生的全部补充成本都计算在内。在加工业的某些部门中，计算总成本的时候，先假设补充成本、直接成本与特别工资的份额是成一定比例的，然后再对那些与平均份额有差额的场所进行计算。

当我们将企业补充成本的两个因素，即推销成本和风险保险费在不同部门之间进行分配的时候，一定要对它们做到足够的重视。

如果某厂商生产某种商品，而且他获得的内部经济会随着该商品的增产而增加，那么，即使要付出很大的牺牲，他也要在一个新市场上努力销售该商品。如果他所拥有的资本很雄厚，他生产的商品在市场上的需求量很大，那么，用于推销的费用或许就会很大，甚至要比该商品的直接生产费用大。如果他同时推销的商品有好几种，那么在分配这些费用的时候，他只可能大概估计一下，这年内它们的各种销售量应分担的费用是多少，为它们建立的未来商业往来应分担的费用又是多少。

　　随着经济的逐步发展，在较远的地方推销商品变得越来越方便。因为，它一方面使产品的运费降低了，另一方面使相距较远的生产者和消费者之间建立了密切的关系。虽然这样，在很多行业中，当地的生产者都占据着很大的优势。有了这些优势，他就能在与远方的同类厂商之间的竞争中获胜。在周边地区，他照样能以同样低的价格出售他的商品，因为虽然他的商品的生产费用较高，但它们的推销费用却很低。但是，如果他一直不采用先进的生产方法，时间长了，他将不可避免地在竞争中失败。

船只装载货物

图为19世纪的水城威尼斯，港口的船只正在装载货物，准备扬帆远航。船主在分配船只的费用时，必须在质量很重和体积很大但质量不重的货物上进行分配。他总会想方法将这两种货物搭配起来运载。但准确计算运载各种货物所获的收益是有困难的。

2.风险保险

　　一般来说，商人们都购买有火灾损失险和海上损失险。他们支付的保险费本属于补充成本，但为了计算他们的货物的总成本，必须把这其中的一部分加入直接成本中。任何一种保险都是无法防止企业大部分风险产生的。

　　有时候，风险保险费会被忽略不计；而有时候，它却会被重复计算。当我们在对一个有风

险的企业的平均收入进行计算时，计算因不稳定而带来的费用是必须的，但对风险保险费进行单独计算则是绝对不可以的。

3.再生产成本

在讨论企业风险的时候，我们再一次发现：虽然一种东西的价值和它的生产成本之间是趋向于相等的关系，但是它们相互一致的情况只是偶然才会出现。

当凯雷发现这一点的时候，他曾这样建议我们：不能说价值和生产成本（货币）的关系，而要说价值和再生产成本的关系。

然而，这种建议对正常价值来说是毫无意义的。因为，正常生产成本和正常再生产成本的意思相同，只是说法不一样而已。一种东西的价值和它的再生产成本（而不是生产成本）之间，是趋向于相等的关系。这样说的话，原句的意思并没有改变。再生产成本和生产成本所指的意思是一样的，但前者没有后者使用起来简单。

即便是以那个容易让人接受的事实为依据，要求改变这种说法的论点也是不成立的。而那个事实就是：在少数场合下，一种东西的价值与它的实际生产成本的差额较大，而与它的再生产成本的差额较小。

伦敦大火

1666年9月2日凌晨，伦敦发生了一场大火，火持续烧了4天。多家教堂、公司和民房被焚烧殆尽，伦敦城约1/6的财产毁于一旦，图中描绘的就是当时大火的情景。商人们为防止火灾给自己的企业带来损失都会购买火灾损失险。购买火灾损失险的费用属于补充成本，但为了计算货物的总成本，需要把其中的一部分加入直接成本中。

本章和以下两章主要研究两个问题：产品的边际成本和它的价值之间的关系；边际成本与各生产要素的价值之间的关系。

1. 替代原则的又一例证

本章与以下两章都是在研究时间因素影响的基础上，来对产品价值与成本（包括直接成本和补充成本）之间的关系做进一步的研究。另外，我们还要研究各种产品的派生需求是怎样影响生产要素的价值的。

简单来说，本章和以下两章主要研究以下两方面：产品的边际成本和它的价值之间的关系；边际成本与各生产要素的价值之间的关系。在做这种研究的过程中，我们必须要牢记正常条件和长期结果这两个因素的影响。无论哪一种东西，它的市场价值都可以比它的正常生产成本高很多或者低很多。而无论什么时候，某一个生产者的边际成本都可以与正常条件下的边际成本毫无关系。

任何一个问题的任何一个部分都是不能与其余的部分分开而加以解决的。相对而言，世界上不存在这样的东西：它的需求是不会受到其生产原料或工具的需求影响的。因为，大部分商品的需求都不是直接需求，而是从作为它们的原料或工具的那些商品的需求中得来的派生需求。而这种派生需求，大多是由与它们同作为某种商品的原料或工具的其他商品的供给所决定的。另外，一种可参与生产其他商品的东西的供给，通常受到它的需求的影响是很大的。然而，这种需求是从其成品的用途中派生出来的。

现在，我们不妨来回想一下替代原则的作用。在当今社会中，几乎一切生产资料都要被企业家利用，因为人们的经济力量都是由他们组织起来的。无论何时何地，这些企业家都在对那些看起来最适于他们使用的生产要素进行鉴别选择。最后，他们会选择自己认为总价最便宜的一组生产要素。但是，如果后来他发现这组生产要素并不是最便宜的，那么他将用更加便宜的那一组来替代。

当然，这一原理在发挥其作用的时候，也并不是不受阻碍的。它可能会受到以下的阻碍：人们的行为习惯或社会的法律法规，社会的偏见或公会的规章，企业家缺乏责任心等。然而，这一原理始终都发挥着它的作用，一直影响着当今社会的所有经济活动。

比如，对某些田地劳作来说，更适合使用马力；而对另外一些田地劳作来说，却更适合使用蒸汽动力。我们可以假设，现在，无论是马力还是蒸汽动力，都无新的改进。再假设，根据以往的经验，农场主慢慢掌握了替代原理。那么，他就会逐渐扩大蒸汽动力的使用范围，直至多用一点蒸汽动力以替代马力无法获得纯利益为止。但是，这里将有一个边际留存，蒸汽动力和马力在该边际上都可同样使用，而且它们各自获得的利益与各自支付的成本是成比例的。

如果现在有两种方法可达到同一种结果，其中一种方法用的是熟练的劳动，另一种方法用的是生疏的劳动，那么，最后被采用的方法肯定是成效比成本高的那一种。在这里，也将留有一个边际。这两种方法在这个边际上都可同样使用，而且每种方法所得的成效与它所付出的成本是成比例的。也就是说，熟练劳动和生疏劳动的报酬比例与它们在那一边际上的成效比例是相等的。

2.纯产品的定义

纯产品指企业家的总产值的纯净增加利益。每个企业家都会从他自身的才干出发，尽力去弄清楚他使用的各种生产要素的相对成效，以及它们的替代品的相对成效。同时，他还会尽力去估算增加使用任何一种要素可能会带来的纯产品的数量。这里所说的"纯"，指减去因为生产要素的增加而间接引起的其他额外花费，然后再加上由此而来的其他节约。另外，他还尽力使每一种生产要素的使用都达到这样一个边际，在该边际上，它的纯产品要等于或低于他对它必须支付的价格。纯产品就是产品质量或产品价值的增加利益。除非是在特殊的场合，纯产品是不能和其余的产品分开的。

蒸汽犁

图中是用汽力做动力的蒸汽犁。某些田地适合使用马力，另外一些田地却适合使用蒸汽动力。假设马力和蒸汽动力都无新的改进，如果农场主掌握了替代原理，他就会逐渐扩大蒸汽动力的使用范围，直至多用一点汽力以替代马力无法获得纯利益为止。

3.报酬递减规律的普遍性

任何生产要素的过度使用，都会引起报酬递减这一规律。同样的，随着投入到土地中的资本和各种劳动的增加，能得到的报酬便会逐渐降低。

如果某一个生产要素的边际使用了这一概念，就可以说，由于它的使用不断增加，所以引起了报酬递减这一规律。

我们甚至可以说，在企业的任何部门中，任何手段的过度使用，都会引起报酬递减这一规律。在古典经济学上，有一个规律非常著名，那就是报酬递增规律。它主要适用于粮食作物

报酬递减规律 梵高 油画 1854年 哥德堡艺术博物馆藏

图中是梵高绘制的橄榄树果园。如果农场主将他的资源在不同的耕作计划上分配不合理，假如他在橄榄园里投入的资金多余计划，他所能获得的报酬将呈现逐渐降低这一规律。

上，却并不适用于任何一种特定的作物上。根据这一规律，农场主往往会在他的土地上种上最适宜的作物，并且会对这些作物的相对需求做出考虑。另外，他会合理分配他的资源，以满足各种不同用途的需要。因为有这一规律的指导，农场主在做这些工作的时候，才表现出了足够的谨慎和聪明。这一规律所指的国家，是所有土地都已被现实的企业家所掌控的那些国家。只要这些企业有正当的理由，他们就可以借助银行贷款来弥补自己资金的不足。由这一规律可知，在这些国家里，随着农业总投资的增加，普通农产品的报酬将逐渐降低。该论点与下述论点虽然有某些相似之处，但在本质上是不同的。这一论点认为：如果某个农场主将他的资源在不同的耕作计划上分配不合理，那么在那些使用过多支出的计划方面，他所能获得的报酬将呈现逐渐降低这一规律。

比如，在某些特定的场合下，最适于耕地的支出额和最适于施肥的支出额是成比例的。就这个问题而言，可能存在着一些分歧并不大的意见。一个无耕种经验的农场主，他也许会把一块地耕很多遍，却没有或者施了过少的急需肥料，这样，就必然会引起报酬递减规律。这一结果是由误用资源造成的，它与以下这一规律是没有丝毫关系的。即：在一个早期的农业国家里，由使用适宜的资源的一般增加而引起的报酬递减这一规律。

4.固定资本的收入与流动资本的收入

"利息"与"利润"两词直接适用于流动资本，而根据特定假设只间接适用于生产资本。如果生产者个人的资源采取一般购买力的形式，则他将使他的每一种投资都达到那一边际，在该边际上，他从它中所预计的纯收入不再比他从其他的投资中所能得到的纯收入高。如果他将投资用于原料和劳动上，并且该投资马上在某种可出售的商品上体现了出来，那么他的流动资本将由所销售的产品来补充。但是，这种投资又被他推到这样的边际，在该边际上，再增加多少投资都是得不到丝毫利益的。

如果生产者将投资用于土地、牢固的建筑物、耐用的机器上，他最终所得的收入与他的预计收入之间存在着很大的差额，而这取决于他所生产的产品的市场。因为随着新的发明或时兴样式的改变，市场的性质也会随之改变。如此，就他个人的看法而言，他从土地和机器的投资中分别得到的收入是有差别的。造成这种差别的主要原因是：土地比机器的寿命要长很多。然而，从普通的生产来看，这种差别产生的主要原因是：土地有着固定不变的供给，机器却有着随意的供给。对生产者个人来说，这种差别是有一定作用的。这是因为，如果没有巨大的新发明产生，他的机器就不会被当作废物，又因为由这些机器生产出的商品在市场上的需求是稳定的，他在出售这些商品时，给它们定的价格几乎与它们的生产成本相等。但是，他的机器将会一直给他带来正常的利润（机器的折旧费除外）。

这么一来，利息率就成了一种连接两项货币额的比率。如果这些资本是自有资本，并且这项货币额或者它所具有的一般购买力是确定的，那么用特定的比例，我们就能将该资本的预计纯收入与该项货币给表示出来。然而，如果自由资本已投资于某种特定的东西上，那么除了可还原它预计的纯收入的资本外，照样没办法确定它的货币价值。所以说，资本所取决的这些原因，在某种程度上与地租所取决的那些原因是类似的。

　　如果生产者将投资用于像图中这样的牢固建筑物上，他最终所得的收入与他的预计收入之间存在着很大的差额，而这取决于他所生产的产品的市场。因为，随着新的发明或时兴样式的改变，市场的性质也会随之改变。

　　现在，我们已接近该部分经济学的中心论点了。这一论点是："那些被视为自有资本、流动资本、新投资的利息的东西，实际上，如果被视为是旧投资的一种准租，将会更为准确一些。但是，在流动资本与固定资本之间以及新投资与旧投资之间，都没有严格的界限。因为，随着时间的推移，每一组投资都有可能渐渐转变为另外一组投资。即便是地租，我们也不视其为一种单独的东西，而是视其为一种存于一个大类中的主要东西。但它确实有自己独特的特点，而且无论从什么观点来看，这些特点都非常重要。"

5.借租税转嫁说明价值问题的理由

　　有这样一个一般原理：如果说有一种税收，是附加在为他人生产的商品或者提供的服务的那个东西上，那么，这个税收可能会导致生产量减少。这样的做法是将大多数的租税向前转嫁给了消费者，剩余的小部分向后转嫁给了生产者或者出售者。自然，无论什么东西的消费税都会或多或少向后转嫁给生产商品的人。

就长期来说，产品的价格在补偿补充成本和直接成本上，都是一样重要的。正如无法使每日所用的原料和燃料的价格得以补偿一样，某工业如果无法为投入到发动机的资本提供很低的利息，那么该工业在长期内是必然会倒闭的。我们知道，如果一个人没有食物可吃或者被束缚住了手脚，那么他就必须要停止工作了。如果一个人无饭可吃，他能继续工作一天；但如果他的手脚不自由了，那他马上就无法工作了。同样的，在一年或一年以上的时期内，一种工业是能非常活跃的，尽管这期间内所获得的收入并不多，而且又必须白白使用那些机器设备。然而，如果产品的价格大幅度下跌，致使该工业连原料、燃料、工资等费用都无法支付时，它的生产就必然会马上被迫停止。

那些被看作是地租（或准租）的收入与那些被看作是当前投资的利息（或利润）的收入之间，存在着本质上的区别。但这种区别，也仅为程度上的区别。在生物学上，已有证据证明，动物与植物来源于同一事物。但是，我们知道，哺乳动物与树木之间的区别是本质上的区别。然而，从狭义上来说，同属植物的橡树与苹果树之间存有本质的区别，甚至同属蔷薇科植物的苹果和蔷薇之间也存有本质的区别。由此，我们可得到这样一个中心论点：尽管地租不是单独存在的东西，而是存在于一大类中的一种，但是自由资本的利息也会渐渐与旧投资的准租融合到一块。

严格来说，纯粹意义上的地租是十分罕见的。因为在物质社会和精神社会里，纯粹这一因素都未曾与其他的因素分开。从任何土地中获得的收入，几乎都或多或少地包含有一些重要的成分。而这些成分，又都产于投入建造房屋、大棚、排水沟等方面的那些劳动中。

经济学家知道，资本这一要素在几乎所有实际使用的土地中都有包含。人们从投入土地的劳动中获得的那部分价值，需要与从其他方面获得的价值分开来论证。在对一般意义的地租进行研究的时候，我们需要把这些论证的结果综合起来。综合论证的方式是由问题本身的性质决定的。有些时候，只将机械上的力合在一起就足够了，另外一些时候，我们不得不慎重考虑各种力量之间的相互作用。但是，当问题很重要或者其涉及的范

补充成本与直接成本一样重要

就长期来说，产品的价格在补偿补充成本和直接成本上一样重要。一个企业如果无法使每日所用的原料和燃料的价格得以补偿，或者无法为投入到发动机的资本提供很低的利息，该企业在长期内必然会倒闭。图中是喷气式飞机的发动机。

围非常广时，我们就必须重视生物学上所说的增长这一概念。

6.稀有地租与级差地租

就某种意义而言，所有的地租既是稀有地租，又是级差地租。在一些场合下，将同样适用于某种生产工具的某特定生产要素所带来的收入与边际要素所带来的收入进行比较，根据这一

比较结果来对该特定要素的地租进行计算是很便利的。但是，在另外的一些场合，则需要对商品的需求和该要素需要的那些资料之间的关系加以直接考虑。

例如，我们假定，所有的陨石都坚硬无比，不易被用坏和毁坏。我们再假定，这些陨石都被某一个人掌握着，而且他不会用垄断来限制生产。这样的话，陨石的服务价格就不会被人为地提高，而每块陨石则能最大限度地发挥它的作用（也就是说，每块陨石都可达到它的有利使用边际，致使产品的出售价格只能为一种，这种价格足以使它的费用和利润得到补偿，但没有

地租收入与利息收入的区别

地租收入与利息收入之间，存在着本质上的区别。这同橡树与苹果树的区别是类似的。从狭义上说，图中的几棵橡树与同属植物的苹果树之间有本质的区别，甚至同属蔷薇科植物的苹果树和蔷薇之间也有本质的区别。

地租的计算

当使用稀有或级差的办法来计算地租时，我们不考虑劣等生产要素。无论图上的土地肥沃或者贫瘠，我们都能很明白地对土地的各种有利用途的级差进行比较。

丝毫的剩余）。在这样的场合下，陨石的服务价格取决于它们那稀缺的服务总量与对那些服务的需求之间的关系。而总的剩余额或者地租，就会被视为这种稀缺价格与陨石的总使用费额之间的差额。所以，地租就往往被看作是稀有地租。然而，相反的是，它还可以被视为陨石纯服务的总价值与它们达到边际用途后的总价值之间的差额。如果陨石被掌握在不同的生产者手里，而这些人又会把每块陨石都用到无法再获利的边际上，以使自己在市场竞争中获胜。那么，这时，上述论点也是同样适用的。

我们之所以使用上述事例，主要是为了说明这样一个事实：当使用稀有或级差的办法来计算地租的时候，我们是不考虑劣等生产要素的。这是因为，无论按优等陨石的生产边际使用，还是按劣等陨石的生产边际使用，对陨石的各种有利用途的级差比较方面，都是能够很明白地进行的。

据此看来，以下这一观点不但是非常错误的，而且是完全有悖于真理的，即：劣等土地或其他生产要素的存在有助于提高优等地租。这是因为，如果某地的劣等土地被水淹了，并且不能再用于生产任何东西，那么这里的其他的土地就会被更加珍惜，从而使它们的耕作更加集约化。因为，当该地产出的农产品产量较少时，这些农产品的价格就会有所上涨，但是当地的地租却通常都会增加。

农户总是设法减少自己应承担的租税，并通过提高农产品的价格将减少的那部分转嫁到消费者身上。然而，价格的提高会造成需求的减少，这对农户又起到了相反的作用。

1.时间因素的作用

现在，让我们把研究的目标转向土地。首先，我们先来研究一下一个早开发国家的农业土地。

我们假定，在英国爆发了一场应该不会持续太久的战争，而这中断了英国的部分粮食供应。那么，为了提高农产品的产量，英国人势必会想尽一切办法将收效很快的那种资本和劳动投入到农业生产中去，比如使用人工肥料、碎土机等等。这些投入的效果越好，第二年农产品的价格就会上涨得越少。但这种价格，被他们视为是他们在这方面增加投资是值得的必须价格。而对于他们那些没收到成效的改良措施，战争几乎是产生不了什么影响的。

但是，在对那些支配短期谷物价格的原因进行研究时，就像自然肥力一样，我们必须将土地因自身的逐步改良而获得的肥力看作是既定事实。这样，从永久性改良获得的收入，就会超过为增产而增加的那部分主要成本（或特殊成本），从而提供一种价格剩余。然而，这种剩余不是等同于地租的真正剩余。也就是说，它不是超过总成本的那种剩余，而是使企业的一般成本得以补偿的那种剩余。

更准确地说，如果土地所有者通过改良土地而获得了一些额外的收入，而且他视这些收入没有包含任何的利益，而这种利益是从社会的普遍进步而来，而不是由他的劳动所决定的，那么对于全部额外收入来说，它们照样是需要补偿他的那些劳动的。而他也许会过高或过低地估计这些额外收入。但是如果他做了正确的估计，他若发现将来是能获得利益的，他就会考虑进行这种投资。如果没有任何相反原因出现，我们就可以肯定他一定会这样做的。就长期而言，以平均收益来计算，从投入土地的资本中获得的纯收益，不会比这种投资所要求的适当收益高。如果预期的收益比实际计算的收益低，那么人们就会减少这些改良。

如果进行的改良能充分发挥其作用需要很长的时间，那么从其中所得的纯收入，就是用来补偿改良者的劳动而需要的价格。而改良所用的费用，就会被算入边际生产费用中，并使其在决定长期的供给价格上发挥作用。然而，如果所进行的改良能充分发挥其作用需要较短的时间，那么从中获得的纯收入，则是用来补偿因改良而产生的正常利润，但是它对供给价格不会有直接影响。所以，如果是在短期内，这些收入就能被视为一种准租，而这种准租是由产品的价格决定的。

因此，我们可以得出以下四个结论。

结论一：供求的一般情况，决定着农产品的产量，也决定着耕作边际的位置（即在这边际，在优势土地和劣等土地上投入资本和劳动都是有利可图的）。也就是说，它们一方面取决于需求（消费农产品的人数）和人们的购买力；另一方面取决于供给（即可用土地的面积和肥力）和耕作的人数及可用资金。而生产成本、生产边际、需求强度、产品的价格之间都是互相影响、互相限制的。

结论二：那部分被用作地租的产品，也是要拿到市场上出售的，而在影响价格方面，它与

战争对粮食生产的影响

　　图为英国舰队击败西班牙"无敌舰队"的场景。战争中断了英国部分粮食的供应。为了提高农产品的产量，英国人会想尽一切办法将收效很快的资本和劳动投入到农业生产中。这些投入的效果越好，第二年农产品的价格就会上涨得越少。

产品的其余部分是相同的。但是，它对产品需求的一般情况，以及供与求之间的关系，是没有什么影响的。地租的数量是不起支配作用的，而它本身则取决于土地的肥力、生产边际和产品的价格。它等于从投入土地的资本和劳动中所获得的收入总额减去它们在不利的生产边际上所获得的收入总额。

结论三：在计算不属于边际成本的那部分生产成本时，必须要把地租的费用加入在内。但是，当为了说明农产品的价格取决于什么原因的时候，这种计算就会导致循环论了。因为，那些造成一种结果的整体原因，被视为了造成此结果的部分原因。

结论四：确定边际生产成本不会导致循环论，而如果确定产品其余的生产成本就不是这样了。那种在资本和劳动的有利生产边际上的成本，就是能使全部农产品的价格趋向于它的这种成本，只要是在供求一般的情况下。而这种成本虽然并不能支配价格，但它将那些支配价格的因素集中了起来。

曾经有人这么认为：如果所有的土地利用起来都一样方便，而且都已经被人们占据并使用了，那么从土地中取得的收入就具有类似于垄断地租的性质。而占有土地的那些人，为了制约生产，一定会竭力联合在一起，而不管各自的土地的肥力是不是一样。这样做了之后，农产品的价格就会有所提高，而该价格就叫作垄断价格，从土地中取得的收入就叫作垄断收入，而不叫地租。然而，在自由市场中，从土地中取得的收入就是地租。而且，无论一个国家的所有土地的肥力是否一样，它的地租都取决于一样的原因和方式。

我们知道，如果人们能得到一些肥力基本一样的土地，并且这些土地除了足以满足人们的投资需要外，还有极大的剩余，那么，它就不会提供地租。不过，这也仅仅是阐述了一个存在已久的矛盾。这个矛盾是：如果水资源的供给是源源不断的，那么它就不具有市场价值。这是因为，水虽然是人们生存必需的物质，但由于它的丰富使每个人的需求都能很容易达到充分的满足，以至于再多得到一些水对他丝毫无用。如果村民们人人都有一口水井，并且每个人所需要的水都能从自己的水井中得到足够的满足，同时他所付出的劳动并不比从邻人的井水中取水而用的劳动多，那么，这些井水中的水也同样不具有市场价值。然而，在大旱之年，浅井中的水都枯竭了，深井中的水也很短缺，那么井中无水的人就不得不向井中有水的人购买水。这样，后者就可以向前者收取水费，前者越多，后者能收取的水费也就越多，而且后者或许就会把自己的井当作是一个提供收入的长期来源。

苹果杧

图中是酷似苹果的苹果杧，它有抗菌消炎等作用。种植的部分苹果杧会被当作土地的地租。但被当作地租的那部分苹果杧，也是要拿到市场上出售的，在影响价格方面，它与其他部分的苹果杧是相同的。

同样的，土地的稀有价值逐渐产生于一个新开发的国家里。在这个国家里，最早的那个移民与其余的人一样，没有任何的特权，他也只能做一些其他人可以做的事情。在对土地进行改良的过程中，他经历了很多的困苦，也冒了很多的风险，但终因土地质量太差，他可能只得放弃对它的改良。而也可能有相反的结果，那就是他的改良很成功。在这样的情况下，许许多多的人都会被吸引过来，而他的土地的价值就会迅速得到提高，这种价值除了补偿所付出的劳动的正常价值外，还有一些剩余。而这种剩余，只可补偿他所冒的风险。他曾从事的那种事业，有一定的风险；而他曾付出的劳动，却得到了很高的报酬。他的所作所为，是任何一个人都能做到的，所以如果别人也这么做了，或许也会得到与他相等的收获。

因此，他会把预期从土地中得到的收入，加入他的计算中，而且，他不会再犹豫要不要继续对土地进行改良，而会下决心继续他的事业。如果他是用自己的双手进行改良的，那么他就会把那种收入视为其所付出的资本和劳动而应得的补偿。

通常，任何一个移民在占有土地后，总会这样认为，在占有土地期间，从土地中所能获得的收入，将不能使他所付出的劳动得到足够的补偿。

稀缺度决定水价格的高低

图中是用柠檬调的柠檬水，它具有较高的价值。水是人们生存的必需品，但如果水资源的供给是源源不断的，那么它就不具有市场价值。但如果在干旱等特殊场合，水就具有很高的市场价值。

这样他就会在土地本身的价值上寄托他的一部分报酬。因为或许不久之后，他就可以把他的土地卖给那些还没有土地的后来移民。有时候，他也许会视自己生产出的小麦为一种副产品，而把主产品看成是一个农场，因为他对自己改良的土地具有所有权。他或者会认为，土地的价值将会持续上涨，而造成上涨的原因，不是自己的劳动，而是社会的日益安定和繁荣，资源的不断增加以及市场的逐步发达。

在通常情况下，垦荒除非能提供一种足够高的报酬，否则是不会让外来人心甘情愿去经受劳作的艰难困苦的。同样的，矿主们除非能提供一种足够高的工资，否则是无法吸引矿工们到一个远离文明的荒野之地的矿场工作的。在这些矿场里，矿主们都期待从矿工的劳动中获得高额的利润。同样，在一个新开发的国家，移民们都希望从垦荒中获得高额的报酬。在免费占用土地期间，移民们只会将对土地的利用达到这一边际，在该边际，土地所提供的收入只够补偿他们付出的资本和劳动，而不会有任何的剩余，以避免支付地租。但是，如果占用土地是要付费的，那么移民们则会将对土地的利用达到另一边际，在该边际上，从土地中获得的收入，除了可

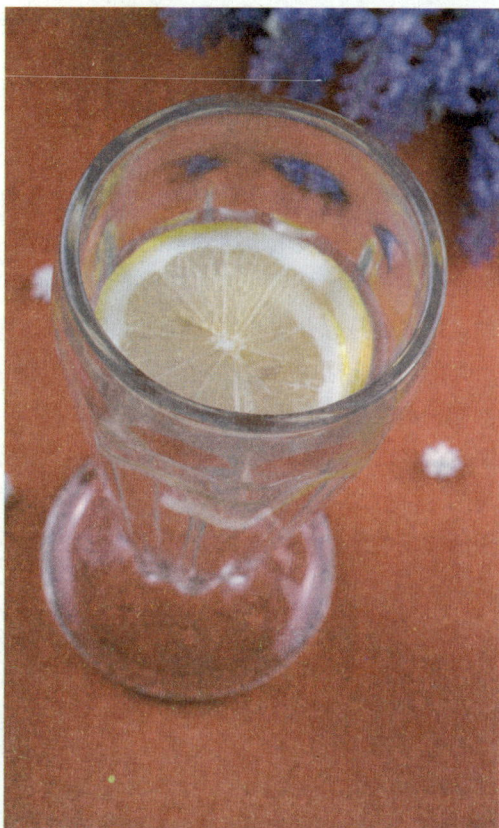

补偿他们付出的资本和劳动，还有一定的剩余，以补偿应支付的费用。

2.土地是资本的一种形式

就生产者个人来说，土地不过是资本的一种特殊形式。一个农民在耕种某一地段的土地时，有没有使该段土地达到它的最有利使用边际，是一个很重要的问题。他是尽力使用好现有的这块土地，还是另外再多耕种一块土地这样的问题，其实在本质上与以下的这个问题是一样的。即：他是想办法利用现有的工具多做一些工作，还是应该购买一件新的工具。他会把从多耕种的那块土地中所得的纯产品，与从其他的用途上用同样多的资本能得到的收入进行比较。同样，他会把从利用旧工具获得的纯产品，与此同时利用新、旧工具获得的纯产品进行比较。而对这样的一部分产品，即他不知道是因为额外使用了旧的工具，还是因为利用新工具而生产出的这部分产品，我们可以说它是从工具的边际利用而来的。而这种利用，丝毫不能增加工具所能提供的纯收益。也就是说，工具经过磨损后，却什么收益也没带来。

北美庄园

图中是早期北美移民建造的庄园，屋子四周是他占有的土地。北美移民在占有土地后，可能会认为在他占有土地期间，从土地中获得的收入，并不能使他付出的劳动得到足够的补偿。他会在土地本身的价值上寄托他的一部分报酬，以期望将土地卖给后来的移民。

类似的情况，比如一个厂商，如果他拥有土地和建筑物，他就会认为它们与他的企业是密切相关的。在企业建立的初期，他从土地和建筑物这二者中获得了足够的帮助和方便。但是后来，他对这些帮助和方便越来越不满足，总是力求获得更多一些报酬，结果引起了报酬递减这一规律的出现。以至于他开始很不满自己企业的现有规模，并且认为只有扩大规模才能继续生产。但是，在他决定扩大规模的时候，他会有这样的犹豫，即：是在一块新土地上另盖一间厂房，还是在原来的土地上将厂房进行加盖。同时，他会把从这二者的投资中所能获得的纯收益进行比较。而他从额外使用现有的设备中所获得的那部分产品，并不能使这些设备提供更多的纯收益。在该论点中，尽管不知道这些设备是人造的还是天然的，但是对于地租和准租，它们是同样适用的。

从社会的角度看却是有差别的。一个占有农场的人代替别人对某些土地进行使用，从而使别人可使用的土地减少了。但是，如果他在改良土地或建造房屋上进行投资，则不会使别人的投资有明显的减少。所以说，土地与人造设备之间，既存在着共同之处，也存在着不同之处。它们之所以相同，是因为在一个开发较早的国家里，土地的总量一般是固定不变的；而从短时期来说，有些设备的总量也是固定不变的，因为它们的生产比较麻烦，需要耗费的时间比较长。而造成它们存在不同的原因，就是人造设备的总量是可以根据市场的需求随时增减的。由此可见，在短时期内，对从使用这些设备而获得的收入和真正的地租这两者来说，它们与生产出的产品的价值之间有着相同的关系。

农民转嫁租税

农户总是设法减少自己应承担的租税。如果农户在土地上种植了小白菜，他会通过提高小白菜的价格将减少的那部分租税转嫁到消费者身上。但小白菜价格的提高又会造成其需求的减少，这对农户又起到了相反的作用。

3.特别税、准租与单一农作物的关系

农户总是设法减少自己应承担的租税，并通过提高农产品的价格将减少的那部分租税转嫁到消费者身上。然而，价格的每次提高都会造成需求的减少，这对农户又起到了相反的作用。要想知道这种转嫁究竟有多少，我们就需要对有利支出的边际进行研究，而不管它是运用在优等土地上还是劣等土地上，也不管它是运用在远离市场的地方还是人口稠密的地区。

当靠近耕作边际时只生产了少量的谷物，即使农户获得的纯价格下降，也不会造成谷物的供给大量减少。所以，对消费者来说，他支付的谷物的价格不会剧烈上涨，他承担的租税是有限的。然而，超过生产成本的那部分谷物价值的剩余则一定会有所减少。对农户来说，如果他耕种的土地是自己占有的，他就必须承担大部分的租税；如果他耕种的土地是租来的，他可以只承担少量的地租。

但是，当靠近耕作边际时生产了大量的谷物，在租税的影响下生产就会锐减，从而引起价格的上涨，价格的上涨又会阻止生产的锐减。所以，如果农户进行的是集约式的经营，那么，地主承担的地租就会减少很多。

因此，一种税收要想制约土地的耕作或农场用房的建造，它就会被转嫁到农产品的消费者身上。而对来自土地的自然条件的那部分年价值征收的税收，唯有地主独自承担。土地的这种年价值，一般被称为土地的"原始价值"或"内在价值"。另外，我们可以称土地的年公有价值为"真正地租"。

我们对土地真正征收税收，依据的不是土地所有者对它的使用的特殊性，而是土地本身具有的一般能力的大小。我们把土地的耕种者根据土地的能力尽力正确使用土地而获得的那部分产品，叫作土地的纯产品。

如果由于一种先进的耕种方法的使用，使土地的潜力得以开发，从而使产品的纯收入有所增加，以至于除了补偿正常的支出与利润以外，还有很大的剩余，那么纯收入与正常利润之间的差额，也包括在真正地租的范围之内。然而，如果土地所有者发觉对真正地租征收的特别税非常沉重，他们也许就会放弃对土地进行改良。

在不同的工业部门之间，存在着对生产原料和工具的竞争。同样的，在不同的农业部门之间，存在着对同一块土地的竞争。农户通常会犹豫在他的某一块地上，究竟是种植蛇麻好，还是种植另外一种农作物好。因此，这块土地就成了各种农作物争用的对象。

与各种不同作物竞争同一块土地有关的租税，是我们现在应该考虑的内容。我们假定，对蛇麻征收的税不是地方税，它种在任何地方都必须纳税。但是，农户仍然可以逃避一部分税，具体办法是：一、分散蛇麻的种植地；二、减少蛇麻的种植面积，用另一种作物来代替。如果他觉得种植无须纳税的另一种作物所获得的收入，要比种植必须纳税的蛇麻所获得的收入高，他就会选用第二种方法。当他下定决心减少蛇麻的种植面积时，他主要考虑的是从其他的种植地（比如燕麦地）所能获得的生产剩余。尽管如此，这种剩余或者地租与蛇麻的边际成本之间的关系，也不只是简单的数量关系。尽管种植蛇麻是必须要纳税的，但如果某一个农户以前在某一块土地上种植出了优质的蛇麻，他会认为在它上面种植蛇麻是最好的。同时，在对该方面进行投资时，他会做一些适当的控制。

农作物对土地的争用

图中是农户常选择种植的蔬菜茄子。农户通常会犹豫在一块地上种植茄子好还是种植棉花等其他农作物好。这块土地就成了各种农作物争用的对象。如果种植茄子可以少交租税，他就会优先考虑在这块土地上种植茄子。

耳环

　　图中是用黄金制造的珐琅耳环。当用于生产这种珐琅耳环的生产设备可用来生产另一种获利较高的商品时，这些设备就会转向第二种商品的生产中。珐琅耳环的供给就会暂时减少，它的价格则会上涨。

　　当蛇麻的价值上涨时，对蛇麻的供给往往就会有所限制。如果对蛇麻的需求不存在什么弹性，并且在不需要缴纳特别税的地区同等质量的蛇麻又不便于运送出去，那么，蛇麻所上涨的价格几乎是全部的税额。这时，对蛇麻供给的限制就会减弱，从而使蛇麻的种植面积恢复到了征税以前的水平。如果不能在全国可以种植优质蛇麻的绝大部分地区都普及地方税，那么蛇麻的种植就会逐渐转向不需要纳税的地区。这样会造成当地税收减少，农户损失增大，消费者在购买蛇麻时也要支付更高的价格。

　　当用于生产一种商品的生产设备可用来生产另一种获利较高的商品时，这些设备就会转向第二种商品的生产中。第一种商品的供给就会暂时减少，它的价格则会上涨。如果生产设备适用于多个生产部门，我们就要根据这些设备转用于其他部门的程度，来计算各部门的边际成本经受的影响的大小。由于价格在较高的价值下才能达到均衡，所以虽然报酬是逐渐降低的，其他生产要素用于第一个部门的强度是增大的，但它的产品价值却是提高的。这种价值之所以能提高，是因为外部需求的增多使设备的获利能力提高了。它边际成本的提高，是由于外部需求的增多，使原来的生产部门的生产设备减少了。从表面看来，这种论断似乎也可以这么说：设备的获利能力增加的那一部分，应该被算入支配价值的成本中。但是，这种说法是不正确的。因为，第一种商品提高的那部分价值，与生产设备在第二个部门中获得的那部分收入之间，不存在直接的或数量上的关系。

　　同样的，如果用于生产某产品的工厂是需要纳税的，那么这些工厂的一部分就会转于生产其他不需要纳税的产品。所以，在短时期内这种产品的边际成本，它的产品价值以及工厂的纯租税都会降低。然而，在数量上这些降低又是有区别的。所以，产品价格的降低与地租（或准租）的降低，这两者之间是不存在数量上的关系的。

　　但是，无论是就长期而言还是就短期而言，这些原理在矿山上都是适用的。我们通常将矿山的使用费称为地租，但它并不是一种地租。这是因为矿山不是无穷无尽的，在它的收入与直接支出之间的差额中，有一部分必须被看成是待售储藏品（以前属大自然的公有物，现在成了某些人的私有品）。所以，矿山的边际供给价格，不但包含了采矿的边际费用，还包含了矿山的使用费。对矿山所有者来说，他们是期望矿山使用费能按时取得的。因为这其中的部分原因，矿山所有者与租用者在订立合同时，一般都会表明，租用者不但要支付使用费，而且还要支付地租。然而，如果能正确调节一吨煤所收的矿山使用费，就可以说明矿山的价值已经下降了一些，而这种下降是因为自然界中减少了一吨煤。

边
际
成
本
和
城
市
土
地
价
值
的
关
系

在所有的场合中，土地集约使用的有利边际，都因土地需求的不断增加而发生改变。由于供求一般关系的影响，这些成本与土地价值之间是相互一致的。

1.位置对城乡土地价值的影响

当我们按农产量来计算来自自然界的收入时，所得结果总不能随着投入农业中的资本和劳动的增加而有相应比例的增加。但如果农业高度集约化的经营是由附近地区非农业人口的增长造成的，那么，农产品的价格几乎都会因人口的密集而上涨。当我们按农产品对生产者的价值来计算来自自然界的收入时，这种影响与报酬递减规律的影响是相互对立的，而且该影响一般都会更大一些。农户在社会生活中可享受到各种便利，使他能够贵卖贱买，因为他不仅可以找到良好的销售农产品的市场，还可以找到良好的购买生活必

需品的市场。

　　与因工业的普遍进步而产生的外部经济相比，各工业的内部经济几乎不值得一提。在决定企业所能利用的外部经济的程度上，一个企业的位置起着巨大的作用。如果企业附近交通便利，或者附近富有居民变得更多，致使某地基的位置价值有所提高，那么，工业环境的变动就会最大限度地影响到生产成本的改变。

　　我们假定，对两个同一行业的不同企业来说，除了位置上的差别之外，它们在各个方面具有的便利都是一样的。我们再假定，第一个企业的位置比第二个企业的位置便利。那么，在运费方面，第一个企业支付的就会少一些。而减少的这部分，是因它的位置便利引起的。另外，位置上的其他便利，比如第一个企业非常靠近适于它的劳动市场，同样能转化为货币价值。如

农产品价格受人口密度影响　安布罗乔·洛伦泽蒂　壁画　1338年

　　图中显示出这个市区人口繁多，这些繁多的人口会使附近地区的农产品价格上涨。但如果我们按农产量来计算来自自然界的收入时，所得结果总不能随着投入农业中的资本和劳动的增加而有相应比例的增加。

果把这两种便利换算成货币价值并相加起来，我们就能得到第一个企业在位置上的便利所具有的货币价值。如果第二个企业不存在位置价值，它的地基价值就等于农业土地本身的价值，那么，这种价值也就是它的特殊位置价值。

从有利的地基上，我们可获得一种特殊位置的地租。一块建筑用地的总地基的价值，等于在市场上出售的不包括建筑物的土地的价值。简单但不准确地来说，所谓年地基价值，就是价格在当前的利息率下所获得的收入。当然，这种价值确实比地基的特殊价值要高，高出的数额与土地的价值是相等的，而它通常又是可以忽略不计的。

2. 位置价值的例外场合

尽管大多数位置价值都是公有价值，但还存在着一些例外的场合。有时候，一个城市或者一个地区的住宅，是在遵循商业原则的条件下设计的，并且是在一个人或一个建筑公司的投资下建成的。引起经济效率增长的一个原因，是居民的稠密聚集。这种效率产生的利益主要归土地占有者所有。不过，投资开发新地区和新城市的人的主要期望，是追求商业成功。

在很多场合，来自土地的年收入（即超过农业地租的那部分收入），都不应该被视为地租，而应该被视为利润。这对凡是能提供高额地租的土地都是适用的。因为，

投资修筑铁路　梵高　油画　1890年

　　这是一幅描绘乡村景色的图，图中一条铁路从村中横穿而过。当一群土地所有者联合修筑一条铁路时，他们并不期望从铁路运输中获得的纯收益可以补偿修筑铁路的花费。但他们在铁路附近的土地价值却会因此提高很多。

在这些场合中，存在着极大的风险，同时潜藏着高额的利润。任何一种商品的冒险费必须包含于正常的生产费用中。

当一群土地所有者打算联合修筑一条铁路时，他们并不期望从铁路运输中获得的纯收益可以补偿为修筑铁路而花费的成本，但是，他们的土地价值却会因此提高很多。尽管投资没有直接用在土地上，而是用在了修筑铁路上，但它毕竟使土地得到了改良。所以，土地所有者增加的那部分收入，应被视为是因土地的改良而获得的投资利润。

类似的例子还有：土地所有者计划建立主要的排水工程，以及改善农业或城市用地时，所使用的一切费用都是他们自己的，而不管这些费用的来源。再比如，一个国家用于建立社会政治组织，普及义务教育，以及开发自然资源等进行的投资。

由此可见，在很多场合中，对土地等自然品所做的环境改善，有一部分是因为土地所有者故意投资以提高土地的价值而产生的。就长期而言，我们可以把因此而增加的收入的一部分当作利润。但在另外的一些场合下却不能这样。因为，从自然品中获得的增加的收入，不是由土地所有者的特殊支出造成的。在这些场合下，这种增加了的收入应被视为地租。

而这些场合，在以下这种情况下就会出现。即：在某个新开发城市的郊区，一个占有几十亩土地的人，对它们进行开发以用于建筑工程时。在建筑开始前，他会进行如下设计：在哪里修筑马路，在哪里建造相连的房屋，在哪里建造单独的房屋，使用什么样的建筑式样等等。他或许还规定好了每一种房屋的建筑费，以便使它们既美观又经济。他进行的这一系列创造的集体价值，具有类似公有价值的性质。但是，它大多是由公有价值决定的，并且得自于附近城市的繁荣和发达。他预计的那部分价值，不应当被视为是私人对公有价值的占有，而应当被视为是企业应得的正常报酬。

对这些例外场合，我们必须要考虑。同时，我们必须遵循这样一个准则：每块土地上所建造的房屋的数量和性质，一般都是在遵守当地建筑法的前提下，按照土地所有者的预计情况得出的最好结果。也就是说，在建造房屋时，存在着一些人为左右不了的因素，这些因素便是那块地基价值的决定者。土地所有者在调节他的建造经费时，一般会根据各种房屋能提供的收入的估计来进行。

3.土地出售与土地出租

建筑土地的所有者有时会将自己的土地用于建造房屋，有时会将土地用于出售。通常，他会将土地以固定的地租出租。根据契约，土地租期一般为99年。期满之后，土地及其上的房屋应归土地所有者的遗产继承人所有。

某一块土地的资本还原价值，就是它能提供的纯收入的货币值。这里所说的纯，实际上就是将收入减去各种意外费用（包括所收的租金在内），然后再加上所有的有利条件的价值。由土地所有权所提供的那种货币等价，虽然并不能用土地的货币收益来表现，但也被算入了它的资本货币价值当中。

折成现价的全部固定租金，似乎与土地当前资本的价值是相等的，但是前者必须是在减去了以下两项之后：待租期满时，土地和其上的房屋交还于土地所有者遗产继承人的义务；因租约的限制，土地使用者可能会遇到的各种不便。在这样的场合下，如果这块地的年地基价值是固定不变的，那么，它的地租就会比它的年地基价值稍微小一些。但在实际上，地基价值会随着人口等的增长而上涨。所以，地租通常在租期开始时比年地基价值稍微高一些，在地租到期时远远低于年地基价值。

用途改变影响地基价值

图中是一幢造型特殊的建筑物。在建筑业中，如果一块地基无稀有价值，它的价格不会很高。但如果其上修建的建筑物的用途发生了改变，那么地基每平方米可能提供最大报酬的资本量也会随之发生变动。

4.报酬递减规律与建筑土地的关系

在为生活和工作而对土地进行使用的方面，报酬递减规律都是适用的。在农业中，当运用于一亩土地的定量资本和劳动所提供的报酬为最高时，如果再在这块土地上增加一点资本和劳动，它所提供的报酬就会减少。在建筑业中也是一样的。在农业中，如果农作物、生产技术和市场的性质发生了变动，在每亩土地中提供最大报酬的资本量也会随之发生变动。在建筑业中也是如此，因为假定这块地的地基无稀有价值，如果建筑物的用途发生了改变，每平方米中可能提供最大报酬的资本量也会随之发生变动。然而，假定这块地的地基有稀有价值，如果在这个最大报酬点上再增加一些资本，但却对扩大地基所需土地的额外资本进行支付，那么这就是有好处的。在土地价值较高的地方，如果使每平方米土地提供的便利增加两倍，那么，在相同的场合下，所使用的成本就是土地价值低的地方的两倍。

对建筑边际这一名词，我们可以将它应用到这样的便利上。即：该便利是从某一特定的地基上取得的，而且仅仅是值得的。但是，如果土地具有的稀有性有所减少，该便利就不能从它中取得。

5.各种建筑物对同一土地的竞争

我们假定，各种建筑物对同一土地的争用将使它们各自达到这样的一个边际，在这个边际上，再追加任何一点资金都不会获得更多的利益。如果某个地区对住宅和商业用房的需求越来越大，就值得用较高的价格购买另外的土地，以避免在同一土地上扩建房屋时遇到不便。

比如，由于店铺、客栈、工厂等对里兹这个地方的土地竞争加大，该地土地的价格便有所上涨。这时，某个毛织厂商发现，他的生产成本因地价的上涨而增加了。那么，他很可能就会将工厂迁往其他的城市或者乡下，以节省生产成本。他曾使用过的土地就会被腾出来供店铺或客栈的建筑使用，以充分发挥这块土地位置（在城市）的有利性。而这位厂商也会获得更多的利益。因为搬迁不仅降低了他的成产成本，还给他带来了其他的利益，两者加在一起，在补偿了他的不利外，还有极大的剩余。在进行计算的过程中，他会在毛织品的生产成本中加入工厂地基的租金，这样做是应当的。

我们要注意一个事实，即：在供求的一般关系的影响下，生产会达到这样的一个边际，在这个边际上，生产成本（不包含任何地租）是极高的，为了避免在同一地面上因竞争而引起不便，人们愿意以高价购买另外的土地。由此可见，地基价值主要取决于上述这些原因。所以，我们不应该把地基价值当成是支配边际成本的一个因素。

在对土地的需求上，无论是工业还是农业，它们的各个方面都是十分相似的。那些非常适宜于种植燕麦的土地，成了能为它提供较高地租的其他农作物所急用的土地，这就造成了燕麦成本的增加。

在所有的场合中，土地集约使用的有利边际，都因土地需求的不断增加而发生改变。在这些边际上，从产生成本中可以看出，土地价值都取决于哪些基本的因素。另外，由于供求一般关系的影响，这些成本与土地价值之间是相互一致的。

弗朗西斯客栈

　　各种建筑物对同一土地的争用将使它们各自达到这样一个边际：在这个边际上，再追加任何一点资金都不会获得更多的利益。图为美国纽约的弗朗西斯客栈。如果纽约对住宅和商业用房的需求越来越大，就值得用较高的价格购买另外的土地，以避免在同一土地上扩建房屋时遇到不便。

6.商铺租金与商品价格

厂商对价格高昂的城市土地的需求是很少的，而批发商与零售商对其需求却很大。

在同一个行业中，如果两个工厂在同一时间内生产的产品数量是一样的，我们可以说，它们的生产车间具有差不多的面积。然而，对商店来说，它店铺的大小与它的周转之间无紧密的联系。空间的扩大，确实会给它提供一些方便，也会给它带来更多的额外利润，但却不是它们在物质上不可缺少的因素。不过，随着空间的扩大，它可以保存的货物就会越多，它在陈列其样品方面会越方便。在那些受趣味和样式变动影响大的商业交易里，空间的扩大将会带来更大的方便。在这些商业交易里，商人会尽量在较短的时间内进购大量的各种时髦品，特别是那些马上就会时兴起来的商品。在这些商人中，那些地基租金较高者，不得不较快地将快过时的商品出售出去，在必要时，即使亏本他们也是情愿的。如果商店所处的位置，能较大地吸引顾客选购精致的商品，而较小地吸引顾客选购粗糙的商品，商人就会进购那些利润较大、价格很贵的商品，而不在乎它们周转速度较慢这一事实。但是，如果商店所处的位置正好与之相反，那么，为了多促成一些交易，并使他们的资本与店铺的规模相一致，商人就会进购那些价格便宜的商品。

但是，在某些租金很高的店铺里，它们进购的商品价格却比较便宜。这是因为，附近的人不够富裕，买不起高价的商品。在这一场合下，尽管资本的每次周转所带来的利润都比较低，但店主也能感到满足。因为他知道，为了避免商品滞销或者售不出去，他必须以较低的价格出售他的商品。不过，他也不需要储存大量的商品，他的资本具有较高的周转速度，这是由于他的顾客的需求较为简单。所以，他每年照样能获得很大的总纯利润，他也愿意为他的店铺支付很高的租金。相反，在位于伦敦富人聚集的店铺里，商品的价格很昂贵。因为在这一场合下，只有高档的商品才能对顾客产生诱惑力。但这种商品卖得慢，商店的资本周转速度也慢。在伦敦东部，那些出售便宜商品但顾客很多的商店，所支付的租金比任何一个地方都高，但它们所获得的纯利润也是最高的。

然而，在任何一个地区，如果不改善交通状况，就无法招揽更多顾客，这里就会逐渐变得不再适合经营店铺。因为，如果店主招揽不来大量的顾客，他获得的利益就无法补偿他支付的费用。所以，在该地区，如果对店主的需求没有增多，店主的数量将会减少。其余的店主就可以适当提高商品的价格，但顾客受到的便利和引诱却没有增大。因此可以说，如果该地区土地价值上涨了，就说明这里的位置变得稀有。假设其他条件不变，该地区零售商品的价格将有所提高。这其实与以下情况是一样的，即：如果某个地区农业地租上涨了，就说明这里的土地变得稀有。这样，该地区的边际生产费用就会有所提高，而某一特定作物的价格也会随之提高。

7.城市地产的混合租金

任何一种建筑物的租都是一种混合租。在该租中，地基租占一部分，建筑物租占另一部

零售商对土地的需求

　　厂商可以将货物运进市中心，他对高价城市土地的需求很少。而批发商与零售商对高价城市土地的需求却很大。因为他们只有将店铺选在繁华的地段，才能取得好的经营效果。

分。初看起来，说建筑物能同时产生两种租金，好像是不正确的。因为，就某种意义而言，租其实也是一种收入，这种收入是在补偿了其所用经费之后剩余的收入。但是，从同一经营所产生的同一收入来看，这种收入是不可能产生两种剩余的。然而，如果这种东西是一种混合品，它的每一部分都会产生一种补偿其所用经费之后的剩余收入。而该混合品中的各种租，不论是在理论上，还是在实践中，都是可以区分开的。

比如，在以水为动力的面粉厂里，租金就是由两种租组成的，其中一种属于建筑用地，另一种属于水力的使用。我们假定，在任何一个可建造面粉厂的地方，其可用水力是有限的。这样，地基与水力一起的租就等于这两种租之和。而这两种租，又分别等于以下两种级差利益。即：一种是由在该地基上从事劳作而产生的，另一种是借用水力生产的。不论这两种租是不是

在同一个人的手里，也不论它们是在理论上还是实践中，都是可以区分开的。然而，如果这里不适合建造面粉厂，就不是这样了。

如果水力和地基不在同一个人手里，在它们的价值与该地基在其他用途上的价值之间的差额中，地租占有的应该是多少，不是任何一个人说了算的，而需要通过协商来决定。

加利福尼亚水路交通

一个地区如果不改善交通状况，就无法招揽更多顾客，这里将会变得不再适合经营店铺。因为店主招揽不来大量顾客，他获得的利益就无法补偿他支付的费用。下图为美国加利福尼亚州的城市河道景观。这里的水路交通十分发达，它有效地刺激了国家商品经济的发展。

第十章

从报酬递增规律看需求和供给的均衡

本章我们要对报酬递增规律发生作用的方式加以研究。同时，我们还要对符合报酬递增规律的商品的供求关系所具有的困难加以考虑。

1. 报酬递增规律发生作用的方式

我们曾提过，随着需求的增加，报酬递增这一规律一般是不会产生的。比如，虽然表形气压计仅仅含有一个小柄，但由于它的突发性时兴，其价格在短时期内是上涨的。由于市场需求的增加，制造这种气压计的工厂就需要以高工资从其他行业中吸引过来一批工人，那么，就短期而言，不论是实际生产成本，还是货币生产成本，都有了相应的增加。

不过，如果这种时兴能持续很长时间，即便无任何新发明产生，这种气压计的生产成本也会慢慢降低。这是因为，具有专业技能的工人会被大批地培养起来，以供生产这种气压计的各种不同工作的需要。因为生产部件互相交换着使用，以及使用专门机器比使用手工劳动更能提高效率，所以这种气压计的年产量会不断增长，如此下去，它们的价格就势必会下降。

但是，同时，我们还要对需求与供给之间的区别加以注意。我们知道，任何一种商品出售价格的降低，都会在一个方向上给需求造成影响。而商品需求量能增加多少，是由需求弹性的大小决定的。由于价格的降低，商品的用途就会扩大，但这需要的时间是不定的。有可能很长，也有可能很短。然而，除了某些例外的场合外，对所有的商品来说，价格对需求产生的影响具有相同的性质。如果需求弹性在长期内都表现得很高，那么，在价格刚降低之初，需求就会显示出很高的弹性。所以，一般情况下，我们不需要说时间是长是短，就可以断定某种商品的需求弹性的高低。

弹性需求决定价格

在一定时间内，一些时尚商品的而价格会暂时上涨，该商品的实际成本也会相应增加，但是从长期来看，尤其是在专业机器发明后，该商品的实际成本是趋于下降趋势的。这是因为商品需求量能增加多少，是由需求弹性的大小决定的。

2. 商品供求关系具有的困难

但是，在供给方面，就不存在这样简单的准则了。我们知道，随着买主所愿支付价格的提高，商品的供给总会有所增加。

就短期而言，尤其是在同一个市场上，就会出现类似于需求弹性的供给弹性。换句话说，由于价格的提高，卖主愿出售的商品量的大小，是由他的商品的积存量的多少和他对其他市场价格估计的高低决定的。这一准则同样适用于具有报酬递减规律和具有报酬递增规律的商品。在某一个工业部门里，如果需用的是大型的生产设备，而这些设备已经被充分地利用起来了，并且无法快速增添新的设备。那么，即使买主对它的产品愿支付的价格有所提高，在长期内，它的生产量也不会受到多大的影响。但是，对手工产品来说，就是另外一种情况了。尽管就长期而言，它的供给受着报酬不变或报酬递减规律的制约，但是如果它的需求增加了，它的供给或许也会跟着迅速增加。

从理论上说，由于需求的无限增加，商品的最终供给是无限大的。所以，在理论上，就长期而言，受报酬递增或报酬不变规律制约的商品，应该具有无限大的供给弹性。

此外，我们还应当考虑，由于工业的逐渐发展，某商品的价格不断降低这一规律，与以下这一规律是完全不同的。即：因为个别工厂生产规模的日益扩大，该商品的价格不断降低。

我们知道，对一个既勤奋又上进的厂商来说，他在对企业的发展进行规划时，会做出认真的考虑，以便使发展更加顺利和迅速。所以，如果他一直具有好运气，精力旺，且不怕吃苦的条件，他通常都能使企业发展下去。然而，这些条件是不可能永远存在的，它们终有一天会消失掉。而它们一旦消失了，如果他不能及时将自己的企业转交给像他过去那样的人，他的企业一般都会破产。由此可见，个别企业的兴衰是常见的，也是可以出现的。但一个巨大的工业，往往要经受长期的波动，或者逐渐发展下去。这就好像树叶与树木一样，树叶年复一年地进行着新陈代谢，而树木则常年不断地生长着。

据此看来，个别企业的产量受到的支配因素，某行业的所有产量受到的支配因素，两者遵守的规律是完全不同的。而这种区别在我们考虑销售的困难时，会变得更加明显。比如，在生产用于满足特殊趣味的商品的工业里，一般采用的都是小规模的生产方式。它们易使其他行业的机器设备和组织方式为自己所用。所以，如果它们的生产规

精美瓷器

图中是日本江户时代制造的精美瓷器。这种精美瓷器出售价格的降低，会在一个方向上给需求造成影响。而商品需求量能增加多少，是由这种瓷器的需求弹性大小决定的。

模有所扩大，就一定会使大规模的生产经济产生。然而，在有些工业中，很多企业都会将自己生产的商品固定在某个特定的市场上。即使它们在各自的市场上只占有极小的份额，由于它们生产量的剧烈增长，这些市场的需求价格也一定会下降很多。

当市场不景气时，生产者一般都会按以下两种方法去做：第一种方法，在自己的特定市场上，他尽量以最低的价格出售他的商品，只求该价格能补偿补充成本；另一种方法，在其他的市场上，他尽量以较低的价格出售他的商品，但求该价格能补偿主要成本。

与其他商品相比，遵守报酬递增规律的这些商品所用的补充成本比它的直接成本要大。这是因为，在生产这些商品的过程中，需要大量的资本投入到生产设备和商业往来上。因此，这些商品的任何一个生产者，都特别担心他会破坏自己的特定市场，也很担心他会破坏大家共同的市场。

所以，个别生产者的供给条件，不能被我们看成是支配某个市场的一般供

紫砂茶壶

图中是泡茶的主要工具紫砂茶壶。当市场不景气时，紫砂茶壶生产者一般会按以下两种方法处理商品：在自己的特定市场上，以最低的价格出售紫砂茶壶，只求该价格能补偿补充成本；在其他市场上，尽量以较低的价格出售紫砂茶壶，但求该价格能补偿主要成本。

给条件来使用。同时，我们还应知道以下两点：一、在现实中，只有极少数的企业是具有持久生命力的企业；二、在很多重要场合，个别生产者和他自己的特定市场的关系，与全部生产者和共同市场的关系，是很不相同的。

就像不能把个人的历史当作是人类的历史一样，不能把个别工厂的历史当作是一个工业的历史。然而，个人历史是人类历史形成的原因，而个别工厂的生产量是一个共同市场的生产总量形成的前提。在这样的场合下，我们能从曾提到的那个代表性工厂那里得到帮助。我们假定，这个工厂在任何时候都能分享其所属的工业拥有的内部、外部经济的平均份额。这个工厂的规模大小，虽然一部分是由生产技术和运输费用的变动决定的，但是在其他条件不变的情况下，却是取决于其所属工业的规模的大小。也许，该工厂的经理在考虑值不值得增设新业务，或者值不值得引进新机器等时，他会将因这些变动所能获得的生产量的一定数量看作是一个单位，而且还会对它的利益和害处进行仔细衡量。

这就是我们曾说过的那种边际成本。我们不希望它会随着需求的突然增加而马上降低，我们希望由于生产量的增加，暂时的供给价格会提高。但由于需求的增加，代表性工厂的规

模会逐渐扩大，它的生产效率会提
高，从而，它的内部、外部经济会
增加。

　　也就是说，在制作这些工业的
长期供给价格表时，我们应将已降
低的供给价格，及已增加的相应商
品数量写上。为了使比较稳定的相
应需求得到满足，这种已增加的数
量将会得到及时的供应，并且按照
的是比较低的价格。因新的重要发
明而可能产生的经济，我们都不予
考虑；但因运用现有观念取得的经
济，却是我们必须计算在内的。那
种兴与衰的均衡，是我们期望得到
的，但只有相关条件在长时间内
一致起作用，这种均衡才有可能
实现。

食品加工厂

　　与不能把个人历史当作人类历史一样，我们不能把个别工厂的历
史当作是一个行业的历史。但人类历史由许多个人历史组成，而个别
工厂的生产量是共同市场生产总量形成的前提。比如图中这个食品加
工厂的食品生产量就构成了食品加工这个行业生产总量的一部分。

　　在正常供求的均衡理论的指导下，我们确实能将概念理解得更加具体。在刚开始的时
候，这个理论的确与现实比较接近，所以，它有助于日常的强有力的经济发挥作用。然而，
当它被推到复杂的逻辑结果那里时，它与现实就彼此隔绝了。实际上，我们与经济发展的主
题相离很近。我们要牢记，只有把经济问题看成是静态均衡的问题时，我们的表述才是完全
的。这是因为，只有在静态的研究中，我们的思想才能得以明确，我们才能把社会视为一个
有机体发展的必经之路。

　　然而，静态均衡理论仅仅是经济学的基础理论。更甚至，该理论仅是探讨具有报酬递增趋
势的工业的前进与变化的基础。很多在抽象角度探讨该理论的人常常遗漏该理论的界限，并掉
入将该理论僵化的陷阱中。

本章介绍了影响商品供给发生变化的各种原因，正常需求增加的结果，正常供给增加的结果以及随着供给因素的变化，消费者的剩余所发生的变化。

1.绪论

在很多情况下，每种紧跟时代且长期的变化，各种影响深远的新发明的出现，人口数量由于战争或灾疫而降低，以及每种商品（或它的原材料、或它的竞争产品与潜在替代品）来源的增减等情形，都会使该商品年或日生产及消费量的价格与其一般供求价格不相等。换言之，任何一种情形都能够使供求出现新的变化，而且这一变化是必然的。

某种商品一般需求的增长，包含两种含义。其一，该商品能够全部销售出去的价格的增长；其二，各种价格水平下，该商品都能销售出去。需求增长的诱因很多，如商品逐渐更新，商品拥有了更广的用途和销售市场，该商品的替代品供给量缩减，整个社会财富长时间地增长，一般正常购买力的持续提高等。同样，与这些诱因相对立的因素能够缩减需求，进而降低需求价格。与此类似，一般正常供给的增长包含两种含义。其一，指任何价格下供给量的增长；其二，指所有不同数量的供给价格的降低。供给增长的诱因也很多，如由于改善交通或其他方法而扩大的供给源泉，生产技术的日新月异（比如新生产方法及新机器的使用），生产补贴的提供等。同样，新供给源泉的受阻以及缴纳课税等原因，也能够降低一般正常供给量。

2.正常需求增加的结果

在我们研究某商品正常需求的增长产生的影响时，我们要用三种规律来研究，即该商品遵循的报酬不变律、报酬递减律、报酬递增律。换言之，就该商品任何一种产量而言，事实上它的供给价格未发生改变。即因产量的提高（或降低）而提高（或降低）。

当报酬不变律发生作用时，增加需求只会提高产量。然而，商品的正常价格取决于其耗费的生产成本。因此，价格并未发生变化。只有某商品的需求与其价格相符时，人们才会生产该商品。一旦需求在该范畴之外，该规律就不发挥作用了。

当报酬递减律起作用时，该商品的价格将因需求增长而有所提高。从而，该商品产量也会提高。不过与报酬不变律情况下相比，此时增加的产量并不多。

当报酬递增律起作用时，该商品的价格将因需求增长而有所降低。从而，该商品产量也会提高。不过，此时增加的产量要多于报酬不变律情况

供给增长的诱因

供给增长的诱因很多。由于改善交通或其他方法而扩大的供给源泉，生产技术的日新月异，生产补贴的提供等都是供给增长的诱因。图中是19世纪英国穿过乡村的铁路桥，铁路的修建，可以扩大供给的源泉，进而促使供给增长。

下增加的产量。长期内，当供给的决定因素产生了充分影响之后，正常需求的极少增长也能使商品某一价格成为正常价格。任何规律作用下，商品价格会因正常需求的降低（而非增长）而提高。

一些经济学家曾借用上述阐述来阐明，某国工业品的国内市场可以通过对进口工业品收取税费而有所扩大。他们还认为，本国消费者能够通过报酬递增律的影响获得低价工业品。对新兴国家而言，若辅助新兴工业的策略实施得当，则该国能够实现这一目的。该工业在这一国家中，能够像孩子一样快速长大。即便如此，保障政策也会因维护某些特定人群的收益而发生某些偏差。事实上，有些工业的规模已经达到最大化。继续扩大该工业规模也不能带来很好的收益。因而，这些工业常占据着绝对有利的地位。对于已经使用机器生产的国家，其工业常常经过了依赖政府保护而获取丰厚收益的时期。保障某种工业成长的同时，也趋向于减少其他工业的市场（尤其是海外市场）。

3.正常供给增加的结果

我们说过，任何情形下正常需求的增长都能引起产量的增加。同时，商品价格会在不同情形中提高或降低。随着商品供给的日渐方便，商品产量会随之提高，而正常价格会随之下跌。在正常需求不变的条件下，商品供给的增加必然导致其售价降低。不过不同情形下，商品价格因供给增加而引发的下降幅度也不同。若依据报酬递减律，商品价格不会降低很多。究其原因，便于供给的优势，会同生产扩大而带来的一切麻烦相抵。相反，若依据报酬递增律，扩

航海天文钟

当需求具有伸缩性时，正常供给提供的所有优势都能使生产规模扩大以及降低产品价格。这些优势有：新发明及新机器的采用，低价新货源的扩大等。图中是英国人约翰·哈里森于18世纪发明的航海天文钟，它让航海者有了精密的计时器，属于正常供给提供的优势之一。

大生产就可产生某些便捷之处。这些便捷会与便于增加供给的便利优势相结合。当需求价格下降发生于供给价格降低之前，生产规模会因这两种便利的结合而扩大，进而降低该商品的价格。当需求具有伸缩性时，正常供给提供的所有优势都能使生产规模扩大以及降低产品价格。这些优势有：新发明及新机器的采用，低价新货源的扩大，租税的废除，工业补助的获取等。

4.报酬不变、报酬递减和报酬递增的事例

现在我们研究随着供给因素的变化，消费者的剩余发生的变化。为便于研究，对使商品所有数额的正常供给价格上涨而产生的变化，我们用某种课税来表示；对其中使该正常供给价格下跌而产生的变化，我们用补贴来表示。

若报酬不变规律起作用，商品的所有数量的供给价格都是一样的。因此，生产者报酬的增长会少于生产者剩余的降低。可见，当国家收取某种课税时，生产者的剩余会大于国家收入的总量。从商品消费依然保有的那部分来看，国家得到的收入与消费者损失的收入相等。然而若从由于价格提高而被耗尽的那部分消费来看，消费者剩余不复存在。不过，国家与生产者并没有获得任何弥补。在该规律下，由于补贴引发的消费者剩余的利益增长幅度远不及补贴的增加幅度。这是由于就补贴之前的消费而言，消费者剩余的增加量与补贴量相等。而就补贴之后的消费而言，消费者剩余的收益增幅比补贴增幅更小。

若依据报酬递减律，对某种商品来说，征收课税能够使其价格上涨，并且缩减消费量，进而使其生产成本减少。这样，供给价格增加的数额就会少于一切税费。此时，消费者剩余因征收税费而产生的损耗要少于税费总收入。当报酬递减律充分发挥作用之后，生产成本会因消费的任意缩减而极大地降低。从而，消费者剩余的损耗就会少于税费总收入。

在报酬递减律下，随着商品获得补贴，生产规模将因此扩大。与以往相比，耕种边际就会扩展到更为广阔（较广的区域和条件）的生产成本（补贴除外）方面。因此，该商品价格（对于消费者而言）将下跌，进而提高消费者剩余。不过，提高的数量要少于在报酬不变规律下的

增加数量。报酬不变时，补贴耗费的国家成本要大于消费者剩余的增长。而此时，消费者剩余则更少。

可见，与报酬不变律相比，消费者受报酬递增律影响时征收课税的伤害更大。这是因为，此时需求缩减，商品产量下降。而且，生产成本有可能增加。从而，商品价格的涨幅大于税额，进而使消费者剩余降低。其中降低的数额大于国家由收取该税而产生的收入。相反地，若该商品得到补贴，其价格就会大幅度降低。从而使生产者得自于国家的补贴总量少于由补贴而引发的消费者剩余的增长数量。若报酬递增律充分发挥作用，则消费者剩余的增益必定大于生产者得自于国家的补贴总量。

当我们需要探讨对租税的征收费、补贴组织费、租税及补贴等引发的某些经济和情感等间接影响时，前面的论述有助于探讨财政政策时要格外重视的租税理论。其中某些结论，有助于我们研究供求的平衡（或稳定）位置，即其最佳满足位置这一普遍理论。

对商品征收课税

图中为百事吉白兰地的宣传广告画。依据报酬递减律，对百事吉白兰地征收课税能够使其价格上涨，并且缩减消费量，进而使其生产成本减少。这样，百事吉白兰地供给价格增加的数额就会少于一切税费。

垄断者调整供求的目的，不是为了使产品销售价格与其生产成本相抵，而是为了自己能够获得最大限度的纯收入总额。

1.垄断者重视最大限度的纯收入

由于人们没有把垄断者的地位看得高于其他任何人的地位，因而没有人觉得垄断者获取自己的利益有益于促进社会所有人的福利。可见，垄断产品的供求并不能用最大满足理论来阐释。不过，当我们解释清楚垄断者和其他社会人员的利弊之后，当我们探讨了那些因垄断者寻求个人利益而对社会较为有益的潜在因素之后，我们就能得到很多结论。为此，我们需要将垄断者实行不同策略而对垄断者个人和公众产生的相对利益加以对比。

垄断者调整供求的目的，不是为了使产品销售价格与其生产成本相抵，而是为了自己能够获得最大限度的纯收入总额。

纯收入一词的意义有些模糊。究其原因，在自由竞争的条件下，商品的供给价格包含了正常利润。通常，人们把该利润的全部或将用于生产的资本的利息及风险损失费用从利润中减去之后的差额认为是纯收入。若他管理自

宾夕法尼亚的油井　1859年

垄断者调整供求的目的，不是为了使产品销售价格与其生产成本相抵，而是为了自己能够获得最大限度的纯收入总额。图为1859年的宾夕法尼亚州的油井，当时石油生产企业已成为垄断资本的超级工厂。其经营者如果调整石油的供求，主要是为了使自己获得最大限度的纯收入总额。

第十二章

垄断理论

垄断带来额外收益

在自由竞争的条件下,商品的供给价格包含了正常利润。通常人们把该利润的全部或将用于生产的资本的利息及风险损失费用从利润中减去之后的差额认为是纯收入。带有垄断性质的公司就会产生一些额外收益。

己开办的公司,该正常利润就会包含他个人的管理收入。若公司带有垄断特性,其间就会产生一些额外收益。一般他不会区别对待这一利润与这些额外收益。

若这个企业属于公众企业,现实中就不会有这些麻烦。在这种企业中,一切管理用度会以确凿不移的数量被统计在账目中。在计算企业纯收入时,我们需要在总收入中减去这些费用。

股东所得的纯收入,包含已投资本的所得利息以及风险的担保费用。不过,管理收入并不属于(或极少属于)他们的纯收入。这样垄断收入就指红利与资本利息及风险担保费之间的差额。

与私人工厂相比,公众企业更便于精准阐释这一纯收入额。我们举垄断某城煤气供给的一个煤气企业为例。为便于研究,我们假设该企业把所有资本都用于固定机器设备中。这样,该企业若想扩大生产规模,它就需要依据一定的利息率发放债券来获取投资所需的资本。

2.垄断收入表

我们认为煤气需求表在垄断和非垄断条件下是一样的。该表格说明了每立方米的价格,城市消费者会照此表格利用煤气。所有供给数量不同的正常生产费用都应包含在内。这些费用,其一,包含股东的资本及依据固定利率发放债券而获得的资本;其二,包含企业董事长及员工的工资。对他们服务的需求决定这些工资的多少。该工资会因煤气产量的提高而提高。我们可以这样做垄断收入表,首先分别统计出所有数量的商品的供求价格情形;然后,将一切供给价格都从相应需求价格中扣除；最后，在垄断收入栏目中记下与相应数量的商品对应的差额。

3.不同垄断税对生产的影响

我们认为，垄断税不变时，以及征收与垄断纯收入成比例的税费时，生产都不会缩减。但若依照产量征收课税，生产就会缩减。

供给状况常产生变动，如增加了某些必需的费用支出，某些以往的费用能够节约，新税种的增加以及获得某种补贴。如果这一费用的增减是某一特定数额时，该行业整体承担这些费用。此时，该费用不会随产量的变化而变化。因此，在任何售价和产品销售产量的条件下，垄断收入都会或增或减。而且，它增减的数额等于这一特定数额。这样，产量变化前后，由售价产生的最高垄断收入是相同的。垄断者也不会因这一变化而调整生产策略。

无论征收税或补贴是否和企业垄断总收入成比例，上述道理都是适合的。当征税同产量成某种比例时，为了降低生产成本，垄断者常缩减产量，进而使售价上涨。征税之前，总收入大于总支出的差额会减少。随着产量的降低，它则会增长。若征税之前，其纯收入仅超出少许出售总额产生的纯收入。征税之后，随着产量的缩减，垄断者会获得收益。可见，此时的变化能够引发产量骤降，且价格急剧上涨。若从垄断耗费的代价中扣除某个同垄断生产成比例的总额，则上述情形会产生相反的效用。

4.垄断者能够保持企业上的节约

如果垄断者的生产量过大，对他自己是十分不利的，这样可能会使产品的供给价格与它的需求价格相等，从而导致他丧失全部的垄断收入。因为只有当生产量在一定的数额之内时，才能提供垄断收入。所以，从表面来看，似乎垄断产量总是比竞争产量小，而它的销售价格却总是比竞争价格大。但事实并非如此。

垄断生产的生产总费用往往小于相同的总产量分配于许多较小的生产者来生产。小生产者之间存在着激烈的竞争。为了促销自己的产品，他们需要花费大量的广告费。这些广告费的总额比一个生产者所花费的广告费大很多。而且，小生产者不能很好地利用大规模生产的种种经济。他们不像大生产者那样，拥有足够的资金可以随时改进生产设备和技术。而大生产者知道，任何改进带来的一切利益他都能全部得到。

要想使这个论点成立，我们必须假定这个大生产者善于经营，而且拥有可无限利用的资本。但这个假定不能随便做。如果能做，我们就可以说，垄断产品的供给表表示的供给价格要比非垄断产品供给表低一些。所以，在自由竞争的环境中，产品的均衡产量要比需求价格与垄断价格相等时的产量小。

5. 垄断者降低价格的条件

垄断者在考虑到他的企业的发展或消费者的福利时，可以降低他的价格。

我们做过这样的假定：垄断者在规定他的商品价格时，仅仅是从他能获得的垄断纯收入这方面来考虑的。但实际上，即便他不关心消费者的福利，他也会注意到，任何一种商品的需求都主要是由人们对它的消费习惯决定的。当他以略低于能获得最大纯收入的那种价格出售他的商品时，如果他的销售量能够增加，他现在遭受的损失很快会因商品的畅销得到补偿。比如，一个垄断了附近旅客或货物运输的铁路公司在以商业利益为出发点时，他可能会这么认为：如果采取一种比能获得最大纯收入的那种价格低很多的运价来提供运输服务，一定能吸引来大量的顾客。事实上，这种运价确实可以为这个港口吸引来更多的货商、船商、建筑商等，使该地区变得繁荣起来，从而为该铁路公司的长远发展创造有利条件。与一个新工厂用一定的牺牲换取商业往来的建立相比，垄断者以暂时的部分利益的牺牲换取未来生意的发展，两者具有相同的性质，只是程度不同。

这个铁路公司虽然没有替消费者的利益着想，但是当它发现自己的利益与消费者的利益紧密相连时，它就会以眼前的部分利益的牺牲来使消费者的剩余增加，从而更有利于它自身的长远发展。有时候，生产者和消费者之间的利益关系甚至更为紧密。比如，在某一地区，一些土地所有者会联合起来修筑一条铁路支线，他们的目的并不是从修建铁路的投资中获得利润，而是通过这条铁路增加他们的地产价值。

纽约无线电城

图为美国纽约的无线电城，位于纽约曼哈顿第六大道洛克菲勒中心。电在美国属于垄断行业，垄断税不变时，以及征收与垄断纯收入成比例的税费时，电的生产都不会缩减。但若依照电的产量征收课税，其生产就会缩减。

6.总利益与调和利益

现在，我们要研究垄断者是借助哪些因素来支配自己的行动的。这个研究要建立在这个假定上：即使所能得到的垄断收入没有同等地增加，甚至只有一半或者更少，垄断者也会觉得增加消费者剩余对他来说是值得的。

消费者剩余和垄断收入之和与该商品带给生产者和消费者的纯利益之和是相等的。如果垄

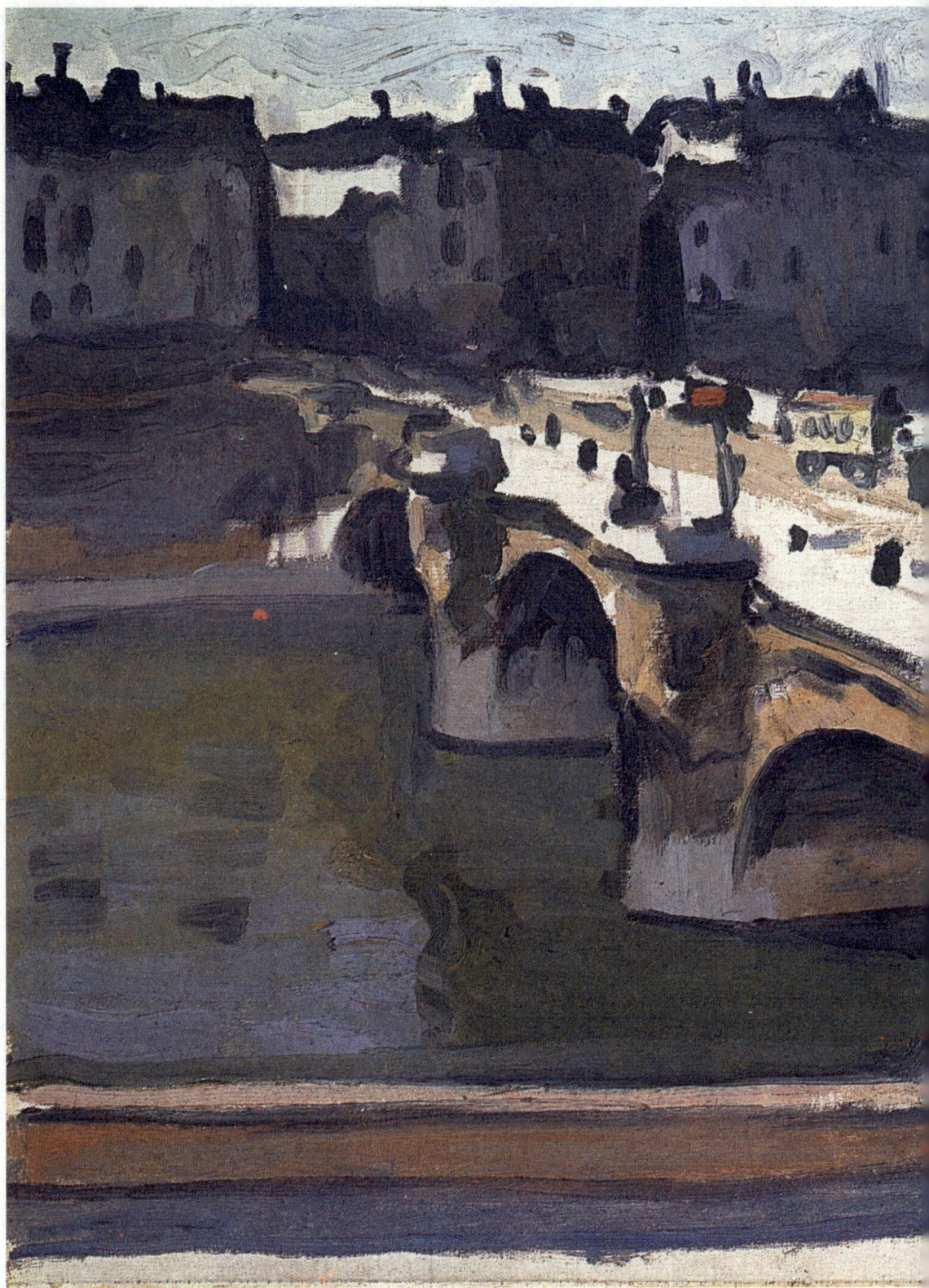

断者把消费者的利益和自己的利益看得同等重要，他就会尽量使商品产量达到能使两者的总利益最大的那一产量。

但事实上，价值1镑的消费者剩余和价值1镑的垄断收入是不能给垄断者相同的满足的。即便是视人民的利益与自己的利益同样重要的政府，也必须考虑：如果它将一种有利的收入来源放弃了，它就必须依靠另一些不利来源。因为消费者剩余的损失会对征收产生不利。即使可以调节，它们也从不能达到完全均衡。在以下场合更是这样：在政府的建议下，社会上的各个阶层放弃了它的某些利益，结果却没有获得同等份额的利益。我们假定，垄断者采用折中的办法，将价值1镑的消费者剩余只算作与10先令的垄断收入相等。我们再假定，他把一半的消费者剩余加入全部的垄断收入之中，我们就可以把所得结果称作折中利益。然后，他会尽量规定使这种利益达到最大的价格。

与垄断者只为了获取个人的最高限度的收入相比，若他有一些提高消费者收益的意念，他卖出的商品数量会增加，而且售价偏低。随着垄断者提高消费者收益意念的增强，他生产的产品产量就越多，产品售价也越低。

纽夫桥　阿尔伯特·马奎特　绘画　1906年　国家美术馆藏
　　这幅作品描绘了昏暗湖面上的桥，光影的交替以及物体清晰的轮廓，使我们真切地感受到桥这一巨大的石材建筑。当这个城市为了给桥梁修建提供运输便利时，通常会引发一个问题：是该为减轻政府财政负担而提高收费标准，还是该为增加消费者剩余而降低收费标准？

7. 统计研究对社会的重要性

本小节我们主要讲需求规律和消费者剩余规律的统计研究对社会的重要性。

私企能取得成功主要是拥有两种能力：权衡计划的利害得失的能力与鉴别计划相对重要性的能力。有些人能发家致富，主要是因为他善于利用自己的天赋和经验使各种因素充分发挥作用。正是由于很多有才干的人不知疲倦地努力，我们的社会生产力才会不断提高。但在权衡得失时，政府着眼的几乎都是生产者的利益，而忽略了消费者的利益。这是因为，很多人仅凭自己的直接经验是获取不到这种必要的材料的，即使少数人获取到了，也十分有限且残缺不全。即使一个大官能考虑到人民大众的利益，他往往也不能使他的方针得以自由实施。所以说，对于一个民主的国家来说，它只有把消费者的利益向所有人讲清楚，才有可能保证一个巨大计划的顺利实施。

与有才干的商人从自己的长期经验中得出的论断相比，这种论断

有着敏锐判断力的企业主

图中是一位坐在马车上看报的企业主，博闻广识使他具有敏锐的判断能力。正是由于有这样有才干而不知疲倦地努力的人，我们的社会生产力才不断提高。但在权衡得失时，他们着眼的几乎都是生产者的利益，而忽略了消费者的利益，所以统计研究才显得重要。

没那么可靠。然而，如果这种论断是以公共行为与其利害得失的统计结果为依据的，就会可靠一些。很多时候，正是因为这种统计的缺失，政府的经济政策才没有成功。很多人虽然知道这件事很重要，但因为与自己的利益无多大关系，就不会去努力。这样才会出现少数只顾自己利益的人不间断地呼吁，而大多数具有相反利益的人却无动于衷的情况。结果，少数人取胜了。但与多数人的总利益相比，这少数人的总利益仅为前者的10%，甚至更少。

如果人们在提到统计时，能毫不厌烦地进行仔细说明，就能有效避免误解和错误的产生。

一般来说，与其他形式相比，统计形式更容易被人们接受。由于集体利益增长得越来越快，而集体行为在经济上也表现得越来越多，所以我们必须马上行动起来，弄清楚以下几个问题：我们最需要的公共利益的数量尺度是什么？这些尺度需要的统计是什么？我们怎样去获得这些统计？

在今后的发展中，需求表将会因消费者统计而变得越发可靠。消费者剩余的数量也会在图解中被清楚地表明出来。因为对这些图解的研究，各种企业给社会提供的利益的多少，都会被人们渐渐看清楚。

德国轧钢厂 门采尔 水彩画 1870年

图为18世纪德国一家轧钢厂工人工作的场景。几乎没有一种垄断是可以绝对且永久的，钢铁行业也一样。在今天，意识不到消费者利益的旧东西正逐渐被新东西代替。

8. 相互补充的两种垄断难以协调

在以上的假定中，我们说垄断者是能够进行自由交易的，但事实并非如此。因为，一个工业部门的垄断组织，对与该工业有关的那些部门的垄断组织的发展是有利的。然而，在现代经济学中，垄断组织之间的竞争和联盟都日益产生着巨大的影响。如果两种绝对的垄断之间是荣辱相连、密不可分的关系，那么，其中一种只有在另一种垄断的帮助下，才能利用好它的产品，并规定出其产品的价格。因为相互补充的两种垄断问题是得不到一般解决的，又因为相关工业一般会被集中垄断扰乱，所以从公众利益考虑，很多人都会建议让一个人独自操纵荣辱相连的垄断部门。

但事实上，几乎没有一种垄断是可以绝对且永久的。在今天，意识不到消费者利益的旧东西正逐渐被新东西代替。在相互依赖的两种垄断企业中，因为直接和间接竞争的存在，其中必定有一种的地位会变得比另一种弱。

现在可以来看一下两个大规模的工业中心之间由铁路和水路构成的交通距离。假设这两种方式之间不会出现竞争，可以由同一个人来支配，这对大众是有好处的，但事实如何是未知的。在一定的条件下，短期内交通由一个人来掌握，能更适合大众的要求，但是，由不同的人来支配在长时间内是更有好处的。

从表面上看来，那些同意将卡特尔或者其他垄断集团和相关的工业部门都联合起来的观点是非常有道理的，会让很多人信服。但只要认真观察，人们会发现其实是不能相信的。虽然这样做只是想尽量减少社会工业中的不和谐因素，但是往往会带来更大的不和谐。

垄断不是绝对的

几乎没有一种垄断是可以绝对且永久的。在今天，意识不到消费者利益的旧东西正逐渐被新东西代替。在相互依赖的两种垄断企业中，因为直接和间接竞争的存在，其中必定有一种的地位会变得比另一种弱。

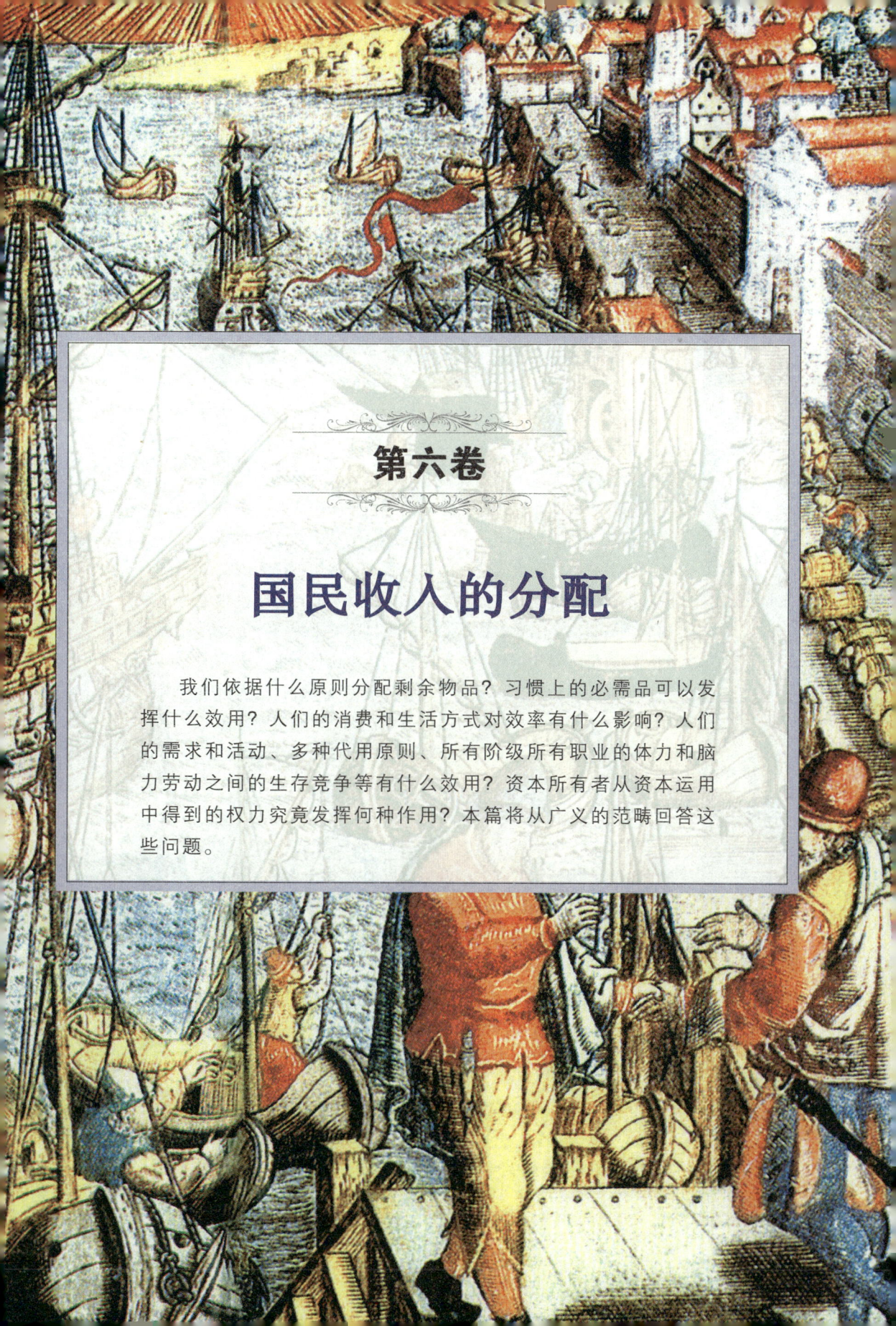

国民收入的分配

我们依据什么原则分配剩余物品？习惯上的必需品可以发挥什么效用？人们的消费和生活方式对效率有什么影响？人们的需求和活动、多种代用原则、所有阶级所有职业的体力和脑力劳动之间的生存竞争等有什么效用？资本所有者从资本运用中得到的权力究竟发挥何种作用？本篇将从广义的范畴回答这些问题。

本章我们需要研究的是人口数量的变化能够对自然赠予的收益产生怎样的影响。

1.重农学派及其支持者

自由人需要经过一定的培训，才可以投入工作。这种培训与人们对机器、牛马、奴隶等的使用不能使用相同的原则。如果我们对自由人的培训与使用牛马使用同样的原则，价值的分配和交换就不存在任何差别了。事实上，任何一种生产要素产生的收入都足够补偿该生产要素的生产费用和损失。除意外导致的损失外，供求大致可以达到平衡。由于人们对自然的控制能力的逐步提高，除了满足人们的生活所需之外，往往会有日渐增多的剩余物品。即便人口不停增加，人们还是无法将这些剩余物品消耗掉。故此，我们就会面临分配的相关问题。

曾经，某些法国经济学家（在亚当·斯密之前）粗略地阐述了有关国民收入分配的决定因素，他们被称为重农学派。重农学派的阐述建立在法国18世纪后半期特定形势的基础上。当时，法国政府根据农民的支付限度来决定种种税收的征收数量。因此，各个劳动阶级的负担比较沉重。于是，为了更加便利于研究，重农学派就假设存在一种自然人口规律。这样，他们认为，各阶级的劳动薪资可以假定固定在某种最低水平上。尽管他们没有将这种假设应用于全部劳动人民，但现实却证明极少有不符合的情况发生。于是，重农学派认为他们的假定可以算是一般见解了。

重农学派深知资本具有敏锐性和迅捷性的特性，他们断定，若一国资本的利润降低，该国的资本很可能快速地消耗掉或者流入其他国家。重农学派指出，自然规律决定了薪水和利润，支付生产者所用的薪水和利润的总量决定了所有东西的自然价值。

重农学派之后，亚当·斯密和马尔萨斯对这一学派的假设分别做了不同程度的取舍与发展。亚当·斯密深知，英国的劳动和资本的情形要优于法国的情形。在英国，各劳动

火种的保存

图中描绘的是原始人类学会了用树枝保存火种，这是人类对自然控制力提高的标志。由于人类对自然控制力的逐步提高，人类除了满足生活所需之外，往往会有日渐增多的剩余物品。故此，我们就会面临分配的相关问题。

阶级中的大多数人的薪资，除了足够满足他们的生活必需品之外，往往还有剩余。英国有资本运作所需的妥善和有益的市场，所以英国的资本也许不会被消耗掉或流入其他国家。亚当·斯密认为，丰厚的工资报酬能够激励人们更加努力地工作；富裕的生活资料可以增强工人的精力，可以改善劳动者的生存境况。

　　马尔萨斯对13世纪到18世纪英国的工资变化做过专门的考察与研究。经过研究，马尔萨斯认为，英国工资的平均水平是不断变化的，没有统一的形态。马尔萨斯指出，低下的生活方式是贫穷的结果，也是贫穷的原因。但马尔萨斯却把这种贫穷的结果几乎全部归咎于日渐增多的

大卫·李嘉图

大卫·李嘉图是英国资产阶级古典政治经济学的主要代表之一。他继承并发展了亚当·斯密的自由主义经济理论。他认为限制国家的活动范围，减轻税收负担是增长经济的最好办法。其代表作有《政治经济学及赋税原理》，书中阐述了他的税收理论。

人口。现在的经济学家更多地强调生活习性对生产效率和劳动者获得更多酬劳的能力的重要性，马尔萨斯并没有清楚地认识到这一点。

李嘉图明白，工资的必要界限是由当时当地的人们的生活状况和习性决定的，而不是由"铁律"决定的。李嘉图十分看重比较高的"生活程度"的重要性。为此，李嘉图倡导尊奉人道主义的人们要尽量促使劳动阶级的成长壮大，从而把工资水平维持在仅够满足生存必需品的水平之上。李嘉图善于通过假设用有说服力的事例证明自己的观点，不喜欢重复自己的论述，也不会保留能够让自己的结论付诸实践所需的限制性条件和前提。正因如此，很多人始终觉得李嘉图是坚信"铁律"的。

受马尔萨斯的影响，穆勒站在历史的角度论证了自己的理论。穆勒指出，一旦工资水平降低，就会导致各个劳动阶级的舒适程度降低。沃克及美国的其他经济学家强调高薪水的重要性。他们指出，高薪水不但能够激励劳动者努力工作以提高工作效率，还可以使劳动者子孙的工作效率得以提高。沃克等人采用比较的方法探讨欧美诸国的工业，并且取得了相应的成果。沃克等人认为，一般来说，工资较高的劳动常常指有效率的劳动，并非指昂贵的劳动。

经过了这些讨论，我们会觉得，分配问题远非人们想象的那么简单，任何简便方法是不足以让人信服的。此前，许多人都提出过简便的分配理论。事实上，这些简便理论的成立是建立在特定条件上的，并不适合于我们当前的社会。但我们不能完全否认为了得出这些理论所做的努力。每个棘手的难题都会包含若干简单的问题。解决了每个简单的问题，我们就能很好地解决最大的棘手难题了。因此，我们将按照这个方法，循序渐进地研究每个问题，进而找出哪些一般原因决定了日常生活中人们对劳动的需求。

2.需求对分配的影响

本节我们从社会角度（不存在劳资关系）来阐释需求对分配的影响。为此，我们要做以下四个方面的工作。

第一，假定有一个不存在劳资关系的社会，人人都有足够的用于帮助自己劳动的资本。假设仅有少量的资本被人们使用；任何人使用的资本都归自己所有；每个人都可以自由并免费使用大自然赠予的东西。第二，假设所有人的工作能力相同、工作意向相同、努力程度相同。第三，假设所有的人都没有经过任何培训，人们的劳动都属于简单劳动。换句话说，任意更换其中两个人的工作，都不会对生产的数量和质量产生任何影响。第四，假设所有人既是生产者，也是销售者。任何人生产出来的东西，都直接卖给这些东西的最终消费者。意思是，人们对于生产出来的东西的需求都是最直接的需求。

在以上的假设情形下，有关价值的问题将不再难以解决。人们会根据生产产品耗费的劳动进行产品间的交换。当某种产品的供应紧张时，该产品的售价就会在一定时间内高过它的正常价格。尽管用该产品交换来的产品耗费的劳动要比该产品多，但是，许多从事其他行业的人会很快转而生产这种供应紧张的产品。这样一来，本来供应紧张的产品就会变得充足起来，甚至会有很多剩余。这就导致该产品的价格低于正常价格。尽管可能会有一时的扰乱，但总体来讲，每个人获得的酬劳都是相同的。也就是说，每个人从生产的各种产品和服务的纯总额中获得了相同的数额。其中，劳动需求指人们对各种产品和服务的需求。

假定一个人所在的行业得到了一种新的发明，这种发明能够把他的工作效率提高一倍。那么，这个人不用增加新的机器，就可以使每年生产的产品增加一倍。这样，由这个人生产的产品的交换价值就变为以前交换价值的1/2。如果社会上对所有人的劳动的有效需求增加，每个人从公有收入中得到的报酬也会增加。在其余条件不变的情况下，某个人也可以对自己的劳动收取多一倍的酬劳或者换取比以往更多的产品。假如社会的很多行业都提高了生产效率，公共收入来源就会极大地增加。同时，其他行业也会加大对这些行业（提高生产效率的行业）的产品的需求，进而使所有人的购买力得到提高。

假定工人的生产能力和勤奋程度一样，而且每个行业都是人们喜欢的行业，都易于人们工作，那么所有行业的正常收入率是相等的。当这些行业都需要某些专门技能时，这些行业的正常收入率也是一样的。一旦某个行业某一天卖出的产品多于其他行业某一天卖出的产品，并且这种情形长时间延续，人们就会要求自己的孩子首先学习这行业的知识。而且，这种情况是必然会有的。

高薪水的重要性

图为100美元面值的纸币样张，货币是现在通用的薪水支付手段。沃克及美国的其他经济学家特别强调高薪的重要性。他们指出，高薪水不但能够激励劳动者努力工作以提高工作效率，还可以使劳动者子孙的工作效率得以提高。

供应影响售价

图中为某一品牌皮靴的广告宣传画。在一定假设情形下，人们会根据生产皮靴耗费的劳动进行产品间的交换。当皮靴供应紧张时，它的售价就会在一定时间内高过它的正常价格。但许多从事其他行业的人会很快转而生产这种供应紧张的皮靴。

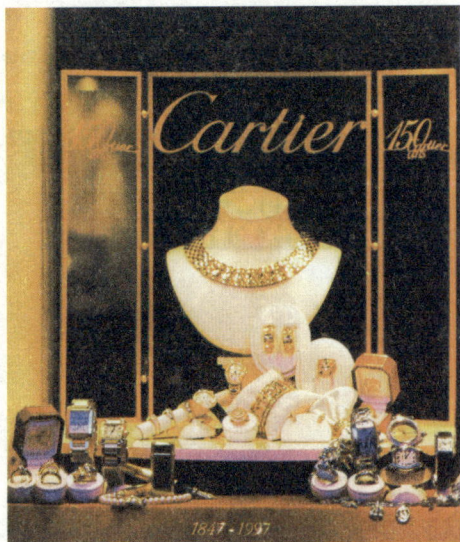

然而，人们从一个行业转到另一个行业，必然要占用前一行业的某些时间。这样，在一定时间内，人们转入的那些行业的生产份额会超过该行业本应从公共源泉中得到的正常份额。相应地，另外一些行业的生产份额就会低于它们本应从公共源泉中所得的份额。更为不利的是，这会让一些人丢掉工作。即便如此，所有产品的价值仍然围绕其正常价值上下浮动。众所周知，人们各种劳动的正常价值都是一样的。因此，无论何时，每种产品的正常价值都取决于生产该产品耗费的劳动量。

随着社会分工的进行，整个社会的生产力也在逐步提高。这样，国民收入也会随之增加。此外，如果排除那些细微的阻碍，我们可以认为每个人得到了相等的数额。更为有利的是，对于每个人来说，凭借自己的劳动所得而购买所需产品，显然要比他自己生产这些产品要经济得多。因此，在这种情形下，所有产品代表的价值等于人们耗费在该产品中的劳动量。即自然的赠予和日渐进步的生产技术决定了人们的劳动所得。

假如人口增长率固定不变，而且只受人们的生活习惯、道德伦理知识、卫生保健常识的影响；假如所有人的劳动都处于相同的水平，国民收入被均匀地分配给每个人。在这些假设成立的情况下，社会上出现的所有发明与发现，都可以同等地增加每个人得到的舒适品的数量。

假如人口持续增长，它最终会超过生产技术改进的速度。人们从农业中得到的收益就会逐渐减少。也就是说，收益递减律在农业中产生了不好的影响。故此，农业中每小时的劳动所表示的小麦数量（或其他农产品）就会比以往减少。由

交换的经济

图中是各种各样的珠宝首饰，它们看上去非常精美、雅致。每个人凭自己的劳动所得来购买需要的产品，比自己分别生产这些产品要经济得多。如果一个人需要珠宝就自己去生产珠宝，想吃蛋挞就自己去生产蛋挞，这是非常不经济的，交换可以解决这个问题。

于我们假设所有行业的劳动都处于相同的级别，因而，每个行业的收入都是一样的，即每个行业都面临和农业相同的情况。

我们知道，每一种产品的价值和人们生产该产品付出的劳动都是相等的。我们已经假定，在边际条件下，在或优或劣的土地上，人们为生产产品所付出的劳动一直是人们用来生产与该劳动相同数量资本的辅助因素。假如在耕种边际条件下，人们用于生产一千克小麦所耗费的劳动和资本较以往增多，那么有利的自然条件对小麦的作用将比以往有很高的价值。也就是说，小麦所能供给的价值，在足够补偿并超出人们为生产小麦所耗费的劳动和资本之外，仍然有很多剩余。

我们曾经假定，全社会的劳动都具有流动的特性，这样才能确保相同的付出能得到相同的收益。现在，我们将这一假设抛开，从现实生活的角度来考虑劳动。我们将进行以下假设。

首先假设工业中的劳动有很多级别。其次，我们假设大多数父母希望自己的孩子能在本级中工作；孩子只能在本级中工作，在本级中有任意选择工作的权利。最后，假设每个级别中人口的增加不受经济的控制。人口增长率或者一成不变，或者受人们生活习惯和道德伦理等变化的影响。在这种情形下，人们在当前的生产力水平下的劳动中所获得的酬劳的多少决定了国民收入的总量。

然而，人们本身需求的不同决定了国民收入对每个级别的分配的不同。如果一个行业中的人们，能够更多地满足在国民收入中拥有较多数额的那些人的需求，那么这个行业中的人们得到的数额就会更多。

3. 工人的收益等于他能提供的纯产品

从一个具有正常效率的工人来说明特定劳动的纯产品，他的雇用并不增加间接成本，但他的工作恰只达到雇主不能从其中获得纯收益的那一边际。

本节，我们将抛开设想中的社会（每个人都有促进他劳动的资本），回到当前的现实社会（劳资关系对分配起着重大作用的社会）。国民收入是按照每一类生产要素的数额和这一要素具有的服务的不同进行分配的。各种生产要素的收益能够对这一要素的供给起反作用。

任何一个敏锐的经营者都在努力使他拥有的资本达到最大的利用价值，进而试图让所有生产要素都被用在某一边际上。当这一边际产生时，假如该经营者将很少的一部分费用用在别的要素上，他将会得到很好的收益。从这个经营者产生的影响来看，他是作为代用原则而发挥作用的一个中介。这个代用原则使每一种要素都得到了很好的使用。在每一种生产要素的边际上，该生产要素的成本与使用该要素而增多的纯产品之间是成比例的。这个道理也适用于劳动的雇佣这一内容。

很多经营者常常会想，自己是否拥有足以完成某项工作的合适人选。大多时候，这个经营者拥有的机器设备替他想到了解决的办法。如果他拥有很多车辆，每辆车上必须而且只有一个司机。通常，若干辆车只有一个人负责车务。如果遇上运输很忙时，这些车辆可能不会准时到达。但是，第二个车务管理可以弥补第一个车务管理迟到的时间。增加了第二个车务管理以后，乘客的旅行时间就大大节约了，也省去了不少麻烦。在一定程度上，这些节省的时间和省

医生

　　图中是一位能干的医生正在为一位女士把脉。如果某一行业中的人们能够更多地满足在国民收入中拥有较多数额的那些人的需求，那么他们得到的分配数额就会更多。医生正是可以在分配中占据较多数额的职业。

去的麻烦也是一种纯产品。任何一个明智的经营者都会紧盯着这种纯产品，他们会思考这种纯产品与它的成本是否对等。增加车次得到的收益与为得到这些收益所耗费的机器和劳动方面的支出，前者能否抵偿后者。

　　各个级别的劳动者的工资都呈现一种趋势：每一种劳动者的工资和由这种边际劳动者的追加劳动所得到的纯产品接近相等。

　　尽管这个原理会作为工资理论被提及，但事实证明每一种类似这样的观点都是不对的。我们认为，某个工人的收益等于他所能提供的纯产品这一论述没有实用价值。这是因为，当我们估算纯产品时，我们不但要统计他的工资，还要估计这个工人用于生产商品耗费的全部生产费用。因此，我们不可以把这种理论看作工资理论。不过，我们应该意识到，这一原理属于能够阐释工资决定因素的诸多原因之一。

4.对一般资本的需求

　　在本节中，我们将列举事例来说明代用原则。我们需要强调的是，一旦某个企业增加管理或者增加雇工能够相应地增加该企业的有效产量，我们如何评定这个企业中管理所代表的价值。当产量的增加并不需要经营者耗费多余的费用时，我们可以用这些增加的产量来代表某架机器设备的生产所得。

　　我们需要阐明，在某些特定条件下，资本需求的性质以及不同用途的资本需求是怎样形成资本的总需求的。为便于研究，我们以制帽业为例。我们要进一步探讨哪些因素决定了人们投入到这个行业的资本数额。

　　制帽业的正常经营需要人们投入很多物品，这些必要物品包括食物、衣服、场地等；还包括某些流动资本与固定资本。由于市场存在竞争，经营者从使用这些必要资本中所获得的利润不会大于一般的企业利润。但是，如果制帽业经营者面临缺乏这些必要资本的困境，那么他宁愿支付比通常的利率高一些的利率，也不愿意冒无法顺利经营的风险。假如年息为2分，经营者就会使用多一些的机器；若年息是1分，经营者就会使用更多的机器；以此类推，随着年息的降低，经营者使用的机器是逐渐增加的。而当年息为4厘时，制帽业经营者就可以使用比以往更多的机器。一旦经营者所用的机器达到此时的数量时，我们就可以说机器的边际效用是4厘。其中，这种边际效用指人们觉得值得而且仅值得使用该机器所能产生的效用。

此外，我们需要研究利率的升降对制帽业的影响。当利率上升时，制帽业会减少使用的机器的数量。这是因为，制帽业经营者不会使用年剩余价值低于机器本身价值4%的机器。而当利率降低时，制帽业就会需要比以往更多的资本，尤其以原材料和零售商拥有的成品的大量积存的现象最为突出。这样一来，经营者会使用年剩余价值低于机器本身价值4%的机器。利率愈低，制帽业的厂房和工人的住所会更好。

即便是同一个行业，经营者对资本的使用也会截然不同。每个经营者都会根据自己的资本来决定投资的方方面面，而他的最终目的在于达到他所认为的有益的边际。有益的边际是企业种种投资的一条持续分割界线。我们知道，根据利率，经营者可以寻求到另外的资本。而一旦这种利率降低，这条界线就会以不规则的形式向外进行扩张。所以，资本的需求总量包含所有经营者对资本的需求量。而且，资本运行依据的规律与商品销售依据的规律是一样的。比如，任何具有一定价格的商品都能被销售出去；假如商品的价格提高，经营者售出的商品数量就会比以往减少。人们对资本的运用也遵循这种规律。

正如有些人专门从事消费却不参与生产，以及凭借未来资源的抵押方式而获得目前经费的使用的政府一样，经营者会因为缺乏生产经费而贷款。在通常情况下，经营者不会理智地考虑自己的借贷行为与贷款数量，也不会想到他们以后为偿还贷款要付出何种代价。其实，利率在很大程度上对经营者的借贷发挥着作用。

5.简短的摘要

经营者会把所有的生产要素（土地、机器、熟练劳动和不熟练劳动等）优先使用在最有利的地方。如果经营者认为，增加某一种生产要素会给他带来额外的收益时，他就会很乐意增加这种生产要素。经营者计算出增加某些方面的开支所能获得的纯产值，假如这些少许开支由一方面转移到另一方面，能够有额外收益，经营者必然会转移

利率带来的影响

当利率上升时，制帽业会减少使用的机器的数量。因为制帽业经营者不会使用年剩余价值低于机器本身价值4%的机器。而当利率降低时，制帽业就会需要比以往更多的资本，尤其以原材料和零售商拥有的成品的大量积存的现象最为突出。

苗圃工人

　　图上是两个苗圃工人在花圃里培育花苗。各个级别的劳动者的工资都呈现一种趋势：每一种劳动者的工资和由这种边际劳动者的追加劳动所得到的纯产品接近相等。苗圃工人的工资也呈现这一趋势。

这部分开支的使用。其中，纯产值指从总产量的货币价值中减去附加开支之后剩余的纯增益。

普通情形下的供求决定了经营者对每种生产要素的使用。具体来说，第一，经营者对每种生产要素的急需性和他们拥有的资金决定了他们如何使用每种生产要素；第二，每种生产要素目前的存储量决定了经营者对它们的使用。按照代用原则，经营者对生产要素的使用表现出一种由服务价值较小的方面逐渐转向服务价值较大的那一方面的迹象。这就使得生产要素在各个使用方面上的价值接近平均。

假如经营者认真考虑某一种生产要素（或不熟练劳动），并认为该生产要素（或不熟练劳动）不值得使用，这种生产要素（或不熟练劳动）就会有大量剩余。因为，在生产要素上发生的每一种转移都只能发生在边际上，改变的供求关系方能突显。换句话说，我们要重视所有生产要素的边际效用。

屠能曾经说过，资本能产生的效率以它所获得的收益为限。假如资本耗费的劳动低于工人耗费的劳动，必然有一部分工人被解雇；反之，若资本耗费的劳动高于工人耗费的劳动，经营者必然会增加一部分工人的使用。从中，我们可以得出，假如排除各种劳动之间的差异，并且将每种劳动都看作是相同的劳动，我们就能计算出直接使用劳动和资本两者之间的无差别的边际部分。

然而，某行业中对资本的使用和对机器的使用，两者性质不同。因为，假如过多地使用机器，以劳动为生的工人就可能彻底失业，资本却不会如此。资本的增多会使工人的数量得以

宽敞的仓库

制帽业的正常经营需要人们投入很多物品，这些必要物品包括食物、衣服、场地等，还包括某些流动资本与固定资本。图中是一间宽敞的仓库，对一家制帽企业来说，这是必不可少的场地。

增加。实际上，若说资本取代了劳动，那只是用包含较多等待的劳动取代了包含较少等待的劳动罢了。

6.国民收入再定义

在使用"国民收入"这一名词时，我们要清楚地说明哪些收益属于国民收入，哪些收益不属于国民收入。国民收入指划分为土地、资本、劳动后所获得的数额。

当某国的劳动和资本运用到该国的自然资源时，如果我们仔细考虑该国每年生产出的特定的纯商品总额，就会发现这些商品可以分为物质的和非物质的。在这之中，

手摇纺车

经营者会把所有的生产要素优先使用在最有利的地方。图为一辆手摇纺纱车，如果经营者认为，增加这种机器会给他带来额外的收益，他就会很乐意增加这一生产要素。

"纯"指扣除原材料和半制成品的损耗、机器设备用于生产的折损之后剩下的那部分商品数额。当我们计算某国一年（或某一时期）纯收入或国民收益时，我们要将这些损耗从产品总量中扣除。我们认为，"国民收入"和"国民收益"这两个词能够通用。但在国民收入指能够用来分配的所有新的享乐源泉的总量时，国民收益的意义会更重要。但依照惯例，不能看作个人收入的那部分收益，不属于国民收入或国民收益。因而，若是有与这种惯例相反的情形，我们才可以将某些不被看作是个人收益的那部分收入划归到国民收入中。这样，有些情况就必须单独列出来加以讨论，如某个人为自己所做的服务以及他为自己的家庭和朋友所做的无偿服务等。另外，这个人从自己具有的才智和公共财产中获取到的收益也不属于国民收益。

在企业生产出来的所有产品或收益中，有一部分产品或收益并没有直接被人们消费掉。这些产品或收益，不仅被用来抵偿生产中耗费的物资和折损的机器，而且被用来购买新的原材料。从广义上理解"国民收益"一词，我们应该承认这部分收益也是被人们用于消费的。生产的目的是消费，那么"国民收益""纯产品总量"以及"消费总量"这三个词就可以通用。在一般的工业情形中，生产与消费是同步的。只有生产创造了能够消费的条件以后，消费才能得以存在。换句话说，所有的生产与这种生产能够满足的消费是同时存在的。当然，现实中会有生产和消费不相符的情况。如某商人由于缺乏商业信誉而导致公司倒闭，进而使他生产的商品大量积压，无法进入消费领域。

7. 影响生产要素供给的诸原因

影响生产要素供给的诸原因和影响需求的诸原因对分配都起着同等影响。

现在我们需要探讨的是，第一，报酬对每种生产要素的供给具有的反作用，并以此来完善

手工梳理羊毛

在一般的工业情形中，所有生产与这种生产能够满足的消费是同时存在的。图中是18世纪法国的一个生产呢绒的工厂，工人正在手工梳理羊毛。一般来说，呢绒的生产与呢绒的消费是同时存在的。

我们对需求与分配关系的探讨。第二，生产成本和效用对国民收益的分配能够起到重要作用。这种作用决定所有劳动者、资本家和地主对国民收益的分配。

李嘉图及其认同者认为，需求的影响是显而易见的。他们对需求的影响的轻视，在当时造成了严重的弊端。有些人偏执地指出，每种生产要素产生的收益来源等于用该生产要素生产的产品所代表的价值。

当我们探讨某种生产要素的边际效率的决定因素时，我们需要掌握以下两个方面的内容。首先，我们应该掌握这种生产要素当前具有的供应量。假如该生产要素的供应量增多，人们会把这种要素用于需求少、效率低的地方。其次，我们还应掌握哪些因素决定了供给的多少。这里的生产要素指各种劳动与物质资本。

任何东西的生产都会不可避免地延伸到供求达到平衡的那个界限。其中，产品的数量与价格，生产这种产品使用的生产要素，以及这些生产要素的价格，这些因素之间存在着相互制约，相互影响的关系。假定某一外部力量改变了其中的某一个因素，并造成了一定的不利后果，这种不利后果将影响到其他因素。

8.影响劳动和资本的原因

这一小节将讨论以下内容：所有劳动和资本的决定因素，增加雇工报酬与他的勤奋程度之间的关系，人口增加和人的体质增强与正常工资之间的对应研究，由人们的储蓄产生的收益与资本和其他财富的积累的关系等。

决定各种生产要素的有效供给的因素有两个。其一，取决于各种生产要素的当前存储量，这是在任何情形下都比较重要的一点；其二，取决于经营者选择将各种生产要素投入到何种生产中（即投入意向）。这种意向不仅取决于经营者期望的近期收益，还取决于直接成本。如果生产中出现了收益低于直接成本的情况，经营者会马上中断生产。如果某种订货产生的收益不足以抵偿生产这些货物所投入的多余开支与生产中机器设备的折损，经营者就不会接受这些订货。同样，有关雇工体力的损耗等所有问题也会面临这样的情况。

一般而言，每个人工作的时间越长久，他就越想得到暂时的休息。每当这个人多工作1小时，他就会获得额外的报酬。随着工资的上涨，这个人会更加接近他希望的某个程度。在这个人的工资增加到一定程度以后，他会怎么做呢？经过调查，知识贫乏的民族和个人，工资的提升虽然使这些人获得了生活上的便利，但会让他们满足于现状。他们不会去想怎样取得更大的效益。与这些知识贫乏的人相比，头脑精明、知识广博的人在工资越高时，会愈加勤奋地工作。随着工资报酬的提高，有效用工作的供给也会随之上涨。

在研究中，由于劳动的有效供给没有变化，所以我们并没有直接提及成本问题。就算我们把每一年的工作时间总数限制在某个特定的范围内，我们也无法避免工作强度具有伸缩性这一问题。

提高一个人的工资必然会对这个人的工作产生某些即时的影响。如果我们把这种即时影响延伸到一两个世纪以后，会发现前一节中的结论也是成立的。诚然，许多年轻人会由于经济状况的好转而结婚生子。同时，财富的积累对生育率的升降也有类似的影响。然而，只要人们能够关爱孩子的健康成长，他们就会把增加的工资更多地用于孩子身上。这样，就有可能使某些儿童免于死亡。此外，我们也可以从工资的增加对人们下一代的智力及体力的培养的影响中得到有力地论证。

有些人可能会不顾子女的利益而只顾满足自己的欲望。其实，这种做法只是把效用的降低往后推迟了一代。在生活中，人们宁愿舍弃大部分的生活必需品，也不愿意放弃对习惯上的必需品的追求。还有些人喜欢某些日常奢侈品，即便在异常艰难时，也不会放弃对奢侈品的追求。随着社会的进步，时代的发展以及地点的改变，某些习惯上的必需品和日常奢侈品所包含的内容会有所不同。这些习惯上的必需品和日常奢侈品代表着物质和精神文明的进步与发展。这些习惯上的必需品和日常奢侈品越多，就表明人们的消费方式越不恰当。但如果人们对此做出理性合理的抉择，则这些东西就能达到生产上的最大限度。

增加某种必定能够提高效率的消费是值得的。因为这种消费从国民收入中获取的部分与它能够增加国民收入的部分是相等的。但如果我们想增加的不是效率急需的消费，我们就只有依赖人对自然的控制力的提高。这种控制力表现在：促进知识与生产技术的进步，日益完善的组织管理，不断壮大的原材料及其来源等方面。我们也可以通过增加资本，进而达到增加某种特定物质资料的目的。

因此，我们可以认为，劳动的供给与需求是相适应的，而且两者联系紧密。现实中，有很多人宁可舍弃生活必需品，也不愿意舍弃习惯上的必需品。

英国和法国早期的一些经济学家认为，劳动阶级的所有消费都属于生活必需品的消费。他们断定，劳动的供给与劳动的有效需求的变化是相适应的。涉及现在某些欠发达的国家时，我们的观点和这些经济学家的观点是极为相似的。这是因为，从大部分国家中的劳动阶层的消费来看，各劳动阶层的消费以生活必需品消费为主。他们对习惯上的必需品的消费较少，对奢侈品的消费更少。当这些劳动阶层的收入上涨时，他们的人数会相应增多。这些人的收入会很快降至仅能满足他们生活所需的程度。工资遵循的"铁律"指，工资水平被限定在仅够维持一个效率低下的劳动阶级的生活所需上。而且这个"铁律"适用于全世界的绝大部分国家。

但这一"铁律"却不适用于现代的西欧国家。这主要是因为，现代西欧各国的许多方面都有了极大的发展。尽管如此，当今的英国绝大多数人的主要消费依旧属于满足生活所需的消费。

收益不抵成本

图为20世纪早期美国通用电气公司生产的收音机的广告。如果这种收音机的订货产生的收益不足以抵偿生产这些收音机投入的多余开支与生产中机器设备的折损，经营者就不会接受这些订货。

祖孙三人

　　图中是祖孙三人在早餐前祈祷，桌上稀少的食物显示出他们的生活并不算富裕。据调查，知识贫乏的民族和个人，工资的提升虽然能使这些人的生活得到一定的改善，但同时也会让他们满足于现状，而不去想怎样取得更大的效益。

　　人们的一些奢侈消费对社会造成了相当严重的损害，但这些行为正在减少。这些消费被当作某种提高效率的手段时，情况并不乐观，甚至有些不值得。但是，这些消费可以培养人随机应变的能力，还可以使生活变得丰富多彩。在工资高的地方，那里的熟练劳动往往是最廉价的劳动。我们从日本工业发展的趋势中可以得出结论：假如人们舍弃某些昂贵的习惯上的必需品，并不会使生产效率降低。

　　这种道理对人类的过去和现在没有太大影响，只对人类的未来产生极其重要的影响。考察西欧国家过去和现在人们的收益以后，我们得知，有效率的劳动获得的收益，并没有超出用于抵偿工人所需的最低费用。其中，这部分费用指，用于抵偿培训有效率的工人所需的最低费用，用于维持和充分发挥工人精力所需的最低费用。

强健的体质

工资遵循的"铁律"并不适用现代的西欧国家。这主要是因为，西欧各国在知识的进步、自由意识的形成、人们体质的增强、国家财富的增加等方面有了极大的发展。图中的大人和小孩都拥有强健的体质，这是"铁律"并不适用西欧各国的原因之一。

增加工资能够促进下一代人德智体等方面的发展。假定其他条件不变，随着劳动收益的增加，劳动率也会随之提高。也就是说，社会上对劳动的需求价格增加了，进而也就增加了劳动的供给。在整个社会的知识水平、社会风气以及家庭习惯不变的前提下，所有人能提供的劳力与任何一个特定行业中的人数和劳力之间存在一个能使两者发生变化的供给价格。换句话说，如果这个供给价格上升，两者就会相应地增加；反之，如果这个供给价格降低，两者就会相应地减少。

需求和供给对工资起到的作用是不可或缺的。一方面，工资趋向于等于劳动产品，即人们对劳动的需求价格取决于劳动边际生产力；另一方面，工资呈现出与用于培训和维持有效率劳动的精力所耗费的代价具有紧密关系的趋向，尽管这种关系是间接且复杂的。其中的各种原因都是彼此制约的。有时，由于这些因素的存在，工资的供给价格和需求价格会出现相等的情况，但是工资的决定因素不是供给价格与需求价格。事实上，工资取决于支配供给和需求的所有因素。

财富的积累取决于许多因素，比如人们的严于律己、未雨绸缪以及知识的进步和文化的发展等因素。然而，一个人的家庭情感却是积累财富的关键因素。当然，财富的积累还要有安全保障做后盾。尽管很多人的储蓄受利率以及其他因素影响，我们仍然认为一旦利率上升，储蓄量就会增加。换句话说，当一个人选择储蓄作为自己或家人的一种固定收入方式时，他就会考虑利率的高低。如果利率很高，这个人就会增加储蓄量；反之，这个人就会减少储蓄量。

利息是市场上人们为使用的资本付出的代价。利率往往会保持在某一均衡点上。在这一均衡点上，市场上的资本需求总量，与将来能达到的资本供给总量是相等的。如果只是一个很小的市场（如某国家的一个城市或某发达国家的一个特定行业），这个市场对资本的需求问题就容易解决。因为，如果该市场需要更多的资本，可以从周边地区或其他行业中调集相应的资本，以满足该市场对资本的需求。如果这个资本市场指整个世界的资本市场，资本的总供给量就不再随利率高低的改变而增加或减少了。

财富积累的因素

财富的积累取决于许多因素，比如人们的严于律己、未雨绸缪以及知识的进步和文化的发展等因素。图中是英国伟大的数学家、物理学家牛顿，他提出的万有引力定律极大地促进了物理学的发展。以牛顿为代表的人类在知识方面取得的进步是财富得以积累的因素之一。

9.土地与资本的不同

本节我们将在供给对分配的一般影响的情形下讨论土地与资本的差异。土地能够被看作是一种特殊的资本，但仅限于在探讨需求对分配的影响与某个人把自己拥有的资源投入到生产中的关系这一点上。

土地与人自身以及人创造出来的生产要素是不同的。土地与人对土地做的改良也不能同日而语。这是因为，除了土地以外，其他所有生产要素的供给与人们对它们的需求是相适应的。只是它们的适应方式不同，适应程度不同。

无论哪个劳动阶级得到的收益有极大的提升，该阶级的人数都会随之增加。如果这个阶级能提供的有效劳动得以增加，该阶级对社会的服务价值就会相应地变少。假如该阶级的人数增加，每个人能得到的报酬率就会降低，甚至比以往低。当该阶级的生产效率提高时，国民收入会增加。由于这个阶级得到的收益来源于国民收入，这样，该阶级增加的收益不会对其他生产要素产生某些不利影响。

上述观点适用于资本，却不适用于土地。土地和其他生产要素在价值方面有某些类似的特点，但土地的价值却不受我们现在所说的这些因素的影响。

经营者或农场主将土地看成是一种特殊形式的资本。当前的资本品或任何一种劳动，都趋向于从一类使用用途转移到另一类使用用途。这种转移可能会多次进行，直到人们觉得某次转移之后不能获利为止。与这些资本品或劳动一样，土地也有这种趋势。土地和这些资本品或劳动一样，也受需求规律和代用原则的影响。在这种条件下，人们从土地获得的收益同人们从除去折耗后的某个工厂、客栈或者某张耕犁中获得的收益在取得方式上是相同的。人们从某种生产要素获得的收益都趋向于等于该要素边际纯产品的价值。在某些特定的短期时间内，这种收益取决于该要素所能提供的供给总量和其他生产要素对它能提供的服务的需求。

以上论述只是一方面。我们还要明白，在年代久远的国家中的土地不会受我们刚刚所说的相反作用的支配与影响。这些反作用的影响有，提高报酬率对某些生产要素的供给产生的影响；对某些生产要素在国民收入中产生的影响；对某些生产要素与购买这些要素的服务耗费的实际成本之间关系的影响等。即使国民收入比以往有很大提高，从长远看，任何一个经营者得到的报酬的增加，都不是以牺牲其他经营者的利益为代价的。但当我们谈论土地这一要素时，情形就有所不同，甚至恰恰相反。在年代久远的国家中的土地总量都是固定不变的。无论哪个经营者给自己的企业增加土地时，就意味着该经营者要从其他的经营者所在的企业中获得这块土地。但国家拥有的土地总量是既定不变的。即使这个经营者增加了土地，也不能增加国民收入。

10.不同工种工人的工资和效率的关系

本节讨论提高某一行业效率和增加该行业报酬，会对其他行业产生怎样的影响。假定其他因素不变，一种生产要素的供给越多，这种生产要素就会被应用于更加广泛的生产中。或许该生产要素并不特别适用于其中的某些方面。在这些方面中，该生产要素是在可能被证明无法获利的边际上被使用的。当这种生产要素被过多地用于这些方面时，它的需求价格会更低。这种要素在每种用途上的价格，指该要素在竞争条件下获得的在所有用途上相同的那个价格。由这种要素的增加带来的额外生产上的收入，将使国民收入得到相应地增加，进而使其他生产要素获益。然而，这种要素的报酬率会处在很低的水平内。

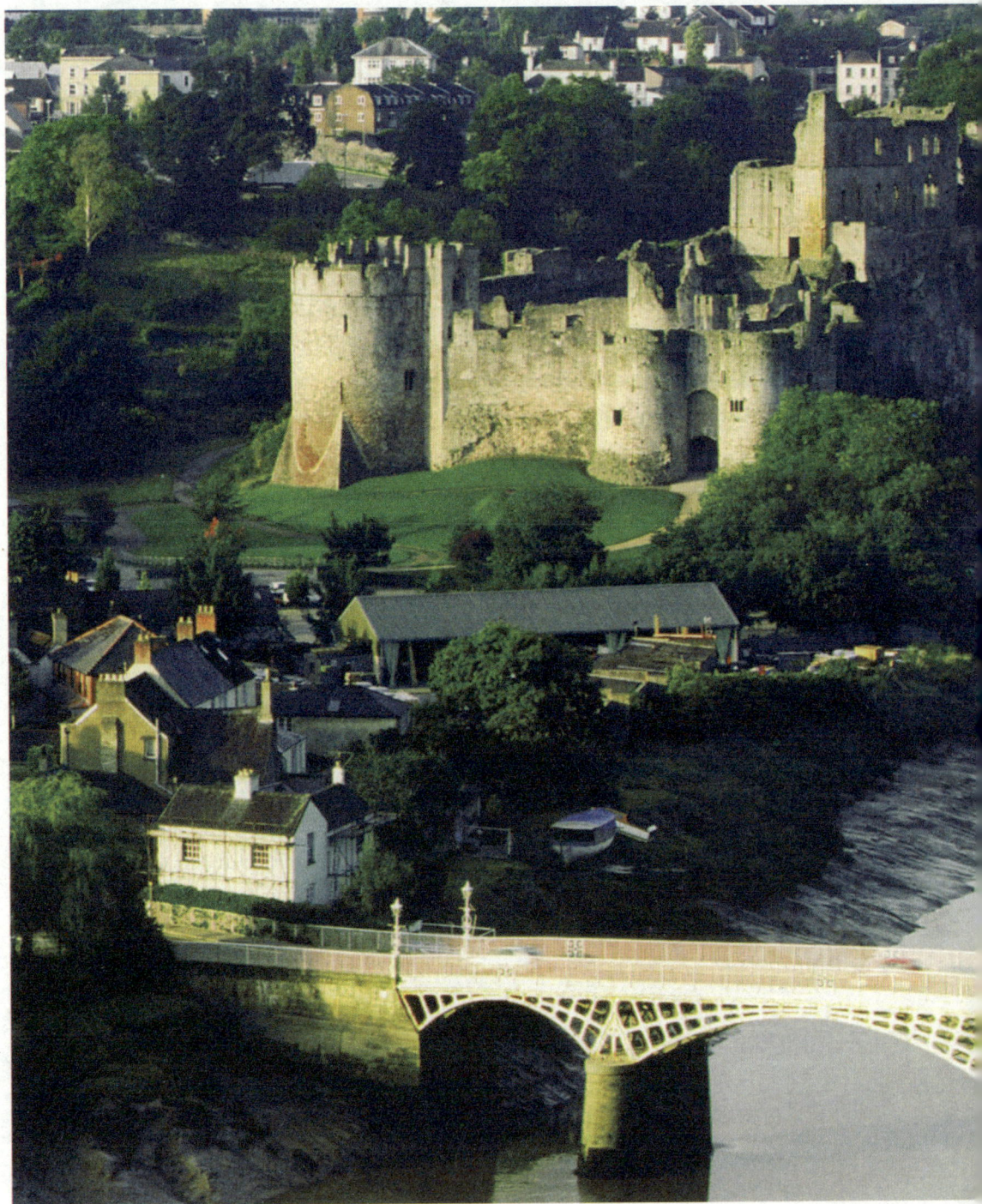

切普斯托

图中是位于英格兰和威尔士交界处的小城切普斯托，茂密的树木和古色的城堡形成了它独有的特色。如果只是像切普斯托这样的小城的市场对资本的需求问题，是容易解决的。如果该市场需要更多的资本，可以从周边地区或其他行业中调集相应的资本，就可以满足该市场对资本的需求。

任何一个工厂所有种类的工作的难易程度都不相同，皮鞋厂也不例外。为了便于论述，并在不影响论述性质的前提下，我们可将每一类工人在职业上表现出来的差异暂时忽略不计。我们假定这些工人是属于同一级别的劳动者。

现代工业生产发生了极大地变化，这使劳动力供给对某些行业来说，经常会出现过多或过少的不协调现象。一旦某些限定性因素共同发挥作用，这种不协调现象就会更加严重。由于劳动具有流动性的特点，因此，在某个西方国家中，所有不同工作部门中的同一级别的工人的工资都有日渐相等的趋向。许多有正常工作能力的工人，都能够用自己的劳动报酬购买一双除去原材料成本之后的鞋。这个工人为挣取工资耗费了一定的时间，皮鞋厂的工人为了生产这双鞋也耗费了一定的时间，这两种时间大体上一样。正因如此，这个工人才能用工资买这双鞋。通常情形下，所有工人一百天赚到的工资，可以购买其他所有与他同属一个级别的工人一百天内的劳动所产生的纯产品。此外，在这个数量以内，这个工人可以随意挑选纯产品。然而假定其他级别的工人的正常工资比皮鞋工人的工资高一半，那么皮鞋工人需要用三天的工资才可以等于其他级别工人劳动两天所得的纯产品。这个道理可以一直推演下去。

总之，假定其他因素不变，每种行业劳动纯效率的增加，都会使皮鞋工人用来购买

通途的转移　梵高　油画　1889年

资本品或任何一种劳动，都趋向于从一类使用用途转移到另一类使用用途。图为梵高绘制的绿色麦田，作为土地的一种，麦田与资本品或劳动一样，都有从一类使用用途转移到另一类使用用途的趋势。

印刷工人

　　图中是正在进行印刷工作的工人。在一个印刷厂里，印刷工人、装订工人和搬运工等种类的工作的难易程度是不相同的。但在研究中，为了便于论述，在不影响论述性质的前提下，我们可以将这些工人在职业上表现出来的差异暂时忽略不计。

这些行业纯产品的工资所带表的实际价值按照相应的比例得到提高。假定其他条件固定不变，皮鞋工人购买的那些工资品所属行业的平均效率，就直接决定了这些工人所得的实际工资的平均水平。这一平均水平还会随着该平均效率的变化而发生变化。相反地，在任何一个行业中，假设某个工厂中的某个工人舍弃了可以提高10%的效率的机会，皮鞋工人用来购买这个行业的纯产品的工资就会减少10%。不过，假如该厂其他工人生产的产品和这个工人生产的产品形成某种竞争，并且其余工人的效率都有一定程度的提高，这必然使这个工人受到一时的损害。如果这个工人不愿意消费其余工人生产的纯产品，这个工人将会受到更严重的损害。

　　首先假设所有级别劳动的相对地位有所变动；其次，假设与其他级别劳动相比，皮鞋工人的劳动有一定程度上的增加。在这两个假设成立的条件下，皮鞋工人就会从中获得很好的报酬。

11. 一般资本与一般劳动的关系

在特定的时间和地点内，我们假设从事某类工作的工人和某一行业中的经营者没有超出他们实际拥有的竞争力（如对知识和自由的竞争）。

替代方式属于一种竞争形式。但是，我们不能认为社会上存在完全竞争。如果我们想研究完全竞争，我们必须完全领悟市场情形。但在我们研究哪些原因决定了工业上所有级别低的劳动供给时，我们就不能假设该级别的人完全熟知市场行情。究其原因主要是，假如一个人拥有足以把握他所在的劳动市场的全部信息的能力，这个人就会从低级别劳动跳转到高级别劳动中。

在研究中，在一定的时间和地点内，我们不会假设任意一种工业中的人都拥有过人之才和英明卓识；我们也不能假设，这个工业中的人以及许多信息通畅人士在一般动机之外，还有别的动机。或许一个人的行为有时会有些不理智，或为了某种崇高或卑下的目的，但至少在他自己的观念中，他的行为是符合自己的资金与个人才能的。

现在，我们需要研究一般资本与一般劳动之间的关系。一般资本和一般劳动有时会因为在特定行业中的使用而产生竞争。就资本本身来说，资本是劳动和等待的某种体现。这种所谓的竞争其实就是几种拥有较多等待的劳动与其余拥有较少等待的劳动的竞争。尽管一般资本和一般劳动之间有着严格意义上的竞争，但这一竞争的辐射面较为狭窄。工人从贱价中能够获利。工人从提高产品的生产效率中也能获得利益。与这些利益相比，这种实际上的竞争就显得无关紧要了。

通常，我们可以通过提高储蓄量来扩展所等待的某种服务。这可以让等待的服务低于以往利率的水平得到使用。在这种场合下，除非有一种新发明能够改变以往迂回生产的方式并提供行之有效的解决方法与场所，否则利率会持续降低。在资本不断上涨的同时，国民收入也会极大地增加。新开辟的场所能够为劳动创造新的使用途径。等待的服务在某些方面取代了劳动的服务。

资本增加，新发明增多都会相应地增加国民收入。国民收入增加，必定对所有产品产生影响。一部分改良或发明在最初之时，只能对富裕阶层的某些奢侈品产生影响。此时，增加的国民收入并没能够被分配给劳动阶级的人们。短期内，劳动阶级的人们无法从这种改良中得到任何的报酬。但这种情况非常少见。即使改良或发明最初是为了改善富人昂贵消费品的某些方式，很快就会被应用到其他阶级用来享受的消费品中。通常，劳动阶级可以间接得到某种弥补。奢侈品具有的便利，能够使富人对某种手工品以及个人服务变得更为喜爱。为了得到这些手工品和个人服务，富人会加大对这部分内容的资金投入。以上是我们从另一个方面来阐述一般资本和一般劳动的关系。

12. "工资取决于资本垫支"正确程度的限界

现在，我们讨论"工资取决于资本垫支"这一说法在何种程度上是恰当的。某一年的产品

挖地 油画 1890年

我们研究决定工业上低级别劳动的供给因素时，不能假设该级别的人完全熟知市场行情。因为如果一个人拥有足以把握他所在的劳动市场的全部信息的能力，他就会从低级别劳动跳转到高级别劳动中。图中是两个正在树下挖地的人，他们属于低级别劳动者。

或与这些产品的等价，组成了每一个特定劳动阶级在这一年从国民收入中所获得的份额。经营者会将以往年的产品当作劳动酬劳而分配给每个劳动阶级。

工人获得对可以直接进入消费领域的产品的控制与支配权，这只是完成了劳动和资本的一般交易的一分方面；另一方面，工人也要为这个支配权付出代价，即进一步将生产的东西推向消费领域。不过，这一原则只对大部分的经营者有用，不能推广到从事生产的工人。举例来说，一个生产装置表的工人得到的报酬必然极大地低于他能提供的用于直接消费领域的产品价值。当我们将每一年的若干季放到一起讨论时，我们就会发现，所有工人为他们的老板提供的直接用于消费的产品，极大地超出了雇主给他们的工资所代表的产品。因此，我们不得不承认，资本对劳动的预支决定了劳动工资。我们暂时将机器、工厂、轮船和铁路抛开不计，我们可以认为，在工人领取工资之前，他已经为资本家做了一定时间的工作了。这是因为，从资本家投入生产中用于工人的许多原材料来看，资本家预付给工人们的那部分要大大地超过工人预支给资本家的那部分。

因此，我们从分配概要中可以得出，一般资本和一般劳动之间的不同与其他任何两种生产要素之间的不同是极为相似的。现代学说中关于资本和劳动的关系，是在以往学说的基础上发展起来的。

总之，我们认为，一般资本和一般劳动，共同作用于国民收入的创造。一般资本和一般劳动根据各自的边际效率来决定各自在国民收入中所占的份额。一般资本和一般劳动互相以对方为存在前提，两者紧密相连。具体来说，一方面，资本离不开劳动，否则资本就会变成毫无生机、毫无活力的死的资本；另一方面，劳动也不能离开资本。假如一个人不通过他人或自己的资本来从事生产，他必定会无法立足于社会。劳动积极性高的地方，资本报酬会相应地高，进而使资本得到较快的增值。随着资本和知识的较快发展，西方国家的普通工人比过去王公贵族的生活条件还要好。资本和劳动之间的协作非常重要。

在当今社会，尽管私营业主和股份集团的高级工作人员本身没有多少资本，但他们却拥有资本家和工人的全部利益。因此，私营业主和这些高级职员是整个社会的工业机器的轴心部分。因而，在研究就业与工资的变动这一问题时，我们要把这些人放在极其重要的位置上。在研究劳动、资本以及土地分别在供给与需求上表现出来的特征时，这些人的重要性也非常明显。

本章我们将研究现代环境中的劳动供给，然后讨论工人、资本家、地主分配国民收入的依据。本章对这些问题只是大致地讨论，很多细节问题将在其他章节中进行阐释。

1.竞争与工资

由于竞争的存在，同一职业各周的工资会有不同，并且同种职业的各周工资与工人的效率呈一定的比例。按工人效率计算的工资趋向于与工人效率相等，但按工作时间计算的工资并没有这一特点。

电业工程人员

图中是许多电业工程人员在紧张地工作。由于竞争的存在，这些属于同一职业的工程人员各周的工资会有不同，并且他们各周的工资与他们的效率是呈一定比例的。

体力与精力的影响

图中是位于英国伦敦的乔舒亚·威基伍德的陶瓷陈列室，许多工作人员在里边忙碌着。假如伦敦劳动者的平均体力和精力都比英国北部高，那么，当竞争达到彻底使所有事物都趋向于自己所具有的水平时，伦敦劳动者的工资就会超过英国北部劳动者的工资。

在同一市场中，两种不同的产品可以以同一种名称进入消费领域。事实上，这两种产品的质量不同，它们对购买者的价值也不同。这是我们研究商品的供求影响时经常面临的难题。假如这两种产品的质量一样，而它们在激烈竞争的市场中具有不同的出售条件，人们依旧能够以不同的名义价格售出这两种产品。我们在涉及劳动时遇到的困难，要超出在涉及商品时遇到的困难。因为人们用于支付劳动的真正价格常常具有极大的悬殊。这种悬殊是无法依靠名义价格来说明的。

从长远来看，部门不同而效率相同的人的工资有渐趋相等的趋势。就相同部门每人生产能力的差异来说，我们要从这一部门所需的某些特定因素来计算效率。

由于竞争的存在，相同行业（或者级别相同的不同行业）中工人的工资呈现相等的趋向。

但这一论断需要加以严格地限定。由于存在竞争，在特定时间内，效率不同的两个人取得的工资不是渐趋相等，而是趋向于不相等；两个平均效率不同的地方的周工资也没有趋于相等的趋势，而是呈现不相等的趋势。

克里夫·莱斯里认为工资因地区的不同而不同。但劳动阶级具有很大的流动性，我们会发现周工资和效率在地区上的差别大体上是一样的。

我们认为，经济自由和企业核心能够使周边地区级别相同的行业的工资有渐趋于相等的趋势。此时，我们需要使用效率工资来阐释这一论点。换句话说，计件工资指工人依据他生产的产品数量获取的工资；计时工资指工人依据他耗费的生产时间获取的工资；效率工资指工人依据他的效率获取的工资。

因此，经济自由和企业核心——即一般意义上的竞争——有让所有人的工资趋向于每个人的能力的趋势。这种趋势使同一地方的效率工资趋向于相等的趋势。随着劳动流动性的增强、劳动专业化的不太细密，父母会为孩子选择更加有益的职业。

我们是在假定经营者对某项工作支付的工资总额固定不变的前提下，来探讨上述趋势的。在这种假定成立以后，经营者雇佣人数的多少并不会对自己产生任何影响。但事实上并非如此。对经营者而言，凭借一定的工资率获得酬劳并在一定时间内生产产品最

亚当·斯密

亚当·斯密（1723年～1790年），经济学的主要创立者，代表作是完成于1773年的《国富论》。他在分工理论、货币理论、价值论、分配理论、资本积累理论、赋税理论等方面都有建树，被世人尊称为"现代经济学之父"和"自由企业的守护神"。

多的人是最廉价的工人。只要这部分工人没有过度劳累而影响到工作能力，他们也是社会上最廉价的工人。工作较快的工人与较慢的工人耗费的固定资本量是相同的。在他们的固定资本量相同的前提下，如果这部分生产较快的工人能够完成较多的工作，这些人的任何一部分工作耗费的固定资本就会比较慢工人耗费的少。

尽管这两类工人耗费的直接成本相同，但是效率高的工人与效率较低的工人按计时工资取得的工资各自耗费的总成本是不一样的。前者（效率高的工人）耗费的成本要比后者低。

总之，经济自由和企业核心，能够使同一地区的效率工资渐趋相等。因此，对使用较多固定资本的经营者而言，提高效率高的工人的计时工资并提高效率的程度，经营者就能获得更大的利益。然而，由于某些社会习俗和原则的限制，这些提高策略是不被采纳的，有时甚至还不为公司章程所容。

2.实际工资与名义工资

现在，我们研究某一行业实际工资的计算问题。首先，在探讨货币收入以外，我们还要探讨其他多种情形；其次，除了产生于繁重工作的麻烦外，可能有其他额外的麻烦。

亚当·斯密认为，实际工资指对工人提供的生活必需品和舒适品的总量；名义工资指工人获得的货币数量。亚当·斯密还说，工人的贫富和他们所得报酬的多少成比例，而不是与劳动价值成比例。亚当·斯密的这一论断有一些纰漏。"对工人提供的"这一短语，不只包括雇主或劳动产品直接提供的生活必需品和舒适品，还包括不需要工人耗费代价的某些利益。

当我们计算某一行业在一定时间或地点内的实际工资时，我们必然要考虑货币购买力的变化。其中，货币还用来表示名义工资。但我们还没有清晰地阐明一般货币理论，所以我们尚且无法彻底澄清这一点。即便我们掌握了历史上所有精细的物价统计数据，我们所做的估算工作也会超出单纯的数学运算工作。这是因为，当我们考察一个相对长久的时间或相对遥远的地区的情况时，我们就会得出，人们的需要以及用来满足这些需要所采用的方式是不同的。即便是同一时间与同一地点内，不同阶级获得报酬的方法也是不同的。

一个人的实际总收入指这个人获得的总收入扣除他耗费的生产成本。我们常常容易忽视总收入中不属于货币报酬的那些东西。

在计算某个人的总收入时，我们要忽略一些内容。比如，这个人用于学习某个行业的一般教育费和专门教育费以及他在工作中耗费的精力。这些费用需要用其他的方式进行计算。此外，所有用于职业的费用必须从中减去。比如，当我们计算律师的总收入时，律师事务所的房租和所有员工的工资都要减去；当我们计算木匠的总收入时，置办工具的费用必须从中减去。

3.实物工资制

有些主人规定仆人自己出钱买昂贵的制服。如果主人没有规定必须购买，仆人就不会购买。由于主人强制购买，所以仆人所得工资代表的价值相对于以前就会贬值。但假如这些昂贵的制服、食宿由主人提供，这些东西对仆人的价值，就会低于主人耗费的费用。在估算仆人的实际工资时，某些经济学家会把主人提供给仆人的东西折算成价

实物工资制

如果熏鱼在很长一段时间卖不出去，它对经营者毫无价值，经营者就会选择将它送给工人，这就属于实物工资的一种。但一般来说，一个行业存在所谓的实物工资制时，其实际工资率是低于名义工资率的。

值，并归入仆人的货币工资中，这是不对的。

反之，假如某个农场主在马车闲置时，用它免费为自己的雇工运送煤，该雇工所得的实际收益的增值就大大超出该农场主耗费的费用。这一道理也适用于种种犒劳和津贴。比如，某些商品由于推销费用比较高，对经营者毫无价值，经营者就会选择这部分商品送给工人（这部分商品对工人来说有价值）。又比如，经营者允许自己的工人以批发价购买厂里的产品。不过，一旦这种许可变成了既定的义务，种种问题就会随之而来。比如，过去某些农场主把劣质的谷物以优质谷物的价格强制卖给自己的雇工。这样，该农场主对雇工支付的实际工资远远低于他支付的名义工资。这就是所说的实物工资制。总之，如果古代国家任何一个行业中存在这种所谓的实物工资制，我们就认为其中的实际工资率低于名义工资率。

4.成败不定与就业的无常

现在，我们讨论成败因素和就业的不定性对某个行业的实际报酬率产生的影响。在研究某一行业时，我们要分别找出成功者和失败者的报酬。然后，我们需要获取两者报酬的真正平均数。

首先，假定某一成功者年平均报酬是2000镑，失败者年平均报酬是400镑；其次，假定成功者和失败者的人数相同。那么，这两者报酬的真正年平均数就是1200镑。然而，假如失败者的人数是成功者人数的10倍，那么成功者和失败者所得报酬的年平均数就约为550镑。

我们需要考虑成败不定带来的影响。究其原因，生活中有一部分比较现实的人，对自己有清醒的认识，喜欢稳定的工作。这部分人宁愿选择每年只有400镑的固定工作，也不愿意选择一种时而600镑时而200镑的工作。所以，成败的不定性并不能唤起他们的进取心和远大的志

拜占庭帝国的行政官员

图中右边是拜占庭帝国的行政官员，左边是参见他的下层官员。像这样的国家高层行政官员的工资往往高于市场报酬率，下层官员的工资则低于市场报酬率。下层官员能够安心于低工资，主要是期望有一天能够跻身到上层官员的行列中。这种政策对封建国家的统治是有益的。

向。毕竟，愿意为这种成败不定的工作冒险的人占少数，许多想把工作当作终身职业的人是不会选择这种工作的。某些看似可能成功的工作也有相等的保险价值，但这一工作仍然无法吸引很多人。相反，那种看起来必定成功的工作吸引的人数就会相对多些。

如果某一职业有少量的价格昂贵的奖赏，这一职业的吸引力远远超出这些奖赏的价值。这主要有两方面的原因。其一，青年人往往富有冒险精神，他们对成功的迫切渴望远远大于潜在的失败忧虑。其二，某种职业的社会地位，主要是由人们从该职业所能得到的最高荣誉和地位决定的，以及部分由运气决定。政治上有一句谚语，各个政府部门应该设立少量的特等奖赏。我们知道，封建国家高层的工资往往高于市场报酬率。相反，下层官员的工资则低于市场报酬率。这些下层官员能够安心于低工资，主要是期望有一天能够跻身到上层官员的行列中。这种政策对封建国家的达官贵人是有益的。正因为这对达官贵人有益，标榜民主的国家才没有实行这种政策。不过，民主国家也走向了另一个极端，即低层公务员的工资高于市场水平，高层公务员的工资则低于市场水平。无论这种政策有什么益处，它都是对资源的浪费。

现在，我们研究就业的不定性对工资的影响。在某些不经常工作的职业中，人们所得的工资要高于他们完成的工作。例如，医生获得的收入，一定要足够满足他们不工作时的生活所需。我们假定不同职业的其他利益相同，两者具有相同的工作难度，那么泥水匠从工作中获得的报酬要高于木匠所得的报酬；不过木匠所得的报酬又高于铁路工作人员所得的报酬。这是由于，铁路几乎全年都在运行，而泥水匠和木匠常常会有因经济不景气而停工中断的可能。我们常常通过取长时间工作报酬的平均数的方法，来估算这种有中断的工作。不过，这种做法也不能尽如人意。除非我们假设某个人没有直接或间接从失业带来的休整和安适中获得任何的益处。

在某些时候，这种假设的确成立。这是因为失业之后，人们需要很久的等待才能找到下一份工作。这种等待产生的焦虑感，或许会超过工作给人们带来的压力。不过，这种情况并不多见。通常，人们在从事实业的过程中形成的正常中断都不会让人们过于焦虑。因为，人们可以从中获得休整和积聚力量的机会。比如，一名律师在一年中总会有几个月非常忙碌。就这种忙碌的本身来说，它的确不是好事。但律师一年之中总会有一段时间不用参加审判的日子。因此，尽管律师在这些日子得不到报酬，但却可以好好地休整和积聚力量。

5.补充所得与家庭所得

我们需要探讨一个人的生存环境对他的报酬所具有的补充益处。也就是说，某个人除从主要职业中获得收入之外，还从其他工作中获得收入。当然，我们还必须估算这一环境能够为这个人的家庭成员提供的工作机会。

不少经济学家曾认为应该把这种家庭报酬作为报酬单位。在过去的农业和家庭手工业中，整个家庭都在一起工作，这就必须适当扣除因妻子忽视家务活而产生的损失。但是，这种手工业在现代英国极为少见。在现代英国，某个人的职业，大多只能使自己的儿子跟随学习，并不会对家中其他人产生多少直接影响。但假如这个人有固定不变的工作地方，他的家人就会很方便地加入他的工作中。然而，就业量的多少取决于周边资源的多少。

就业不定性对工资的影响

就业的不定性会对人们的工资产生影响。在某些不经常工作的职业中，人们所得的工资要高于他们完成的工作。比如图中这个正在询问病人病情的医生，她所获得的收入，一定要足够满足她不工作时的生活所需。

6.行业吸引力的决定因素

某个行业对人们的吸引力不只由货币收入决定，还受该行业的纯利益、个人和国民性格产生的影响、最低工人阶层的具体情形等因素的支配。

某个行业具有的吸引力，不止由该行业工作的难度和压力以及该工作产生的货币报酬决定，还受其他很多因素影响。"报酬"一词，有时被看作是劳动纯利益的代名词。但这种说法，仅限于在某一行业的报酬被称为劳动的供给价格时。我们必须考虑到生活中的不少现实。比如，某一行业的卫生条件比其他行业好，这种工作环境就有助于人的身心健康

每个人考虑利益的方法是有差别的。很多人喜爱乡村的环境，他们宁愿在乡村得到很少的报酬，也不想去城市中获取很高的报酬；另一些人却不在乎居住环境，只追求某些生活奢侈品。他们会为了生活奢侈品而放弃生活舒适品。

由于个人习性的存在，我们很难确定每个人的行为了。不过，我们可以按照货币价值的平均数计算出种种利益和不利的平均数来解决这一问题。其中，货币价值指参加该行业或将来使他们的儿女参加该行业的人们所产生的货币价值。某一行业的某时某地的劳动供给会受到某些

力量的影响而形成增加或减少的趋势。我们可以用得出的平均数来估算各种力量的影响程度。毫无疑问，该行业某时某地的这种估算，是不能运用到其他时间其他地点上的，否则就会导致弊端。

当我们研究民族气质的不同对行业的影响时，我们会发现一些有趣的事情。比如，不同国家的人来到美国对行业的选择是不一样的。爱尔兰人喜欢在东部各州建设农场；瑞典人和挪威人则偏向在西北部务农；德国人愿意选择家具和酿酒业；意大利人多从事铁路和建筑行业。各个民族习性与气质的不同，导致了他们对所有行业的利益和不利的认识存在差异。

假如某项工作是下层工人能够从事的工作，无论工人是否愿意从事该工作都不会对工资的上涨产生任何影响。这是因为，事实证明有些人只适合做这种低级的工作。随着时代的进步，适合低级工人的工作越来越少。当他们急需用钱时，他们就会抢夺这本来就极少的机会。这时，他们不会在意这种工作是否愉快。甚至他们也不在意某一工作肮脏与否。

某一行业的环境越是肮脏，该行业报酬就越低。究其原因，在雇主看来，在工作环境肮脏的条件下，如果雇佣熟练工人和使用优质机器，他就要支付高工资。通常，不熟练的工人对其他任何雇主都没有很大价值。而且，他们可以接受很低的工资。所以，雇主就愿意雇佣不熟练工人。社会存在的一个亟待解决的问题就是：怎样通过减少这部分工人的数量，进而提高整个社会的工资水平。

7.劳动供给和需求的特点的重要性

劳动的供给和需求具有的许多特点是非常重要的，这一重要性多取决于积累性结果。这些特点的重要性有三。其一，对供求力量起作用的形式产生某种影响；其二，对供给和需求的本质产生影响；其三，对控制供求自由产生影响。从长远来看，积累性结果的重要性，远远超过非积累性结果的重要性。这些特点最初以及最显著的结果是无法衡量它们产生的影响的。

上述问题和习惯的经济影响问题有相似的地方。严格地讲，由习惯产生的直接结果并不十分紧要。究其原因，通常该产品在价格上的背离并没有趋向于扩大和延迟。假如这种背离的程度加深，其余的种种抵消因素就会产生影响。甚至，有时习惯会被这些抵消因素彻底击败。

对产生弊端的习惯，人们会采用潜移默化地变更商品性质的方式。人们按原名原价买的其实是一种新产品。尽管这种直接结果非常显著，但却不是累积性的直接效果。习惯也能间接地对生产方法和生产者个性的自由发展产生限制作用。尽管这种间接效果不显著，但却是累积性的，进而支配并控制着世界史的发展。若某一代的发展受到习惯的阻碍，下一代的起点必定会低于不受阻碍的人的起点。这种阻碍会停滞在每一代，且代代延续。

这个道理也适用于供求对工资的作用。任何时候，若任何个人或阶级受到供求作用的极大压力，由此产生的弊端是非常显著的。不过，工人由此产生的困顿情形却不同。其中有些困顿，与那些导致工人个性变弱的困顿相比，并不重要，进而也会和弊端一起消退。这是由于后一种困顿会产生反作用，会导致更严重的贫困。并且，这种祸端会代代相续。因此，工资上涨，工人个性就会增强，力量也会壮大。这种情形会产生更大的力量和更高的工资，并且也是代代相续的。

洗衣服　延费迪·南德　油画　1889年

图中描绘了一群巴黎妇女在拥挤的空间里清洗衣服，她们大多面容憔悴。下层工人不论他们是否愿意从事自己的工作，都不会对工资的上涨造成影响。因为他们获得工作的机会很少，可取代性太大，这让他们不能在意工作是否愉悦，工作环境是否有益身心。

8.劳动供求作用的第一个特点

工人本身并没有价格，他们以出卖自己的劳动来获取报酬。通常，一个人的见识、无私程度、出身、道德评价以及父母的资产决定了经营者是否会在他身上进行投资。培养和教育工人的人，从工人那里获得的报酬是很少的。

暂不考虑现代企业制度的弊端，我们认为该制度在某一方面是有益的。承担产品生产成本的人，始终可以获取这些产品的价格。

为英国工人的培养和教育支付的资本，依旧受到许多因素的严重阻碍。如每个阶层中工人父母拥有的资产、工人的远见、为子女而牺牲自己利益的意愿等。

上流社会中的大部分人都有远见，常用较低的利率折算东西。上述所说的弊端并不会影响到上流社会。在上流社会中，父母会尽最大努力给子女选择最佳的终身职业，会尽力让子女受到从事该行业所需技能的最好培训。然而，下层人就没有这种能力。在下层社会中，父母本身境况就不好，没有受到良好的教育，也没有远见。他们没有足够的资本用于子女的教育和培养。工人的子女大多困顿不堪，甚至无法满足基本生活所需。他们的住所非常破败，更谈不上培养出身心健康、道德完善的子女。

工人阶级的子女无法从事高级企业的管理工作，更不懂科学或艺术的特性。他们身上的潜能没有得到开发，他们就死去了。如果他们的潜能能得到充分挖掘，整个国家都会从中获益。

这种弊端是累积性的。若某代人小时的饮食条件不好，他们长大以后也无法获取很高的报酬。他们就没有能力满足子女对物质的需要。这一情况会代代延续，继而成为一种恶性循环。若他们本身的才能没有得到充分挖掘，他们也不会注重发展子女的才能。若某代工人由于某一变化而得到了丰裕的收益以及发挥才能的机遇，这一代人就会增加对子女的物质和道德方面的投入。一旦这一代人由于这种变化形成了远见的卓识，他们会更加愿意舍弃自己的利益来为子女谋福。不过现在看来，尽管最低下的工人阶级缺乏知识和资本，但他们仍然愿意为子女付出所有。

上层社会的人与下层社会的人的不同，关键在于上层社会的人从父母那里获得了很好的就业机遇。古代旧式家庭中，多是子承父业。在很多行业中，一个孩子只有在父辈的殷切教导下，才可以站稳脚跟，在社会上立足。

工人阶级的贫弱，一般与妇女从事的笨拙不精细的工作的数量成一定的比例。这种情况可以从很广泛的领域内得到证明。对人本身所做的任何资本的投资都是有价值的。若母亲能始终做到亲切、温和，且这一美好的人性不被其他工作阻碍，那么母亲的教育将是对子女最珍贵的投资。

由此看来，我们一定要以家庭为单位，来计算有效率的工人耗费的生产成本。我们不能把这一成本与其他因素割裂开来对待。妇女竭尽所能地使家庭成员得到很好的生活环境，擅长培育和教导子女，并使子女具有美好的品行。妇女的这些行为需要耗费一些生产成本。有效率的人所耗费的生产成本与妇女的生产成本是共同属于某个家庭的总的生产成本。

青年人成年以后，父母和老师对他个性的影响会渐渐降低。此后，直至死亡，他的个性主

冶炼场的帕特·里昂　　约翰·尼格勒　布面油画　1826年

　　图中是正在打铁的铁匠帕特·里昂，后边是他的助手。这个铁匠本身并没有价格，他以出卖自己的劳动来获取报酬。

叶卡捷琳娜二世一家

    图中是俄国女皇叶卡捷琳娜二世一家。作为母亲，叶卡捷琳娜二世能够给自己的儿子选择最佳的终身职业，并会让儿子受到从事该职业所需知识和技能的最好培训。然而，很多下层子女的父母并没有这种能力来培育他们的子女。

要受他的工作性质、同事、朋友等人的影响。

经营者更愿意采用先进的生产方式来生产优质量的产品。在经营者眼中，收益颇丰的劳动属于最为廉价的劳动。经营者出于两方面的原因才会支付高工资给工人并对他们进行一定的培训。其一，经营者能从中获取很大的收益；其二，为了便于生产与管理，经营者常常会给工人某些福利待遇。尽管社会上的这类经营者在不断增加，但终究只是少数。即便是用于工人的投入能够得到和改进机器设备同样的报酬，经营者也不会在培训工人的技能方面投入所需的资本。农场主在佃权无法获得收益时，往往会投入资本用以增加租借土地者的土地的价值。然而，经营者是不会采取和农场主相似的做法的。

大方的经营者会把某些优待，如支付高工资、给予福利以及注重工人的文化素质等，一直延续下去。经营者知道，一旦工人的后代享受这些优待，他们成年以后就会具有强健的体魄和坚定的信念。经营者为此而付出的劳动价格，必定能够成为增加下一代从事高级工作的能力供给的生产费。这种能力是下一代人自己拥有的财产，他们有权利以较高的价格出卖这种能力。所以，经营者没有奢望从优待中获取任何物质方面的酬劳。

9.劳动供求作用的第二个特点

劳动供求作用的第二个特点：工人和他的工作场所是分不开的。某个人想要从事出售自己的劳动时，这个人必须到所要劳动的场所。一个人会在意自己的工作环境是否有益于身心健康，与同伴相处是否愉快。英国一些实行长工制的地方，工人都极力摸清雇主的脾气与习性，甚至把这些因素看得和工资同等重要。

在许多特别情形中，劳动的这一特点具有非常重要的作用。但这一特点并没有第一个特点的影响广泛。假如某个行业的机会不是尽如人意，该行业就需要以很高的工资吸引人们加入。我们要根据这个行业对人的身心健康以及个性的影响来判断这些机会是否会产生持续的损害。这些影响通常不是累积性的。

我们说，一个人想要出售自己的劳动，就必须亲自到劳动场所。可见，劳动的流动性和劳动者的流动性可以相互替代。某人对家庭、朋友以及祖宅的眷恋，会阻拦他去别的地方找寻工作。假定某个家庭中的所有成员都有自己的工作，且家庭迁徙只对一个人有利，这就麻烦了。这个人和其劳动无法割裂，就严重影响了劳动的供给随需求而转移这一趋势。

10.劳动供求作用的第三个特点与第四个特点

由于劳动力具有损耗性，通常劳动的出售情况不能达到劳动者的期望值，并且劳动者处于不利境地。因为出售劳动力的人，常常是贫苦的穷人，由于生活所迫才出售劳动力，并依靠劳动力维持生存。

所有的劳动都具有这种损耗性。工人失业后，尽管可以恢复体力和精力，但其中失去的时间却不能收回。同样，物质生产要素的生产力也有一定的损耗性。这一生产力会因暂停生产而损失殆尽。如某工厂被闲置以后，诚然可以减少某些损耗。但这种减少，与经营者损失的收

朋友对人性格的影响

　　图中的一群人在游艇上举行午宴，朋友之间相互交谈，尽享友情的快乐。一般来说，成年以前，人的性格主要受父母和老师的影响；成年以后，直至死亡，人的个性主要受工作性质、同事、朋友等的影响。

益相比，常常是十分微小的。究其原因，新发明或机器陈旧都使他的预付资本及其利息发生贬值。一旦机器停用，他就无法从中获得弥补。

不少产品也有损耗性。1889年，英国伦敦码头工人举行了大罢工。当时船上许多易腐烂的水果与肉类等产品，对工人的罢工产生了有益的作用。

几乎所有出卖体力的劳动者，都有准备金不足以及不能支持长期不售劳动力的特点。这在不熟练的工人中表现得尤为明显。其一，他们极少有积蓄存款的机会；其二，一旦有谁不愿意干，将会有很多人取代他。与熟练工人相比，不熟练工人更难组织一个力量强大且在讨论价格时与雇主持相同地位的职工会。这是因为，就雇主本身来说，能够雇佣一千个工人就相当于劳动市场一千个买主的强大集合体。

但并非所有劳动都适用这种论点。比如，仆人的积蓄不多，也没有建立正式的工会，有时却在行动能与主人保持一致。与所需社会上同等能力和熟练程度的工作相比，伦敦上层社会家庭中的用人的工资要高很多。但非熟练的用人在一些并不富有的家中做工时，就没有这么幸运。他们不但工作辛苦，得到的报酬也很少。

经观察我们得知，工业中的高级劳动者在和卖主商谈价格时，往往占有有利地位。自由职业者常常有充裕的积蓄，知识面较广，且比他们的顾客富有。此外，自由职业者在出卖劳动时具有很强的协作能力。

某个人所处的境况以及他的才能，决定了他在商谈劳动价格时是否占据优势。这一优势与他出卖的商品是否是劳动无关。从事体力劳动的人在与买主商谈价格时，会处于劣势。这种劣势会对后人产生深远影响。

假如雇主之间产生了竞争，雇主不会过多地降低劳动价格。此时，劳动价格也就不会过多地低于其对雇主的实际价值。换句话说，雇主宁愿付出最高劳动价格，也不会不使用这一劳动。工资降低，工

抄书人

图中一个抄书人正坐在书架旁边全神贯注地抄书。在印刷术被大量使用之前，抄书是一个很重要的职业。由于劳动力具有损耗性，假如抄书人失业了，尽管这段时间可以恢复他的体力和精力，但失去的时间却不能收回。由于劳动力的这种特性，劳动的出售情况通常不能达到劳动者的期望值。

人的生产效率就会降低。雇主对宁愿支付而不肯舍弃的劳动价格也会降低。

故此，劳动者与买主商谈价格中所处的劣势会产生两种累积性后果。第一，劳动者得到很少的报酬。这会产生一系列的影响，工资的降低，使得工人的生产效率降低进而使工人的劳动正常价值降低。第二，降低了工人作为一个议价者的效率。该工人不得不以低于劳动正常价格的水平出售自己的劳动。

11.劳动供求作用的第五个特点

劳动供求作用的第五个特点：培训一个工人的专业技能需要很长的时间，经营者需要很长的时间才可以从这种培训中获得报酬。

雇主期望从培训中获得收益。

自由职业者的有利地位

图中是一位正在绘画的画家，我们一般认为画家属于自由职业者。自由职业者一般有充裕的积蓄，知识面较广，且比他们的顾客富有。他们在商谈劳动价格时往往处于有利地位。此外，自由职业者在出卖劳动时具有很强的协作能力。

这种意图，使培训费用高昂的劳动的供给和雇主对它的需求成一定的比例。为了让子女获取高级职位，父母常常会为子女选择很好的职业，也愿意为子女的培训支付费用。

亚当·斯密认为，假如经营者购进一架昂贵的机器，他就可以从该机器在寿命耗尽之前的工作中得到一定的报酬。这一报酬不仅能抵偿他为此投入的资本，还能产生一般的利润。这个道理也适用于用一定的时间获取某种专门技能的人。这个人由所学的技能获得的收入，不仅要抵偿培训费，还要产生同等价值的一般资本利润。而且机器的使用期是一定的，而人的寿命却是无定的。所以，这些工作都要在一定的时间内完成。

这种论点只是普通的论述。首先，父母培育子女与资本家购买机器的动机不同。其次，通常人能提供的获取报酬的时间要长于机器。所以，我们很难估计报酬的各种决定因素。供求之间的适应性不仅漫长而且有缺陷。也有一些例外，如厂房、住所、矿场、铁路以及堤坝等的寿命就长于修建它们的人的寿命。

12.父母从一代的立场为子女择业

父母为子女择业到从中获取足够的报酬的这一过程，至少会耗费一代人的时间。在这个过程中，这个行业会发生某些本质上的改变。人们可以预见其中的某些改变，却无法预见另一些

劳动供求作用的特点

培训工人的专业技能需要很长的时间，经营者需要很长的时间才能从这种培训中获得报酬。这是劳动供求作用的第五个特点。图中是一个接受过长期激光培训的高级工人，他对激光的特性非常了解。经营者需要很长的时间才能从高级工人的劳动中取回培训高级工人的花费。

变化。

英国的工人阶级，都十分注重为自己和子女选择最佳的职业。他们会就各种行业的工资以及利弊询问居住在其他地方的亲朋好友。但我们很难确定他们给子女选择某种职业的原因。很多人都会认为，从目前各行各业的情形足以预见未来的情形。这一观点能够产生深远的影响，即某一行业的劳动供给，在任何时候，都趋向于遵循上一代而不是当代的报酬。

若某一行业的工资连续几年高于同级别的其他行业，父母就会认定该行业的工资将来也会一直增加。事实上，这种上涨常常只是因为特殊的原因。随后，即便从事该行业的人数没有增加，工资上涨到一定程度之后，大多会降低。一旦从事该行业的人数大量增加，很多年之内，该行业的工资都会比其正常水平低。

尽管某些行业只有从事该行业的人的儿子可以进入，但其中许多员工都是其他行业的同一级别的工人的儿子。所以，我们始终以全部级别为单位，来探讨劳动供给随着承担培训费用人的资金的转移而转移。假如劳动供给受到用来支付它的生产成本的资金的阻碍，所有级别的劳动供给，都取决于上一代而不是当代该级别的劳动工资。

很多因素共同决定了社会上所有级别工人的生殖率。在所有因素中，人们对将来的谨慎估计只占据次要地位。尽管现代英国并不重视传统，但习惯和舆论仍然在社会中产生着深远的影响。

13.成年劳工的转移

随着人们对一般能力需求的增加，成年劳工的转移就显得尤为重要。我们要重视使这一转移得以进行的诸多因素。从某级到其他级极少发生大量的转移，许多低级工人，会从新国家的开辟中转移到高一级别的工人中。尽管他们具有这种能力，但这种现象极为少见。

由于成年劳动转移多见且速度迅捷，所以劳动供给随着劳动需求的转移而转移的时间得到了极大的缩减。与某工业对专门技能和熟练工人的需求相比，行业转移能力逐渐重要起来。经济的发展产生了两方面的影响：其一，纷繁的工业方式日益增加了估算下一代对各种劳动需求的困难；其二，逐渐进步的经济不断增强了人们更正供求调节中缺陷的力量。

14.长期正常价值和短期正常价值

人们从某产品的生产工具中获得的收入，在长时间内对该工具以及该商品的供给和价格都有决定性的作用。但在短期内，这种作用没有产生影响。这个原理适用于物质生产工具。假如这一原理只适用于人类本身，也就是他们同时是生产的目的和手段，且属于自己拥有，我们就需要探讨其中需要更正之处。

工人增殖和耗损的速度极为缓慢，因此，我们要在非常严格的范畴内研究"长期"一词的内涵。当"长期"一词被用于研究劳动的一般需求和供给的关系（而非普通商品的一般需求和供给的关系）时，该词就指较为长久的时间。时间的长久可以产生多方面的影响。首先，使普通商品的供给适应于人们对它们的需求；其次，使这一时期内普通商品的平均价格被看成"正常"价格以及相等于它们的广义上的正常生产费用。不过，这种长久并不能使劳动的供求相适应。所以，这一时期内的平均劳动报酬取决于劳动供给的数量和人们对劳动的需求。因此，这一报酬绝对不等于工人的正常报酬。

商品市场价格的波动，取决于市场需求与市场上商品供给数量之间的关系。市场价格高于其正常水平，对不同的人产生不同影响。能够抓住时机向市场提供新商品的人会获得很高的额外收入；而靠劳动为生的手工业者，会得到由价格增加而带来的那部分报酬。

在现代工业中，资本家首先负担了生产风险和商品价格的涨落而产生的利弊影响。用于生产商品的直接开销，指商品的货币成本以上的纯收入。这一直接开销是人们从投入的多种形式的企业资本（包括经营者的才能在内）中取得的收入。商业发展较好时，许多经营者为了获取

成年劳动的转移

成年劳动的转移指成年劳动从一个行业转移到其他行业，或者从某级转移到其他级。与某工业对专门技能和熟练工人的需求相比，行业转移能力逐渐重要起来。图中是正在制造汽车玩具的工人，这种工人从汽车玩具制造转而从事其他行业就是成年劳动的转移。

更高的利润而不断扩大企业生产。此时，经营者之间就会为了雇工而形成激烈的竞争。为了得到工人的劳动，经营者宁愿支付高工资。即便经营者达成某种毫不妥协的协议，暂时不愿意支付高工资，受雇工的长期联合所迫，他们也会同意支付工人高工资。否则，经济繁荣的利益将不存在。因此，只要经济持续繁荣，工人就可得到利益中的很大一部分，其工资也会始终在正常水平之上。

人们从当前消费的商品的改良中获得收益的一部分才属于纯收入。当我们估算纯收入时，与改良品资本价值相等的消耗额需要从收益中减去。因此，若估算机器的纯收入，生产中机器的耗损及其成本也要从收益中减去。矿工和机器都具有损耗性，当我们估算矿工的熟练劳动所获得的报酬时，就要从其工资中减去这种折损。

机器的使用成本以及折损被减去之后，机器所有者不会因为机器长时间工作而受到某种损失。但长时间的工作会给矿工带来很多不利影响。

总之，我们认为，任何商品的市场价格（即短期价格），取决于人们对该商品的需求和该商品的当前存储量之间的关系。各种生产要素，无论是人或者物质要素，人们对这些要素的需

超市里的降价商品

图中是超市里的部分降价商品，大部分都是玩具。商品市场价格的波动，取决于市场需求与市场上商品供给数量之间的关系。商品价格下降，对不同的人会产生不同的影响。

求都是由人们对这些要素用来生产的商品的需求衍生出来的。

在短期内，当商品的出售价格没有发生变化时，工资也不会变动。就是说，工资随着商品出售价格的变化而变化。

不过，当人们受他们从任何生产要素（包括人和物质要素）中获得的收入以及将要从这些要素中获得的收入的影响时，人们的某些行为就能够支配这些要素的将来的供给。所有要素的供给，就会逐渐趋向于与人们对它们的需求达到相适应的一种正常均衡趋势。这一趋势即提供要素的人所获得的收入，能够抵偿工人的劳动和耗损。在某国的经济状况长期持续不变的情形下，这种趋势就会促使供求逐渐达到平衡状态。这一趋势会使机器和人都得到大致上与培训费用相等的数量（生活必需品和习惯上的必需品也包括在内）。然而，假若经济状况未改变，某些非经济因素也能使习惯上的必需品发生变化。同时，受这一变化影响，劳动供给会随之受影响，国民收入会缩减，进而影响国民收入的分配。事实上，国家的经济状况一直处于不停的变化之中，所以，劳动供求的调节点也在不停地变动。

煤矿工人的损耗性

图中是几个准备下矿的煤矿工人，和机器一样，煤矿工人也有损耗性。当我们估算煤矿工人的熟练劳动获得的报酬时，要从其工资中减去这种折损。需要注意的是，机器所有者不会因为机器长时间工作而受到损失。但长时间工作会给矿工带来很多不利影响。

15.稀有天赋才能报酬的归属

稀有天赋产生的报酬并不属于人们为提高效率而把人的劳动投入到生产要素中所产生的报酬。我们需要研究这一报酬的归属问题。我们姑且认为，这一报酬等于生产者的剩余。当我们仅仅研究个人收入的组成内容时，我们的这种论点是成立的。

当我们研究某一行业的所有人，并且没有减去失败者的较低收入时，成功者的特殊高收入就不能被看成是地租。这是由于，当其余因素不变时，每个行业期望的收入决定了这个行业的劳动供给。人们很难预想自己所从事行业的将来。有的人最初并不抱很大的希望，或许运气好，或他从事的行业前景好，总之最后取得了成功。相反，有的人最初抱有很大的期望，最终却毫无所获。成功和失败要结合对待。每个成年人寻找工作或他的父母给他择业

天赋的报酬

图中是罗伯特·波义耳的头像，他是英国著名的化学家。我们在择业后才能知道自己的才智和兴趣所在。这些才智和兴趣在很大程度上决定一个人能否在职业上取得成功。罗伯特·波义耳在化学上的天赋使他可以获得额外的报酬。

时，他们都会考察成功者获得的丰厚收入。这一收入，属于该行业真正的劳动正常价格，也属于用于支付长期内找寻工作的劳动和才能的供给价格的一部分。

若某阶层的人拥有某种天分，但只适合于某一既定的职业。这样，这种人就必定从事那种既定的职业。在我们研究人的成功和失败的机遇时，我们要把这些人的收入从额外收入中扣除。但实际上，一个人只有在择业后才能知道自己的才智和兴趣所在。这些才智和兴趣在很大程度上决定了他能否在职业上取得成功。人们从稀有天赋中获得的额外报酬，更多地可以被看作是开荒者幸运地从优质土地中获得的生产者剩余。

有关人们从若干生产部门可供使用的工具获得报酬的道理，也可应用于人们从稀有天赋中获得的报酬。比如把用于生产某种产品的机器，用于生产其他产品。那么前一种产品的供给价格上升幅度，并不会受后一种用途中所得报酬的影响。假如人们将生产某种产品的才智或天赋，用来生产其他的产品，随着前一种产品源头的缩减，其供给价格就会有所上升。

经济研究中说的利息指资本的报酬，即纯利息。普通人说的利息指毛利息，它除了包括纯利息外，还包括实际的和个人的风险保险费与管理的报酬等附加因素。

1.利息理论

供求关系，无论是资本或劳动，我们都不应从其本身来考察。这是由于，分配和交换所有决定性的因素都是相互制衡的。现在论述现代理论中关于资本和利息的内容与前人论述的联系。

近年来，随着新国家的开辟以及发明的增加，资本使用的途径得到了极大的开拓。资本使用的需求量大大超过了财富累积的供给量。这一使用是创造财富的源泉，人们可以借出资本获取收入。大部分人偏爱现在的满足，而不喜欢将来的满足。这一事实严格限制了财富积累的速度以及利率的居高不下。人们不愿意为将来的利益而"等待"。经济学的目的，就资本来说，是为了揭示生产、财富积累和收入分配中产生作用的各种力量的秩序及其相互关系。资本与其他生产要素之间是相互制衡的关系。

经济学还应研究人们选择目前满足和将来满足的决定性因素。通过研究财富积累产生的利益来完成研究希冀的目的。这些利益包含的因素是多种多样的，如广义上的划归于资本使用的利息、纯利息（即真正利息），划归管理才能和企业范畴的报酬等方面。

科学的资本理论，在生产、财富积累与收入分配三方面有了长足的进步。亚当·斯密以来的经济学家，没有哪个著名大家彻底忽视其中的某一个方面。只要是企业家掌握的道理，财政高手李嘉图也同样予以侧重。不过，任何理论都在不断向前发展。任何人对其

卡尔·马克思

卡尔·马克思（1818年~1883年），马克思主义的创始人，共产主义的创始人。他在很多方面都有研究，《资本论》是他在经济学方面的主要论著。马克思承认到当时为止，资本主义是历史上最具生产力的社会结构。但他认为资本主义终将被共产主义取代。

新国家的开辟

　　图中描绘的是美洲发现者哥伦布受封的场景，新大陆的发现使新国家得以开辟。随着新国家的开辟，资本使用的途径得到了极大的开拓。资本使用的需求量大大超过了财富累积的供给量。

中某些方面做了相应的改善工作，进而使人们掌握了该理论的大致框架；或者通过阐释其中所有部分之间相互关系而完善自己的研究。新的知识始终在增加之中。

历史本身会有些重复。社会文明的不断进步，使消费者借贷逐渐下降到借贷中的次要地位，而企业资本借贷却日渐增多。因此，尽管借款者不属于被压榨的人，但仍有一些麻烦存在。任何一个经营者都会将自己所用的资本利息看成是一部分生产费用。为了维持生产与经营，他们必须用生产的商品价格作为这些生产费用的补偿。加上现代工业体系增加了人们通过投资而实现搜罗财富的机会，因此很多人说："现代社会中利息的产生，对工人阶级形成了间接损害。"他们认为，偿还利息剥夺了工人阶级从学习知识中获得的报酬。因而，出于公共福利与公平道义的考虑，个人除了占有生活资料以外，不能占有其他任何生产资料或公益事业。

上述论点曾受到我们通常所说的某些论述的认可。不过，现在我们只研究威廉·汤姆逊、洛贝尔图斯以及马克思等人为支持此论点而做的阐述。他们说，劳动始终可以产生除了工资以及用于帮助劳动的资本损耗之外的某种剩余。而工人受到的损害，就是被资本家剥夺了这些剩余。不过，他们在假设全部剩余是劳动产品之时，就早已假设了他们最终要证明的论述。这种假设本身就有缺陷。事实上，纱厂中生产的纱，在扣除机器的损失之后，并不全是工人的劳动产品。纱是由工人劳动、经营者管理的劳动与使用资本的劳动共同形成的劳动产品。由于资本本身就来源于劳动和等待，我们可以说所有劳动和等待产生的产品就是纱。事实上，利息或等待的报酬作为结果早已隐藏在前提之中。假如我们只认为纱是劳动产品，而否认它是劳动和等待的产品，我们就否认了这一结果的存在。尽管洛贝尔图斯与马克思说，李嘉图的价值理论内涵是自己的论述前提，但实际上他们并没有遵守这一前提。

总之，满足上的推延，一方面使推延者受到损失，另一方面使劳动者额外付出的劳动也受到损失。假如这一推延能够使人采用开始高成本的生产方式提高幸福总数，那么某种产品的价值就不能单纯地根据耗费在该产品中的劳动来估算。做出这一论述前，要进行某种假定。如资本作为一种在提供服务时不用付出代价的免费品，并不需要人们对它支付利息。而且，他们所说的前提也是为了论证这一论点。洛贝尔图斯与马克思极为关注贫苦者的生活，这让我们非常敬佩。不过，他们所说的科学理论，其实只是环环相扣的论证理论。他们认为经济中根本没有利息论存在。然而，我们却认为这一论述早就隐藏在他们的前提中。尽管马克思说自己的理论是建立在黑格尔的理论之上的，其实这只是他用来吸引大众的方式而已。

2.借款人支付的总利息

我们说的利息指资本的报酬，即纯利息。普通人说的利息指毛利息，它除了包括纯利息外，还包括实际的和个人的风险保险费与管理的报酬等附加因素。这种利息不像纯利息那样有某种相等的趋势。

这些附加因素，在商业抵押和信用体系都处在较为低等的萌芽状态时会非常有用。多数人不会将风险保险费计算在利息之内。为了最大程度降低放款风险，放款者需要面对很多问题。这样一来，借款者就需要支付额外的报酬。这部分报酬，对借款者来说是支付的利息，对放款者来说则是处理各种问题所得的报酬。

企业风险是他们都会面临的风险。企业风险的决定因素，有原料以及成品市场的波动，原料及成品样式的改动，新发明，周边出现新的竞争对手等诸多方面。由借贷者个人承担风险费用的这种风险是个人风险。在放贷者把资本借给他人以供他人使用的同时，借贷者必定要支付较高的利息。这是因为，放贷者为了避免由于借贷者本身品行或个人才智的欠缺而产生某种突发状况，必定会收取借贷者利息。

人们认为借贷者的才能、精力与诚信等很重要，事实并非如此。因为一旦经营有任何弊端，他（无法正确对待失败）就会马上终止经营。假如他的品行不好，他就不会敏感于自己所受的损害。一旦终止经营，他就会损失全部。若他接着经营，他就能得到所有利益，而其中额外损失的每部分都将由债权人承担。现实中，有些债务人的懒惰行为（一部分为欺瞒意图）常使债权人受到严重损失。有些债务人是故意欺瞒债权人，而使其受到损失。债务人会运用种种奸猾的办法掩藏债权人的某些产业，一旦债权人宣布破产，债务人就在不引起他人怀疑的前提下，依靠这部分产业与资本创立新的企业。

因为借出的资本常常会有某些风险，而且这也需要某种管理。因此放贷人为了降低风险以及获得管理报酬，就会向借贷者收取某些利息（对放贷者来说是利润）。如果这种风险和管理的性质随着竞争的参与而发生某种变化，毛利息——因使用货币而支付的利息——就会随之变化。因此，竞争并不能使毛息有日渐相等的趋势。假如借贷者和放贷者非常熟知借贷情形，有些人就极有可能以低利率借出贷款。

在货币市场体系完备的条件下，资本会从多余之处流入缺乏之处，或从某一缩减规模的企业部门流入该企业扩大规模的部门。在某一西方国家中，假如两种投资的借贷资本有差别，资本就会通过间接的渠道，从一种投资转移到另一种投资。

若这种投资规模较小，也没有多少人熟悉这种投资，则资本在不同投资之间的流动就会比

放贷者和他的妻子　昆丁·梅特西斯　油画　1529年

　　图中是正在称量钱币的放贷者和他的妻子。在放贷者把资本借给他人以供他人使用的同时，借贷者要支付较高的利息。这是因为，放贷者为了避免由于借贷者本身品行或个人才智的欠缺而发生意外。

较缓慢。由于西方各国交通便捷，加上各国大资本家占有大量有价证券，因此，西方各国的平均利率的差别在缩小。

　　在货币市场中，可供使用的资本供给量有时会极大地超过其他时候。银行家以及其他信用组织有时会甘愿于很低的利率。假如证券不存在风险或银行家等急需用款时，随时能收回贷款。即便借贷者没有最优证券，银行家以及其他信用组织也愿意以很低的利率，在短期内借出贷款。这样若借贷者人品不佳，放贷者可在很少的损失风险下，马上终止贷款。他们从借贷者

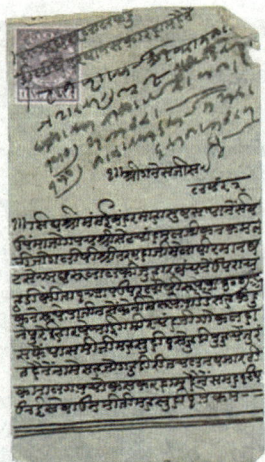

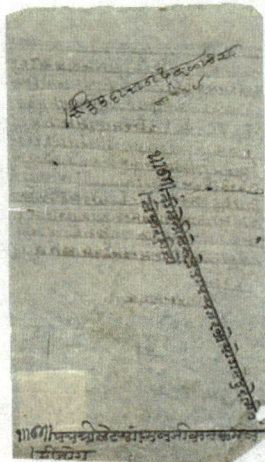

由于西方各国信息交流与交通的便捷，加上各国大资本家占有大量的有价证券，西方各国的平均利率的差别在不断缩小。图为19世纪印度的信贷证券。

收取的利息差不多全是用于风险的担保费和管理费用，而且他们从这种依靠零风险证券贷出的短期款项中获取的只是一种名义价格。事实上，这种贷款使借贷者跌进严重的风险旋涡中。若一次意外情况使借贷者丧失了个人信用，或货币市场秩序紊乱，他就要面临难堪的处境。因此他常常宁可支付更高的利率，以便于降低这种风险。

3. "利息" 用于旧投资时须慎重

资金用于生产中的投资主要包括两方面：其一，相对较少的一部分用于旧有资本品的投资；其二，大多数用于抵偿耗费资本的投资。造成耗费的因素有，即时的耗费（如食物、燃料等）、折损（如铁轨）、时间（茅屋和商业样本的老化）以及这些因素的综合作用。后者的年流量，不会低于1/4的资本总量。所以，我们可以假定资本持有者有能力使资本的形式适应于当时的一般情形，进而从各种投资中获得同等纯收入。

在这种假定条件下，资本才是在各种资本形式的纯利息期望相同的情形下的逐渐累积。当"利率"一词用于旧有资本的投资品时，该词的意义会受到很大的约束。一旦资本用于改善田地、修筑住房、投入铁路和机器等，资本价值就等于预期的将来纯收入变换成现值之和。随着该资本在将来能够形成报酬的能力的降低，资本的价值也会缩减。它的新价值，可从较低的报酬中扣除折旧，再还原成资本便可得到。

在生产投资中，大多数资金都用于抵偿耗费资本的投资。造成耗费的因素有很多，常见的有即时耗费、折损、时间等因素。西红柿是常见的蔬菜，属于即时耗费因素的一种。

4.货币购买力的变动和利息率的变动的关系

我们一直假设用于估算所有价值的货币购买力固定不变。其实，在短期贷款市场中，贷款情形会随着货币购买力的变化而发生显著变化。

借贷者根据使用资本预期的收入为限，支付放贷者利率。这些都要假定按照借款与还款时的货币购买力固定不变的情形下才可进行衡量。

随着货币购买力的变化，实际利率会随之发生变化。商业是否繁荣的决定性因素与这一论点是紧密相连的。这是由于物价不断增加时，人们就会竞相借用货币，并且囤积居奇，进而使物价水平居高不下，并持续上涨。

当企业扩大生产时，其中难免会有因为经营管理不利而产生的遗漏和挥霍浪费。这样，使用贷款的企业经营者就会损害社会公共利益而满足自己的私利，即他所偿还的实际价值会低于他所借的价值。信用体系紊乱以及物价降低时，人们为了保住逐渐增值的货币，纷纷出售商品，进而使物价大幅度降低。物价降低又会使信用体系更加混乱。所以，以往物价的降低导致了长时间内物价的持续走低。

货币购买力的变化

随着货币购买力的变化，实际利率会发生变化。这一论点与商业是否繁荣的决定性因素紧密相连。这是由于物价不断增加时，人们就会竞相借用货币，进而使物价水平居高不下。

贵金属供给量的变化，只能在很少的范围内决定物价变化。当人们用金银复本位制代替金本位制时，物价并不会缩小变化幅度。由于物价浮动造成的弊端极其严重，人们应该不惜一切代价去缩减这些弊端。由于人对自然的控制力的增强，货币购买力也会发生变化。

通常，货币购买力会随着人对自然控制力的增强而变化。现在假定货币购买力未发生变化，工人的货币工资就会受到严重损害。

第四章

资本与经营能力的利润

本章主要讲资本与经营能力的利润。内容涉及企业家之间的生存竞争，替代原则对管理报酬的影响，利润率的一般趋势，资本的正常年利润率，价格浮动对利润和其他报酬的影响等内容。

1.企业家之间的生存竞争

决定资本经营能力的供给主要有三方面内容，即资本供给、运用资本的经营能力的供给以及特定的组织。借助于组织，经营者可将另外两个方面综合起来，进而投入生产。我们还需要深入探讨企业主和经理为社会所作服务的性质以及他们获得的收入。通过讨论，我们会明白这些收入与其他收入的决定性因素有某些相似之处。

最适合在某一生存斗争条件下发展的组织方式会盛行一时。只有当这些组织方式产生的收入适应于它们直接或间接提供的利益时，这种最适合的组织方式才可能是最适合于这一环境的组织方式。替代原则只是适者生存这一铁律的极为有限的运用而已。当一种方式能够按低价格提供直接服务时，在替代原则的作用下，某工业组织方式就会有被这种方式取代的趋势。与这一直接服务相比，这两种方式能够提供的间接服务就不重要了。因此，很多有较好开始的企业，在长时间内就可对社会产生利益。但很多企业可能遭遇破产，特别是合作形式的企业表现得尤为明显。

雇佣者等企业家可以分为两种，一种企业家改良企业，另一种企业家固守旧规。第二种人能够为社会做出直接服务，且获得稳定的

约翰·弥尔顿

约翰·弥尔顿（1608年~1674年），英国诗人、政论家、民主斗士。弥尔顿是清教徒文学的代表，他一生都在为资产阶级民主运动奋斗，其代表作是《失乐园》。《失乐园》《荷马史诗》和《神曲》并称西方三大诗歌。

收入，第一种却不是这样。

尽管企业家的某些发明，在长时间内对世界产生了不可估量的贡献，但这些企业家却并未从中得到很多的收入。有时他们得到的收入，还可能低于弥尔顿从《失乐园》中得到的收入。很多人并非靠对社会的巨大贡献而是由于机缘巧合，搜罗了巨额财富。有些企业家，他们生前从所做的发明中得到的收入与这些发明对社会的贡献并不对等。但是，他们死后却成了百万富翁。尽管企业家对社会提供的直接服务与他的收入趋向于成某种比例，我们也不能认为现代社会工业体系已经达到日臻成熟的境地。同时，我们要明白，现在的任务是研究现有社会制度中企业管理决定性因素能产生的作用。

为此，我们需要探讨一般工人、监管工以及所有级别的雇主从他们对社会的服务中获取的收入。调查之后，我们得知替代原则无时无刻不在发挥作用。

2.替代原则对管理报酬的影响

本节我们将从三个方面来阐释替代原则对管理报酬的影响。其一，监工和普通工人的各自劳动；其二，企业经理和监工的各自劳动；其三，大型企业经理和小型企业经理的各自劳动。

小企业经理的大多数劳动是由某一部门主任、经理或监工负责的。其中，监工的报酬较为简易，我们将举例阐明监工的报酬。

假定某铁路承办商认为，每个监工可获得2倍的工人工资，每20个工人适合派一名监工。在该厂已拥有500个工人和24个监工的条件下，假若该厂商想用同样的开销做完比以往多一些的工作，该厂商会偏向于多雇一个监工，而不是多雇两个普通工人。若该厂已有490个工人和25个监工，该厂商就会偏向于多雇2个工人。假若监工的工资是工人工资的1.5倍，厂商就会为每15个工人配备1名监工。然而实际上，1:20的比例决定了该厂所需监工的数量，且监工的需求价格是工人工资的2倍。

有时，监工会依靠奴役工人超额完成工作的方式来获得报酬。现在，我们假设监工通过正当途径来妥善安排工人的工作，进而实现他的工作目标。

这样，工作中出现纰漏和重新做工的意外就会很少发生；一旦有人需要帮助，他也能很快得到帮助；所有的机器设备都处于最佳状态，随时备用；没人会由于误用了劳动工具而导致精力和时间的无故耗费。这样，监工的工资，就能够被看成是绝大多数的管理所得的收入。社会经由雇主的中介作用，进而对监工的服务能力提出了某些有效用的需求，并控制在一定边际上。在这一边际，与增雇监工相比，增雇工人更能提高工业总效率。此时，增雇监工还会增加生产费用，即增加的监工的工资。

经过雇主这一中间桥梁，竞争能够优化配置各种生产要素，能够使生产要素用最低的货币成本获取最多的按货币估算的直接服务。

现在，我们研究监工和经理的劳务是如何同企业主的劳务进行竞争的。我们会从小型企业的日渐壮大中发现某些有趣的事。某个木匠渐渐扩充工具，并租借了一个小型厂房，专门从事零散工作。他的每一步扩充，都要得到很多人的认可。他与这些人共同管理和承担风险。这样，这些人就会觉得有很多不便，也不愿意为该木匠的管理工作支付高工资。

监工的工资

图中是法国的葡萄种植园，前边穿长裙的是农场主，他旁边的是这个种植园的监工，在他们的前边工人们正在种植葡萄。如果监工不是依靠奴役工人超额完成工作的方式来获得报酬，他就能对工作的进行发挥积极作用。

接下来，该木匠就需要承包所有的小型修理工作。不久，他就会变为一个小经营制造商。随着企业规模的不断扩大，他就会越来越远离体力劳动，有时也不会亲自监管工作中的细微问题。他会雇佣工人负责这些工作。这样我们估算他的利润时，就要把雇工的工资从他的报酬中扣除。假如他的个人经营能力无法与同行的平均水平相等，他经过一段时间的奋力挣扎之后，就会回到先前小型创业的困苦境地。若他的经营能力刚刚达到同行平均水平，他就能够保住自己的位置。其中，所得收入大于开支的那部分数额，就是他所属于的那一级别中管理的一般收入。

但若该经营者的经营能力超出同行平均水平，他用某种过人能力来取代同行付出的额外开销。这部分节约的开销的价值属于他管理上的收入。然后，他就能不断积累资本，提高信誉，进而以低利率借用很多贷款。此外，他的商业门路也能得到拓展。他能得到许多的原料和操作技巧的知识，进而更有利于他从事更为大胆的高风险高收入的事业。他不再从事体力劳动，他会将耗费时间的小事交给其他人来做。

在研究了监工和工人，雇主和监工的报酬之后，我们就可探讨大小企业雇主的各自报酬了。

替代原则的影响

图中是19世纪欧洲一座发达的工业小城镇，这里坐落着大大小小的企业，它们之间或多或少都存在着竞争。替代原则在大小企业的竞争中始终发挥着影响。在企业中，大雇主极少劳动，经理和监工的大多数劳动近似于小雇主的全部劳动。

我们仍采用木匠的事例，当他成为较大的经营制造商之后，他的工作就变得复杂起来。他就需要雇佣很多经理。我们认为，替代原则在大小企业之间的竞争中始终产生影响。其中，大雇主极少劳动，经理和监工的大多数劳动近似于小雇主的全部劳动。

3.使用大量借贷资本的企业家

现在，我们研究某行业中，运用自己的资本经营的企业家与运用借贷资本经营的企业家之间的竞争。在很大范畴内，个人风险会随企业性质以及借贷者处境的差别而产生差别。比如有时，借贷者经营新的电业部门。放贷者因为没有以往的经验做参考，他就不能预见借贷者的经营进度。这样，借贷者就会陷入极端的劣势。自由资本者之间的竞争决定了利润率的高低。假如从事这一行业的人很少，这种竞争就不是十分激烈，利润率就会保持在较高的水平。换言之，利润在很大程度上大于资本纯息以及与同等经营困难的管理上的收入。

不过，某些行业进展缓慢，需要经营者长期不懈地奋斗。这样，某些本身没有多少资本的新入行者就会有处于劣势。

相反，新入行者可以在另外一些行业的竞争中获得极大的成功。因为这些行业（尤其是在生产成本较低的贵重商品的生产行业）需要敢于挑战以及勇于冒险的精神，需要决策果断，并且能够在短时间内获得成效。

4.股份公司

现在，我们以股份公司为例，来对比雇工所得报酬和企业主管理所得报酬。在股份公司中，董事长、经理以及所属职员负责公司的管理工作。他们所得的报酬差不多都是劳动报酬，故此，这部分报酬与一般职业中艰难以及困境相同的劳动报酬的决定因素是相同的。他们大多数人本身没有或拥有很少的资本。

困扰股份公司的因素很多，主要有内部摩擦和利益冲突（如股东与债权人、普通股东与大股东、股东与董事等利益冲突）以及种种审核与反审核制度的约束。与私企相比，股份公司不具有开创性、迅捷性、目标性与主动性。但有些行业并不在意这些弊端。如在加工行业与投机行业中被看作是弊端的某些因素，在银行业、保险业等相似行业中却是有利因素。因为资本的耐久使用权，能够在这些行业和公共事业（如煤气、电力和自来水）以及铁路、电车、航运等交通运输业中达到绝对支配权。

假定某股份公司经营管理等一切正常运转，该公司没有从事间接或直接的股票投机。此外，该股份公司也没有采取手段兼并或打垮竞争对手。这时，该股份公司的经营决策就会比较明智，进而期望美好的经济前景。该股份公司不会为换取一时利益而损害公司信用，也不会因付给雇工低工资而使雇工的服务质量下降。

银行资本的特点

图中是一个银行的金库。银行的资本有耐久的使用权，资本在这个行业和公共事业以及铁路、电车、航运等交通运输业中有绝对支配权。所以银行并不在意自身是否具有开创性、迅捷性、目标性与主动性等优势。

5.现代企业经营方法

现代企业经营方法使人们的管理报酬趋向于适应他们从事的行业困难。现代企业管理方法中，每种方法都各有利弊。每种方法都会被使用在利弊相同的情形中。在某特殊条件下，所有企业组织方式的有利边际并非是一条线上的某点，反而是将所有企业组织方式相连后的一条不规则界线。这些管理方式，不仅差别大，而且能够为很多有经营能力却缺乏资本的人提供宝贵的机遇。因此，管理报酬和获取报酬的劳动，通过现代管理方式有可能达到相等的趋势。不过，这一现象在原始社会中并不常见。当时，没有人愿意将资本用于生产。那些有资本和机遇从事某行业的人，只是具有了偶然的工作才智。替代原则仍然控制着生产商品耗费的费用（即通常所说的利润）。长期内这部分费用不应该同资本供给价格、该行业所需能力的供给价格、将资本供给和经营能力结合起来的组织方式的供给价格三者之和有很大的差别。

由于经营能力来源广泛，因而其供给不仅大量且富有弹性。任何人都需打理自己的事情，若某个人天生对企业管理就有好感，他就能获取许多管理经验。市场上最急需且可获得极大收入的经营能力，在很大程度上由得到这一能力所需的劳动和费用决定。在很多行业中，与一般决策力、果断力、机敏、严谨以及坚毅等品质相比，特殊技能与熟练度已经降为次要地位了。因此，许多经营能力不是专门能力。

企业家容易转行

与熟练工人相比，企业家更加无法断定能否通过改变行业来改善自身境遇。企业家却占有观察其他行业的现在与将来的优势。与熟练工人相比，企业家更易于从某一行业转向另一行业。图中是熟练的染布工人染布的场景。

小企业的店主与工头极为相似，这时，专业技能尤为重要。任何行业都有特定的历史。而有时某些历史因无法记录而一片空白。从事该行业的人，就要在思想未固定的时期一点一滴地逐渐学习。但现代社会中每一行业都与同其相像的附属行业联系密切。久而久之，人们会渐渐熟知这一行业。现代企业不断扩展规模以后，企业家所独有的才智就会逐渐重要起来。依靠这种才智，企业家才能领导职员，明辨企业得失，果决地解决企业困难，并制定明智的决策以及坚毅地执行这一决策。

由于无法准确估计某行业对经营能力的需求价格，因此经营能力的供给难以适应人们对它的需求。某人管理所得的报酬总量，应用他的实际企业利润扣除他的资本利息才可得到。不过，他常常无法准确熟知业务的具体情形。

虽然难以照搬商人的个人经验，但某行业的状况既不会绝对保密，也不会长久地保密。企业家都觉得，只要某行业的平均利润率，此前没有发生足以引起重视的变化，现在也不会有较大起落。与熟练工人相比，企业家有时更加无法断定能否通过改变行业来改善境遇。不过，企业却占有观察其他行业的现在与将来的优势。与熟练工人相比，企业家比较易于从某一行业转向另一行业。

某一职业所需的先天才智与耗费很多的培训，对经营者从管理中所得的正常报酬和熟练工人获得正常报酬产生的作用是一样的。某一勤恳的企业家，最初拥有很多资本以及适宜的商业门路，与同样勤恳却不具备这些优势的企业家相比，他可能会得到更为丰厚的管理报酬。不过，某些能力相仿的自由职业者，由于最初有利条件不同，因而他们最终获得的收入也不相同。有时，工人的工资也会因工作机遇以及所受教育的不同而有所不同。

6.利润率的一般趋势

现在，我们探讨利润率是否具有区域相等的趋势。某些管理报酬在大企业中被看作是薪资；但在小企业中被看作是利润。乍一看，小企业的利润要多于实际利润。

在以往的半个世纪中，人们并未深入探讨管理报酬的决定因素。此前的经济学家并未很好地区别利润的组成因素，只是研究平均利润率的一般规律。

当我们研究利润的决定因素时，我们遇到了一个字面意义上的难题。具体说来，小企业主的所有劳动报酬被看作是他的利润。但在大企业中，小企业主的工作主要由经理和监工负责。在估算企业利润时，我们必须从企业的收入中扣除经理和监工的报酬。

所以，我们要严格区分两种利润率。一种是企业投资的年利润率，另一种指周转利润率，即每次资本周转产生的利润率。假如我们将利润的范畴缩减至年利润率或扩展至周转利润率，无论哪种情形下，利润都会包含相同服务所得的报酬。这样，大小企业的一般年利润率在名义上的差异就会不存在。假如我们按普通方式估算，资本占有量很多的大企业利润率要比资本占有量少的小企业利润率低。而若按正确方式估算之后，大企业的利润率要比小企业的利润率高。具体来说，在某一行业中，大小两个企业相互竞争。与小企业相比，大企业会有很多优势，如以低价格买进原料以及采用大规模生产等。不过，小企业也有一个优势，即比大企业更加深入顾客群体，并深得顾客喜爱。但某些行业的小企业也不具备后一种优势（尤其是加工行业），那么大企业就会有很好的出售价格，并耗费相对较少的开销，进而获得较为丰厚的报酬。在上述两种情形下，当利润被用来指包含相同因素的利润时，大企业的利润率必定会比小企业的利润率高。

大企业在击倒小企业并且将其划归自己所属后，大企业就可得到一些垄断利益。此外，企业之间的激烈竞争会降低利润率。不少行业的开办，如纺织业、金属业以及交通运输业等，需要有足够充裕的资本。企业刚创建时，规模不大，所面对的麻烦就会很多。这些企业奋力拼搏，期望在短期内能够使用巨额资本。与资本相比，巨额资本本身总量很多，只是对于管理上提供的报酬很少。

尽管某些行业要求管理者具有很高的能力，但有时大中型企业的管理难度一样。在某些并不需要较高的才能的行业中，行业的利润率往往都不高。假如一个善于勤俭且拥有普通才智和企业知识的人管理一个资本多以及具有便捷商业门路的工厂时，新入行者很难立足。

综上所述，计算大小企业的利润率时，应该将小企业一般看作是利润的那一部分划入其他项目中。因而，大企业的利润率要高于表面看来的利润率。做出这种纠正之后，按普通方法计算，企业利润率仍会因企业规模的扩大而降低。

管理报酬的不同划分

图为日本门户开放时期的一家大型纺织厂，女工们正在辛勤地纺织。在这种大型纺织厂中管理报酬被划分为薪资；但在小企业中，管理报酬被划分为利润。其原因在于我们没有严格区分企业投资的年利润率和周转利润率。

7.资本的正常年利润率

假如某一工业部门中流动资本多于固定资本，该部门所用资本的正常年利润率相对较高。不过，在整个工业都推广了大规模的生产以后，该部门的利润率并不会得到提高。

当管理工作的异常繁复性与资本不适应，以及人们从中所得的报酬大大高于资本时，资本的年利润率就会达到极高的水平。其中筹划新生产方法需要耗费很多的精力以及管理中产生的很多麻烦和风险导致了工作的繁复性。

由于任何行业的特性都不同，因此，任何所说的规律都不是绝对的。假定其余因素不变，我们可得到以下两个结论。我们可以用这些结论来阐释为何各个行业的正常利润率会不相等。

第一，某一企业对管理工作的需求，大多是由流动资本的数量决定的。很多行业中，所投入的大量的固定资本在很长时间内不会耗费人们的精力，因而使行业资本利润率很低。这些行业大多采用股份制。在许多行业，公司的董事和高级员工的工资总量只占投入资本很少的比例，比如铁路、自来水、运河、船舶、桥梁等公司。

第二，假定某企业流动资本与固定资本的比例保持不变，管理工作越沉重，该企业利润率就越高。与原料成本和商品价值相比，工资总额的重要性也会更加突出。

机遇以及买卖才能，是决定某些从事贵重原材料生产的行业能否成功的因素。由于具有精明头脑且能够掌握价格影响因素的人并不多，因此拥有这些能力的人就能得到很高的收入。为此，有些美国学者曾将利润单纯地看成是风险的收入。人们支付的风险费用被用于支付实际风险价值与高额的广告和经营开支之外，还剩下不少净利。当这一风险不存在必然的损害时，人们就不会到保险公司投保。假使人们没有投保，且解决了风险带来的种种难题，则他们长期内就能获得与保险费相等的弥补。然而有些人尽管能运用才智克服工作上的难题，但由于资本匮乏而无力承担风险带来的潜在损失，就会被风险挡住前进的脚步。故此，大多数风险高的行业由敢于挑战和冒险的人管理。一少部分资本雄厚的资本家由于善于打理这一行业，也会从事风

图中是钢铁锻轧厂的一个部门，工人正在锻轧钢铁。假如这一工业部门中流动资本多于固定资本，该部门所用资本的正常年利润率就会相对较高。但在整个工业都推广了大规模的生产以后，该部门的利润率并不会得到提高。

第六卷 国民收入的分配 $

高级员工工资占资本的比例

图中是1962年西雅图世博会上单轨铁路列车的一样。在铁路这样的公司中，公司的董事和高级员工的工资总量只占投入资本很少的比例。与此相同的还有自来水、运河、船舶、桥梁等公司。

险行业。为了获取较高的平均利润率，这些大资本家会达成某种不对市场施加压力的协议。

某些企业并没有很强的投机性，因而管理主要为监督工作。此时，管理报酬主要以企业实现的工作量为主，总工资额可被用来衡量这一报酬。我们对每个行业利润趋于相等的诸多论述中，有许多极不精准。比如所使用的资本相等、利润每年有同某一额度的总资本与总工资额相等的趋势。

若勤恳、机敏的厂商，使用的生产方式与机器设备皆强于竞争对手，并且他善于管理企

厂商能力对报酬的影响

如果厂商勤恳、机敏，而他使用的生产方式与机器设备皆强于竞争对手，并且他善于管理企业的生产与销售，他就可以不断扩大企业规模，进而通过分工和机器设备专门化得到更多收益。他得到的报酬和利润都会增加。图中是炼油的机器设备。

业的生产与销售。他就可以不断扩大企业规模，进而通过分工和机器设备专门化而得到更多收益。他得到的报酬和利润都会增加。假如他不是唯一采用这种方法的厂商，他的产品价格并不会因他的产品总量增加而降低。此时，他就差不多全部占有大规模生产的经济利益。假如他恰好拥有该行业的某些垄断权，他就会不断调整增加的产量，获得更多的垄断利润。

假定不只是一两个生产者采用这种改进后的方法；这一改进是由诸多因素造成的，如需求和适应需求的产量的增加、机器设备的改进推广到整个行业、辅助行业的繁荣以及"外部"经济的日益延伸使产品的价格常集中于某点等。其中，该点指仅能为该行业提供正常利润率的某一点。与以往相比，该行业更加单纯与一致，也不会损耗多少精力，或许适宜于共同管理。这样，该行业的正常利润率就会比以往低。因此，当某行业的劳动和产品数量同资本数量之间的比例提高时，这行业的利润率会随之降低。从某种程度上说，这一比例的提高，会导致按价值计算的报酬缩减。

8.周转利润率的决定因素

　　研究了年利润率之后，我们探讨周转利润率的决定因素。

　　正常年利润率的浮动范围极小。周转利润率是由所需周转时间长度与工作量决定的，因而周转利润率在不同行业中具有很大的差异。假如批发商在单笔交易中售出了大宗货物，进而加快资本的周转速度。他们仍能在平均周转利润率不足1%的条件下，获得极高的报酬。造船商在卖出船之前，会寻找停泊之处，并将原料投在船本身，进而慎重考虑各个细微处。为了补偿他的服务与投入的资本，他必定会将较高的利润率加在耗费的开销中。

　　我们认为，周转利润率不存在渐趋相等这一趋势。不过，所有行业中的确存在某种普遍意义上的、确定无疑的利润率。不过，这一利润率会随贸易方式的变化而变化。一些人期望通过较少的生意，在周转利润率极低的条件下，获取很高的资本年利润率。这样，就容易导致贸易方式的变化。但当不存在这种剧烈变化时，按照以往的惯例，该行业就会从提供给特定工作或同行的许多实质上的服务收取一定的周转利润率。这一惯例得自以往经验，它说明了一定情形中，该行业收取的利润率足以抵偿耗费的直接成本和补充成本。同时，该行业也会产生正常年利润率。当他们从售出商品价格中得到的利润率比周转利润率低时，他们就难以扩大生产；当他们的产品价格太高时，他们就有可能失去一部分市场。若他们没有达成某种价格协议，一个忠厚的商人就期望从订货中获得平等的周转利润率。当买卖双方产生争议时，公正的法官也会支持这种平等的周转利润率。

商人

图中是一个16世纪的商人。当商人从售出商品价格中得到的利润率比周转利润率低时，他就难以扩大生产；当他的产品价格太高时，他就可能失去一部分市场。

9.已投资本的收入

前面，我们探讨了经济力量的最终结果。从长期来看，使用资本的经营能力趋向于同资本需求相适应的趋势。这一能力在不停地选择企业和企业运营模式。具有这一能力的企业，为了达到某种目的，极其看重这种能力的服务并愿意支付相应的价格。在长期内，企业能够从这些能力中得到丰厚的收入。高收入是企业家之间的竞争。每人都会根据熟知的情况，恰当地估计将来的情形，并估算出扣除开销后的企业剩余。某人的所有期望收入都属于刺激他经营该行业利润的一部分。当他还没有将拥有的资本和精力投入到生产工具及便于企业往来的看不见的资本中时，这些资本和精力必定被认为能够获得极大的利益。他对这些投资的所有预期利润，长期内都属于他冒风险的预期收入。若他是一个拥有从事某工作正常能力的人，当他不能决定是否该冒险从事这一工作时，它们就属于所提供服务的正常生产费用或边际。可见，一切正常利润都属于真正（或长期）的供给价格。

相同的动机

图中是一个拿着调色盘的画家，侧面是他正在绘制的油画。一个人或者他的父亲将资本用于培训他成为像画家这样的职业能手，其动机与资本家将资本投入到创建物质生产设备和企业组织是一样的。

促使一个人或他的父亲将资本和劳动投入到把他培训成各种职业能手（如工匠、自由职业者或企业家），同资本家将资本投入到创建物质生产设备和企业组织具有相同的动机。无论何时，若人的行为受某自觉动机控制，他的投资总会停在某点。在该点上，即使增加投资，也不能获得报酬，甚至产生负效用。可见，这些投资的全部预期收入的价格，就属于它的服务的一部分正常生产费用。

许多因素必须在相当长的时期内才可产生影响。也有例外的成败得失需要我们注意。对某些成功者来说，他们拥有超强的才智与幸运。他们拥有某些事业所需的特殊时机以及发展企业所需的优势；对失败者而言，他们没有能力恰如其分地利用培训和创业的机遇，并且不是特别喜欢自己的工作。此外，他们的对手会对他们形成压力，这些压力阻碍了他们的发展。假若人们对他们从事行业的需求减少，他们会陷入极端困境中而以失败告终。

当我们探讨正常报酬与正常价格时，我们可以忽视上述影响因素。不过，这些因素被用在探讨某一时间某一个人获得的收入

影响企业家利润的因素有资本、劳动、他的雇工生产的产品的价格等。图中是正在检查汽车的汽车工人，他们作为劳动因素的一种会对企业家的利润产生影响。

时，就占据着绝对支配地位。与这些因素对普通报酬的影响方式相比，它们对利润和管理报酬的影响方式是不同的。如果我们研究一时变化和某一机会对利润和普通报酬的影响，我们就要严格地区别开来。我们只有将货币、信用以及对外贸易等理论研究透彻，我们才能处理好市场波动的问题。现在，我们仍然可以在某种程度上辨别这些因素对利润和普通报酬产生的影响。

10.价格浮动对利润和其他报酬的影响

本节我们将探讨价格浮动对利润和其他报酬的影响的三个不同之处。

第一个不同是，对企业家来说，他的利润受他的资本（包括企业组织）和劳动、他的雇工生产的产品的价格等因素的影响。可见，在雇工工资浮动之前，企业家的利润就发生了很大程度上的浮动。当其余因素不变时，若他的产品售价上升，他就可能获得很高的利润，甚至使他由折本变为盈利。价格升高，他获得高收益的心情就会非常迫切。他会非常害怕雇工流失或倦于工作。故此，他不惜用涨工资的办法留住雇工。不过，事实证明，无论这一工资是否是依据产品售价而估计的工资，它的增加极少与价格的增加成比例。所以，它的增加也无法与利润的增加成某种比例。

当企业家经营不善时，生意凋敝，企业家就会毫无所获，从而难以满足自己和家庭所需。企业家，特别是运用大量借贷资本的企业家，所得的报酬就会低于开销。此时，他会陷入亏本买卖中，他的管理报酬也会变成负数。经济不景气时，大多数企业家都会面临这种情况。特别是运气不佳、能力不高以及不善经营的企业家更容易面临这些问题。

第二个不同是，能够在经营企业中成功的人只是极少数。这些人拥有多于自己财富数倍的其他人的财富。在计算某一行业的平均利润时，我们不应用成功者的数量除以他们所得的总利润；也不能用成败总人数除以总利润。正确的做法是，第一步，先把经营失败后改行的那部分人总损失额从成功者的总利润中扣除。第二步，将成功者和失败者的总数除以第一步的剩余差额，这样可得到该行业的平均利润。

若按平均估算，利润减去利息后的差额有时可能不足人们按某行业成功者估算的企业利润的1/2；而若按一些有风险的企业来估算，有可能不足估算的企业利润的十分之一。然而，这种风险是只增不减的。

培训资本的准租

图中是一个正在专心工作的电子工人。在他花费一定培训资本掌握了电子技术之后，他工资收入的一部分就被看成了是培训资本的准租。

　　第三个不同是，利润浮动与普通报酬浮动的不同。在某种程度上，人们对自由资本和劳动被用于培训工匠或自由职业者技能的预期报酬具有利润的特性。这需要较高的利润率。究其原因，首先投资者本人并不能得到其大部分收入；其次，他们只有勤俭节约，才能为了获得将来的收入而做某些投资。而且，在工匠或自由职业者得到了他工作上所需技能之后，他所得收入的一部分就被看成是已投资本和劳动（这一资本和劳动能使他胜任自己的工作，并拥有创业的机遇，贸易往来的机遇以及发挥才智的机遇）的将来准租。除此之外的收入，可以被看作是人们劳动的真正报酬。通常，这些收入占有很大的比例。当我们对企业家的利润做同等研究时，其中各部分的比例会有大小之别，而准租占有很大的比例。

　　从事大规模经营的企业，从已投资本中能够获得巨大报酬。由于其中的利弊未发生变化，因此，企业家不大注意他耗费在这些资本上的劳动。此时，企业家常常会将企业利益当成纯收益。他对从额外劳动中得到的所有收入的观点，不同于工匠由于延长工作时间而得到的收入的观点。

　　与本节所说不同较为密切的另一不同是，当工匠或自由职业者拥有稀有天赋，与某些普通人将同等资本和劳动投入到个人教育和创业时并预期从中获得剩余报酬相比，他得到的剩余报酬要大得多。而且，这一剩余报酬拥有地租的特性。

　　企业家阶层中拥有稀有天分的人比较多。但富有天分的人，不只包括来自这一阶层中富有才智的人，还包括低职业阶层中富有天赋的人。假如我们将企业家看作个人，即按正常价值，我们也要把特殊天赋得到的报酬看作是准租而非租金本身。自由职业者阶层收入中极为重要的一部分是投在教育中的资本产生的利润。而且，特殊天赋产生的租金，应属于企业家很重要的一部分报酬。

　　某些特殊企业的收入和工人凭技能得到的收入，都受到行业环境与机遇变化的影响。

11.行业中不同类别工人的利害关系

　　现在，我们研究行业相同、工业阶层不同的工人的利害关系。

　　当任何一种商品对它所需的每种生产要素的需求都是连带需求时，这种利害关系就会一致。比如一旦泥水匠的劳动供给有巨大的变化，建筑行业的其他所有部门的利益都会受到严重影响。

　　但实际上，某行业的共同繁荣决定了该行业不同阶层从特定资本和专项技能中得到的报酬。在较短时间内，这些报酬可列为全行业共同收入的一部分。假如效率提升或其他外部因素增多，总收入会上涨，所有阶层的收入会有部分上涨的趋势。若总收入不变，无论哪个阶层收入的增加，都是建立在其他阶层收入减少的基础上的。这一论点不仅能运用于某行业的所有人，也适合于在某一个企业工作了多年的人。

　　在经济良好的企业中，企业家的收入是三种收入的总和，即他的能力的收入、他的生产工具和物质资本的收入、他的商业信用与贸易往来的收入。企业家经营的企业决定了他的一部分效率，企业收入总要大于这些收入之和。若企业家按照较为妥当的价格卖出他的产品，然后转而经营其他行业，他有可能得到更少的报酬。机遇价值中最明显的一部分，是商业贸易往来对企业家的所有价值。这种价值看似多由幸运产生，实则是能力和劳动共同作用的结果。机遇成本指，私人或大企业联盟购买的、能够转移的那部分价值。

　　由于企业的利益和工人相关，因此，雇主的看法并不能涵盖企业的一切收益。有时，在短期内由于某种意图，企业家耗费的开销，与企业产品的市场情形决定的收入以及用于生产该产品的所有东西的成本无关。这时，企业的一切收入皆是准租。换句话说，该收入属于混合准租。该行业中的每个人可按照议价协议、惯例以及公正理念分配这些收入。这一结果与早期文明社会对从土地中得到的生产者剩余的分配原因有些相像。在早期，生产者剩余不属于个人，而是属于开垦公司。假如企业中的主管人员非常了解人和事的情形，他就有可能被企业的竞争对手高薪聘用。不过，在其他时候，这些情形只对他所在的企业有利，而对其他企业没有任何作用。他的离职可能会给企业造成几倍于他的工资的损失。但是，他在其他企业的工资有可能不足以前企业工资的一半。

　　在大行业的每个企业中，雇工能提供的劳动价值近乎相同。每个人在每周中得到的收入，由这周内他从劳动疲乏中得到的报酬与他从技能和特长中获得的准租构成。在竞争起积极作用的条件下，这一准租取决于每个雇主以本周产品的市场销售情形来对雇工的劳动估算之后的价格。商业情形决定了某一特定类别的特定工作的支付价格，这一价格属于直接开销。在估算某厂某时的准租时，要从总收入中扣除这一开销。同时，这一准租的增减与雇工毫不相关。实际上，竞争并非一直起积极作用。即便是同样的工作，使用同样的机器，并且雇主支付同样的价格，雇工被雇佣的可能性也会随着当地经济发展程度的提高而增多。经济状况一般，生意不火爆时，雇工可获得持久工作的机会；当经济状况很好时，雇工就可能要延长工作时间。

工人间的利害关系

图中的起重工人正在将地面上的建筑材料往上边拉。当一种商品对它所需的每种生产要素的需求都是连带需求时，工人之间的利害关系就会一致。比如起重工的劳动供给有巨大变化时，建筑行业其他部门的利益都会受到严重影响。

　　事实上的平均分配损失和利益的现象几乎在每个企业与雇工之间都有。这种均分损益有可能达到某种最高形式。即使没有相关协议的约束，而只因道德上的缘故，每个企业中的雇工的利弊相同。不过，这种现象极为少见。一般地讲，分红制能够在经济和道德层面上促进雇主和雇工的关系。

　　在某行业中，雇工和雇主达成某种协议时，工资就是一个棘手的问题。在短期内，双方只能依据契约断定各自应该从行业纯收入中所得的份额。某些行业中，雇主并不能始终从降低工资中获取收益。究其原因，工资降低会使企业流失很多熟练雇工。某业的工资必须足够吸引青年人加入，这就提出了最低工资。而最高工资取决于资本和经营能力供给的相对不足。双方只有依据议价来决定使用界限的那一点。但道德上的裁定，在一定程度上缓解了议价分歧。这一点，在拥有协商机构的商业中尤为明显。

　　当某组雇工为涨工资而举行罢工时，其他组雇工的工资就会受到损失。这一损失与雇主所得利润大致相等。

　　我们暂不讨论商人同厂主、雇主同雇工之间的各种工会和联盟成立的因果。我们要重视它们显现的所有情形和特殊的变动。这些会预示即将发生的社会变革。尽管它们日渐重要，但其中的很大一部分只是社会前进进程中的一小步。因此，我们不能过于强调这些现象。

企业家的收入

　　在经济良好的企业中，企业家的收入由他的能力收入、他的生产工具和物质资本的收入、他的商业信用与贸易往来的收入构成。图中是装在轮船上用来出口的货物，它是企业家的收入形式之一。

罢工运动

图为1892年发生在美国钢铁工业城镇号姆斯蒂德的一起工人罢工事件。工人们汇集在工厂门口表示抗议，当地的平克顿侦探社派兵马对工人进行了镇压，双方矛盾十分尖锐。当一些工人为涨工资举行罢工时，其他一些工人的工资会受到损失。这一损失与雇主所得的利润大致相等。

农产品实际价值的上涨，会使剩余产品的价值上涨，进而使农产品的实际价值得到更大的提高。我们需要将依靠人的劳动形成的价值和依靠自然的原本特性形成的价值严格地区别开来。

1.农产品的实际价值与劳动价值

农产品实际价值的上涨，会使剩余产品的价值上涨，进而使农产品的实际价值得到更大的提高。

农产品价值的增加，所有土地（尤其是受报酬递减规律影响较小的土地）的生产者剩余会随之上涨。与优质土地相比，这更加易于土地价值的提高。换句话说，若某人要估计农产品价值的涨幅，他就要在当时的价格条件下，从投入到劣等土地的一定的货币额中所期望的未来报酬要超出劣等土地的预期报酬。

与生产者的剩余产品价值一样，它的实际价值会同按相同方式计算的产品价值以相同比例上涨。换言之，随着产品价值的上涨，生产者剩余的实际价值会上涨。

"劳动价值"指某种产品即将购买的劳动量。实际价值指特定数量的产品即将购买的生活必需品、舒适品以及奢侈品的数量。一旦农产品的劳动价值上涨，人们承受的生活资料的压力会逐渐加大。与由此导致的土地生产者剩余的上涨相并行的是，人们的生活条件愈来愈低下。当农业之外的生产技术得到极大发展，并进而使农产品的实际价值上涨时，工资的货币购买力就会相应地提高。

2.改良对地租的影响

土地的生产者剩余，不是大自然的丰厚赠予。从市场销售的角度看，地理位置的不同与绝对生产力的不同，都能够使土地的生产者剩余不同。

李嘉图最早说明了上述道理和它的影响，在当前来看，这些道理和影响是非常显著的。在李嘉图看来，若大自然的馈赠没有限度，拥有它们也不能有任何的剩余。他深入探讨了这一问题，并指出这一论点也适宜于改良土地。改良土地耕作技术，或者提高土地的自然肥力，可能会缩减谷物总剩余量。为某些人提供农产品供给的土地真正剩余总量也会有所减少。他认为，改良对丰厚或贫瘠的土地的影响是不同的。丰厚的土地剩余总量会因改良而提高，贫瘠土地剩余总量则会因改良降低。

有人认为，土地改良能够在不降低农产品价格的前提下，使农产品增加。只要向英国出口农产品的国家没有引进这种改良技术、实施某些提高策略、发展交通等，英国的农产品就会持续增加。这种说法和李嘉图的说法如

农产品实际价值
罗伯特·邓坎森

图中是罗伯特·邓坎森绘制的各种颜色的水果油画，上边绘有菠萝、樱桃、草莓等，看上去非常可口。这些农产品实际价值的上涨，会使剩余产品的价值上涨，进而使农产品的实际价值得到更大的提高。

出一辙。李嘉图还指出，当人们用相同技术改良向市场提供农产品的土地之后，这一改良就会对人们产生显著的影响。而且，这会减少耕种贫瘠土地使用的劳动，但效果并不比以前差。因此，地主就会获得很好的收益。

我们需要将依靠人的劳动形成的价值和依靠自然的原本特性形成的价值严格地区别开来。部分土地价值是由国家修建的公路（国家为了一般原因而不是专门为农业所修建）以及土地改良而产生的。

改良土地的费用必须是纯费用。将每年的开销加上，然后将每年从土地改良中获得的额外产量所代表的价值总量扣除之后就可得到纯费用。土地的价值在人口密集的区域要超出这一纯费用的很多倍。

不同土地的改良效果　梵高　油画　1884年

图中的人正在土地上种植马铃薯，我们可以看出这是一块比较贫瘠的土地。李嘉图认为改良对肥力不同的土地的影响是不同的。丰厚的土地剩余总量会因改良而提高，贫瘠土地剩余总量则会因改良降低。

3.英国租佃制

本节所说的地租理论，由于牵扯到生产者剩余，因此它与一切土地私有形式的土地租佃制

都能相适应。当土地所有者自己垦殖土地，他就拥有这一剩余。当他把土地租赁给他人时，他及佃户共同拥有这一剩余。不论他们按照协议、惯例或法令规定各自如何承担种植费用，这些理论仍然适合。当产品没有销路或卖出很少时，他即使用实物上交课税，这些理论仍然成立。因此，经济发展的好坏并没有很大作用。

对土地使用的交易，英国重视自由竞争和企业心，轻视日常惯例和道德。人们认为，地主促进并维系了土地的改良。在当地正常收获以及正常价格的条件下，在减去农业资本家的正常利润之后，地主就拥有该地当年土地的所有生产者剩余。若收成好，农业资本家的报酬就高；相反，歉收时产生的损失都由农业资本家承担。在这一论点中，农业资本家的经营能力和企业心都处于正常水平。若他的个人才能比正常水平高，他就会获得高报酬；反之，他不但要自己承担损失，还可能放弃这一事业。

在短期内，地主从土地中获得的报酬，取决于农产品的市场行情。耕种土地所用的各种生产要素耗费的成本对这一报酬没有多大影响。这一报酬拥有地租的特性。农业资本家获得的报酬可以被看作是利润，进而归入农产品的正常价格。这是由于只有农产品产生这种利润，它才能够被生产。

随着英国租佃制的日渐发展，地主和佃户在报酬上的分界线逐渐符合我们理论上区分的界线。正是由于这一事实的存在，英国经济理论才能在19世纪初占主导地位。英国经济学家才达到了很高的成就。正如在英国那样，其他国家的很多人也纷纷研究经济学。然而，其中很多的新理论，只是英国早期某些论著中隐含观念的延伸阐发。

我们无法确定英国租佃制能够持续多久。这一制度有严重的缺陷，或许在将来文明社会中并不是最佳制度。不过，与其他制度相比，这一制度的确为英国带来了丰厚的报酬，并使英国在世界自由企业发展中居于领先地位。正因如此，早期国家才要进行必要的改革，从而给予人们自由、勇气、弹性以及力量等特性。

决定土地报酬的因素 梵高 油画 1888年

在短期内，地主从土地中获得的报酬，取决于农产品的市场行情。耕种土地所用的各种生产要素耗费的成本对这一报酬没有多大影响。图中是梵高绘制的小麦丰收的场景。对地主来说，小麦在市场上的售价将决定他从土地中获得的报酬。

本章在前边关于地租介绍的基础上，介绍了分成制和小土地所有制的利益，英国租佃制的优势，大土地占有制和小土地占有制，城市闲置地对个人和公私利益的影响等内容。

1.分成制和小土地所有制的利益

英国和印度的佃户，为耕种的土地而支付的费用应该按货币形式来估算。现在，我们研究英国租制以及美国分成制同欧洲分益农制的本质不同。

在欧洲许多国家中，土地多被划分为许多块供租种。佃户主要依靠自己和家庭完成耕作。佃户有时会雇佣雇工帮助自己。房屋、牛、农具都由地主提供。美国则很少有租佃制，小块佃地占仅有的少数供租种的土地的2/3。这些小块佃地，由白种人中的贫困人群以及获得自由的黑种人耕种。农产品由劳动和资本共同分摊。

根据美国的这一制度，某些没有资本的人也可以使用资本，甚至他为这些资本支付的费用要低于其余任何时候。与雇工相比，他能够得到极大的自由以及拥有很强的责任感。合作制、分红制和计件工资制等制度的很多优点都能在这一制度中得到显现。尽管美国的分益佃户拥有很大自由，但仍不及英国农民拥有的自由多。

分益农制

欧洲许多国家以前都实行分益农制。在这些国家里，土地多被划分成许多块供租种。佃户主要依靠自己和家庭完成耕作。美国实行的则是分成制。图中是被分成小块耕作的土地，它属于分益农制的形式。

小土地所有者　梵高　油画　1838年

　　图中是一个辛勤工作了一天的小土地所有者，他结束了一天的工作，准备回家休息了。小土地所有者拥有很大的自由，不受地主的影响，更不担心别人窃取自己的劳动成果。他从土地所有权中得到了极大的自尊、坚毅的品格以及操持家庭的勤奋之心。

　　当美国分益农的地主监督农民劳动时，他必然会耗费时间和精力。佃户就必定要支付给他一定的费用，即地主的管理收入。假定佃户需要把投入到土地的劳动和资本收入的半数缴纳给地主，只有佃户从投资中获得的收入总额大于他自己的收入的两倍时，佃户才愿意投资。假如地主要求佃户采取何种方式耕种，佃户耕种的集约化程度就会低于英国的水平。佃户以多于两倍的收入作为限度，来决定投入资本和劳动的额度。与收入固定制相比，美国地主从这些收入中得到的数量要少许多。

　　按照许多欧洲国家的制度，佃户拥有稳定不变的租佃权利。地主要常常监督佃户，才能使佃户在农场中的劳动量维持在一定的水平。假如佃户用耕牛进行农场以外的劳作，其中的收入就全部归佃户所有。但地主会极力禁止这种现象发生。

　　随着供求关系的变动，哪怕是变动很少的区域，由地主提供的农具的数量和质量也在暗中发生着变动。假如佃户没有稳定的租佃权，在某些情况下，地主可随意决定佃户所要投入的劳动和资本的数额以及佃户本身的资本数额。

当佃户极其贫困，租佃的土地很少，且地主不认为事务烦琐时，美国的分益农制就有明显的优势。不过，这一制度不适用于租佃大块土地的佃户。这一制度常常与小土地所有制紧密相连。

小土地所有者拥有很大的自由，不受地主的影响，更不担心别人窃取自己的劳动成果。他从土地所有权中得到极大的自尊、坚毅的品格以及操持家庭的勤奋之心。他很少偷懒，乐于将劳作看成是一件高兴的事。小土地所有者所具有的地位极具诱惑力。

当小土地所有者不甘于一直是小土地所有者时，他们可能取得更大的成功。其原因在于劳动者的最优存钱罐是土地。某些时候，它不是最优中的主要部分，最主要的是他本人以及他的子女拥有的才能。这些小土地所有者尽心尽力地耕作土地，从不会遗漏任何事。哪怕其中某些富有的人，也勤俭节约。他们炫耀的是房屋和家具是否气派，其实他们的居住和饮食情形要比英国较富有的农民差得多。最贫困者的饮食远远不如英国最贫困的工人好。他们常付出极大的劳动与很长的时间，却得到极少的报酬。财富的用途是人们追求幸福的一个方式，他们却舍弃目的而追求方式。

英国劳动者并未显示英国制度有何种优势，反而证明它有许多缺陷。现实中的机遇让机敏、肯干且勇于冒险的人们，在国内获得辉煌成就，在别国拥有很多土地。有些人却并未抓住这些机遇，英国劳动者就是这些人的后继者。有进取心的小土地所有者，决不会为农人的枯燥生活和极低的报酬而停止前进的脚步。英国成为世界之主的最大原因就得自于这种进取心。促

丛林中的农场

图中是1838年北美洲丛林中的农场，繁茂的森林可以生产大量的木材。美国人现在正逐渐学习英国模式了。以往美国人让英国人经营美国东部的农场与纺织业，现在，美国人渐渐地让欧籍移民经营美国西部的农场了。

使进取心产生的因素很多，抵制诱惑则是最关键的。如抵制等待小额遗产，以及因财产而随意结婚的诱惑等。在小土地所有制拥有绝对强势的区域，青年人的个人才能的发挥要受到这些诱惑的极大约束。

美国没有这些诱惑，农民依靠自己的劳动进行劳作，属于劳动者阶层。他们与小土地所有者有很大的区别。他们愿意为培训自己和子女的某种技能而支付很高的培训费用。他们的土地价值极小，这些技能是他们的主要资本。尽管他们中的不少人没有专业的农业技能与知识，但他们拥有的聪敏的头脑和极强的应变能力，能够帮助他们妥善解决麻烦。

与他们占有的数量巨大的土地相比，他们由经营农业而得到的产量极少；若与他们耗费的劳动相比，这一产量却很多。美国某些地方的土地价值正在逐渐上涨。某些距离市场较近的土地，人们正逐渐使用集约化经营方式，并且获利丰厚。美国某些地方的耕作和租佃方式正日益学习英国模式。以往美国人让英国人经营美国东部的农场与纺织业，现在，美国人也渐渐地让欧籍移民经营美国西部农场。

2.英国租佃制的优势

英国租佃制的优点有两个，有一部分财产（土地、建筑物以及耐久的改良设备）不会耗费地主多少细节上的管理，也不会让佃户觉得烦琐。

优势一，这一制度使地主能够对这些财产负责，且只负责这部分。这些土地财产在英国约为农人需要自己提供的资本的五倍。地主甘愿将这一大宗资本投入到经营中以充当入股份额。不过，很少有地主从中获得的纯地租达到3厘的资本利率。经营其他任意一种企业的人，都难以按这样低的利率借出资本，也难以按照任意利率借出这样的大宗资本。尽管分益农能贷出的资本要多很多，但他们也需要支付很高的利率。

优势二，由上述优点延伸得到，即英国租佃制使地主按自己的喜好挑选既有才能又有责任感的佃户。从不同土地所有权的土地经营来看，与欧洲其他国家相比，英国并不看重人们的出身。即便是现代英国，出生在取得每种行业的职位、选择自由职业以及从事工艺行业时，都是非常有用的。这一事实在农业中表现得尤为明显。这是由于地主自身的利弊决定了他们难以用苛刻的商业规则来挑选佃户。这也决定了地主不会频繁变换佃户。

很多人都有可能改进农业技术。与工业相比，农业不同部门在一般特性上的区别是极差的。一旦工业中出现了先进方式，这一方式就会很快地运用于工业的各个部门。农业中这一传播却特别慢。由于农业家中拥有进取心的人多会奔向城市，滞留在农村中的力量较为弱小。而留在农村中的人，由于缺乏必要的教育，他们没有多少聪明才智。他们不会主动倡导以及引进新方式。任何农场都各有特性，若贸然使用在周边农场产生效用的方式不一定会成功。有鉴于此，很多人沿袭旧制。

烦琐的农业细枝末节增加了农业会计的计算难度。借贷者和放贷者在不少连带产品与副产品、每种农作物与饲养方式等方面的关系极为繁复且富于变化。一般农户难以精确地断定在何种价格水平上提高某些额外产量。农户很容易就能确定其中的直接成本，却极少掌握其真正的成本总量。农户无法随时总结经验，进而难以获得长足发展。

新生产方式推广的缓慢性 米勒 油画 1850年

图中的人正用很原始的方法收获甘草。与工业部门相比，农业中新生产方式的推广非常缓慢。究其原因，农业中拥有进取心的人多会奔向城市，留在农村中的人大多缺乏必要的教育，他们没有多少聪明才智。他们不会主动倡导以及引进新方式。

工农业的竞争方式不同。当某一厂商能力欠佳时，其他人就可能取代他的地位。而当地主难以使用最优方式开掘土地潜力时，其他人也很难做到。只有有人使报酬逐渐降低，这个人才可能比地主做得更好。若这个人没有足够的才智和进取心，边际供给价格就会很高。所有工业部门的进展，都会由于该行业中很多人没有才能和进取心而受到限制。工农业的这一差异只是程度上的差异。地主负担了农业改良，而且很多地主是城里人。同时，农业辅助行业的很多厂商也纷纷进行这一改良。

3.大土地占有制和小土地占有制

特定效率的劳动数量增加以后，从自然赠予得到的收入会增加。但两者的增加并不成比例。对工农业中的人来说，收入递增规律是适用的。若这两者采用大规模生产经营，情况又有很大差别。

具体来讲，其一，原材料能够运给厂商，而农业家非自己寻找工作不可，且农业的经营需要有宽广的场地。其二，农业生产具有季节性，从事农业的人不可能全年干同样的工作。工业生产方式无法向农业推广。不过，农业会因许多促进力量而逐渐趋向于采用工业生产方式。如许多新发明的出现、日益增多且用途广泛的贵重机器等。农民能够租机器用，有些机器，他只能和别人共用，才会产生效用。不幸的是，变幻不定的天气，常阻碍他的这些工作进展。

其三，农场主必定要挣脱他和他父亲的经验束缚，从而逐渐融入日益变化的时代中。他需要掌握先进的农业科技知识与把握农业实践的进展，并且用这些来改进农场。他必须要有随机应变的才能。这一才能，使他有充裕的时间来管理几百亩甚至上千亩土地。不过，他并不负责农场工作的细枝末节。大厂商往往不会耗费心力管理烦琐的事，而是雇人来管理这些事。与大厂商一样，农场主也不会监督工作中的细节问题，而是雇佣工人负责这些事。

对这种农场主来说，他不会做耗费精力而收效甚微的工作。他会给每个工作组配备若干监工来管理雇工。不过，这种大型农场并没有多少。真正有才能的人多不会选择农业，他们多趋向于选择工商业。拥有最佳才干的人能够从事高等工作，而不愿做其他工作。他们完成的高等管理工作越多，他们获得的管理收入就越高。

在现代方式中，农场主并不会到农场激励雇工，也不会和他们一起劳作。为了便于采用特殊机器以及发挥农场主的能力，在当前的租佃情形下，农场主应当尽可能地扩大农场规模。反之，若农场主并没有超出工业中最佳监工的才能，并且农场规模不大，农场主最好和雇工共同工作。按惯例，在这种情形下，农场主的妻子大多会从事村子周围某些轻快的工作。这些工作与教育和文明有关联，并要求妻子具有慎重心和辨别力。这几者综合之后，能够使她的日常情趣和社会身份上升。但很

工农业竞争的区别

工农业的竞争方式不同。当一厂商能力欠佳时，其他人就可能取代他的地位。而当地主以使用更优方的式开掘土地潜力时，其他人也很难做到。图中是一对正在收获土豆的父子，如果他们难以使这块地的土豆的生产能力得到提高，其他人也很难提高土地的生产能力。

雇佣苗圃工人

图中的苗圃工人正在培育一些特殊的花卉，他们都是雇主请来的有专业技能的人。由于科学知识的逐渐应用，现代技术对经济的发展产生了重要影响。如经营苗圃的人常常会付高价雇佣若干雇工来培育稀有花草和水果等，这是值得的。

多农场主没有过人的才干与智慧，也不想做体力活。在适者生存的情形下，这些农场主正逐渐被淘汰出局。他们的地位渐渐被某些拥有特殊天分的人取代。这些新起者由于受过很好的现代教育，正日益脱离工人阶层。他们为农场注入了新的活力与生机，他们不是单纯地命令雇工劳动，而是和雇工一起劳作，并在很大程度上激励雇工。他们

代尔夫特风景 维米尔 绘画 1658年

图中是荷兰西部城市代尔夫特，它地处海牙和鹿特丹之间。这是一个美丽的小城，它有着优美的风景，人们悠闲地在这里生活着。合作化运动曾经在荷兰风靡一时。代尔夫特这个地方在很多方面都成立了合作社，合作社被用于经营和销售乳制品、采集和购买农民必需品等。

能够将一个农场管理得井井有条，游刃
有余。这样，大型农场在英国就不多见
了。遵循上述规则形成的小型农场好像
就成了短期内英国农业的未来。尽管小
块租佃土地有很多优势，但也有缺陷。
如人们需要千方百计地保障农作物的成
长，而对此，机器没有任何作用。由于
科学知识的逐渐应用，现代技术对经济
的发展产生了重要影响。如经营苗圃的
人常常会付高价雇佣若干雇工来培育稀
有花草和水果等，这是值得的。

接下来我们研究，为了满足人们的
实际需求并从地主自己的利益出发，地
主采用何种方式确定租佃地规模。与大
块佃地相比，小块佃地耗费的房屋、道
路以及围墙等方面的代价更高。地主要
耗费很多精力来管理。大农场主若占有
很多优质土地，他会很好地使用劣质土
地。小农场只有土地质量好时，才会发
展得很好。与大农场的租金相比，小农
场的租金相对要高很多。然而在住房密
集的土地上，只有当地主认为，若小块
佃地的租金不仅能补偿开销并产生高利
润，而且能提供大量的保险数额时，他
才愿意承担再次分配农场的代价。许多
地区的小块佃地常常需要很高的租金。
由于偏见及自豪感，地主不会卖地或租
地给某些和自己政治或宗教观念不同的
人。由于人们用来种植和修建花园时，
不仅要有大块佃地，也要有小块佃地。
所以，上述弊病仍然需要我们重视。

交通便捷的影响

图中是一个商业发达的港口，一些轮船正在卸
货，一些轮船正准备扬帆远航。得益于交通的发展
和当地的需求，农场主能够便捷地将产品销往较远
的市场，而较远市场的竞争对手也能便捷地将产品
销往此地。这两种便捷都将产生变化。

英国的经济状况、土壤、气候以及民族习性等条件都不适宜于采用小土地所有制。但在英国却有一小部分小土地所有者过着很充裕的生活。也有一部分小土地所有者，宁愿经营小块土地。他们宁愿靠勤俭持家生活，也不愿意为别人工作。他们好静，深深地爱着自己的土地，也不会冲动不已。社会应该给予他们充分的机遇，最起码应降低当前法律规定的转让小块土地所需的费用，从而便于他们靠积蓄购买小块土地。让他们能够在购买的土地上靠自己的劳动种植合适的农作物。

在农业中，将大生产的经济实用、小生产的舒适以及社会收益相结合起来的制度是合作制。其中最需要的是互相信任。只有这样，合作制才能产生效用。但敢于冒险并且信誉很好的农人纷纷流入城市，留在农村的农人多善于猜忌。合作化运动曾在欧洲许多国家，如荷兰、丹麦、意大利、德国、爱尔兰等风靡一时。这些国家在很多方面都成立了合作社，合作社被用于经营和销售乳制品、生产牛油和奶饼、采集和购买农民必需品以及出售农产品等。尽管英国正在学习这一运动，但英国的这一运动只是在很小的范畴内实行，并未深入田间工作本身。

假如这一合作制能够涵盖租佃制的所有优势，爱尔兰的佃农制就会显现出一切缺陷。不过这些弊端以及产生弊端的原因已经无从得知了，且政治原因掩盖了这一问题产生的经济原因。

4.决定正常价格和正常收成的困难

爱尔兰采用英国的租佃制并未成功，这说明租佃制本身存在弊端。在英国，租佃制与人们的品性和企业习性的紧密结合掩盖了这些弊端。导致这一弊端的主因是，租佃制本身是一种存在竞争的制度。英国农业却在很大程度上限制了这一自由竞争尽情地施展作用。

我们无法确认这一竞争作用所依据的事实，农业会计很难精准计算。当农场主估算值得承担的那部分地租时，农场主会受到如何决定收获与物价是否处于正常水平的限制。由于丰收和歉收的年份交替出现，他需要通过计算多年的数额才能得到某个可信的平均数。工业环境必定会在这些年中发生极大的变化。得益于当地需求，他能够便捷地将产品销往较远的市场，而较远市场的竞争对手也能便捷地将产品销往此地。这两种便捷都将产生变化。

当地主确定租金数额时，也会面临这一难题。各地农场主的才能不同，这会让地主面临一些麻烦。假设就某地而言，英国农场主拥有正常的才能和企业心。该农场生产的农产品的收入超出耕作所需费用（包括农场主的正常利润）的余额，就是农场的生产者剩余（或地租）。

当农场主的才能低于他所在地区的平均能力时，他仅有的优势是极力地议价。当他拥有很少的产品总量时，地主会将农场租给另外一个能力更高的佃户。这个佃户不仅可以提供高工资，并获取较多的纯产品，还可以付给地主高地租，他的方式表明了大多数人的意图。如果该地农场主的平均能力和企业心都不佳，地主就会从符合这一水平的农场主中收取超出他们支付能力的地租。这一行为不合礼法。长期来看，这对地主并不利。即便地主能够从其他地方雇佣农场主而收取这一地租，这一行为也不符合常理。

当佃户经营良好，佃户就可以获得比正常企业利润还多的利润。他就需要有充分的自由来发挥由土地的原本特性所馈赠的潜质。对小块土地的改良，长时间租种能够缓解这一难题。对此，苏格兰曾做了很多工作。不过，这也无法掩盖其中的弊端。通常，没有租佃权的英国佃户表面上看也有租佃权。某些分益农制可从英国租佃制中窥见一斑。若收成以及市场销路很好，佃户不仅会交给地主所有租金，而且也不会有其他要求。若收成不好，地主会处于道德情感以及某种义务，减少租金以及支付某些修缮费用。地主和佃户的名义地租未发生变化，只是彼此有所让步。

习惯能够在一定程度上弥补英国佃户的改良费用。法律也逐渐趋向于这种弥补，其作用有时大于习惯的作用。随着土地改良带来的产量提高而增多的地租并不会影响佃户利益。即便佃户离开农场，对改良付出的代价，他也能由裁决人判决一定数量的补偿。

人口稠密的纽约

图中是1857年10月13日下午2点半的华尔街街市，这里人口繁多，非常拥挤。人口稀少的地方会因外来人员的流入而繁荣起来。而人口密集的地方会因增加一所住房或一层楼房而经济衰退。人口繁多的地方没有足够的新鲜空气和阳光，也没有足够的供不同年龄的人娱乐和休息的场所，这样就会导致流入城市的精英遭到浪费。

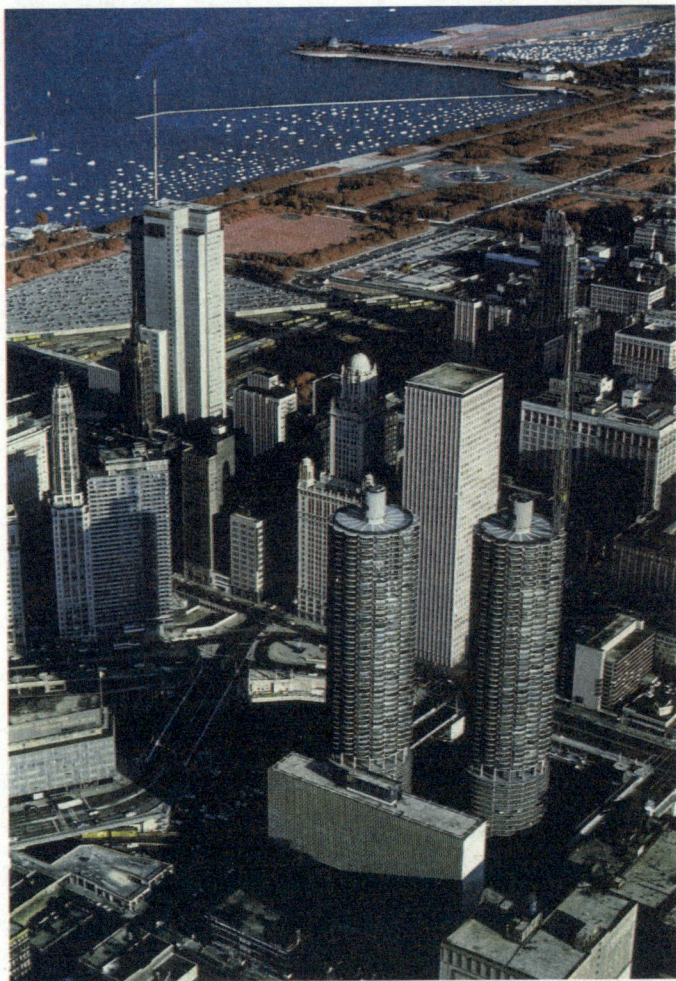

人口与城市繁荣

　　人口稀少的地方会因外来人员的流入而繁荣起来。反之，人口密集的地方会因增加一所住房或一层楼房而经济衰退。这些地方没有足够的新鲜空气和阳光，也没有足够的供不同年龄的人娱乐和休息的场所，这样就会导致流入城市中的精英遭到浪费。

5.城市闲置地对公私利益的影响

　　我们需要研究城市闲置地对个人和公众利益的影响。维克菲尔德以及某些美国经济学家曾说，人口稀少的地方会因外来人员的流入而繁荣起来。反之，人口密集的地方会因增加一所住房或一层楼房而经济衰退。这些地方没有足够的新鲜空气和阳光，也没有足够的供不同年龄的人娱乐和休息的场所，这样就会导致流入城市中的精英遭到浪费。就企业来说，我们不能随意在闲置地上修建建筑物。究其原因，我们牺牲了人的精力（它是所有财富的生产要素），只得到了很少的物质财富。事实上，物质财富只是达到某种目的的手段而已。

真正使劳动从资本提高中获取收益的原因，并不是资本给劳动创造了工作机会，而是土地、劳动和资本等产生的商品的增加。

1.不同生产要素互相影响

所有生产要素之间具有某种双重关系。首先，各种生产要素为了被人们使用而彼此竞争。假如两种生产要素的效率与各自的货币成本相较时，一种要素比另一种要素大很多，这种要素就有可能取代另一种要素，进而制约其需求价格。其次，各种要素都给其余要素提供了使用场所。每种要素只有其他要素为其提供使用场所时它才能被使用。所有要素的供给增加之后，由它们共同创造的国民收入也会增加。这些收入决定了所有要素的需求。

日益增多的物质资本拓宽了生产要素的使用范畴。投资新领域时，物质资本能够使个别行业中手工劳动的使用场所有所减少。但整体上，国民收入会因此增加。手工劳动以及其他生产要素的需求会因此极大增加。随着资本使用竞争的日益激烈，利率就会随之降低。与以前相比，由资本和劳动共同创造的国民收入的分配能够更加有利于劳动。

造成人们对劳动需求逐渐更新的原因有两个。一是为某些新领域的开辟；二是贵重新机器的生产需要很多雇工。人们常说"机器取代工人"，意思是与很多等待相伴的劳动取代与极少等待相伴的劳动。只有当我们特指某一从其他地方引进资本的地方时，我们才能用资本取代一般劳动。

真正使劳动从资本提高中获取收益的原因，并不是资本给劳动创造了工作机会，而是土地、劳动和资本等产生的商品的增加。每种既定资本数量在该商品报酬中所占份额的减少，是劳动从资本提高中获益的原因之一。

2.工种供给量的变化对其他雇工的影响

每种工作的雇工增加（或效率提高）时，其他雇工就能从中获利。但该种雇工的利益会受损。雇工增加能够使该类别雇工和其他雇工的边际产品发生改变，进而报酬会受到影响。

当我们探讨任意一种工种供给量对其他雇工的使用的影响时，该工种是由于人数增多，抑或是效率提高而发生变化都是无关紧要的。因为在任何情形下，这两者（人数增加或效率提高）都能够在同等程度上提高国民收入。受竞争影响，它们都会被迫同等地缩至它们边际用途的最小雇佣情形。它们在共同产品中所占的数额会有相同份额的缩减。

但对该工种的雇工而言，这两者却占有某种关键地位。若这些雇工提高1/10的平均效率，十人中每个人的总报酬与人数增加1/10但效率未变的11人中每人的总报酬是相同的。

增加雇工的影响

　　图中是工作中的纺线织女工。如果增加纺织女工的数量，其他工种的雇工就能从中获利。但纺织女工的利益就会受损。雇工增加能够使该类别雇工和其他雇工的边际产品发生改变，进而影响报酬。

　　可见，每种雇工的报酬随着其他雇工人数和效率的变化而变化。机会对某人的工资或纯产品的作用，与某人的才能和精力有着相同的作用。

　　当我们估算每一工种雇工的工资所接近的纯产品时，我们必须设定多个前提。首先，生产必须达到某一个能产生正常利润的点上。其次，我们须假定雇工的效率是一般正常水平。换言之，该雇工提供的商品，能够补偿正常利润给拥有正常能力、机遇与资本的雇主。当我们计算大于或小于正常效率的雇工的一般报酬时，我们需要把某种份额从纯产品中加上或扣除。计算涉及的时间也需是正常经营的时间。

文明的进步能够推进劳动工资的增加，也能够缓解就业不定的难题。中等阶层的收入因教育大众化，人们的勤俭之风，由新企业方式为小型资本提供的保险投资的普遍等因素而逐渐改变。

1.新开辟国家与旧世界市场的联系

新开辟国家中资本和劳动投放场所的有利程度部分地取决于和旧世界市场的联系，在这些市场上，它可以出售自己的产品，并以其未来的收入换取它目前所需要的各种供应品。每个地方对资本的投入和劳动的雇佣取决于三个条件：其一，该地的自然资源；其二，知识的进步和社会与工业组织的发展产生的有利于利用这些资源的力量；其三，靠近出售剩余产品的市场。人们通常会忽略第三个因素。但这一因素对新开辟国家的作用特别重要。

很多人认为，在没有地租，气候适宜，土地多而且肥度很好的地方，劳动的实际工资和资本利息都会很高。这一说法并不全对。美国早期殖民者享有自然界馈赠的，几乎不耗费任何费用的许多树木以及肉等，然而他们的生活却特别艰辛，极少有舒适和奢侈的享受。不少拥有丰富的自然资源的地区，特别是南美洲和非洲，却因交通不便而导致资本劳动和利息发展滞后。

泽布鲁日港口

图中是比利时的泽布鲁日港口，人们正在这里交换美酒。每个地方对资本的投入和劳动的雇佣取决于该地的自然资源、当地运用各种资源的能力和售剩余产品的市场。图中的港口属于出售剩余产品的市场，它可以吸引人们在这里进行投资。

反之，若沙漠中的某一矿场有便利的交通，该地的劳动和资本就会有很好的收益。若单纯依赖当地的资源，劳动和利息仅够满足极少人的生活所需，多数人却十分贫困。随着交通的日益发达，由于欧洲对新市场商品提供的便利市场的影响，大量的资本和劳动将北美、澳洲、非洲和南美洲等部分市场当作新的有利市场。

欧洲的期货市场是促进新开辟国家繁华的主要因素。一些殖民者占有很多肥度颇丰的土地产权之后，他们难以直接达到当时就获得丰厚利益的目标。为获取厚利，他们只好用各自的土地能在将来收获大量产品这一承诺来得到欧洲现货。他们会以高利率并按照各种形式将土地产权抵偿给欧洲。储蓄了大量现货的英国人或其他国家的人，用这些现货换来的期货要多于他们在本国得到的期货。并且他们会很快从事这一工作。这样，流向新开辟国家的资本就会大大增加。新开辟国家的工资率也会有极大地提高。当这些资本流入资本匮乏且需要资本的人很多的边远地区时，在长时间内，资本利息能够保持月息2厘的水平。时间一长，资本利息就会降低到年息6厘，甚至5厘的水平。殖民者的野心和进取心很强，若他们想变成独立经营的业主或雇

相互制约的递增与递减规律 梵高　油画　441890年

图中是一对正准备去地里劳作的夫妇。随着人口数量的增加，优质土地大多被占据。耕种者从自然馈赠中得到的农产品的边际劳动收入会降低。但收入递增和递减规律在相互制约着，很多不受重视的土地，经过精心耕作，也有可能获得很高的收益。

主，土地产权就会受到很大的重视。他们会以高报酬（大多来自所借欧洲贷款或其他贷款）吸引雇工加入。

我们很难准确计算新开辟国家中偏远地区的实际工资率。那里的工人都极富冒险性，勤劳、踏实、肯干、果决，能力很强。同时，他们正值青壮年，体质很好。他们经历了英国甚至欧洲一般工人难以承受的种种困难。一旦有人病了，他就需要搬到人群密集的地区。在这里，报酬较低，但会生活得非常舒适。按货币计算，偏远地区工人的工资较高。但某些舒适品和奢侈品，他们要支付很高的价格才可以买到。若他们在人群密集的地区生活，他们就能以低价或较为便利地得到这些舒适品和奢侈品。在无人供给或无人需求的地区，这些物品极易遭到人们的舍弃而不予使用。

人口数量不断增加，优质土地大都被占据。此时，耕种者从自然馈赠中得到的农产品的边际劳动的收入会降低，从而降低工资水平。不过，即便是在农业中，收入递增和递减规律也彼此制约着。很多不受重视的土地，经过精心耕作，也有可能获取很高的收益。公路、铁路、市场以及工业的不断发展，能让生产的经济成为现实。

收入递增律和递减律可能达到相互制衡的情形。换言之，占统治地位的规律是不定的。假定劳动和资本增加相同数额，且整体上看生产具有收入固定的规律。与以往相同比例的劳动和资本在分配中所占的份额是相等的，从而工资和利息也保持不变。若资本的增加大于劳动的增加，利率就会随之降低。在某些资本份额受损的情形下，工资率有可能提高。但劳动所占份额的总量仍然比资本所占份额的总量少。

无论商品生产规律是否是报酬不变规律，新土地产权的生产规律呈收入递减规律。与以往相比，外国资本仍有同等的流入量，但是人数却缩减了很多。雇工的工资大多不是来源于欧洲借款了。受这一事实的影响，特定效率的某种工作所能买到的生活必需品、舒适品以及奢侈品的数量都会大大缩减。有两个事实是它们减少的原因。其一，以货币形式计算的日平均工资在日益减少；其二，舒适品和奢侈品的类别日益增多，而后期迁入的人们的体质却越来越差。平均劳动效率在日益降低。大多数新增的舒适品和奢侈品并没有被直接划归于工资范畴之内。

2.英国经济现状与现代运动

18世纪英国的对外贸易增加了它对安逸品和奢侈品的支配，进而大大增加了它对必需品的支配。在长期内，规模较大的生产和交易共同衍生了目前英国的经济状况。18世纪时，有两种动力促进了英国经济的发展。这两种动力即：机械的发明与创造、日益扩大的国外消费市场。那时，某些机器部件已能够依靠机器制造了，很多生产部门的特定机器也能通过特定机器生产。那时对特定工业和资本拥有量巨大的工业国家来说，收入递增律初次发挥了作用。尤其是大资本组成股份公司、总公司与分公司、现代托拉斯时，这一作用尤为显著。人们对销往距离较远的市场中的货物进行了严格的分类。在农产品市场以及股票交易场所中就产生了一些国内或国际投机机构。这些组织的将来，与生产者中的企业主或工人的持久性组织一样，是未来一代必须解决的最严重的实际问题的根源。

目前改革的核心是，将许多工作衍化为类别相同的工作以及缓和所有冲突。受这些冲突的

织布机

图中是18世纪的织布机,这种机器是当时典型的职业用具。18世纪时,有两种动力促进了英国经济的发展,即机械的发明与创造、日益扩大的国外消费市场。那时,某些机器部件已能够依靠机器制造了,很多生产部门的特定机器也能通过特定机器生产。

影响,实力极强的生产要素会难以产生集体影响。这些冲突会蔓延到周边极广的地区,并对采用新方式和力量而发展交通的地方产生阻碍作用。由于交通日益完善,区域性组织和垄断被冲破,这就方便了更广区域内组织和垄断的发展。现在,随着海陆交通、印刷业、电报以及电话等的发展和降价,都能引起前面所说的影响。

与当前类似,就出口而言,18世纪的英国国民收入在很大程度上受收入递增律的影响。其相互依存的方式则有不同。18世纪时,差不多所有新的工业生产方式都被英国支配着。英国每售出一笔特定供给量的货物时,就可以换得更多外国产品。由于长距离运输大宗货物的条件不是十分便利,英国从远东和美洲地区进口的产品大多是中产阶级消费的舒适品和奢侈品。这一新起贸易方式对减少五金、服饰以及英国工人所需的工业产品的成本起到了一定的间接作用,但它没有直接减少英国工人生活必需品的生产成本。外国消费者大量生产农产品,进而使其价格很低。但这对农产品的成本不存在任何影响。新工业区的人口数量快速增长,摧毁了旧有乡村生活方式的枷锁。农产品的生产被迫趋向于收入递减律。比如,战争后的法国农业连续多年没有取得好收成,造成了农产品成本高于欧洲其他任何国家的现象。

人们主要食物的生产成本越来越受外贸的影响。美国人渐渐地从大西洋沿岸搬到美国西部定居,人们开垦出了许多肥沃且利于小麦生长的土地。近几年,随着交通运输的发展,尽管运距增加,但从种植区之外的农场运进小麦所需的成本总量却大幅度降低。这样,集约化经营就无须在英国推广。李嘉图时期,种植小麦无收获的农业荒地被牧场取代了。目前农民只愿意在收获颇丰的土地上耕种。若英国没有进行对外贸易,农民就不得不日复一日地在并不肥沃的土地上劳作。他们反复耕种已达到最佳耕种的土地,并期望这些沉重劳作能让土地亩产量增加一些。在耕种边际的劳作(即只够维持生产成本的劳作)所能提供的产量上观察年收成,现代是李嘉图时期的一倍多,也是英国在当前人口数量条件下不得不生产的所有粮食的4倍多。

远航的帆船

　　图中是一只装满货物在海上航行的帆船。随着海陆交通、印刷业、电报以及电话等的发展和降价，区域性组织和垄断被冲破了，更广区域内的组织和垄断得到了发展。

3.英国从发展中获得的直接利益

随着工业生产技术的不断发展，落后国家的种种需求都能从英国得到供给。这样落后国家大多会将生产手工产品的劳动转向投入到生产资料中，进而用生产资料换取英国的工业产品。技术的发达为英国某些特定产品开拓了更为广大的销售市场，从而使英国在收入递减律作用不显著的场合下生产农产品。不过，这种优势持续时间很短。因为美国、德国和其他国家也纷纷采用英国先进的工业生产方法，并一度超越了英国。这样，英国的特定产品的垄断地位就被打破了。鉴于这一事实，加上很多国家对英国产品设置了很高的关税，因此，拥有大笔贸易且工业生产技术先进的这一优势，给英国国民收入带来的事实上的收益与表面上看来的利益相比要少。

英国以低成本生产衣服、家具以及其他产品用来满足英国民众所需，这是英国极为重要的收益。英国凭借某些劳动和资本生产的产品来交换其他国

呢绒加工

图中是一个工人正在用滚子使杂乱的羊毛变得平滑起来，完成的呢绒可以用来制造各种衣服。英国以低成本生产衣服、家具以及其他产品用来满足英国民众所需，这是英国极为重要的收益。

家农产品的数额，并没有随着其他国家引进英国工业先进生产方式而有所增加。19世纪，英国从工业改良中获得的利益的3/4是受某些成本降低的间接影响。这些成本包括自来水、照明、旅客和货物的运输、电力和新闻的成本等。当前社会的发展来自交通运输业而不是工业。整体或部分上的交通运输业的发展都极为迅速。但这也出现了一个弊端：经济力量的自由作用有被大资本摧毁的可能。然而，这一事实也有某种优点，运输业的进步使英国的财富得到了极大的增长。

4.某些东西劳动价值的改变

本节我们将探讨谷物、住房、自来水等东西劳动价值的变化。由于新经济时代的影响，劳动与生活必需品之间的相对价值正日益发生着变化。某些变化是上一世纪的人无法想象的。

在人迹罕至之处，自然的馈赠（如草和饲料）无须支付费用。不过，南美洲却有很多人骑马讨乞。中世纪的英国，人口数量很多，因而肉类的劳动价值很高。尽管那时牛的体重只有当前的1/5，身躯却很庞大，而牛四肢附近是牛肉最多的地方。冬天时，牛没有足够的食物。夏天时，牛因为吃了很多草而迅速长膘。草的水分很大，此时蒸煮牛肉会丢失很多重量。故人们多在秋初宰杀牛，并用盐（当时很贵）腌制牛肉。即便是当时的中产阶级，在冬天也极少能享用新鲜牛肉。18世纪，工人消费很少的肉类。现在肉类价格高于以往价格，但整体来看，现在

工人对肉类的消费要大于英国以往任何时候。

城市中的地租，在深层次和范围广度上都有某些增长。究其原因，因为城市房租标准逐渐上升，所以日渐增多的居民住房租金也在不断增加。与以往任意时间租借同等面积住房所需的租金相比，现在的住房租金有所增长。房租指将地契租值总量从租金总额中扣除之后的差额。

目前建筑行业中资本的周转利润率很低，所以建筑材料耗费的劳动未发生太多变化。城市中支付高价地租者能够享受许多现代生活设施和较为便捷的生活。由于这些生活便利所能提供的收益大于他们支付的租金总量，因而他们不会放弃这些享受。

现在木材的劳动价值低于19世纪，高于中世纪的劳动价值。然而，铁和玻璃的劳动价值逐渐下降。水泥、砖及石墙的劳动价值却未发生多大变化。

我们没有很好地掌握前人住房的实情，好像成了房租增加的原因。与中世纪乡绅相比，目前郊区工匠的住房条件要好很多。中世纪时，工人只能睡在潮湿的且长满虫虱的草堆上。生存在一堆臭草中给工人身体带来的伤害，要大于赤身裸体且人兽杂居的条件给予工人身体的伤害。即使在现在的城市中，赤贫阶层的住所仍然不利于他们的健康。就目前的知识和资源具有的水平而言，我们有责任和义务很好地解决这一问题。

在人口稀少的地方，燃料（如草）属于自然提供给人们的馈赠品。中世纪的农民，大多

达夫莱镇　卡米耶·柯罗　绘画　约1867年

图中是卡米耶·柯罗绘制的达夫莱镇，这里的天空宁静，河水清澈，三三两两的人在河边散着步，有的在河边割野草。在这个人烟稀少的地方，使用草这样的自然馈赠物是不用支付费用的。

能通过劈柴在屋里生火取暖。由于他们的住房没有烟囱，他们无法将热量排出去。人口日益增加，劳动阶级由于燃料贫乏而陷入了窘境。英国民用和炼铁所需若没有煤，英国就没有现在的成就。现在煤的价格极低，因而贫困者可以不用蜗居在不利于身体健康的环境中，而可以在屋内取暖。

上述所说，是煤对于现代文明的作用之一。煤还使得内衣的大量生产且廉价的设想成为可能。有了煤，生活在极其寒冷地区的人们才有可能保持洁净。这一收益是英国依靠机器生产提供给本国人民消费品的收益的主要方面。煤使人们能够自由地使用自来水。煤通过石油的辅助作用，进而为人们提供了廉价的照明。照明对从事夜间工作的人非常重要，尤其对想在晚上尽情娱乐的人则更为重要。现代文明中生活必需品包括很多东西，除了煤和先进的运输工具之外，还有低廉的依靠汽力的印刷机、依靠汽力的新闻媒介以及依靠汽力而产生的旅途便捷工具等。有了这些工具和电力，气候不热的国家的居民就有可能从现代文明中得到很多实惠。从某种程度上讲，这不只为某一城市的民众，也为某个强大国家，更甚至为全世界民众的绝对自我统治和一致行动指明了方向。

5.英国土地和资本价值增加的影响

某个国家中一切生产要素所提供的纯产品总量构成了该国的国民收入。同时国民收入也是这些要素报酬的唯一来源。当其余因素不变时，国民收入增加得越多，各种生产要素在国民收入中占有的数额就越大。随着某种要素供给量的增长，其价格就会相应下降，其他要素就会从中获益。

煤的作用

图中装在手推车里边的是准备用来炼铁的煤。煤对现代文明的发展起着极大的作用。它使得人们可以在温暖中度过冬天，使得内衣的大量生产且廉价的设想成为可能。煤还使人们能够自由地使用自来水。煤通过石油的辅助作用，还可以为人们提供廉价的照明。

假如为某一市场提供服务的土地生产力提高，为该市场提供其他要素服务的资本家和工人就能有很好的收益。就目前而言，价值受新发明的交通工具的影响在土地中尤为显著。农产品出售市场的交通条件越来越便利，土地价值也日益增加。不过，土地价值也因偏远地区产品的涌入而降低。曾经，伦敦周围的六个郡担心受到英国较远地方的粮食供给的不利影响。目前，由于其他国家粮食的涌入，英国农场的有利地位在逐渐消失。

马尔萨斯曾认为，如果某事能在长时间内有助于提高人们的幸福指数，它也会提高地主的幸福指数。18世纪初，许多地区难以进口粮食而又遭遇多旱灾年时，英国的地租曾极大地增加。但从本质上看，这一增加并不会长久存在。到了19世纪中期，谷物自由贸易逐渐兴盛，加上美国小麦种植面积不断增多，这都使城乡土地的实际价值快速上涨。换言之，城乡土地所有者凭借租金总额能够买到的生活必需品、舒适品及奢侈品的数额有所增加。

工业的发展能够促进土地价值上涨。假定机器及某些固定资本的价值与它们所属地的价值能区分开，机器及某些固定资本的

18世纪的纽约码头

图中是18世纪的纽约码头，很多船只正向外驶出。码头在长时间内的价值是由它的位置决定的。当它的位置合适时，它的纯价值会因工业的进步而增加。

价值就会贬值。各行业当前资本品会因经济的进步而在特定时间内获得极高的利益。但能够持续增长的物品，却难以长久地具有特殊价值。随着技术的不断发展，某些持久耐用的资本品的价值会极大地降低。

不少物品（如铁路和码头）长时间内的价值是由它们的位置决定的。当它们的位置合适时，它们的纯价值会因工业的进步而增加。即便扣除了维持它们的设备现代化所耗费的代价之后，这一论点仍然成立。

17世纪时，英国开始了关于政治角度的计算，人均财富积累量正在一天天地增加。一方面，有人不愿意为了获得未来的很多享受而舍弃现在的某些利益。但另一方面愿意为未来而舍弃现在利益的人也越来越多。因此，他们得到了更强的远见能力。这个人勤俭、自律，并非常看重未来能够得到的报酬以及受到的损害。为了让家庭放心，他慷慨无私，并愿意劳作和等待。当希望触手可及时，人们比较乐意劳作和等待。公共财产会增长，人们的生活水平也会提高。

与以往的人相比，现代人更容易为了得到未来的享受而舍弃现在的某些利益。几百年来，西方人愈来愈勤恳，他们的工作时间延长了，他们的假期缩短了。他们越来越不想在工作之外培养兴趣了。不过，这一意向好像已经达到了最顶峰。目前，这一意向有下降的趋势。从事高等工作的人，逐渐不满于产生极度疲乏的快速工作状态了。他们越来越看重休养生息。他们不会为了得到某些奢侈品而甘愿长期从事魔鬼式的工作。与过去相比，他们不会为了满足将来需要而喜欢自己的工作。否则，他们对未来的预见能力就能迅速增加。那些财富并不多的人，对取得较高社会地位的渴望会有很大提升。

随着资本的增加，资本的边际效用会逐渐下降，新投入资本的利率也会降低。利率处在不断变化之中，中世纪时利率是1分。18世纪上半叶，利率降至3厘。随着资本在工业和政治上的大量应用，利率曾上升。战争时，利率有所增加。而当政治不再使用资本时，加上黄金供给量

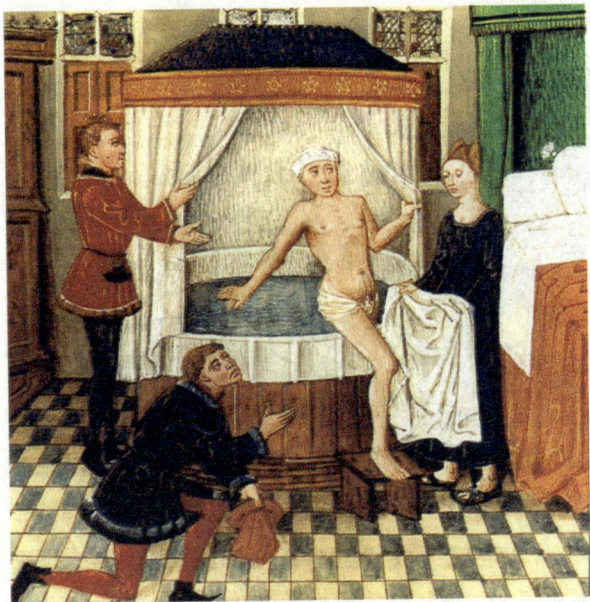

享受眼下的富人

17世纪时，英国人均财富积累量正在一天天地增加。一方面，有人不愿意为了获得未来的享受而舍弃现在的某些利益。另一方面，愿意为未来舍弃现在利益的人越来越多。图中的富人就属于不愿意舍弃现在利益而图未来更多享受的人。

极少，使利率降低。18世纪60年代，黄金供给量大增，修筑铁路和新国家的开辟等都增加了资本需求量。这样，利率也随之升高。然而1873年，由于时局稳定，黄金供给量降低，导致了利率的降低。目前，利率又因黄金供给量的上涨而提高了。

6.不同工业阶层所得变动的性质和原因

随着文明的发展以及人们对青年责任感的重视，人们对日益增长的大部分国家财富的投资从物质资本方面向人才培养转移。工人技能的供给量极大地增长，国民收入也有所增长，人们收入的平均水平得到了提高。技能供给量的增加，降低了技能原本的特殊价值。与普通发展相比，人们从这些技能中得到的报酬也减少了。这使人们从某些在过去和现在都具有技术性的工作，所得的报酬与不熟练劳动的报酬相等。

新兴工业部门不为人们熟知，加上它要求人们拥有充沛的精力以及足够的技能，所以它的发展极为艰难。最初，这一部门的报酬很高。当这些因素普及之后，普通人都能够从事该部门

> **连衣裙舞会**
>
> 随着文明的发展以及人们对青年责任感的重视，人们将大部分资本用于培养人才。工人技能供给量得到了极大增长，国民收入也有所增长，人们的收入平均水平得到了提高。图中是生活水平得到提高的人们正在举行连衣裙舞会，人们尽情地享受着生活。

女工报酬的增加

图中是英国年轻的劳动妇女，随着工业的发展，女工的报酬得到了增加。从发挥女工的智慧来说，妇女报酬的增加是有益的，但报酬增加会使妇女渐渐忽视自己在家庭方面应尽的义务。从这方面来看，报酬增加会产生某些弊端。

工作，其报酬会随之降低。这些事实，使人们无法精确预见平均工资的提高。人们只是根据某些特定行业的工资情形，才得出工资一般变化的结论。这些行业在一两个世纪之前属于新兴行业。而目前，许多能力不及这些行业开创者的人也精通这一行业了。受这些变化的影响，技术工人的数量会相应增长。随着高等行业工人数量的日益增长，与所有行业中工人工资的涨幅相比，高等行业中工人的平均工资的涨幅要大很多。

中世纪时，很多拥有才智的人一辈子都是技术工人，且有些取得了很高的艺术成就。那时的技工水平，低于今天不熟练工人的水平。18世纪中期，工业新兴部门兴起之初，技工损失了不少技术传统。在技术和解决困难要求的精准度与敏捷度方面，他们远远不及现代技工。19世纪初，熟练和非熟练工人之间的差距日益加大。技工所得的报酬是普通工人报酬的2倍。对此，许多人非常震惊。那时社会（特别是冶金业）对非常熟练劳动需求量大大增加，熟练技工及其子女能迅捷地从事技术性工作。那时人们也不再存有排外思想，许多人也变成工人中的高等阶层。与过去相比，这一变化多取决于一个人的才智而非出身。从长时间看，技术熟练程度的提高，使他们的工资率大于普通工人的工资率。某些相对简便的技术从新奇的技术演变为了普通技术。从事不被看作是技术职业的人越来越得到社会的认可。比如，随着筑路工和农业者采用的贵重繁复的机器逐渐增加，它们的实际报酬也迅速增加。随着现代文明在农业地区的迅速传播，当地很多有才能的少年纷纷走出乡村，奔向铁路、工厂以及在城里成为警察、拉车夫或脚夫等。若不是这样，农业者的报酬增加速度要比现在还快。与他们的父辈相比，滞留在乡村的人受到了更好的教育，得到的实际收入也要高很多。

随着时代的发展，某些人能胜任高等工作且极易获取高收入，他们不肯从事耗尽体力的工作。因而有些工作要求拥有责任感、强健体魄，它们的报酬十分丰厚。

受工业环境急剧变化的影响，不少行业中几代人积累的经验难以发挥作用了。在某些行业中，这些经验具有的价值比及时把握新理念以及融入新状况的获益要低得多。某个人五十岁之后所得的报酬，必定要少于他三十岁之前的报酬。某些技工在老年时多会从事非熟练工作。他们希望，在报酬降低之前先降低家庭开支。受此观念影响，他们结婚很早。

和上述意向相似，与父母报酬相较，童工的报酬有所增长，这一意向产生的弊端较为严重。虽然机器取代了不少工人的劳动，童工劳动并未因此减少。那些约束孩童加入某些行业的条件渐渐减少，这一变动及教育的普遍化，产生了很多利益。不过，这一变化却使父母的职业遭到子女的轻视，进而使子女寻求其他职业。

与男工相比，女工的报酬会因相似的原因得到较大提高。从女工的才智得到了极大发挥这方面来说，女工报酬增加是有益的。增加报酬会使女工渐渐忽视自己对家庭和谐以及培育子女才能方面应该尽到的义务。从这点上看，报酬增加就会产生某些弊端。

7.特殊才能的报酬

随着某些才能突出者收入的逐渐增长，受过培训而具有中级能力的人所得报酬的降低就尤为显著了。与过去相比，现在每幅中等油画的出售价格要低很多，而每幅上等油画的出售价格却高很多。某个企业家若拥有正常能力以及正常机遇，他从资本中获取的利润率就会低于过去任何时候。很多拥有特殊天赋和机遇的人能够经营很多投机事业，他们能够迅速地积累巨额财富。

造成这一变化的原因有两个，即财富的广泛增长以及新型交通工具的进步。与过去相比，依靠新的交通工具，取得支配权的人更易于将自己的组织天赋和投机能力应用在更为广泛的行业中。

若只有财富的增长，很多律师也能获得很高的收益。由于官司涉及一个人的声誉、财产，或者两者兼具，因此有条件的委托人愿意耗费巨额代价请最优秀的律师为自己辩护。同样，由于财富的增加，拥有稀有天赋的马术师、画家及音乐家等也会有很好的收益。当今社会中，这些职业获取了前所未有的最高水平的报酬。能够拥有歌唱家天赋的人极少，因而歌唱家获得10000镑报酬是能够实现的。

将上述两个因素结合之后，当代美国和其他国家中的许多企业家就控制了财富权并占有大量财富。这些企业家具有超人的天赋以及很好的机遇。有时，他们报酬的一大部分属于经营失败的对手的财富。另一些时候，他们的报酬是依靠超强的组织能力获得的。他们能够游刃有余地解决许多新麻烦。

8.进步对增加劳动工资的促进作用

文明的进步能够推进劳动工资的增加，也能够缓解就业不定的难题。中等阶层的收入，因教育大众化，人们的勤俭之风，由新企业方式为小型资本提供的保险投资的普遍等因素而逐渐改变。中等阶层的收入甚至比富人的收入增加得还快，这主要表现在他们所得税及房捐报表、有关商品消费的统计、政府及企业中职员的工资统计等方面。技工工资的增加速度超过了自由职业者工资的涨速，精力充沛的不熟练工人工资增加的速度超过了普通技工工资的涨速。与过去相比，现在富人的收入总量在英国国民收入中所占的份额有所减少。美国土地的总价值正在逐渐提高，因此高等劳动者逐渐将土地交给低等移民耕种。财政巨头渐渐控制了财政权，他们从财产得到的报酬总额远远大于他们的劳动报酬。可见，富人的报酬总量增加得较快。

受日渐增多的失业的影响，工资的增加可能丧失某些收益。就业不定这一现象的危害很大，我们要十分重视它。

教育的普及

图中是英国曼彻斯特一所小学的学生正在上课。这是一种新型的教学方式，由同学自己给其他同学授课，这样可以让学生更容易接受新知识。中等阶层的收入也因教育的普及而得到提高。

当某个大型工厂投入生产时，周围甚至全国的人们都会很快知晓这件事。然而，极少有人知晓某个独立生产者或小业主每个月只能工作几天这件事。与过去相比，现在工业中发生的任何问题都极为突出。过去很多雇工属于长工，他们没有自由，并且在雇主每天的身体摧残中劳作。就目前的欧洲而言，西欧最具中世纪特色的手工业以及南欧和东欧最具中世纪特色的工业中的就业不定现象较为突出。

大多时候，变成长工的工人数量正逐渐增加。进步比较迅速的交通运输业部门中这种现象的存在已是惯例了。19世纪上半叶，加工工业是典范行业，而下半叶的典范行业则是运输业。新发明的日新月异、方式的变幻多端、信用体系的变动不定等因素，都在一定程度上了干扰了现代工业。当然，某些积极因素也在不停地发挥着作用。可见，我们不能简单断定就业不定的现象会愈来愈严重。

随着生活程度的提高，所有行业的工作效率都会提高，工人获得的工资将增多，这样整体的国民收入就会增长，相关的行业会用较小的成本获得更多的支持。

1.生活程度和安逸程度

一百年前的英国，利用阻止人口增长的办法来提高工资收入，这样就能提高生活的安逸程度。因为生活资料和原料比过去更容易得到，现在就很少用到这种方法了。

适应欲望的活动的标准可以看成是生活程度这个名词的含义。知识、才干和自尊心都会随着生活程度的提高而提高，对只能够填饱肚子但是不能增加能量的食物一般都不会用到，坚决不选择不利于健康和品质的生活习惯，这是在花费上的一种谨慎。国民收入和各行业的收入会随着所有人的生活程度的提高而提高。

随着生活程度的提高，所有行业的工作效率都会提高，工人获得的工资将会增多，这样整体的国民收入就会增长，相关的行业会用较小的成本获得更多的支持。

有的学者认为是安逸程度受到了工资收入增加的影响而提高，而不是生活程度。安逸程度好像只需要满足人们的需求，更多的是一些比较低级的情趣。安逸程度的提高会带来更好的生活方式，就为新的高级活动提供了机会。因为这个原因，之前缺少生活生活资料和必需品的人对待这种安逸程度比较简单，他们更倾向于物质的需求，但是他们都重新焕发了积极进取的精神。

安逸程度的提高会影响生活程度，这样能增加人们的收入，提高生活水平。现在的一些学者和之前的想法不太一样，他们认为只要有新的需要产生，工资就能得到提高。但他们忽略了如果需求增加，生活将会更加悲惨。暂时不考虑增加活动和其他方式来提高生活程度所产生的结果，工资就只能通过减少劳动供给才能

奢侈品抑制人口增长

图中是一则美酒的广告宣传画。大多数人不会只在必需品上进行消费，他们会将很大一部分钱用来满足与生活必需品和效率无关的需求，比如像图中这样的美酒，这在一定程度上可以抑制人口增长的速度。

提高。

如果一个国家的人口一直飞速增长，它的粮食不容易从其他国家获得，从自然资源中获得的劳动和资本的总量就只能维持新一代的花费。假设所有人的收入都是劳动所得，资本家和地主得不到一分钱，那么上述说法也能实现。如果在这个水平之下，除非用于供给新一代的花费减少，那么必然会出现人口增长率的降低，这样的结果就是效率的下降和收益的下降，个人的收入也会减少。

大多数人不会只在一些必需品上进行消费，他们的很大一部分钱要用来满足无关生活必需品和效率的需求，这样就能较早地抑制人口增长的速度。保持安逸程度的生活和效率的需求，势必使人口增长的速度受到抑制。这比家庭在畜牧上的花费相同的那个时期还要早很多。

劳动者工资下降是因为食物日渐匮乏，就像一个世纪之前的英国，报酬递减律的影响只能通过减少劳动的人数来克服。现在这种影响不复存在了，所以也没有那样做的必要了。

1846年英国港口的开辟，是铁路发达的许多原因之一。这些铁路将美洲和澳洲的许多农田和港口连接起来。英国工人食用的小麦是通过铁路和港口运输而来的，小麦足以满足家庭所需，价格也很便宜。人口的增加，提供了更多的机会，使为满足人们的需要而共同运用的劳动和资本的效率有所增进。一个新行业需要的资金能够迅速增长，收入的提高可以在另外一方面降低。英国人也要受报酬递减律的影响，工人已经不能像之前靠近大片土地时那样用较少的劳动来获得食物了。现在劳动的成本不再受到人口的影响了，更多的是依赖其他国家的出口量。不管英国的人口增长状况怎样，只要英国人能够提高自己的劳动效率，尤其是换取粮食的产品的效率，他们就能用比实际要少的成本获得食物。

如果英国不能自由地进口粮食，世界上对土地的利用就会更快地到达极限，英国的工资水平就会因为人口增长而降低，

阻止人口的增长

图中描绘的是住在大城市公寓中的居民，我们可以看出这里人口繁多，这不利于提高人们的工资收入。英国曾经利用阻止人口增长的办法来提高工资收入。现在，因为生活资料和原料比过去更容易得到，就很少利用阻止人口增长的方法来提高工资收入了。

港口的作用

　　图中是一个商业往来频繁的港口。英国工人食用的小麦大多是通过铁路和港口从美洲和澳大利亚运输而来的，小麦足以满足英国工人家庭所需，价格也很便宜。

随之而来的生产技术上的进步就会抑制这种趋势。在这样的情况下，要想提高安逸程度，收入的增加只能由抑制人口增长来实现。

　　现在英国人安逸程度的提高不只是用限制人口的增长来提高收入了，因为他们已经能够自由地从国外进口大量的粮食了。如果工资的上涨是由于采取了某些压低资本利润率的措施，而这种利润率甚至低于吸收资本的能力比英国大的那些国家中所能有的水平，它就会节制英国资本的积累，并加速资本的输出。在这样的情况下，和其他国家相比，英国的收入是完全下降的。相反，不考虑人口的情况，如果安逸程度是通过效率的提高来实现的，就会增加人们的收益，工资的提高会持续更长的时间。如果工人的工作量和以前一样，即使人口减少了，收入也不会增长太多，但如果人数不变，工作量减少，工资就会出现部分减少。

　　上述论点和这一方法是一致的：一个团体的工人通过在短期内减少自己的劳动的办法，不顾社会成员的利益来增加自己的收入。但是这种方法绝对不能长时间地有效。不管这种预防他人平分利润的阻碍有多么牢固，不管是避免这种阻碍，还是利用这种阻碍，或者是在阻碍的保护下，想要获得这种利益的人都有乘虚而入的机会。这些人也会利用其他方法从其他地方获得被工人团体认为是已经获得局部垄断的商品。随着新产品的发现和普遍使用，即使不用这个团体的劳动也能满足一样的需求，这样对他们来说就更加不利。因此，用垄断的方法来获得利益的人很快就会发现，团体的人数增加了，但他们劳动需求量却大大减少了，这样他们的收入就一定会大大降低。

2.缩短工作时间的影响

尽管延长劳动时间并不是提高产量的最佳方法，但如果劳动时间减少，产量就会随之下降。所以，就算劳动时间的减少能够扩大就业，如果这部分多余的时间不是用来进行更高级和范围更广的劳动，那么一般收入下的就业率就会下降。

工作效率和时间之间的关系很复杂。如果紧张超过了正常范围，长时间的工作就容易产生疲劳。工作时就很难发挥最佳状态，人容易患疾病。一般情况下，计件工作与计时工作相比，前者的劳动强度要大很多。

如果身心的严重消耗是由于工作时间、工作性质和工作所处的物质条件和报酬方法造成的，比如缺少必要的休息时间，则这种劳动从一般社会的观点来看是不经济的。这和资本家对自己的奴隶过分驱使造成的浪费是一样的道理。适当减少工作时间，即便收入会暂时减少，但当生活程度的提高能够在一定时间内充分发挥工人的劳动效率，让他们身体更加强壮，精力更加充沛，即使时间减少了，但工作完成的效率和以前是一样多的。从物质的角度来计算，最后是没有损失的，只是相当于将一个病人恢复了原来的身体和精神一样。将人们，特别是妇女从过度劳动中解放出来，是对下一代人的关心。这种关心非常具有价值，就像遗留下来的一定数量的物质财富一样。

新加的休息和闲暇时间能提高生活程度。减少紧张是上升一步的必要条件。处于工厂最底层的工人，在工作时都不是十分努力。他们身上缺乏持久的能量，他们可能在很短的时间内就能完成在长时间的工作下完成的工作量，但是这会让他们非常疲倦。

在一些工业部门中，因为高价的机器一天只能使用9到10小时，所以8小时工作制就开始

恶劣的工作环境

如果身心的严重消耗是由于工作时间、工作性质和工作所处的物质条件和报酬方法造成的，这种劳动从一般社会的观点来看是不经济的。图中的鞋子制造女工的工作环境非常恶劣，这对她们的身心健康是不利的，这是一种不经济的劳动。

在这些部门中实行，少于8小时的轮班制也是很不错的一种选择。因为现在熟练工人的数量很少，即便是适合这种工作制的工厂也不能马上实行，所以还需要一步步地推进。在实际情况中，很多机器在损坏或者老旧后，只需要维修一下就可以继续使用，还有很多新的设备只使用10小时没有办法获得利润，就可以使用更长的时间，而8小时工作制施行之后，这样的情况就能得到改善。产生的结果是随着生产技术的不断进步，人们的收入就能提高，不需要控制资本的增加也能增加工资的收入，社会上所有阶层都能从中得利。

机器的成本越来越高，损耗却越来越快，机器闲置的时间长达16小时，这样的浪费是巨大的，所以变革就变得更加迫切。这种改革在任何一个国家都会增加纯产品，因为机器设备和租金的费用要比以前少很多，这样用于工资部分的分配就提高了。在英国，技术工人一般都有熟练的专业技能，他们精力非常充沛，即便是自己只工作8小时，机器如果能充分地运转18小时，这样就比任何一个国家增加的纯产品都要多。

不能忽略的是，只有在使用高价机器设备的行业才适合实行这种减少工作时间的办法，在采矿业和铁路等工业部门中，大多数是轮班的方式，这样设备就能得到充分的利用。

在其余行业中，如果减少了工作的时间，就一定会造成产量的减少，工作效率未必能立即提高，每个人的工作量未必能到达原来的程度。如果是这种情况，时间减少就会让人们的收入减少，工作时间减少的工人就要承担由此而带来的物质财富的亏损。虽然在一些特殊行业中，这样的改革能在很长的时间内提高产品的价格，但是这是通过牺牲其他成员的利益作为代价

实行轮班制的采矿业

在采矿业和铁路这样的工业部门中，工人大多实行轮班制。这样矿场里的设备就能得到充分地利用，进而降低采矿的成本。图中是位于巴西派达拉山的金矿，众多的矿工通过轮班制在矿场上忙碌地工作着。

的。劳动价格的提高会带来需求的减少，同时收入较低的工人就会流向别的市场。

这种依靠减少劳动力的办法来让收入增加的观点是需要进行说明的。这种变化目前和永恒的效果会有什么差别，我们无法预料。

想要保持就业的现有状况，要注意几个方面的因素。其一是工商业的组织，其二是劳动力的提供者根据将来供需价格的变化来调整自己活动的效果。在这一点上，工作时间的减少不会为他提供好处。不实行轮班制而减少工作时间，高价的机器就得不到充分使用，雇主是不愿停止工作的。因为各种人为限制劳动的行为都会引起矛盾，这就让更多的人处于无法就业的状态。

假如外界的竞争对泥瓦匠和其他的工匠没有影响，他们就可以减少工作的时间或用其他方法来减轻自己的工作量，提高收入就有可能实现。但是因为国民收入是所有行业的工资和利益的动力，所以他们这种收入是在损害其他工人的利益下获得的。

上面分析的是认为限制劳动能固定不变地增加收入的观点的第一个因素。现在要分析的是第二个因素，这一点是因为坚持这种观点的人没有充分认识到，资本的供需会在多大程度上受到劳动供需的影响。

由于泥瓦匠和其他工匠的产量减少造成的损失中，部分损失要非劳动阶级的人承担。这一部分是由劳动者所在行业的雇主和资本家承担的，另外一部分要由这些产品的消费者来承担。假设社会上所有劳动者都利用减少劳动的供给来提高收入，在短时期内，国民收入减少的大部分损失要由其他的阶级来承担，特别是资本家，但这只是在很短的时间内。因为这种纯收益的减少，会让资本迅速转移到国外去。正是考虑到这种危险性，有的人认为国内生产的设备不要出口。但是常年使用的生产机器和工具都会不断消耗、损坏，都需要进行维护。这种维修的规模正在逐渐减小，资本一部分被转移到了国外，可能造成的结果就是在短期内国内的劳动需求会大大减少，工资的收入会比现在还少。

尽管在很多情况下资本的输出并不会遇到太多困难，但是因为情感上的偏向和足够的企业理由，投资者还是选择在国内投资。生活程度的提高让一个国家变得更适合人居住，在一定程度上会让资本输

泥瓦匠提高收入的影响

图中是正在砌墙的泥瓦匠。如果外界的竞争对泥瓦匠和其他工匠没有影响，他们就可以通过减少工作时间的方法来减轻自己的工作量，提高收入就可能实现。但国民收入是所有行业工资和利益的动力，泥瓦匠的这种做法会损害其他工人的利益。

英国纺织厂休息的女工

　　图中是英国工业革命时期在纺织厂外休息的女工。对她们来说，纺织产品产量的增加可能让她们的收入很快增加。但由于利率的降低，工作效率和文化上必要开支的提高，相对来说，她们的收入反而会减少。

出引起的纯收入减少的趋势得到遏制。用违背社会大多数利益的方法提高部分人收入的做法，会让更多富裕的人移居到国外。对资产阶级来说，他们的拼搏精神和用于克服难题的精神对劳动者有很深的影响。他们的企业精神能够巩固国家的地位，还能够促进有益于生产效率的工具的增加。这样既能保证国民收益，也能提高人们的收入。

　　收入增加推广到世界范围时，资本就不会再进行转移。对从事体力劳动的工人来说，生产量的增加可能让他们的收入很快增加，但由于利率的降低，工作效率和文化上必要的开支的提高，相对来说，他们的收入减少了。但是违反社会收益来提高收入和安逸程度的各种方法，都是只看了眼前的利益，社会很快就会给予报复。现在大多数国家都很少使用这种方法，有的国家采取提高生活程度和工作效率的措施，相较于另外一些采用恶俗政策来发展的国家来说，更多的资本和最核心的技术会逐渐向前者转移。

　　如果说罢工胜利的结果是让工作的时间缩短了，很可能是因为选择罢工的时候是在战略上处于有利地位的时候。假如工作的时间没有变化，很可能他们的工资收入就会提高。表面上对收入的直接影响会比商机情况更加有优势。雇主和工人签订合同，在执行合同要求时，相对于较长的工作时间来说，较短的工作时间可能会让雇主支付给工人的报酬增多。但这只是因为突然的变化而产生的，时间很短。这些变化产生的最直接的影响可能会和长期持续的影响截然不同。

　　如果工人的过度疲劳不能随着工作时间的减少很快地恢复，那么通过改善物质和精神生活的条件来实现效率和收入的增加，是无法在短时间内体现出来的。

在工作时间大范围减少后，对生产和收入情况的统计，尤其是这种行业的市场前景和生产方式、货币购买力的变化，很大程度上能反映出这个国家的前景。想要判断出工作时间减少带来的影响是非常难的，就像大海捞针一样。

因为工作时间的减少，某些企业无法实行轮班制，机器得不到充分的利用而出现产量的减少，但知识和财富的普及很可能会促进生产的增加。在这种情况下，不管是不是因为工作时间的原因，收入都会增加。

3.工会的作用

工会的成功说明共同章程是很重要的，但是在执行这个章程的内容时，因为表面上的格式化，会降低职工工作的积极性，让资本外流，甚至可能在其他方面伤害到工人和其他的社会阶级。

上一代工人的收入和工业政策，对下一代该行业工人的工作效率和生产能力，产生的影响不是很清晰，这是因为职业变化太频繁。家庭收入是年轻人支付培训费用的主要来源。后代多会从事与父亲相同的职业。收入会在一定程度上影响性格，强有力的人会去很多地方寻找更高的收入，能力较差的人只能在他们的管理之下。所以用经验很难说明职工会利用高收入来提高其会员的收入进行的活动，在提高生活程度和工作能力方面是不是成果突出。

英国工会最开始的目标是提高工人的收入和生活的程度。之前，法律只是允许雇主组成社团来规定工人的工资，维护自己的利润，但是不允许工人组织社团，否则就会受到极为严

工人罢工胜利的结果 1913年

图中是20世纪初美国纽约服装工人罢工的场景，告示牌上写着他们的诉求。工人罢工胜利可能会得到两种结果：一种是工作的时间得到了缩短，一种是工资收入得到了提高。

厉的处罚，这刺激了职工会的出现。因为这种规定使得工人的收入降低，他们的精神受到压制。工人的精力都集中在了应对周围的小事上面，根本无暇顾及国家大事，他很少考虑和自己家人及有直接关系的邻居之外的事情。但是和其他工人成立社团之后，他的视野变得开阔了，这样就使得他的社会责任感增强了，他开始考虑一些大的问题，尽管这种责任感带有很大的利己成分。为了实现这个原则，在最开始进行的一系列活动中，

工会的作用

图中是一群聚集在一起进行着讨论的工人。在工会成立之前，工人的精力都集中在了一些生活琐事上。但职工会成立之后，他们的视野得到了开阔，社会责任感得到了增强，他们开始考虑一些大的问题。

雇主和工人在社团中所做的事情基本都是一样的。既是争取能够增加自己的收入，也是为了赢得自己真正的尊严以及能够获得和社会上大部分的利益相适应的生活水平而进行的斗争。

熟练和不熟练的技术工人在工会中会用和大国外交差不多的严谨、端庄和预见性来和雇主谈判。这种手段让他们觉得，一味地进攻是非常愚蠢的方式，而军事手段是为了保障和平的必要手段。

英国的很多工业中，由于工资调整委员会不愿意在琐事上浪费时间，他们很畅通地做着自己的工作。当工人觉得自己的工作和得到的报酬不相符，对工资不满时，雇主就会按照规定对职工会的主席提出裁定的要求，裁定一旦产生，雇主和工人都必须接受。当问题是调解委员会没有具体规定的，就要由雇主和工会的主席一起开会探究。当无法达成一致意见时，就由调解委员会来调节。但如果事情涉及的利害关系太大，大家都不愿意做出让步，就由雇主停工或者工人罢工的方式两者的力量来处理。在这种剧烈的冲突下，工会仍然扮演着模范的角色，现在这种发生冲突的方式和一百年前的劳资冲突是不一样的，就好比是文明国家之间的战争和野蛮民族的战争一样。在世界范围内，英国代表的自制力、谨慎和坚定是独特的。

光明正大的行事风格给工会提出了应尽的职责。因为生在高位，必须要谨慎行事，所以对一些利用特殊的方法来夸大影响，尤其对想要利用反社会的手段来获取高收入的人很警惕。当然，没有批判声音的运动是非常少见的。

总会存在一些破坏的因素在形形色色的伟大的工作中。最好的解决方法不是去故意扭曲这种不利的因素，而是应该更加慎重地做出决定。

雇主间的竞争

　　图中是一群在室外拍摄户外猫的摄影工作者。当摄影工作者创造的纯产品利益远远超过他们的工资报酬时，一些雇主会利用较高的薪酬来吸引他们。在工业比较发达的地区，通过雇主间的竞争，很多摄影工作者的收入情况是比较可观的。

　　共同章程是关于一个工种每个小时或者每一件工作完成后应该支付的报酬的标准，也是职工会能够行驶按照平等的条件和雇主进行谈判的主要方式。在阻止冲突发生时，保护了工人免遭不公平的剥削。自由竞争开始普及时，没有主旨的工人在和雇主谈判时，他所处的地位是极其不利的。亚当·斯密时期，雇主之间有一种默契，在雇佣劳动力时不会争相抬价。但是发展到现在，一个工厂往往要雇用大量的工人，这样本身就已经形成了一种强大的力量来要求价格，这是小职工会做不到的。

　　尽管雇主在不争抬价格上面的协议不是一种普遍现象，但是还是会尽量去避免。当工人创造的纯产品利益已经远远超过他们的工资报酬时，一些雇主会利用较高的薪酬来吸引工人，而不惜违背协议。在工业比较发达的地区，通过这样的竞争手段，很多工人的收入将不会长久地处于纯产品同样的价格的状态。

　　工会通过共同章程让工资和工作逐渐走向规范化，作为一种发展国家资源的力量和促进国民收入增长的因素而做出辛勤的努力，对自己和国家都是有好处的。不管因为什么原因工资得到提高，生活水平提高，能够利用合法的手段来获得就业的机会，这样对社会福利是有好处的，也不会伤害工人的积极性，政治会趋于和谐，国内的资本也不会流向国外。

如果这个章程的规范化本身有错误，情况就另当别论。这样雇主可能会对没有效率和有效率的工人给出同样的报酬，或者因为工作技术和范围的原因，其他人不能分配到适合他能力的岗位上去。这样的章程对社会发展不利。或许在实际上这种做法有着充分的原因，但是因为职工会的成员对他们负责的技术抱有极大的热情，所以那种很重要的原因往往有夸张的成分。

职工会充分意识到自尊之前，规范化的错误是经常出现的。它不仅对先进的生产方式和机器的使用设置障碍，还妄想用一种很早就不适用的方法来规定工作的标准报酬。这样很容易被认为出现保持特定的工业部门中工资的倾向，但是如果不实行大规模的减少生产的措施，是很难做到的。如果这种措施得以实施，国民收入就会大幅度减少，按照工资计算的就业量也会下降。反对使用这种不利于国家的措施的职工会的活动家是很伟大的，他们对国家做出的奉献会让人们永久记住他们。

现在仍有很多职工会坚持让一个年长工人取得全部标准工资。这会让企业的劳动供需受到一定程度的阻碍，但是对实行这种方式的人确实有好处。职工会的福利基金因为不能长期地限制人数而产生了很大的压力，即便是从最自私的角度看，这样的做法也是非常短浅的。这样的方式不仅让国民收入减少了，而且那些年事已高的工人要么处于极度空虚中，要么就要在不适合自己的岗位上辛苦地劳动，这对社会利益也是不利的。

4.与货币购买力相联系的困难

共同章程失灵并不是由于粗暴地运用它，而是由于它解决的任务要求它比现在在技术上更加完善。问题的焦点在于标准工资是用货币计算的。但货币的价值年年都有波动，所以僵硬的货币标准不能成为真正的标准。这是反对共同章程的一个理由。

在短期内使价格上涨并使货币购买力下降的信用膨胀的过程中，职工会有要求增加标准货币工资的倾向。因此，上面的情况就更加迫切地需要解决了。这时，那些不能达到正常工作效率的工人，雇主也愿意支付更高的工资。

这样，不具有正常效率的工人也能获得很高的工资，有资格进入职工会。但经过一段时间之后，通货膨胀缓解了，价格开始回落，货币的购买力提高了，货币价值比实

标准工资用货币计算的弊端

很多人反对共同章程的原因是，共同章程的标准工资是用货币计算的。但货币的价值年年都有波动，僵硬的货币标准不能成为真正的标准。图上是前南斯拉夫发行的面值巨大的货币样张，货币的真正价值具有很大的波动性。

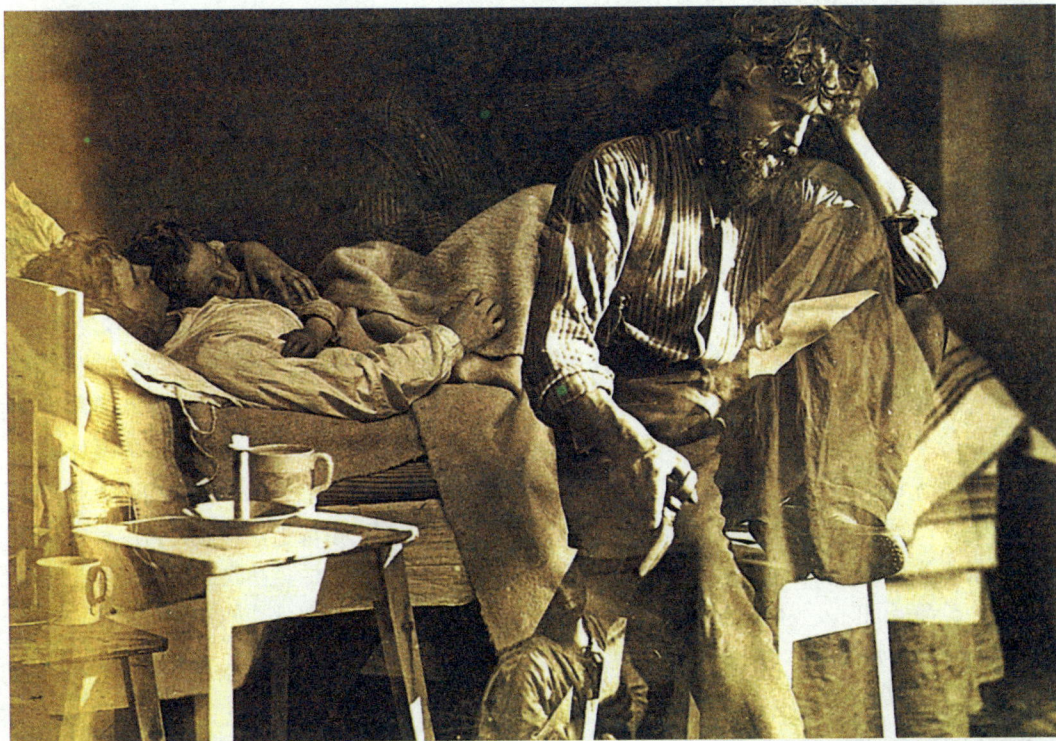

失业的木匠

只有让方式不断和目标适应，诚信才会建立在能够预见的基础之上，这是解决失业问题最有效的办法，这样导致所有经济问题出现的主要原因的信用泛滥才能够得到抑制。图为一个因失业而焦虑的木匠，他的妻儿都病在了床上，从图上我们可以看出失业给这一家人带来的影响是巨大的。

际的劳动价值以更快的速度下降。而之前通货膨胀实行的高标准货币工资，即使是有正常效率的工人也没有办法提供相应的收益，没有正常效率的工人就更不能了。

对有效率的工人来说，这种错误的标准化并不只有坏处，它有使对他们劳动的需求增加的趋势，就像年长工人的被迫赋闲使他们对劳动的需求增加一样。但是只有通过缩减其他部门的生产，从而缩减它们的劳动需求，才能有这样的增加，职工会越坚持这种政策，国民收入损失就越严重，而按合适工资的全国就业总量就越小。

假如各种工业部门能够积极建立和工资的规范相适应的劳动效率的标准，等到通货膨胀物价上涨的浪潮停止之后，就快速降低这种适应高价货币工资的标准，长时间之后各个部门都能从中获利。这种调节需要面对很多难题，但如果大家都能够认识到利用阻碍生产的方式来获得高额工资必将导致其他部门的就业率下降，这种调节也是能很快实现的。只有让方式不断和目标适应，诚信才会建立在能够预见的基础之上，这是解决失业问题最有效的办法，这样导致所有经济问题出现的主要原因的信用的泛滥才能够得到抑制。

购买力提高后人们并不一定愿意去使用购买力。破产让人们失去了信任，资本就不会用于投资建设新的企业或者扩大生产规模，交通运输也会逐渐瘫痪。

对生产相对稳定的企业来说，对工作的需求是很少的。例如，挖掘机没有需要，而建筑和发动机生产行业工作的需求也很少。因为这些行业的从业者的收入都很少，他们的购买力有限，不会过多去购买其他行业的商品。当其他行业的商品需求下降时，生产会随之减少，他们的收入也会减少，这一部分人就会和之前的人一样陷入循环，这样购买的需求减少会逐渐蔓延至整个社会。一个行业的商业危机让其他的行业无法正常运转，而其他行业又具有反作用，危机就会加深。

缺少自信是造成危机的主要因素。假如能够迅速重建自信，所有行业都出动，它们生产的商品的需求就会逐渐恢复起来，危机就会消除。当和消费者直接相关的行业开始生产，并且需求也逐渐稳定，适当的利润和收入就能互相提供了。对生产固定资产的行业也许等待的时间要长一些，但是一旦自信的程度达到了，资本就会重新开始投资这个行业，它们会重新焕发出活力。自信的增加会不断增加购买力从而巩固和增加原来的自信，这样就会出现良性的循环，商品的价格会渐渐回升。已经拥有企业的人会获得收益，也会促进新的企业的诞生和旧企业生产规模的扩大，而生产固定的行业可能也会面临新的需求。在整个市场上，行业之间没有相互订立协议来要求所有的行业要互相提供市场，但不能否认，整个行业的重整旗鼓和各个行业的信心重建一般都是同时发生的。当商人认为物价不会继续下降时，工业就开始复苏，随着工业的复苏，物价就开始上涨了。

5.社会进步的可能性结论

很多技术工人家庭的收入会随着国民收入的平均分配而减少，这样就需要一些特殊的政策来对待处于最底层的人。想要提高不熟练劳动者的收入，最好的办法就是让所有人的接受良好的教育，一方面减少不熟练劳动者的数量，另一方面增加能够进行独自思想的人的数量，而这种思考是人能够逐渐支配自然的最主要的动力。但是人们如果不能充分地利用多余的时间，就不会达到很高的生活程度。当从自私的本性和斗争中遗传下来的性格逐渐发生改变，并且超过了范围，这种变化对社会是有害的。

现在，社会经济力量使财富分配日趋完善，这些力量日益壮大，其影响大多是积累性的；社会经济组织更加微妙而复杂；思虑不周的改革会引起严重的后果。

科技水平不断进步和生产能力不断提高，使国民收入不断增长。人类能够支配自然的发明一般都是由独立工作者创造的，政府官员在这方面的贡献非常少。政府机关的重要生产

商品价格的稳定

图中是摆在竞拍台上的商品，主持人正在介绍这些商品。当遭遇经济危机后，某个行业的重整旗鼓和各个行业的信心重建一般都是同时发生的。当商人认为物价不会继续下降时，工业就开始复苏，随着工业的复苏，物价就开始上涨了。

设备，是用主要借自企业家和其他私人储蓄的资金购买的。集权政府在积累财富方面做了巨大的努力，或许将来能够成为大部分劳动者的共有财富。但将能够支配的资金交给一个民主政府会引起很大的危险。

如果所有人都依赖社会福利，养成这种习惯后，会挫伤人类的积极性和阻碍经济的进步。但如果没有这种习惯，生产资料的集中就会令人产生恐惧。因此，很多比较严谨的经济学家认为突然改变经济社会和政治生活的条件是弊大于利的。

国民收入的分配虽然有缺点，但不像一般说的那么严重。英国和美国技术工人的家庭数量都非常多，国民收入的平均分配会影响到他们的收入。将一些不公平的因素废除掉，虽然能够在很短的时间内提高人们的生活水平，但是想要到达社会主义者理想世界中的标准，在短时间内还是不会实现的。

这种谨慎的态度并不是对分配不均的默许。几百年来，经济学家越来越坚信，极端贫困伴随着巨大财富是没有实际必要的，也不符合伦理道德的要求。尽管现在对收入不均的批判没有之前严重，但这确实是社会经济组织中的一个严重缺点。减少这种分配不均，不挫伤人们的积极性，以及能够使国民收入稳定增长的方法，对社会是有好处的。想要将收入提高到财富较多的技术工人家庭的水平不太现实，但如果增加达不到这种水平的人的收入，而适当减少这个水平以上的人的收入，是比较合理的。

"社会残渣"指不管在体力还是脑力上不能完成一整天的工作，却能拿到一整天的工资的人，即便这部分人有减少的趋势，但数量仍然很多，采取措施是必须的。其中除了完全不能工作的人之外，还有比较特殊的一个阶层。对身体和精神都健康的人来说，自由的经济体制不管从哪方面讲都是完美的，但是这种体制不能被"社会残渣"完全利用起来。假如他们的子女自由地接受他们的教育，盎格罗撒克逊的自由会对后代不利，而德国的家长制，对他们自身和国家都是有好处的。

要解决的祸害如此紧急，以致迫切地需要一种反祸害的有力措施。这样一个建议很早就引起了学者的关注：男女工种的最低工资都由政府决定，如果少于这个标准，男女工人可以拒绝工作。假如这种方法有效，它带来的利益是如此之大，人们会欣然接受而不顾它带来的负面影响。虽然近年最低工资计划的细节有很大改进，但它的基本困难似乎没有得到重视。

Ciau:

Ciau

Tropicus cancri

Linha equinogalis

re barbaricus:

Occanus yndicus mc dionalis.

Circulus capricornu:

Occani

Pollus antarticus.